国家出版基金项目
NATIONAL PUBLICATION FOUNDATION
国家出版基金资助项目
"十二五"国家重点图书出版规划项目
交通运输建设科技丛书·公路基础设施建设与养护

汶川地震公路震害分析

桥梁与隧道

庄卫林　陈乐生　等　编著

人民交通出版社
China Communications Press

内 容 提 要

本书依托交通运输部西部交通建设科技项目"汶川地震公路震害评估、机理分析及设防标准评价"，介绍汶川地震公路桥梁和隧道典型震害的机理。本书分为两篇，共计13章和8个附录。第一篇为第1章至第7章，介绍公路桥梁震害分析及其对策，主要包括：桥梁震害概述，地震地质灾害对桥梁的影响分析及对策，简支梁桥、连续梁桥、拱桥和连续刚构桥的震害机理分析及抗震设计对策；第二篇为第8章至第13章，介绍公路隧道震害分析及其对策，主要包括：隧道洞口段、断层破碎带段和普通段隧道结构震害机理分析，公路隧道抗震设防对策等。附录中详细给出了研究中的试验方法、试验过程、试验结果，对于采用数值模拟分析的部分详细给出了计算模型的建立方法和计算结果，供读者参考。

本书可供桥梁与隧道建设人员学习使用，也可为相关专业研究者和关注者提供借鉴。

图书在版编目（CIP）数据

汶川地震公路震害分析．桥梁与隧道／庄卫林等编著．—北京：人民交通出版社，2013.11
（交通运输建设科技丛书．公路基础设施建设与养护）
ISBN 978-7-114-10960-7

Ⅰ．①汶… Ⅱ．①庄… Ⅲ．①公路桥—地震灾害—调查研究—汶川县—2008 ②公路隧道—地震灾害—调查研究—汶川县—2008 Ⅳ．① P316.271.4

中国版本图书馆 CIP 数据核字（2013）第 254640 号

国家出版基金资助项目
"十二五"国家重点图书出版规划项目
交通运输建设科技丛书·公路基础设施建设与养护

书　　名：汶川地震公路震害分析　桥梁与隧道
著 作 者：庄卫林　陈乐生　等
责任编辑：曲　乐　王文华
出版发行：人民交通出版社
地　　址：（100011）北京市朝阳区安定门外外馆斜街 3 号
网　　址：http://www.ccpress.com.cn
销售电话：（010）59757973
总 经 销：人民交通出版社发行部
经　　销：各地新华书店
印　　刷：北京盛通印刷股份有限公司
开　　本：787 × 1092　1/16
印　　张：18
字　　数：460 千
版　　次：2013 年 11 月　第 1 版
印　　次：2013 年 11 月　第 1 次印刷
书　　号：ISBN 978-7-114-10960-7
定　　价：53.00 元

《汶川地震公路震害分析》主要著作者

庄卫林	陈乐生	裴向军	马洪生	刘振宇	林国进
程　强	唐永建	向　波	张建经	王明年	李建中
唐光武	王克海	赵灿辉	陈　强	曲宏略	王　联
杨长卫	吉随旺	李玉文	黄润秋	袁进科	朱学雷
黄　浩	胡建新	朱长安			

总　序

“十一五”以来，交通运输行业深入贯彻落实科学发展观，加快转变发展方式，大力推进交通运输事业又好又快发展。到2010年年底，全国公路通车总里程突破400万公里，从改革开放之初的世界第七位跃居第二位，其中高速公路通车里程达到7.4万公里，居世界第二位；公路货运量从世界第六位跃居第一位；内河通航里程、港口货物和集装箱吞吐量均居世界第一。交通运输事业的快速发展不仅在应对国际金融危机、保持经济平稳较快发展等方面发挥了重要作用，而且为改善民生、促进社会和谐作出了积极贡献。

长期以来，部党组始终把科技创新作为推进交通运输发展的重要动力，坚持科技工作面向交通运输发展主战场，加大科技投入，强化科技管理，推进产学研相结合，开展重大科技研发和创新能力建设，取得了显著成效。通过广大科技工作者的不懈努力，在多年冻土、沙漠等特殊地质地区公路建设技术，特大跨径桥梁建设技术，特长隧道建设技术和深水航道整治技术等方面取得重大突破和创新，获得了一系列具有国际领先水平的重大科技成果，显著提升了行业自主创新能力，有力支撑了重大工程建设，培养和造就了一批高素质的科技人才，为发展现代交通运输业奠定了坚实基础。同时，部积极探索科技成果推广的新途径，通过实施科技示范工程，开展材料节约与循环利用专项行动计划，发布科技成果推广目录等多种方式，推动了科技成果更多更快地向现实生产力转化，营造了交通运输发展主动依靠科技创新，科技创新更加贴近交通运输发展的良好氛围。

组织出版《交通运输建设科技丛书》，是深入实施科技强交战略，加大科技成果推广应用的又一重要举措。该丛书共分为公路基础设施建设与养护、水运基础设施建设与养护、安全与应急保障、运输服务和绿色交通等领域，将汇集交通运输建设科技项目研究形成的具有较高学术和应用价值的优秀专著。丛书的逐年出版和不断丰富，将有助于集中展示交通运输建设重大科技成果，传承科技创新文化，体现交通运输行业科技人员的智慧，促进高层次的技术交流、学术传播和专业人才培养，并逐渐成为科技成果转化的重要载体。

“十二五”期是加快转变发展方式、发展现代交通运输业的关键时期。深入实施科技强交战略，是一项关系全局的基础性、引领性工程。希望广大交通运输科技工作者进一步增强做好交通运输科技工作的责任感和紧迫感，团结一致，协力攻坚，努力开创交通运输科技工作新局面，为交通运输全面、协调和可持续发展作出新的更大贡献！

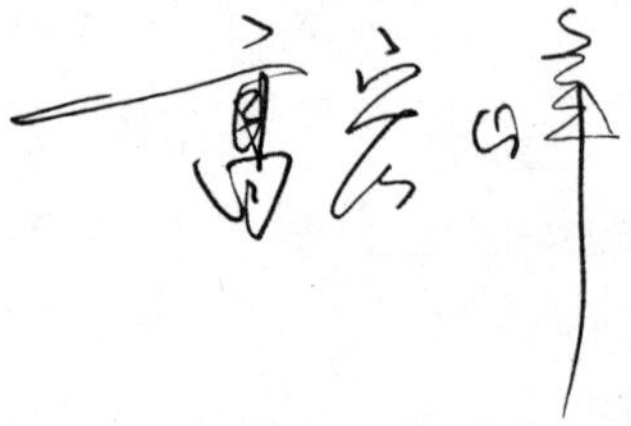

2011 年 12 月 6 日

前　言

2008年5月12日14时28分，四川省汶川县发生了里氏8.0级特大地震。这是新中国成立以来破坏性最强、波及范围最广、救灾难度最大的一次特大自然灾害。公路基础设施在此次地震中受到严重的破坏，路基被掩埋和淹没、桥梁垮塌、隧道受损，通往灾区的公路一度完全中断，给抢险救灾带来极大的困难。

地震震害调查是人们认识地震、研究工程抗震技术最直接的方法，是恢复重建的必需工作，也是为防震减灾工作提供宝贵基础资料的有效手段。“5·12”汶川地震发生后，交通运输部各级领导亲赴灾区，在指导公路抗震救灾和公路抢通工作的同时，要求将公路震害详细、客观地记录下来作为史料保存，并加以深入研究。

为此，交通运输部科技司及西部交通建设科技项目管理中心相继启动公路抗震救灾系列科研项目，形成“汶川地震灾后重建公路抗震减灾关键技术研究”重大专项。通过近三年的研究，西部交通建设科技项目“汶川地震公路震害评估、机理分析及设防标准评价”于2011年5月通过交通运输部西部交通建设科技项目管理中心组织的鉴定验收。该项目研究针对“5·12”汶川地震灾区公路震害开展系统调查，以文字、图片及数据库方式完整保存公路震害史料，建立基于地理信息系统、可供查询的公路震害数据库，在大量震害统计分析基础上借助振动台模型试验、数值模拟、理论分析等方法进行典型震害机理分析，并结合公路震损特点评价设防标准适宜性，提出抗震设防对策及建议。

汶川地震公路震害调查范围覆盖四川、甘肃、陕西三省重灾区、极重灾区内的所有高速公路和国省干线，以及部分具有典型震害特征的县乡道路，共47条，总长约7 074km。调查工作量：937个公路沿线地质灾害点，600余条实测地质剖面，1 488个路基震害点，2 207座桥梁，56座隧道，拍摄收集公路震害照片50 000余张。

在公路震害调查中，四川省交通运输厅公路规划勘察设计研究院牵头负责四川省境内，甘肃省公路管理局牵头负责甘肃省境内，陕西省公路局牵头负责陕西省境内，最后由四川省交通运输厅公路规划勘察设计研究院牵头汇总所有调查资料。

为给公路抗震减灾能力研究提供基础资料，并为相关研究者和关注者提供借鉴，项目组分阶段整理研究成果，于2009年5月出版《汶川地震公路震害图集》，2012年5月出版《汶川地震公路震害调查》（共四册），现又将公路震害机理分析的主要成果整理形成《汶川地震公路震害分析》（共两册）。

《汶川地震公路震害分析》按专业分为地质灾害与路基、桥梁与隧道两分册。本书为《桥梁与隧道》分册，分两篇，共计13章和8个附录。第一篇为第1章至第7章，介绍公路桥梁震害分析及其对策，主要包括：桥梁震害概述，地震地质灾害对桥梁的影响分析及对策，简支梁桥、连续梁桥、拱桥和连续刚构桥的震害机理分析及抗震设计对策；第二篇为第8章至第13章，介绍公路隧道震害分析及其对策，主要包括：隧道洞口段、断层破碎带段和普通段隧道结构震害机理分析，公路隧道抗震设防对策等。附录中详细给出了研究中的试验方法、试验过程、试验结果，对于采用数值模拟分析的部分详细给出了计算模型的建立方法和计算结果，供读者参考。

《汶川地震公路震害分析》一书是集体智慧的结晶，众多专家学者参与了西部交通建设科技项目“汶川地震公路震害评估、机理分析及设防标准评价”项目中的公路震害机理分析工作，他们分别是：四川省交通运输厅的陈乐生、朱学雷、黄浩等，四川省交通运输厅公路规划勘察设计研究院的唐永建、庄卫林、吉随旺、李玉文、向波、程强、马洪生、刘振宇、林国进、蒋劲松、王道雄、王联、陈强、张斌、李勇、贾为易、徐兵、苗宇、朱长安、王维嘉、陈贵红、郑金龙、田尚志、周永江、吴世贵、李本伟、贺智功等，西南交通大学的王明年、赵灿辉、张建经、于丽、崔光耀、曲宏略、杨长卫、周德培、冯君、肖世国、廖燚、杨涛、马涛、韩鹏飞、范洪海、张炳焜、罗宏川、张欣心、徐华、马耀先、刘强、司长亮、李勇、赵岑、侯家庆、罗乐等，成都理工大学的裴向军、黄润秋、袁进科、许强、冯文凯、付顺等，交通运输部公路科学研究院的王克海、李茜、韦韩等，重庆交通科研设计院的唐光武、胡建新、兰海燕等，以及同济大学的李建中等。

全书由庄卫林、陈乐生审阅并统稿，各章节分工如下：第1~7章、附录A~E主要由四川省交通运输厅的陈乐生，四川省交通运输厅公路规划勘察设计研究院的庄卫林、刘振宇，西南交通大学的赵灿辉，同济大学的李建中，重庆交通科研设计院的唐光武，交通运输部公路科学研究院的王克海等执笔编写；第8~13章、附录F~H主要由四川省交通运输厅公路规划勘察设计研究院的林国进、朱长安、王维嘉和西南交通大学的王明年、于丽、崔光耀等执笔编写。同时，唐永建、李玉文、李建中、唐光武、王克海、向波、李海清等同志也参与了本书的审阅。

本书的编写得到了交通运输部、西部交通建设科技项目管理中心、四川省交通运输厅等单位各级领导的关心、帮助和指导，人民交通出版社也为本书的出版给予热忱关怀，谨此致谢！

限于编著者水平，加之时间仓促，书中不足之处在所难免，恳请广大读者批评指正。

编著者

2013年6月

目　录

第一篇　桥　　梁

第二篇 隧 道

Contents

Part 1 Bridge

Part 2 Tunnel

第一篇　桥　梁
Part 1　Bridge

第 1 章 桥梁震害概述
Chapter 1 Introduction

2008 年 5 月 12 日发生的汶川地震，震级为 M_S8.0 级，震中烈度达Ⅺ度，发震断裂带破裂长度约 300km，持续时间达 100 余秒。地震造成大量的交通基础设施受损，部分桥梁遭受严重破坏，极大影响了抗震救灾工作。

地震发生后，在交通运输部组织下，及时成立了汶川地震公路震害调查组，开展了全面的公路震害调查工作，调查范围覆盖四川、甘肃、陕西三省重灾区、极重灾区[1]内的所有国省干线公路和具有典型破坏特征的部分县乡道路，调查里程达 7 081km。桥梁震害调查共计 2 207 座桥梁，分别是：国省干线公路桥梁 2 154 座，县乡级道路及市政桥梁 53 座。国省干线公路上的 2 154 座桥梁中，处于实际地震烈度为Ⅵ度区域的桥梁有 746 座，Ⅶ度及以上区域的有 1 408 座桥梁。基于桥梁震后使用性能，项目组对桥梁整体震害及构件破坏进行了震害分级。桥梁的整体震害等级从轻到重分为 A、B、C、D 共 4 级，主要构件（桥墩、主梁）震害等级划分与桥梁整体震害类似，划分为四级；次要构件（支座、挡块）等级划分为两级[1]。以下根据震害调查[1]介绍汶川地震桥梁震害情况。

1.1 汶川地震桥梁震害概述 Outline of seismic damage of Wenchuan earthquake

1.1.1 整体震害情况 Overall seismic damage

地震烈度为Ⅶ～Ⅺ度内的 1 408 座桥梁中，全桥失效（D 级震害）的桥梁共计 52 座，占其总数的 3.7%，其中，40 座桥梁因受次生地质灾害影响而失效，仅 12 座桥梁因直接震害而失效，仅占总数的 0.9%；出现严重破坏（C 级震害）的桥梁共计 70 座，占其总数的 5.0%。出现影响桥梁通行能力破坏（C、D 级震害）的桥梁合计 122 座，占其总数的 8.7%。

这表明灾区桥梁在承受比设防水准高的地震作用下，基本实现了“大震不倒”的抗震设防目标，有效地保证了大部分桥梁在特大地震中的安全性。

1.1.2 桥梁震害区域分布 Distribution of seismic damage region

桥梁震害程度分布与发震断层的相对位置密切相关。汶川地震的发震断层——龙门山中央主断裂自映秀向东北方向破裂，同时呈现出“映秀”、“北川”两个极震区，灾区桥梁的破坏程度分布与发震断层走向及地震实际烈度分布密切相关，也呈现出相应的“两点一带”的分布规律。严重受损的桥梁主要集中在：①震源映秀附近的四条道路——国道213线映秀至都江堰段、国道213线映秀至汶川段、省道303线映秀至卧龙段、都江堰至映秀高速公路（当时为在建）；②北川附近的三条公路——省道302线江油至北川段、省道302线北川至茂县段、省道S205线平武白马至江油段；③与断裂带大致平行的省道105线北川至沙洲段。出现严重破坏与完全失效的桥梁多集中在映秀与北川高烈度区（Ⅹ、Ⅺ度）的公路上。桥梁震害分布见图1-1。

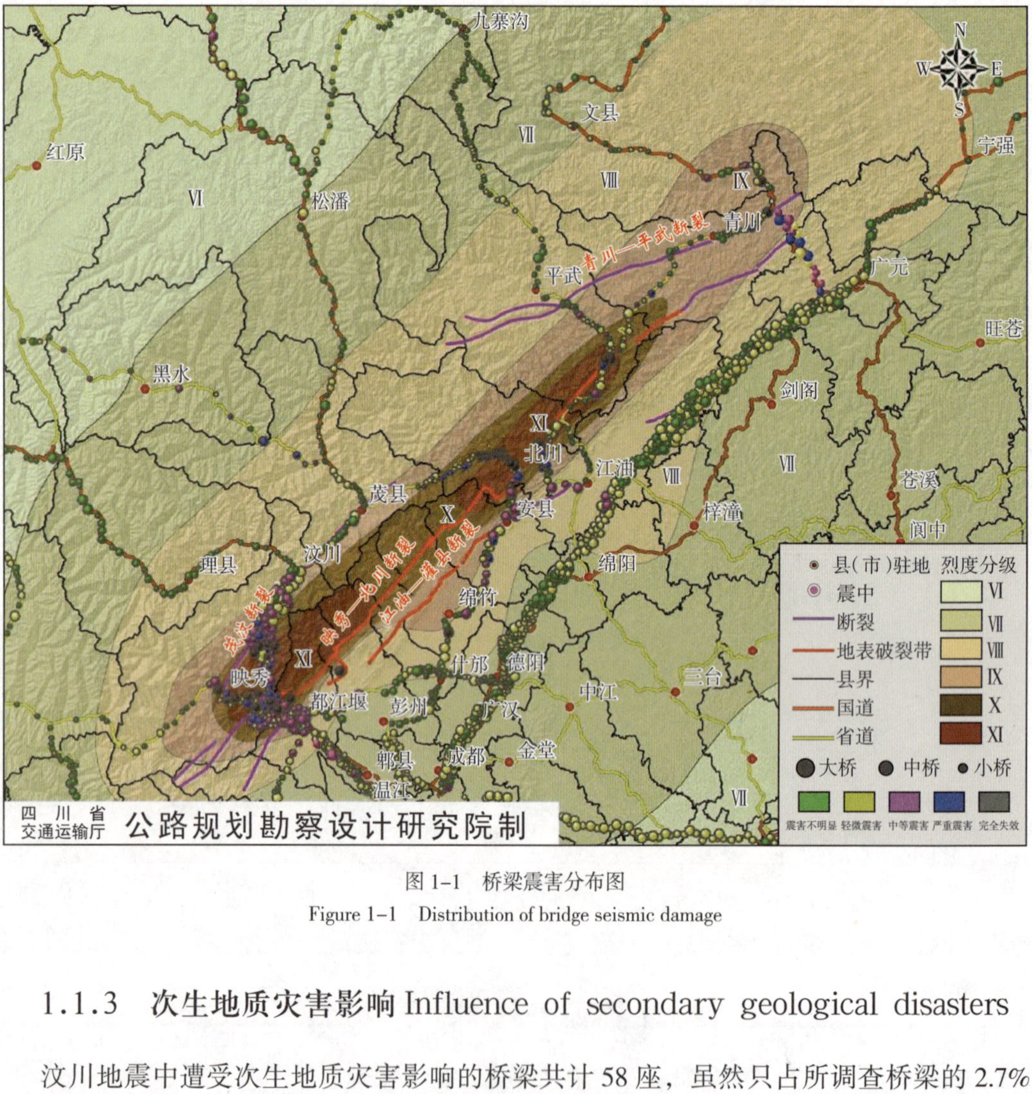

图1-1 桥梁震害分布图

Figure 1-1 Distribution of bridge seismic damage

1.1.3 次生地质灾害影响 Influence of secondary geological disasters

汶川地震中遭受次生地质灾害影响的桥梁共计58座，虽然只占所调查桥梁的2.7%，但后果却相当严重。调查发现，在52座全桥失效（D级破坏）的桥梁中，有40座系因次生地质灾害所致，占失效桥梁总数的76.9%；在出现严重破坏（C级破坏）的70座桥梁中，有9座因次生地质灾害所致，占总数的12.9%。受次生地质灾害影响破坏严重和损毁的桥梁，对救灾工作产生了巨大的障碍。由此，可以看出：山区发生强烈地震后，次生地质灾害是对桥梁安全的最大威胁。

1.1.4 斜坡地形影响 Influence of slope terrain

地震中，部分位于覆盖土层较厚的陡坡地形上的桥梁，在地震作用下覆盖土层出现向临空面沉陷、滑移、溜坍等现象，造成墩台移位和倾斜，加剧了桥梁震害，这是山区桥梁的典型震害特点之一。

1.1.5 近断层效应的影响 Fault effect on bridges

调查发现，在未受到次生地质灾害影响的 64 座严重破坏（C 级震害）与完全失效（D 级震害）桥梁中，绝大多数位于发震断层附近。如百花大桥距发震断层不足 2km，第五联桥整体垮塌，同时残存部分 90% 的桥墩出现沿断层走滑方向压溃的现象；映秀顺河桥穿过发震断裂带，断层破碎带区域地面线隆起近 3m，桥梁在地震中全部倒塌（图 1-2）。

图 1-2 穿过中央断裂带映秀顺河桥

Figure 1-2 The Yingxiu Shunhe Bridge cross the mid fault zone

1.1.6 桥梁规模对震害的影响 Damage feature in terms of bridges scale

本书所指的小桥、中桥、大桥、特大桥仅指桥梁长度，而非桥梁跨径。

实际地震烈度为Ⅶ ~ Ⅺ度区域内未受次生地质灾害影响的桥梁共 1 350 座。统计表明，大桥震损率明显较中、小桥要高，严重破坏（C 级震害）比例和全桥失效（D 级震害）比例表现出大桥明显大于中、小桥，桥长越长的桥梁越容易出现震害，且震害程度越严重。

1.2 简支梁桥震害概述 Outline of seismic damage of simply supported beam bridges

汶川地震灾区的简支梁桥多设置桥面连续；下部结构多为双柱排架墩。绝大部分简支梁桥支座均采用板式橡胶支座。在Ⅶ ~ Ⅺ度区域内共有简支梁桥 958 座，发生完全破坏（D 级震害）的有 4 座，发生严重破坏（C 级震害）的有 23 座。

1.2.1 简支梁桥主要震害表现 The main seismic damage performances of simply supported beam bridges

简支梁桥主要震害现象有：①主梁移位，甚至发生落梁或全桥垮塌，对于斜交简支梁桥，主梁在移位时伴随明显的平面转动；②墩梁相对移位导致支座滑移或严重剪切变形，挡块和伸缩缝破坏等；③桥墩出现开裂、倾斜、压溃、剪断、倾覆等破坏；④桥台侧墙、锥坡局部开裂，台后填土下沉等。

1.2.2 简支梁桥震害特点 Seismic damage characteristics of simply supported beam bridges

简支梁桥的震害以主梁移位、支座破坏、挡块破坏为主，桥墩破坏率较低。斜交桥移位比直线桥严重。

主梁移位：在地震中，所有简支梁桥均未发现主梁结构性破坏，主梁震害主要形式为主梁移位。出现移位的桥跨占简支梁桥桥跨总数的 19.5%。统计表明，中、小桥主梁移位率远低于（特）大桥，发生落梁的桥跨均为位于Ⅹ、Ⅺ度区的（特）大桥。

支座、挡块破坏：简支梁桥中，发生破坏的支座占总数的 16.6%，发生破坏的挡块占总数的 16.8%。

简支梁桥支座、挡块的破坏率与主梁发生移位比例 19.5% 接近，且与主梁移位情况类似，桥梁支座、挡块破坏为主梁移位的伴生震害。

桥墩破坏：简支梁桥共有桥墩 2 316 个，其中 56 个桥墩出现震害（P_B、P_C、P_D 级震害），占总数的 2.3%，远低于主梁、支座、挡块的震害比例，未出现日本阪神地震、美国北岭地震中桥墩大量破坏的情况，这是汶川地震中简支梁桥震害的一个鲜明特点。

值得指出的是，在汶川地震中，庙子坪岷江大桥引桥（简支梁部分）出现了桥墩水下震害，淹没于水中的 7~11 号墩均出现了裂缝，最大裂缝宽度 0.8mm。震后的修复比岸上墩要困难得多。庙子坪水中桥墩的震害为深水桥墩的抗震设计提出了一个尖锐的问题。

斜交桥震害：统计表明，斜交桥的破坏率明显较直线桥要高。无论是全桥失效、严重破坏，还是中等破坏，斜交桥的比率均较正交桥要高。

1.3 连续梁桥震害概述 Outline of seismic damage of continuous beam bridges

汶川震区内的连续梁桥跨径大多在 20~30m 间，均为中小跨径桥梁，上部结构多为预应力混凝土箱梁。部分桥梁处在平面曲率半径小于 300m 的曲线上；下部结构有排架墩、独柱式墩或混合式桥墩。连续梁桥共 90 座、185 联，2 座出现 C 级破坏，D 级破坏仅百花大桥 1 座。

1.3.1　连续梁桥主要震害表现 The main seismic damage performances of continuous beam bridges

连续梁桥上部结构与简支体系桥的震害基本相同，如梁体移位、支座破坏等，不同之处在于连续梁桥大多设置固定墩，而固定墩的破坏较非固定墩的破坏有较大区别，同时，对于采用墩梁固结的连续梁桥，在地震作用下，还可能导致主梁开裂。

1.3.2　连续梁桥震害特点 Seismic damage characteristics of continuous beam bridges

连续梁桥的震害也以主梁移位、支座破坏为主，桥墩破坏率也较低，但固定墩破坏比非固定墩严重。小半径弯连续梁桥的震害比直线连续梁桥严重。

主梁移位：连续梁桥中，出现移位的联跨占连续梁联跨总数的 21.1%。

支座破坏：调查区域内连续梁桥的支座形式主要有板式橡胶支座和盆式橡胶支座两种，其中板式橡胶支座 231 组、盆式橡胶支座 281 组，合计 512 组。两类支座中，合计破坏支座比例为 14.5%，这一比率与简支梁桥的支座破坏比例较为接近。

桥墩破坏：Ⅶ、Ⅷ桥墩 611 个，均未出现破坏。Ⅸ ~ Ⅺ度区域内共有桥墩 143 个，固定墩 29 个，非固定墩 114 个，其中部分桥墩出现不同程度的破坏。出现破坏（P_B、P_C、P_D 级破坏）的桥墩比例为 35.6%，桥墩严重破坏（P_C 级破坏）及桥墩失效（P_D 级破坏）的比例为 12.5%，这两个比率均较简支梁桥要高。

通过调查发现，设置墩梁固结的固定墩破坏相对严重，特别是小半径曲线连续梁桥设置墩梁固结的固结墩破坏尤为严重，如Ⅸ度区的绵竹回澜立交桥匝道桥 3 个固结墩压溃（P_D 级破坏）等。

小半径弯连续梁桥破坏：对于弯连续梁桥（即曲率半径小于 300m），由于其主梁质心偏离桥轴线，同时弯桥两岸桥台对于梁体的限制远小于直线桥，导致其破坏特点和程度与直线桥有较大区别。从震害调查的结果看，弯连续梁桥的破坏情况较直线连续梁桥更为严重，震区出现严重破坏或完全失效的连续梁桥（如百花大桥、新房子大桥、小黄沟中桥、回澜立交桥等）均为弯连续梁桥。同时，震害调查结果表明，对于弯连续梁桥，在主梁发生移位时，存在沿桥轴线法向较为明显的位移分量。

1.4　拱桥震害概述 Outline of seismic damage of arch bridges

汶川地震灾区共有拱桥 297 座，其中：圬工拱桥 276 座、钢筋混凝土拱桥 21 座（含钢管拱 1 座）。在 297 座拱桥中 36 座拱桥出现严重破坏（C 级震害），6 座拱桥完全破坏

（D 级震害）。两类材料拱桥的破坏程度大不相同，总体而言，钢筋混凝土拱桥的抗震性能要优于圬工拱桥。

1.4.1 拱桥主要震害表现 The main seismic damage performances of arch bridges

拱桥的震害形式主要有主拱震害和拱上建筑震害两种。主拱震害的主要形式有全桥垮塌、拱圈开裂，对于填土高度较大的实腹拱和桥台较高的空腹拱，还可能出现纵向开裂，对于中承式肋拱桥还出现了横向连接系震害。实腹式拱桥拱上建筑的震害形式主要是侧墙开裂和垮塌，以侧墙开裂居多。空腹式拱上建筑的震害形式主要有腹拱、横墙开裂，尤其是与桥台相接的腹拱拱顶或拱脚更易开裂。梁式拱上建筑的主要震害是立柱开裂。

1.4.2 拱桥震害特点 Seismic damage characteristics of arch bridges

钢筋混凝土拱桥表现优于圬工拱桥，主拱横向联结系是其易损构件。圬工拱桥的破坏表现出一定的极端性，拱上建筑（腹拱、横墙等）是其易损构件。

圬工拱桥：统计表明，随着地震烈度的增加，圬工拱桥中出现严重破坏与完全失效的比例急剧上升。

圬工拱桥震害表现具有极端性：圬工拱桥的震害表现与梁桥有明显的区别，其震害表现出一定的极端性，要么基本完好，要么震害严重，甚至全桥垮塌。一个典型实例是，位于“映秀极震区”已废弃的老国道 213 线上的洱沟拱桥基本完好，而在该桥附近的多座梁式桥则破坏严重，而位于相同烈度下的多座大跨圬工拱桥，如南坝旧桥、辕门坝大桥等，则在地震中全桥垮塌。

拱桥的拱上建筑与横向联系：拱式腹拱是上承式拱桥的易损部位。白水河大桥、曲河大桥等腹拱和拱上横墙均出现了开裂、变形等震害，尤其是与桥台相接的腹拱，因变形较大，极易受损，白水河大桥、曲河大桥与桥台相接的腹拱近乎垮塌。

此外，调查表明，横撑是中承式拱桥的易损构件。调查区域内仅 2 座中承式拱桥，其横撑均出现了较为严重的开裂现象。

1.5 连续刚构桥震害概述 Outline of continuous rigid frame bridges

区域内共有 2 座连续刚构桥，只有位于X度区的都江堰至映秀高速公路庙子坪岷江大桥主桥发生破坏。

其主要震害表现为：①主梁边跨与中跨部分节段顶、底板及腹板均出现裂缝。边跨开裂较中跨严重，腹板裂缝较顶、底板裂缝多而密。②主梁发生明显的纵横向移位。主梁移位以边跨横向移位为主，呈现明显的摆尾现象。边跨端部相对主墩的横向最大移位为 41cm。过渡墩支座受损极为严重，基本功能丧失。③ 5 号主墩墩身部分出现了水平贯穿裂缝。3 号交界墩墩底出现多条裂缝。过渡墩比主墩倾斜严重，纵向比横向倾斜明显。

同时，庙子坪岷江大桥 4 号主墩墩高达 102.5m，5 号主墩高 99.5m；主引桥交界墩墩高分别为 67.5m（3 号墩）与 85.4m（5 号墩）。其中 5 号主墩水下部分出现了水平贯穿裂缝，3 号交界墩墩底出现多条裂缝。此外，简支引桥段中 7 号墩（墩高 86.7m）、8 号墩（墩高 88.2m）、9 号墩（墩高 84.6m）、10 号墩（墩高 82.2m）与 11 号桥墩（墩高 84.7m）也出现了水下裂缝。虽庙子坪大桥桥墩开裂并不严重，裂缝最宽处约 0.8mm，但因其裂缝均位于深水中，导致其震后修复代价巨大。

第 2 章 地震地质灾害影响分析
Chapter 2 Seismic geological disaster analysis

2.1 地震地质灾害对公路桥梁影响概述 Review of bridge damage by seismic geological disaster

汶川地震发生于青藏高原东缘龙门山构造带，在地貌上处于青藏高原和四川盆地过渡带，该区域在不到 50km 范围内，地形高差达 5km 以上[2]，形成了龙门山深切峡谷地貌。在这种地貌条件下，地震诱发的大量崩塌、滑坡灾害，以及因崩滑体堰塞河道形成的堰塞湖等，对河谷两侧桥梁造成了巨大的破坏。受地震地质灾害影响而全桥失效（D 级震害）的桥梁 40 座，占受灾区全桥失效（共 52 座）桥梁总数的 76.9%。如沿岷江河谷的国道 213 线映秀至汶川公路的 K26+772.4 顺河桥被崩塌岩体砸毁并掩埋，一碗水中桥被崩塌岩体砸毁（图 2–1）。

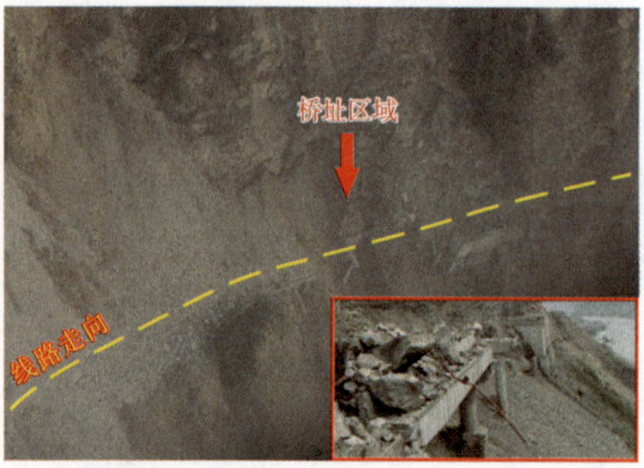

图 2–1 一碗水中桥附近斜坡崩塌

Figure 2–1 Slope collapsed near Yiwanshui Bridge

2.2 受地震地质灾害危害桥梁分布区域 Distribution region of bridges suffered from seismic geological disaster

地震中遭受地震地质灾害影响的桥梁共计 58 座，受到严重危害的桥梁多集中在映秀至清平北东 30km、龙门山中央断裂带与后山断裂带之间区域内，该区域内主要有省道 303 线映秀至卧龙段、国道 213 线映秀至汶川段、省道 302 线茂县至北川段，如图 2–2 所示。由于不同地形地貌、地层岩性，区域地质灾害发育程度不同，对桥梁造成危害也不同，受地震地质灾害危害的桥梁中，位于中央主断裂上盘的桥梁共 50 座，位于下盘的桥梁共 8 座，上盘受到地震地质灾害影响的桥梁数量与破坏严重程度均大于下盘，如图 2–2 所示。进一步调查分析发现，受地震地质灾害危害严重的桥梁主要位于龙门山中央断裂带（发震断层）和龙门山后山断裂带之间；发生地震地质灾害严重的灾害点，岩性为硬质岩，地貌均为高陡斜坡。

地震地质灾害危害桥梁分布区域表明：①地震地质灾害上盘大于下盘，体现了地震的上、下盘效应；②断层对地质灾害有控制作用；③地震地质灾害与岩性和地貌等因素有密切关系。

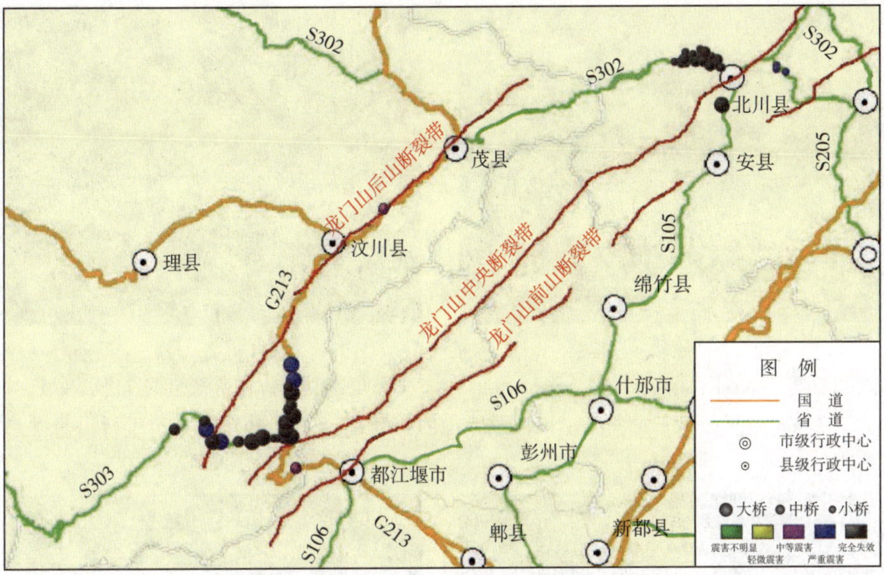

图 2-2　受次生地质灾害桥梁分布图

Figure 2-2　Bridges suffered from seismic geological disaster

2.3　地震地质灾害对桥梁的主要破坏形式及分析 The main damage forms as seismic geological disaster and analysis

地震地质灾害对桥梁的破坏主要表现形式为：崩塌滑坡（或崩塌落石）砸毁和损毁桥梁、斜坡土体滑移推挤桥梁、堰塞湖淹没桥梁、泥石流掩埋或冲毁桥梁等。

2.3.1　崩塌灾害对桥梁破坏分析 Damage analysis of bridges suffered from collapse disaster

地震崩滑灾害是汶川地震区主要地质灾害形式。地震灾区地处龙门山区，在强烈的隆升作用和河流下切作用下，区内山高谷深、地形地质条件复杂，斜坡地质结构类型多样，斜坡失稳灾害类型极为丰富多样，其中高速远程滑坡、高位崩塌、土层及强风化岩体失稳（山扒皮）、高位块石抛射是几种比较典型的灾害形式[2]。

1）崩塌灾害对桥梁的破坏类型

崩塌灾害破坏的桥梁，主要破坏特征是：①崩塌滑坡体掩埋桥梁，如都江堰—映秀高速公路的映秀岷江大桥映秀岸斜坡崩塌滑坡掩埋桥台（图 2-3）[3]。②高位崩塌落石砸毁桥梁，如岷江左岸高度超过 600m 基岩陡坡崩塌，坠落块石击毁 G213 线的彻底关大桥（图 2-4）[3]。③崩塌滚石砸毁桥梁。崩塌岩体顺坡面滚动，砸断梁体或者砸断桥墩造成桥梁垮塌，如省道 303 线的渔子溪 2 号桥因巨石冲击全桥垮塌（图 2-5）。④崩塌滑坡体产生碎石流摧毁桥梁，如省道 S303 线映秀—卧龙的渔字溪 1 号桥，被滑坡体产生的大量碎石流冲毁（图 2-6）。

图 2-3 震后映秀岷江大桥

Figure 2-3 Elevation of Yingxiu Minjiang River Bridge after earthquake

图 2-4 高位崩塌落石致彻底关大桥桥梁被砸毁、路基被埋

Figure 2-4 Beam damaged by megalith from high position and base buried

图 2-5 渔子溪 2 号桥第 4 跨被巨石击中，主梁断裂

Figure 2-5 Megalith hit the 4th span result in main beam breaking in Yuzixi 2nd Bridge

图 2-6 渔子溪 1 号桥被碎石流冲毁

Figure 2-6 Yuzixi 1st Bridge destroyed by broken stone

2）崩塌灾害对桥梁破坏过程分析

汶川地震引发的崩塌灾害，与桥位所在区域的地貌及岩性有密切关系。发生崩塌的灾害点主要位于高山峡谷区，同时基岩为硬质岩，且岩体破碎，风化强烈。如桥梁破坏严重的路线是国道 213 线映秀—汶川段，该段属深切 V 形河谷，岷江河谷狭窄，两侧岸坡陡峻。两岸山峰海拔在 3 000m 以上，相对高差大于 1 000m，岩性为古生界震旦系硬质基岩。

研究表明，在强震作用下，崩塌变形破坏的基本机制也属于强震下的拉裂破坏效应，变形失稳机制可以归结为拉裂—倾倒型、拉裂—滑移型、拉裂—错断、拉裂—溃散、拉裂—溃屈、拉裂—抛射、震动—滚动等类型[2]。无论哪种崩塌类型，当崩塌点下方有桥梁时，对桥梁的破坏都是巨大的。以下以彻底关大桥的破坏为例进行分析。

彻底关大桥的岷江左侧块状结构黑云母花岗岩高陡斜坡，发育 330° ∠ 75°、60° ∠ 75°、160° ∠ 55° 三组结构面，靠映秀侧发育微冲沟，冲沟下部为崩坡积块碎石层。斜坡坡向 265°，坡高 600m。地震诱发斜坡中上部岩体倾倒、错断失稳破坏，失稳岩体顺坡坠落、滚动、弹跳，在微冲沟下部坡脚堆积（图 2-7[3]、图 2-8），部分块石弹跳至岷江，其中一岩块击中并砸毁彻底关大桥，失稳方量约 5 万 m^3。

在众多的崩塌类型中，其中拉裂—倾倒型在汶川地震中危害最大，其崩塌体方量大。

边坡高陡地形，坡体节理裂隙发育是在强震作用下诱发拉裂—倾倒失稳的主要因素。山顶处地震作用放大效应大，产生深拉裂缝，被震裂拉开的块体向临空方向迅速倾倒，在水平地震力作用下崩落，其演化过程示意图见图 2-9。崩塌体崩落在坡面和坡底处，形成宽大的倒石锥，靠近发震断裂带体积大者甚至能达到 $200 \times 10^4 m^3$。

图 2-7　彻底关大桥右侧斜坡崩塌

Figure 2-7　The right slope collapse of Chediguan Bridge

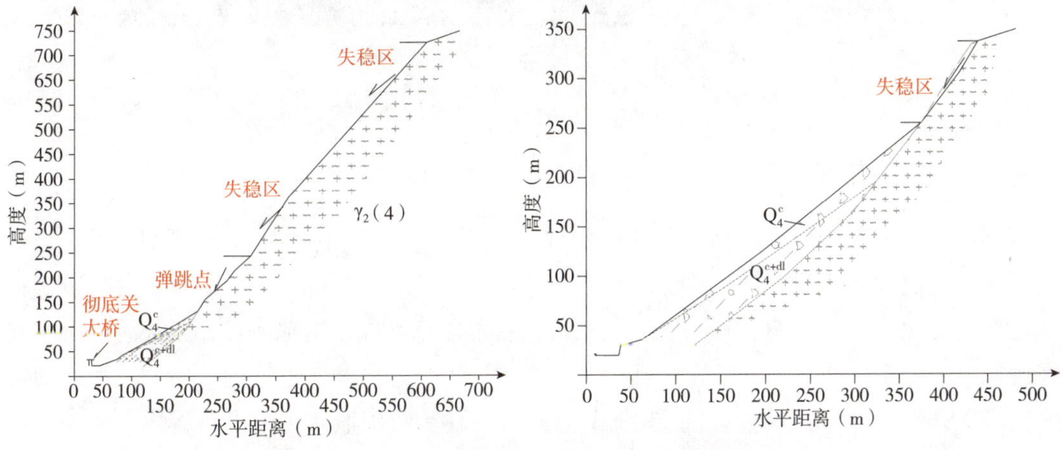

图 2-8　彻底关大桥右侧斜坡崩塌剖面示意图

Figure 2-8　The right slope collapse diagram of Chediguan Bridge

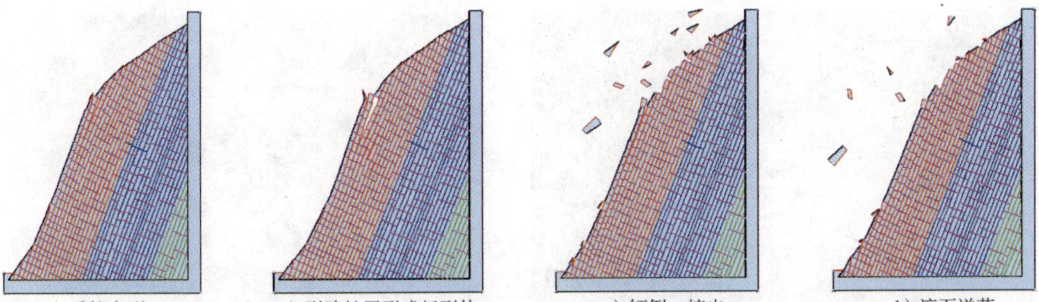

a）受拉启裂　b）裂隙扩展形成板裂体　c）倾倒—摔出　d）滚石迸落

a）Tension fracture　b）Fissure expand to be plate breaking　c）Topple-falling　d）Megalith falling

图 2-9　拉裂—倾倒崩塌破坏模型演化图

Figure 2-9　Damage progress mode diagram about tension fracture—topple collapse

2.3.2 斜坡土体滑移对桥梁破坏分析 Damage analysis of bridges suffered from soil slide of slope

汶川地震中，部分位于覆盖土层较厚的陡坡地形上的桥梁，在地震作用下上覆土层向临空面沉陷、滑移、溜坍等，造成墩台移位和倾斜，加剧了桥梁震害，这是山区桥梁震害的新特点。如新房子大桥右线为傍山线桥梁，其连续梁部分所在覆盖土层发生向临空滑移、沉陷现象，对桥墩产生推挤，使得1~5号墩柱均往右侧倾斜（图2-10）。

图2-10 新房子大桥覆盖土层滑动，桥墩倾斜

Figure 2-10 Cover soil slide,and piers tilt of Xinfangzi Bridge

2.3.3 堰塞湖对桥梁的损毁 Damage from landslide dam to bridges

汶川地震中部分崩塌滑坡体造成一定数量的堰塞湖，淹没桥梁。最严重的是省道302线，因地震造成唐家山山体严重垮塌，壅塞湔江，使其水位提升，形成举世瞩目的唐家山堰塞湖。受堰塞湖的影响，省道302线北川至禹里段公路或被湖水淹没，或被唐家山壅塞体掩埋，使得该区段内公路完全中断，直至震后近3个月后才基本抢通。唐家山堰塞湖影响区域内共有22座桥梁被淹没或掩埋。18座桥梁在唐家山堰塞湖泄洪后露出水面，由于湖水浸泡、泄洪冲刷等原因，这些桥梁已基本上无继续利用的价值。堰塞湖造成的桥梁破坏如图2-11[3]、图2-12所示。

图2-11 省道303线巴朗河中桥被堰塞湖水淹没

Figure 2-11 Balang River Bridge in provincial road 303 submerged by water from landslide dam

图2-12 唐家山堰塞湖泄洪退水后的土子沟桥

Figure 2-12 Tuzigou Bridge after Tangjiashan landslide dam releasing flood water

2.3.4 震后泥石流造成的桥梁损毁 Damage to bridges suffered from mud-rock flows after earthquake

汶川地震诱发大量崩滑灾害，地震崩滑堆积物残留在沟谷及斜坡上，在后期降雨作用下，极易诱发泥石流灾害。震后 3 年的实际情况表明，泥石流灾害是震后主要灾害形式，如 2010 年 8 月 13 日在汶川地震灾区的暴雨诱发了大量泥石流灾害，S303 线映秀至卧龙公路、G213 线映秀至汶川公路、汉旺—清平—桂花岩等公路沿线，爆发大量泥石流灾害，给公路造成严重损毁。震后泥石流主要是冲毁和掩埋桥梁（图 2-13、图 2-14）。

图 2-13 8·13 泥石流掩埋桩基

Figure 2-13 Mud-rock flows buring foundation of pier

图 2-14 8·13 泥石流堵塞拱桥

Figure 2-14 Mud-rock flows blocking arch bridge

2.4 高烈度山区桥梁地震地质灾害防治对策 Protective countermeasures of bridges, in high intensity, suffered from seismic geological disaster

根据汶川地震地质灾害对桥梁破坏的调查分析和研究，高烈度地震山区桥梁桥位选择原则及灾害防治对策如下。

（1）高烈度地震山区强烈地震时将发生滑坡、崩塌、泥石流、堰塞湖等地质灾害，在公路线位选择时应评估各种地质灾害的影响范围，合理确定公路的平面线位、高程。

（2）路线布设应尽量远离发震断裂带，必须穿过时，宜正交布设在破碎带较窄的部位，当必须采用桥梁跨越断层时，应优先选择简支体系桥梁，并控制桥梁规模和墩、台高度，且应有对应的修复预案和保通预案。

（3）桥位选择应尽量避绕可能发生滑坡、崩塌、泥石流等地质灾害的不良地质地段及不良地形地段（地形陡峭、孤突、岩土松散、节理裂隙发育地段），对于难以避绕的不良地质和地形路段，应优先选用傍山隧道。

（4）桥位应尽量垂直河流、沟谷布设，减少受上方斜坡失稳块石冲击面积，尽量避免在陡坡下方设置桥梁。对于傍山而建、沿山势展线的桥梁，桥梁应与边坡间保持适当的安全距离，避免落石等崩塌物的冲击。

（5）可能受上方局部小型落石威胁的桥梁，除加强坡面防护外，还应加强桥面和桥墩防护，采取避免受撞击的措施。防落石措施可采用：①在桥侧设置被动防护网；②在桥侧设置钢格栓拦石排架；③桥墩设置防撞缓冲装置；④桥上设置轻型钢棚洞（图 2-15~ 图 2-18）。

图 2-15 被动防护网

Figure 2-15 Passive protective net

图 2-16 拦石排架

Figure 2-16 Intercept bent

图 2-17 桥墩防撞缓冲装置

Figure 2-17 Buffering device avoid collision in pier

图 2-18 桥上设置轻型钢棚洞

Figure 2-18 Lightweight steel shed-tunnel on bridge

（6）陡斜坡上的覆盖土层在地震作用下向凌空面沉陷、滑移、溜坍，造成墩台移位和倾斜，加剧桥梁震害。设计时适当加大桥梁跨径，跨越不良覆盖土层，避免墩台置于不稳定的覆盖土层上；重力式墩台易沿覆盖土层滑移，因此不宜采用重力式墩台；采用桩基础时，桩基穿越覆盖层，埋入下卧的基岩内，必要时，在墩台临空面设置抗滑桩，减少覆盖土体的变形，从而减少地基变形震害。

第 3 章 简支梁桥震害机理分析
Chapter 3 Seismic damage mechanism of simply supported beam bridges

公路桥梁的常用桥型包括简支梁桥、连续梁桥、拱桥、连续刚构桥、斜拉桥和悬索桥等，据不完全统计，其中简支梁桥占我国公路桥梁总数的 60% 以上，汶川地震重、极重灾区简支梁桥共计 1 432 座，占桥梁总数的 70%。

简支梁桥主梁的截面形式一般有 T 形梁、I 形梁、空心板、实心板、小箱梁等，T 形、I 形梁主要用于 25~50m 跨径，以 30、40m 跨径居多，50m 跨仅用于少数桥梁；空心板一般有 16、20、25m 三种跨径，16m、20m 跨较多，实心板用于跨径 10m 以下的小桥，小箱梁一般用于 16~30m 跨径范围。T 形梁、小箱梁在横向一般通过横隔板连接，空心板一般通过铰缝连接。

简支梁桥的支座是连接桥梁上部结构和下部结构的构件，上部结构在地震作用下产生的惯性力通过支座传递至桥墩。支座形式主要有板式橡胶支座、油毛毡垫层两种，少数修建年代较久远的桥梁采用摆轴支座和滚轴支座，油毛毡垫层支座一般用于跨度不超过 10m 的小桥。

简支梁桥桥墩形式主要有钢筋混凝土圆形截面排架墩、钢筋混凝土矩形空心墩、钢筋混凝土实心矩形墩和圬工墩四种，其中以圆形截面排架墩最为普遍，矩形截面空心墩主要用于高度超过 40m 的情况，圬工墩主要用在修建年代较早的桥梁。

由于板式橡胶支座的普遍使用和主梁纵向连接方式普遍采用桥面连续的特点，使得汶川地震中的梁式桥震害表现出与国外桥梁震害明显不同的特点，有必要根据这些特点对其震害表现进行分析。

3.1 简支梁桥震害类型 Seismic damage forms of simply supported beam bridges

简支梁桥主要震害类型有：①主梁移位，甚至发生落梁或全桥垮塌，对于部分斜交简支梁桥，主梁在移位时往往会产生明显的平面内转动；②墩梁相对移位导致支座滑移或剪切变形，挡块和伸缩缝破坏等；③桥墩出现倾覆、压溃、剪切破坏、开裂、倾斜等破坏，但比例较低；④桥台侧墙、锥坡局部开裂，台后填土下沉等[1]。

3.1.1 主梁震害 Seismic damage of main beams

汶川地震中，实际烈度为Ⅶ ~XI 度区域内共有简支梁桥 3 298 跨，所有桥跨均未发现主梁开裂等结构性震害，震害主要形式为主梁移位（图 3-1~ 图 3-3）。其中共有 36 跨梁体发生落梁，出现落梁的简支梁桥均为位于实际烈度为X度及以上区域内的较长简支梁桥，其中29跨为正在施工的桥梁，当时还未完成梁板间的横向连接。除落梁外，还有96跨梁体发生严重移位，511跨梁体出现一般移位，出现移位的桥跨共643跨，占总数的19.5%。中、小桥主梁移位率远低于大桥和特大桥，发生落梁的桥跨均为位于X、XI度区的大桥或特大桥。

从震后的主梁残余移位可以看出，主梁移位均为整跨（单跨桥）或整联（多跨桥）的整体移位，即使对于横向移位较大甚至出现横向落梁震害的桥梁，在一联之内主梁也基本保持顺直（图3-2）；除南坝大桥因尚未施工板间铰缝混凝土和桥面连续而出现多跨连续落梁外，其余均为单跨纵向落梁或横向局部落梁（即横向多片梁中，仅1~2片落梁）；出现纵向落梁或纵向移位严重的桥梁，往往伴有桥台背墙破坏。此外，斜交桥出现主梁纵、横向移位的同时，往往伴有明显的转动（图3-3），而且从主梁移位率的统计情况来看，斜交桥的主梁移位率高达62%，远高于正交桥的11%，且在Ⅷ度区即出现了多座严重移位的情况，震害表现与正交桥有明显不同。

图3-1 落梁

Figure 3-1 Falling beam

图3-2 主梁横向移位

Figure 3-2 Transverse displacement of main beam

图3-3 斜交桥梁体发生转动

Figure 3-3 Girder rotation of skew bridges

3.1.2 桥墩震害 Seismic damage of piers

在汶川地震实际烈度Ⅶ～Ⅺ度区域内共有简支梁桥墩2 316个，出现震害的桥墩较少，共56个桥墩出现震害，震害率为2.4%，远低于主梁、支座、挡块的破坏率，未出现日本阪神地震、美国北岭地震中桥墩大量破坏的情况，这是汶川地震中简支梁桥震害一个鲜明的特点。在Ⅶ、Ⅷ度区域内，仅有甘肃省毛坝桥2、3号桥墩出现轻微级破坏，其余出现破坏的桥墩均位于Ⅹ、Ⅺ度区域内。尽管桥墩震害数量不多，但震害形式却较为丰富，主要有墩柱底开裂、墩顶开裂、墩柱塑性铰、压溃、倾斜、盖梁开裂破坏、桥墩倒塌等（图 3-4~ 图 3-7）。

图 3-4　桥墩倾覆
Figure 3-4　Piers tumble

图 3-5　桥墩压溃
Figure 3-5　Piers crush

图 3-6　墩顶塑性铰
Figure 3-6　Plastic hinge of piers' top

图 3-7　盖梁开裂
Figure 3-7　Coping cracking

3.1.3　支座、挡块震害 Seismic damage of bearings and blocks

所有简支梁桥中，发生支座破坏的数量为 1 092 组，占总数 6 596 组的 16.6%，破坏支座绝大多数为板式橡胶支座，唯一采用摆轴支座的桥梁——渔子溪桥，所有支座完全破坏，油毡垫层支座基本未见震害；发生挡块破坏的数量为 720 组，占总数 4 283 组的 16.8%，这与主梁发生移位比例 19.5% 接近。与主梁破坏情况类似，发生破坏的支座、挡块也多为位于较高烈度区的大桥中。

支座的破坏形式主要有翻滚卷曲、剪切变形、支座移位、支座脱空（图 3-8，图 3-9）。挡块震害形式可分为抵拢型、水平剪切破坏型、斜剪切破坏型、撞飞型等。

抵拢型：桥梁横向移位后，主梁与挡块间隙消失，导致梁体与挡块密贴。此时，挡块会有不同程度的撞击开裂损坏，但也有的挡块没有开裂。

水平剪切破坏型：挡块沿与盖梁（台帽）的交界面开裂或破坏。配筋较少且不适当的钢筋混凝土挡块与圬工挡块均有可能发生此种类型的破坏（图 3-10）。

斜剪切破坏型：是本次地震中出现最多的挡块破坏形式，根据斜剪切面始于挡块还是始于挡块与盖梁交界处可细分为 A 类和 B 类（图 3-11）。

撞飞型：这种挡块破坏形式也较为多见，圬工挡块的破坏大多属于这一类，钢筋混凝土挡块也有发生。

其他：除上述类型外，还有一些其他破坏形式，如挡块内部开裂严重，水平、竖向、斜向均有主裂缝产生等。

图 3-8 支座翻滚并卷曲

Figure 3-8 Bearing rolling and curve

图 3-9 支座滑移

Figure 3-9 Bearing displacement

图 3-10 水平剪切破坏

Figure 3-10 Horizontal shearing damage

图 3-11 斜剪切破坏

Figure 3-11 Oblique shearing damage

3.1.4 简支梁桥震害小结 Summary of seismic damage of simply supported beam bridges

从上述的介绍中可以看出，汶川地震简支梁桥的震害表现出以下特点：

（1）主梁移位率高、支承破坏率高，这一特点与国内外其他地震是相似的；

（2）桥墩震损率低、主梁落梁少，且多跨连续纵向落梁的情况较为少见；

（3）主梁的移位率和移位程度与桥梁长度密切相关，表现出移位率和移位程度随桥梁总长度的增加而增加的特点，而且多联桥的移位率高于单联桥、多跨桥的移位率高于单跨桥；

（4）支座、桥墩挡块的震损率高，震损率与主梁移位率基本相当；

（5）出现纵向落梁的桥梁往往伴有桥台背墙破坏的现象。

本章将就这些现象进行分析，从而揭示汶川地震中简支梁桥震害机理。

3.2　板式橡胶支座的作用 Function of plate rubber bearing

如前所述，支座是连接桥梁上部结构和下部结构的构件，上部结构在地震作用下产生的惯性力通过支座传递至桥墩，汶川地震中的简支梁桥普遍使用板式橡胶支座是其重要特点。要解释主梁移位率高、桥墩破坏少的原因需从板式橡胶支座在地震中的作用入手，为此，采用数值模拟分析（详见附录 A）和振动台试验（详见附录 B）对这一问题进行研究。

3.2.1　数值模拟分析 Numerical simulating analysis

为解释汶川地震中主梁移位多、落梁少的现象，选取了都汶高速公路上的 6 座桥梁，进行增量动力分析（IDA 分析），计算中考虑桥面连续的影响，主梁、桥墩均采用弹性梁单元模拟。此外，根据汶川地震中出现大量主梁与支座间相对移位的事实，计算模型中的板式橡胶支座采用非线性连接弹簧单元模拟。单元 j 节点与支座垫石相应节点连接，i 节点作为滑动端与主梁相应节点连接，通过定义的摩擦模型建立力—变形关系。本文计算中采用库仑摩擦模型，滑动端接触点上的临界水平力 F_{cr} 与竖向力 N 之间的关系可用式（3-1）表达：

$$F_{cr}=\mu N \tag{3-1}$$

式中：μ——摩擦面的摩擦系数；对于没有梁底钢板的情况，μ=0.2，对于未设梁底钢板的情况，μ=0.3，对于四氟板支座，μ=0.12；

N——支座竖向力，为恒载轴力与地震轴力之和。

在进行非线性地震反应分析时，任意时刻当支座受到水平力 F 时，支座水平方向发生相应的弹性变形 $\delta=F/k$，k 为支座单元的水平剪切刚度；当支座变形 $\delta \geqslant l$、$\delta \geqslant F_{cr}/k$ 时，支座进入滑动状态。如果在某一时刻支座 x、y 方向所受的地震水平力分别为 F_x、F_y，可以通过图 3-12 所示的滑动准则判断支座是否进入滑动状态，支座滞回模型如图 3-13 所示。

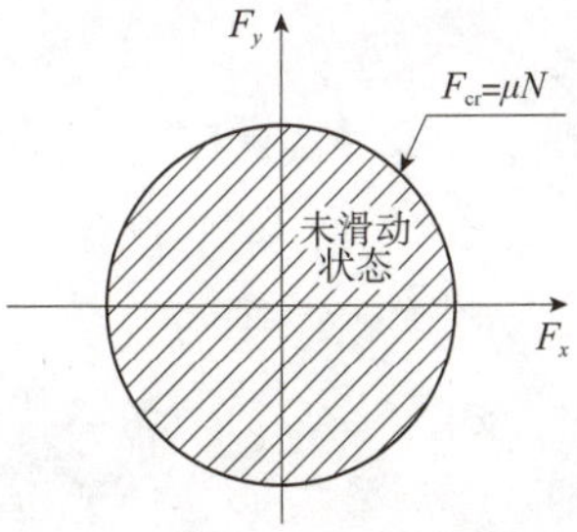

图 3-12　支座滑动判断准则

Figure 3-12　Bearing sliding judging criterion

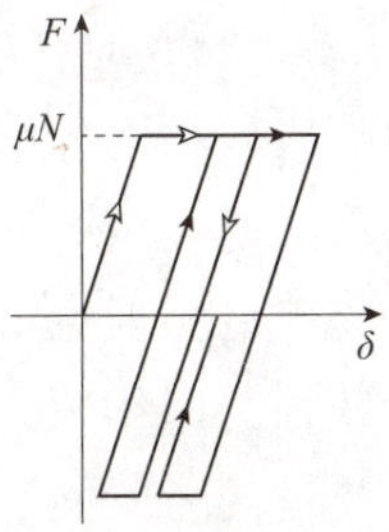

图 3-13　支座滞回模型

Figure 3-13　Bearing hysteretic model

地震输入采用汶川地震绵竹清平台三分量地震波[4]，同时考虑水平向和竖向地震作用，地震动峰值加速度分别从 0.1g 逐渐增大至 0.8g。

图 3-14 给出了某 3×5×20m+6×20m 和 3×40m+2×4×30m 简支梁桥墩底顺桥向弯矩和板式橡胶支座水平剪力随地震动峰值加速度的变化情况。

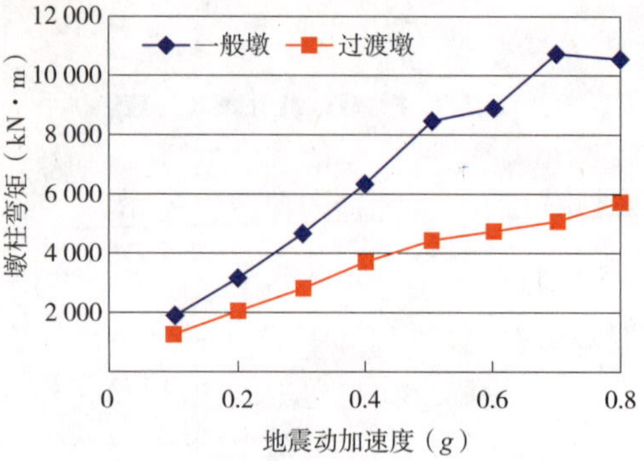

a）40m跨简支梁桥墩弯矩随加速度变化

a）Bending moment of piers of simply supported beam was variation with acceleration（40m）

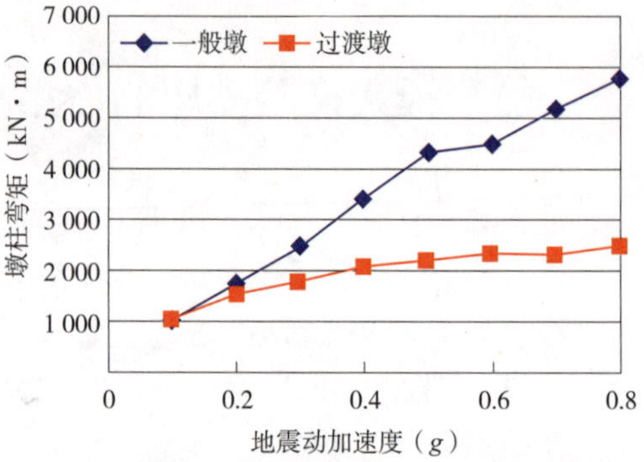

b）20m跨简支梁桥墩弯矩随加速度变化

b）Bending moment of piers of simply supported beam was variation with acceleration（20m）

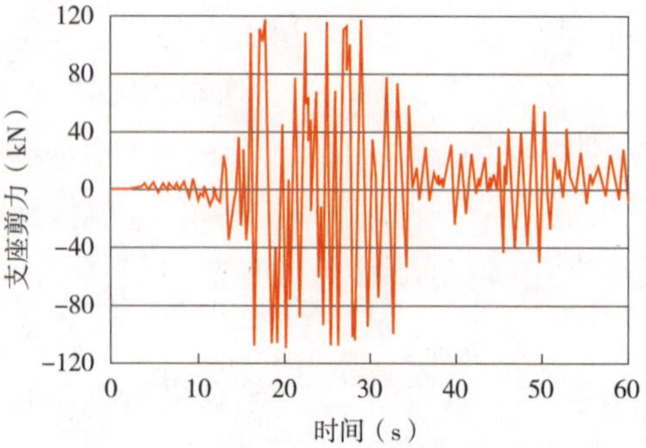

c）40m跨简支梁支座剪力时程（0.8g）

c）Shear force time-history of bearing of simply supported beam（40m）

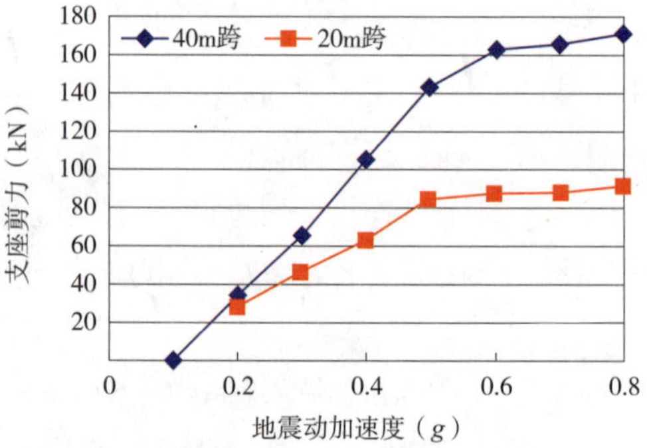

d）简支梁支座水平剪力

d）Horizontal shear force of bearing of simply supported beam

图 3-14 某简支梁桥墩弯矩和支座水平剪力随加速度的变化

Figure 3-14 The change curves of bending moment on pier and the horizontal shear stress on bridge bearing to acceleration of the simply supported beam bridges

由于主梁桥墩采用的是弹性梁单元，由线弹性理论可知，随着地震动加速度的增加，桥墩的内力响应应成正比增大，地震动加速度增加 n 倍，则桥墩响应也应增大 n 倍。但从图 3-14a)、b）来看，墩底的弯矩响应似乎并不满足这一规律。

桥墩的内力响应包括上部结构的作用和桥墩（含盖梁）振动两个部分，对于确定的桥墩，其刚度和质量是一定的，因此仅就桥墩自身振动而言，是应满足随地震动加速度成正比增大这一规律的。但主梁与桥墩是通过板式橡胶支座连接的，墩梁相对位移通过主梁与支座间的摩擦力来约束，是一种弱连接约束，换言之，主梁振动传递至桥墩的水平力小于或等于支座与主梁间的摩擦力，一旦摩擦力达到最大值，传递至桥墩的主梁水平地震力不再增加，从图 3-14d）中 20m、40m 跨度桥梁支座水平剪力随地震动加速度的变化情况可以看出，在（0.4~0.5）g 时支座摩擦力达到最大值，此后支座的水平剪力增加很小；从图 3-14c）也可看出，在地震动加速度为 0.8g 时，在进入强地震动段不久，支座即已屈服。正是由于支座的屈服，使得桥墩内力响应的增加较地震动加速度的增加要慢。

从上述分析可看出，对于采用板式橡胶支座的简支梁桥，由于强地震动作用下支座与主梁间连接的破坏，使得其桥墩内力并不随加速度的增加而线性增加，而是较地震动加速度的增长要慢，正是由于这一原因，使得汶川地震中简支梁桥桥墩受损比例远低于日本阪神地震和美国北岭地震。采用板式橡胶支座等弱连接支座无疑是高烈度区简支梁桥抗震设计的重要措施。

3.2.2　震害机理的振动台试验研究 Mechanics of seismic damage based on shaking table experimental study

为进一步揭示板式橡胶支座桥梁震害机理，汶川地震后进行了振动台试验。由于桥梁数量众多，对每一座桥均进行试验研究是不可能的，而且在已通过统计方法提取出震害现象和特点后，这样做也是不必要。在此情况下，只需根据震害现象和特点选择适当的典型桥梁，通过典型桥梁的试验，就能够达到揭示震害机理的目的。选择典型桥梁时应遵循以下原则：①典型桥梁的震害现象应包括通过统计分析提取的所有震害现象；②结构构造应是常用的。基于以上原则，简支梁桥选择寿江大桥作为典型桥梁。第二跨主梁移位量达 15cm，但桥墩仅轻微开裂，是较为典型的主梁移位大、桥墩受损少的结构，故以汶川地区寿江桥第二跨桥跨结构为试验原型（图 3–15）进行振动台试验研究。具体的试验过程见附录 B。

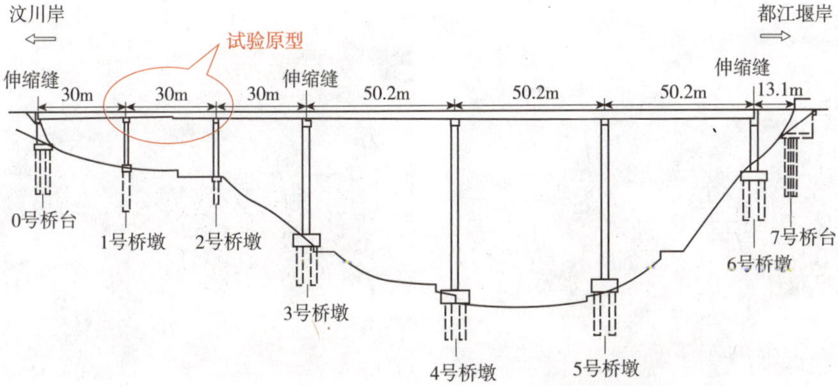

图 3–15　试验原型示意图

Figure 3–15　Schematic diagram of test prototype

试验模型与原型按照相似比原则进行缩尺，根据模型比例设计了模拟上部结构质量的质量块、板式橡胶支座、下部结构支承。测试的内容包括上部结构位移、支座位移、传递至下部结构的三向力，考察的因素主要为下部结构刚度的影响。为此设计了两个试验模型，模型 A（图 3-16）为下部结构刚度较大的情况（无钢立柱），模型 B（图 3-17）为下部结构刚度较小的情况（以钢立柱模拟）。

a）安装完成的试验模型（一）
a）Completed installation of test model（1）

b）安装完成的试验模型（二）
b）Completed installation of test model（2）

图 3-16 振动台试验模型 A
Figure 3-16 Shaking table test model A

a）安装完成的试验模型（一）
a）Completed installation of test model（1）

b）安装完成的试验模型（二）
b）Completed installation of test model（2）

图 3-17 振动台试验模型 B
Figure 3-17 Shaking table test model B

模型 A 共进行了 18 个工况的试验，输入的激励包括：①周期为 0.3~0.5s 的正弦波，输入方式分为 0.15*g* 水平输入、0.2*g* 水平输入、0.2*g* 水平 + 竖向输入；②汶川地震绵竹清平台 N/S 分量，采用水平输入，加速度峰值由 0.3*g* 分 7 级逐步增大至 1.2*g*。

模型 B 共进行了 6 个工况的试验，输入为绵竹清平台 N/S 分量，采用加速度峰值由 0.5*g* 分 7 级逐步增大至 1.2*g*。

图 3-18~ 图 3-20 给出了模型 A、B 采用绵竹清平台 N/S 分量水平输入，加速度峰值为 1.2*g* 时的上部质量块加速度时程、支座位移时程以及支座力与位移曲线。

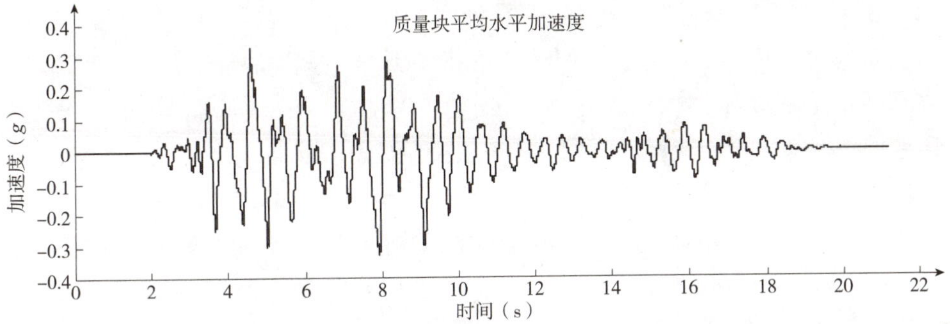

a）模型A工况18（台面加速度1.22g）上部质量块加速度时程

a）Acceleration time-history of upper mass block of model A while table acceleration is 1.22g

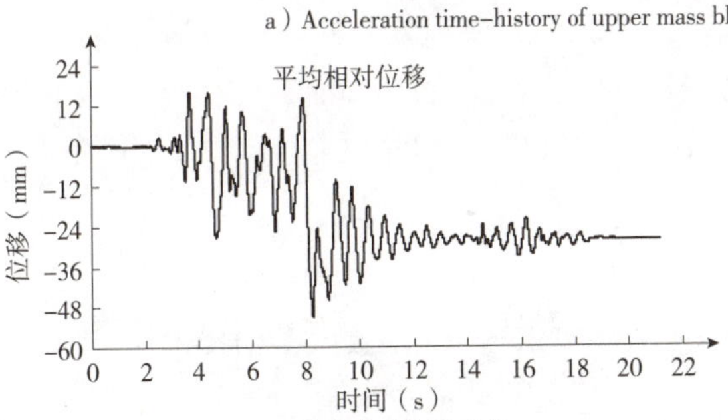

b）支座水平位移时程

b）Horizontal diaplacement time-history of bearing

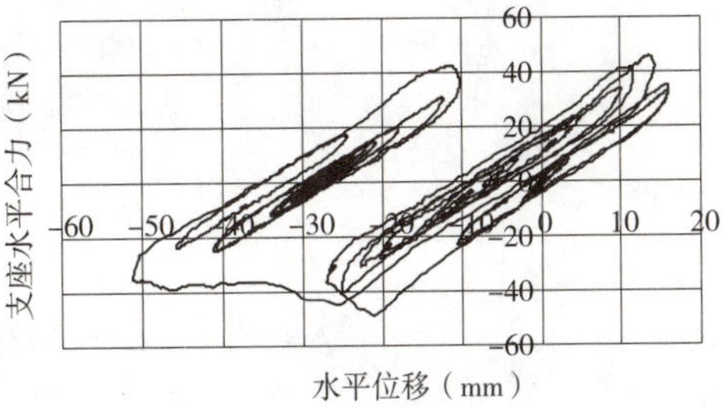

c）支座水平合力—位移曲线

c）Curves of horizontal resulting force -displacement

图 3-18　模型 A 台面加速度 1.22g 时主要结果

Figure 3-18　Main results to model A while table acceleration is 1.22g

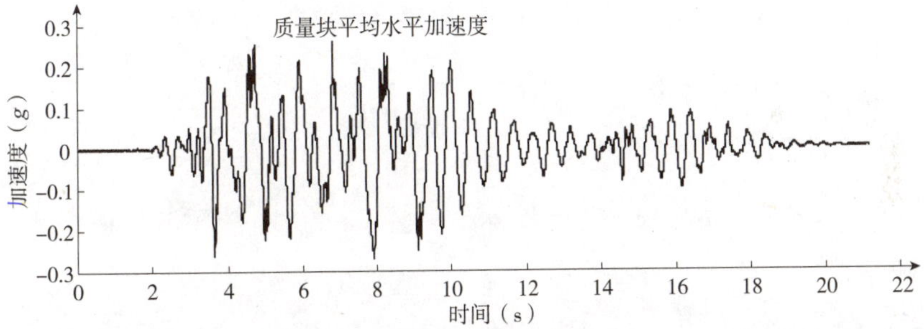

图 3-19　模型 B 台面加速度 1.20g 上部质量块加速度时程

Figure 3-19　Acceleration time-history of upper mass block of model B while table acceleration is 1.20g

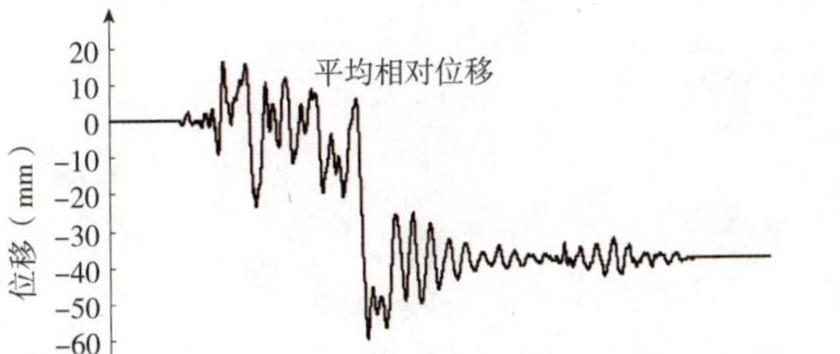

a）支座水平位移时程

a）Horizontal diaplacement time-history of bearing

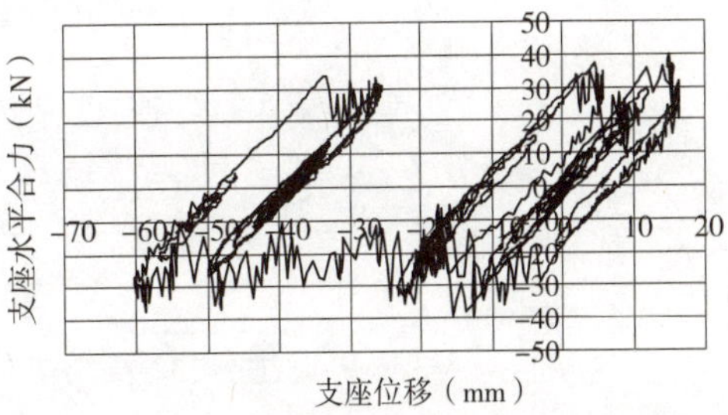

b）支座水平合力—位移曲线

b）Curves of horizontal resulting force -displacement

图 3-20　模型 B 工况 7（台面加速度 1.20g）主要结果

Figure 3-20　Main results to model B and condition 7（table acceleration-1.20g）

由图 3-17、图 3-19 可以看出，地震波水平向输入下，模型 A 质量块的最大加速度反应仅为台面地震波 PGA 的 30% 左右，模型 B 质量块的加速度时程也仅为台面地震波 PGA 的 25% 左右，也证实了采用橡胶支座在一定程度上起到了有效的隔震作用，正是由于这一作用，使得上部结构的地震效应减小了，从而保护了桥墩。

从图中还可以看出，一旦梁体与橡胶支座间产生滑动，梁体位移迅速增加，可以看出板式橡胶支座的隔震作用是以支座的破坏和主梁移位失去限制为代价的，这一点从 3.1.1、3.1.3 节中主梁移位率与支座破坏率基本相同也可得到证实，由此可以解释为什么汶川地震中出现大量的主梁移位现象。

从数值模拟和振动台试验的结果可看出，正是由于主梁与支座间产生滑动，释放了上部结构的地震作用，减小了桥墩的地震内力响应，保护了桥墩，因此在汶川地震中没有出现其他地震中大量桥墩破坏的现象。但也应看到，主梁与支座间的相对滑动增大了墩梁相对移位，也增大了落梁的可能性。

3.3 主梁落梁分析 Falling beam analysis of main beam

主梁落梁是由于墩梁相对移位大于桥墩的支承宽度导致的，可以视为主梁移位的极端形式。如前所述，板式橡胶支座保护桥墩是以墩梁相对移位为代价的，而过大的墩梁相对移位将导致落梁，为什么汶川地震中出现数量众多的主梁移位现象，但落梁数量并不多呢？桥面连续和桥台在其中起到了重要作用（详见附录 C）。

3.3.1 桥面连续对主梁移位的影响 Bridge deck continuous influence on displacement of main beam

为考察桥面连续的影响，在 3.2.1 节 3 × 5 × 20m+6 × 20m 简支梁桥模型的基础上进一步构造了各跨均设置伸缩缝的模型。

图 3-21、图 3-22 分别给出了 3 × 5 × 20m+6 × 20m 模型和各跨均设伸缩缝时墩梁相对移位的情况。

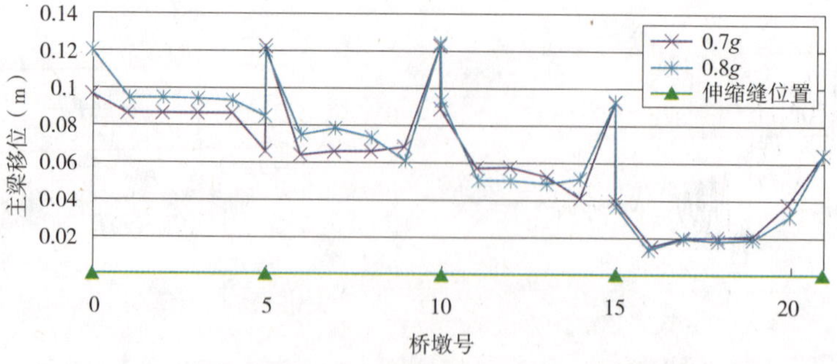

图 3-21 0.7~0.8g 3 × 5 × 20m+6 × 20m 简支梁墩梁相对移位

Figure 3-21 Relative displacement between piers and beams to simply supported beam

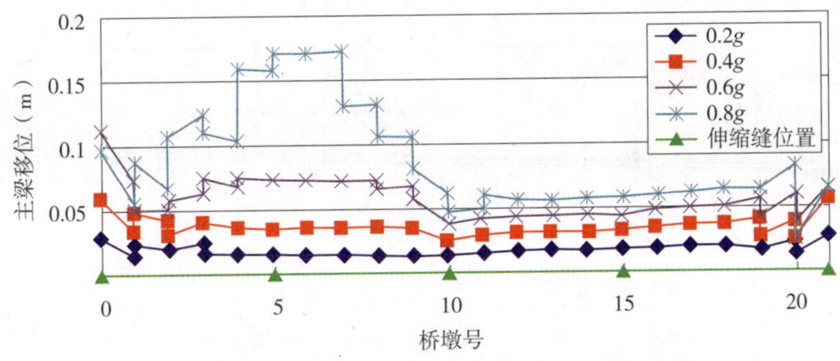

图 3-22 各跨主梁间均设伸缩缝时纵向墩梁相对位移

Figure 3-22 Relative displacement of piers and beams along longitudinal while each span set expansion joint among girders

从图中可以看出，采用桥面连续时，在伸缩缝处各联主梁的纵向移位均有一定差异，部分联跨差异十分明显。但在纵向上一联内主梁的移位却是基本相同的，这表明桥面连续将一联内的各跨主梁连接为整体，在水平地震荷载作用下，各联是整体受力的。从图 3-22 还可看出，各跨间均设伸缩缝时墩梁相对移位的规律与有桥面连续时明显不同。不仅随加速度的增加，墩梁相对移位增加很快，而且相对移位大、规律性不强，局部存在墩梁相对移位很大的桥跨。其原因在于：一方面伸缩缝的存在给主梁移位提供了空间，这一点在图 3-21 中也表现得较为清晰，图 3-21 中由右向左呈逐渐增大的趋势，而且每经过一道伸缩缝，墩梁相对移位即有较为明显的增大；另一方面，由于伸缩缝数量多，主梁间存在复杂的碰撞过程，主梁间的碰撞也会增大墩梁相对移位。

由上述分析可以看出，桥面连续是重要的抗震措施，其作用有二：其一，减少了伸缩缝的数量，减小了主梁移位的空间，也减少了主梁碰撞的出现；其二，桥面连续起到了连梁装置的作用，协调了各跨的移位，从而有效减小主梁的最大移位。连梁装置的作用在唐山地震等其他地震中均已得到验证，也是规范中推荐采用的防落梁装置。汶川地震中桥面连续简支梁虽未主动设置连梁装置，但客观上，桥面连续起到了连梁装置的作用。

3.3.2 桥台限位 Limiting displacement of abutment

从图 3-21 中还可看出，右端主梁的纵向位移均在 6cm 左右，这与伸缩缝的宽度基本相等，这表明，桥台对主梁的纵向位移有较好的约束作用。上述结论从图 3-23 主梁与桥台的碰撞力时程也可得到证明，图中在 18~27s，主梁与桥台发生了多次碰撞，表明桥台对主梁的纵向位移施加了约束，正是这一约束，有效控制了主梁的纵向移位，减小了落梁风险。

反之，若桥台背墙破坏将使得桥台的约束作用大为减弱，从而导致落梁，这就解释了为什么出现纵向落梁的桥梁多伴有桥台破坏的情况（图 3-24）。可以看出，桥台是约束主梁纵向移位的重要构件。

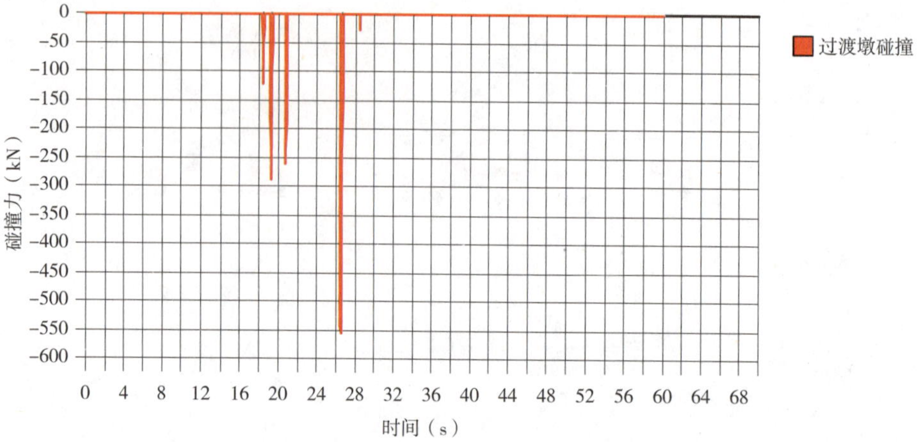

图 3-23 主梁与桥台碰撞力时程（0.8g）

Figure 3-23 Collision force time-history between main beam and abutment

a）桥台破坏
a）Abutment damage

b）落梁
b）Falling beam

图 3-24 虹口高原桥落梁

Figure 3-24 Falling beam of Gaoyuan Bridge in Hongkou town

3.3.3 桥梁长度的影响 Influence of bridge length

由 3.3.1 节计算分析可以推论，桥梁长度是影响最大墩梁相对移位的重要因素，3.1.1 节的主梁震害统计也表明，长度较大的大桥、特大桥其主梁移位率较长度较短的中、小桥要高，移位程度也更加严重。其原因在于桥梁长度越长，伸缩缝数量越多，主梁运动空间就越大，墩梁相对位移、落梁风险也就越大，例如由图 3-25 可知，只有 2 联的草坡 1 号桥（5×20m+5×20m），其墩梁相对移位的趋势与 4 联的某桥（图 3-21）相似，但墩梁相对移位要小。

由此可见，虽然桥台的约束和桥面连续的有利作用在一定程度上弥补了板式橡胶支座的缺点，但对于多联长桥，随着伸缩缝数量的增多，主梁移位空间逐渐增大，板式橡胶支座对主梁移位约束差的缺点再次凸现出来，如何控制墩梁相对移位，避免落梁风险，是基于弱连接、长度较大桥梁需重点解决的问题。

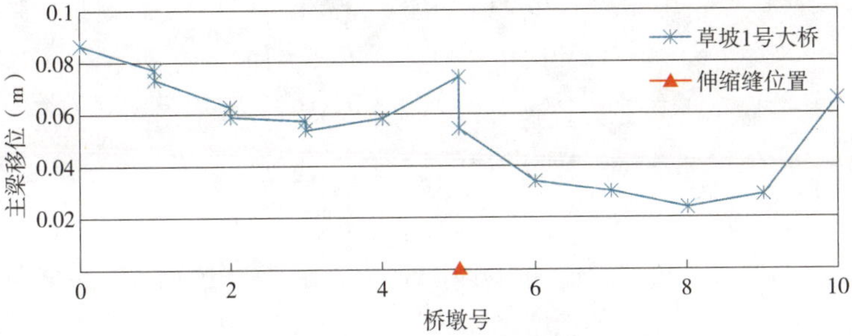

图 3-25　草坡 1 号桥墩梁相对移位（0.8*g*）

Figure 3-25　Relative displacement between piers and beams to Caopo 1 Bridge

3.4　挡块的作用 The role of the block

3.4.1　挡块对主梁的约束 The function of restraint of block to main beam

汶川地震中挡块出现了 720 余组震害[1]，挡块震损率与主梁移位率接近，因此挡块震害与主梁移位有密切联系。图 3-26、图 3-27 中计算了某 3×5×20m+6×20m 简支梁桥横桥向墩梁相对移位随地震加速度峰值的变化情况，计算中为考虑挡块的非线性因素[5-9]，假设其保持弹性，这与实际情况虽有一定出入，但对于考察挡块对主梁的约束作用却是可行的。

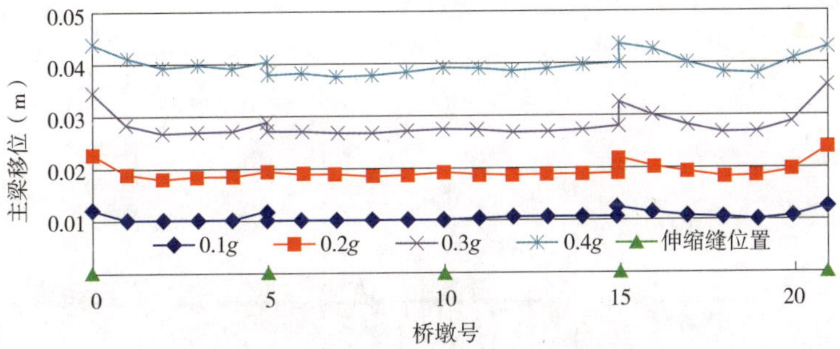

图 3-26　横桥向墩梁相对移位随加速度变化（0.1*g*~0.4*g*）

Figure 3-26　Relative displacement between piers and beams is variation with acceleration by lateral direction（0.1*g*~0.4*g*）

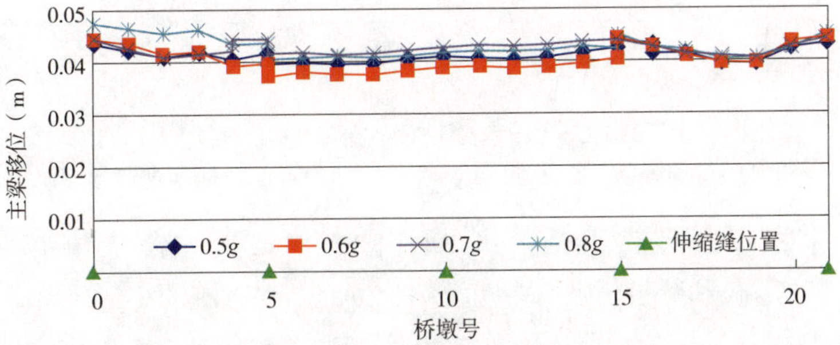

图 3-27　横桥向墩梁相对移位随加速度变化（0.5*g*~0.8*g*）

Figure 3-27　Relative displacement between piers and beams is variation with acceleration by lateral direction（0.5*g*~0.8*g*）

由图 3–26、图 3–27 可以看出，当地震动加速度较小时，墩梁相对移位随加速度的增大几乎成线性增大，大于 0.4g 后，横向墩梁相对移位不再增加，而是收敛于 4cm 左右，该值为主梁与桥墩挡块的间隙值，可见挡块具有较好的限制横向墩梁移位的作用。汶川地震中主梁移位数量达 643 跨，但横向落梁的数量仅 10 跨，从上述分析来看，挡块“功不可没”。那么是否可以通过增大挡块刚度来增强挡块对主梁的约束呢？答案是否定的，其原因在于，挡块对主梁约束是以增大墩柱的内力为代价的，图 3–28 表明，在横向上，墩底弯矩随烈度几乎成线性增加，甚至有随地震烈度加速增大的趋势。对比简支梁的墩、梁在纵、横向的连接构造，二者区别在于横桥向上桥墩挡块可能对主梁产生约束，而这样的约束是通过碰撞产生的，图 3–29 给出了 2 号墩弯矩时程与主梁、挡块的碰撞力时程，可以看出，碰撞效应出现的时间与桥墩弯矩出现的时间有良好的对应关系，碰撞是导致桥墩内力峰值的重要因素。

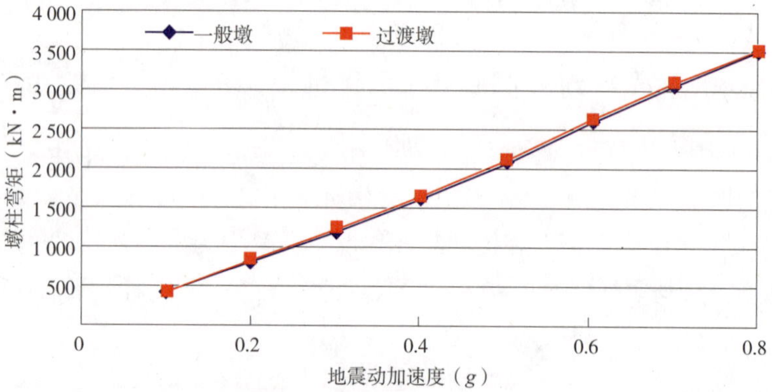

图 3–28　20m 跨墩底弯矩随加速度变化

Figure 3–28　Bending moment of bottom of piers is variation with acceleration（20m span）

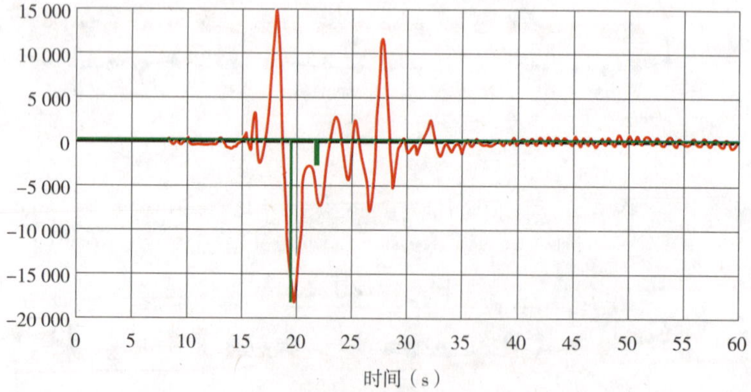

图 3–29　2 号墩横向弯矩与伸缩缝碰撞时程

Figure 3–29　Collision time–history between transverse bending moment and expansion joint

综合桥墩内力响应和墩梁相对移位可以看出，挡块是重要的抗震构件，其设计需综合平衡限制墩梁相对移位和减小桥墩内力响应两个方面需要，刚度小、截面弱虽然可以减小桥墩的内力响应，但限位效果不理想；反之若刚度大、截面强，虽然可以保护挡块，但桥墩内力响应可能增加，甚至出现挡块、桥墩“同归于尽”的情况（图 3–30）。

图 3-30　挡块、桥墩同时受损

Figure 3-30　Damage of block and piers at the same time

3.4.2　挡块的破坏机理与影响因素 Failure mechanism of the block and influence factors

为揭示挡块作用，开展了挡块模型试验研究（详见附录 D）。为了增强试验的针对性，使此次试验及性能结果能更好地应用于国内公路桥梁的抗震设计工作，把本试验的试验原形确定为通过抽样获取得四川汶川地震影响的 8 座现役桥梁，取样原则遵守以下 3 个“不能”：不能是同一设计单位；不能是同一桥型；不能是同一条公路。具体挡块取样如表 3-1 所示。

表 3-1　四川现役桥梁挡块抽样调查表

Table 3-1　Block sampling questionnaire of Sichuan bridges in operation

桥　名	挡块高（cm）	挡块宽（cm）	挡块长（cm）	竖筋直径（mm）	横筋直径（mm）	桥型	高宽比
德阿公路绵竹段 2 号桥	24	25	50	12	12	20m 连续梁	0.96
北川县禹里大桥	80	50	165	22	12	60m T 梁	1.60
北川县夏禹大桥	40	24	160	12	8		1.67
北川县石蓑衣大桥	40	20	160	12	8	20m 空心板	2.00
S105 安州大桥	40	40	170	20	8	25m 空心板	1.00
辕门坝大桥	50	45	170	20	16	20m 空心板	1.11
北川陈家坝大桥	80	55	200	20	12	25m T 梁	1.45
新房子大桥	50	40	220	12	12	40m T 梁	1.25

在挡块调查取样的基础上设计了 5 个挡块试验模型（表 3-2）。调查表明汶川地震灾区桥梁挡块设计相对随意，箍筋主要有两种构造形式：第一种箍筋并不是完全意义上的“箍筋”，相当于分布钢筋，挡块横向抗剪能力较差（图 3-31）。第二种是常规封闭箍筋构造，其横向抗剪能力较好（图 3-32）。

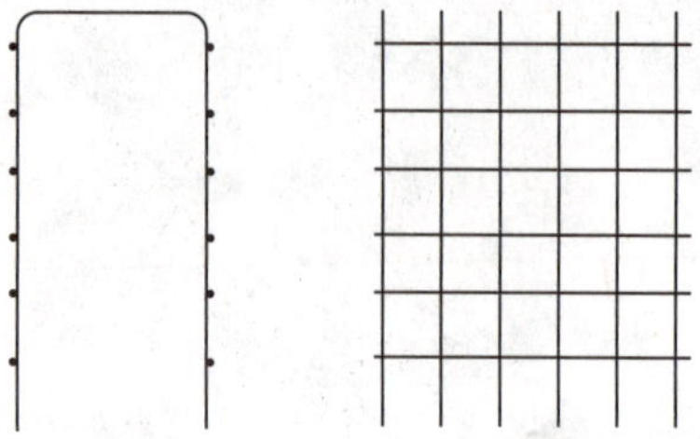

图 3-31 第一种箍筋构造形式

Figure 3-31 The 1st stirrup construction form

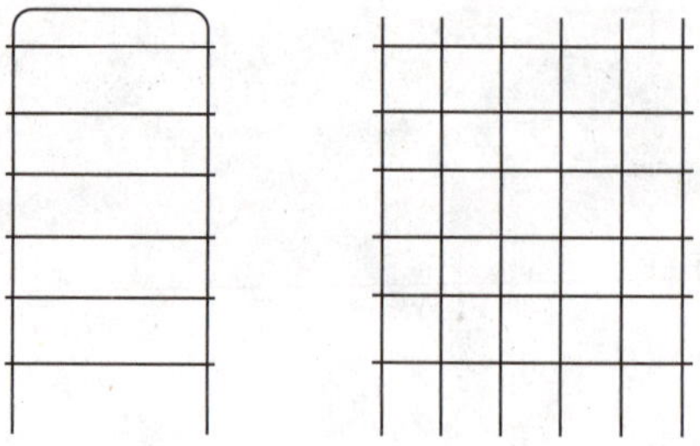

图 3-32 第二种箍筋构造形式

Figure 3-32 The 2nd stirrup construction form

表 3-2 桥梁横向挡块模型参数表

Table 3-2 Parameters table of bridge transverse block model

编号	厚度 T（cm）	高度 H（cm）	长度 L（cm）	箍筋形式	纵筋率（%）	配箍率（%）	水平力距离挡块根部高度（cm）
SSK-1	30	50	60	1	1.56	0.00	30
SSK-2	30	50	60	2	1.56	0.67	30
SSK-3	30	50	60	2	1.56	0.67	20
SSK-4	35	50	60	2	1.34	0.67	35
SSK-5	40	50	60	2	1.17	0.67	35

SSK-1 模型主要考察非封闭箍筋挡块的横向抗震受力特点，竖向钢筋和横向钢筋（第一种箍筋形式）的直径均为 16mm，纵筋和箍筋间距 10cm；SSK-2 模型主要考察封闭箍筋挡块的横向抗震受力特点，除了箍筋形式外其余构造与第一个挡块完全相同；SSK-3 模型其结构形式与第 2 个挡块完全一样，仅加载受力点降低 10cm，与 SSK-2 一起研究加力点的影响；SSK-4 模型在 SSK-2 基础上将挡块厚度增加 5cm；SSK-5 模型在 SSK-2 基础上将挡块厚度增加 10cm。这样通过 SSK-2、SSK-4、SSK-5 模型可以研究挡块厚度的影响。各试验模型尺寸、配筋情况、加载点位置如表 3-2 所示，试验加载装置如图 3-33 所示。

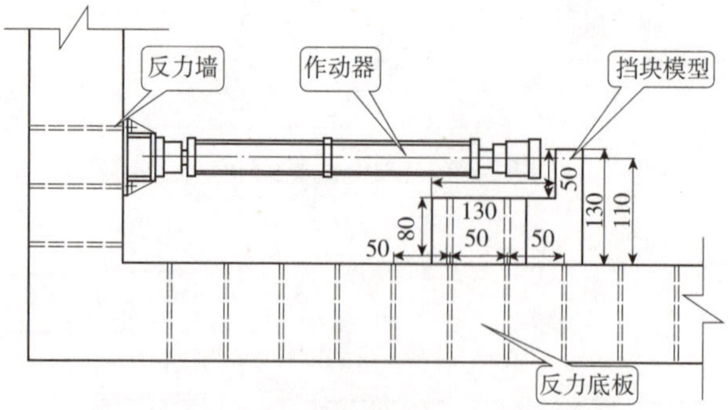

图 3-33 试验加载总装图（尺寸单位：cm）

Figure 3-33 Test load general assembly drawing（unit：cm）

加载波形采用三角波，采用位移控制（图 3-34），根据前一级试验结果调整后面试验参数，即对下一位移控制目标进行调整。试件破坏的标志为试件的承载能力下降到最大承载能力的 85%以下，或者钢筋被拉断，或者混凝土大面积脱落。各试验模型的破坏形态如图 3–35 所示。各模型试验的移位—水平力曲线见图 3–36、图 3–37。

挡块拟静力试验结果表明，采用非封闭箍筋的挡块虽然极限承载能力从试验结果上看并无明显弱势，但其延性能力较差，易发生脆性破坏，不利于抗震（图 3–36）。在试验过程中，挡块外侧纵筋没有得到有效约束，在试验阶段的后期，其纵筋大都产生屈曲，影响挡块的承载能力和延性的更好发挥。同时，随着挡块厚度增加，其横向承载能力也逐渐增加。但挡块厚度越大，其达到峰值后承载能力下降也越快（图 3–37）。

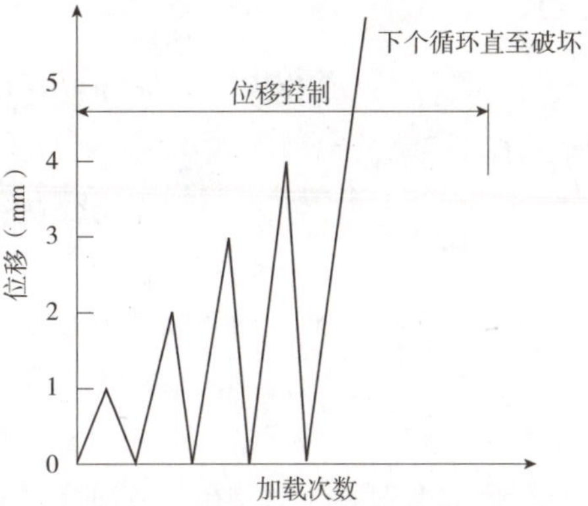

图 3–34　挡块抗震性能试验加载程序

Figure 3–34　Test load program of aseimatic property of block

a）SSK–1模型破坏形态（移位20mm）
a）SSK–1 model failure mode (displacement 20mm)

b）SSK–2模型破坏形态（移位58mm）
b）SSK–2 model failure mode (displacement 58mm)

c）SSK–4模型破坏形态（移位62mm）
c）SSK–4 model failure mode (displacement 62mm)

图 3–35　破坏形态

Figure 3–35　Failure mode

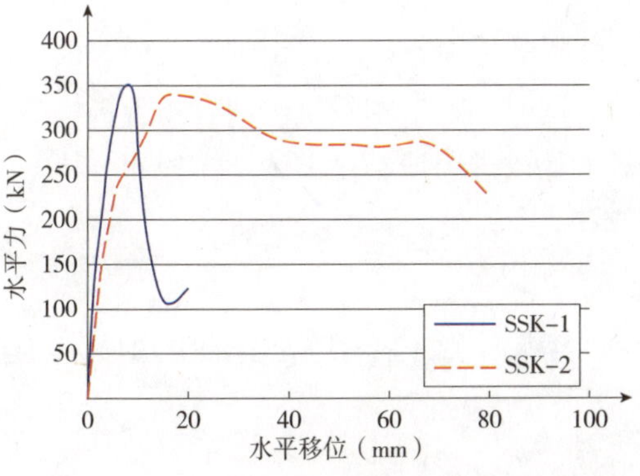

图 3–36　挡块移位—水平力曲线 *a*

Figure 3–36　Curve of retainer displacements and horizontally forces

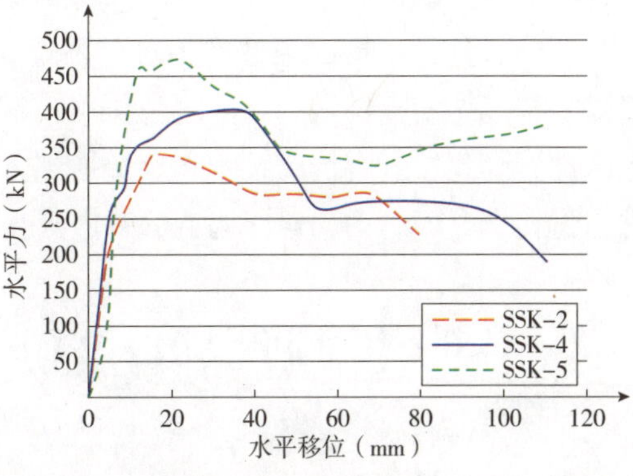

图 3–37　挡块移位—水平力曲线 *b*

Figure 3–37　Curve of retainer displacements and horizontally forces

3.5 对板式橡胶支座简支梁桥抗震性能的再认识 Recognition of anti-seismic property for simply supported beam bridge with plate-rubber bearing

板式橡胶支座早在20世纪70年代就已在我国得到应用，也是目前我国梁式桥采用的主流支座。汶川地震中，梁式桥表现良好。统计表明，Ⅶ～Ⅺ度区，出现严重震害和失效的简支梁桥34座，占总数的3.4%。在实际烈度为Ⅶ度的区域内，最严重的破坏为中等破坏，失效的桥梁均出现在Ⅹ、Ⅺ度区，总数为5座。可以说，板式橡胶支座梁式桥的良好表现超出了预期。

板式橡胶支座有一定隔震作用，这一点早在《公路工程抗震设计规范》(JTJ 004—89)[10]规范中即有论述，然而，现有抗震设计技术对板式橡胶支座桥梁抗震性能的认识仍存在不足。唐山地震中，板式橡胶支座即有一定的良好表现，同时也注意到主梁与支座间易发生滑动、过大的剪切变形易导致支座翻滚，上述因素均使得支座对主梁的移位约束显得过弱，是一种弱连接的支承形式。客观地来看，板式橡胶支座确实存在上述不足，但却忽略了正是这样的弱连接可以释放上部结构的地震作用，有效地保护桥墩。此外，在评价板式橡胶支座的抗震性能时，未能从全桥整体的角度来看待，仅看到了板式橡胶支座对主梁约束过弱，主梁易移位，落梁风险大。然而，汶川地震的震害调查表明，在地震中，梁式桥的主梁、桥墩、支座、桥台、桥面连续、主梁横向联结系、墩台挡块构成了一个完整的抗震系统，虽然支座对主梁移位约束较弱，但桥面铺装协调了一联内主梁移位，起到了连梁装置的作用，桥台有效地约束了主梁的纵向移位，挡块有效地约束了主梁的横向移位，在有效释放主梁地震作用的同时，有效弥补了板式橡胶支座对主梁约束过弱的缺点，在很大程度上控制了主梁移位，防止了落梁。

可以看出，板式橡胶支座是一种隔震性能良好的支座形式，与桥台、挡块限位形成一种隔震结构体系。虽然板式橡胶支座不能耗散地震能量，但却释放主梁的地震作用，而且经济性较现有铅芯橡胶支座、摩擦摆支座等隔震支座要好得多，具有显著的经济效益，十分有利于隔震设计的推广。

但应看到，桥台的限位作用对于桥长200m以内的桥梁是有效的，对于长桥，由于伸缩缝数量多，使得桥台的纵向限位作用大打折扣；同时，挡块的限位作用有赖于挡块的合理设计，因此，现有抗震技术和构造措施仍有较大的改进余地。对于计算模型和方法的改进，将在本章中讨论，对于构造的改进则在后续章节中讨论。

3.6 几个问题的讨论 Discussion on several problems

3.6.1 计算模型 Calculation model

在《公路工程抗震设计规范》(JTJ 004—89)中已考虑了板式橡胶支座简支梁在水平地震作

用下各墩地震内力的分配特点，但在其提出的计算模型中引入了两条假定：①不考虑主梁与支座间的相对滑移；②不考虑主梁与桥墩、桥台间的碰撞。事实上，从震害调查结果来看，这两条假定是不成立的，不能准确反映桥梁的动力学特性，一方面夸大了上部结构的地震效应，另一方面对墩梁间可能出现的相对滑移估计不足。为此，建议采用如图 3-38、图 3-39 所示的计算模型[11-16]。

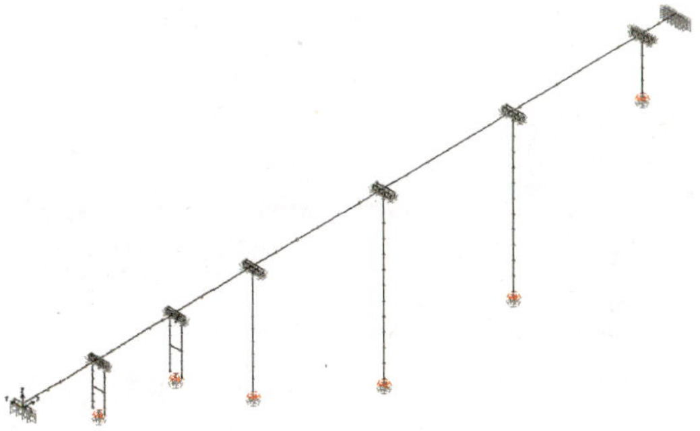

图 3-38　板式橡胶支座简支梁桥改进有限元模型示意图

Figure 3-38　Improved finite element model of plate-rubber bearing simply supported beam bridge

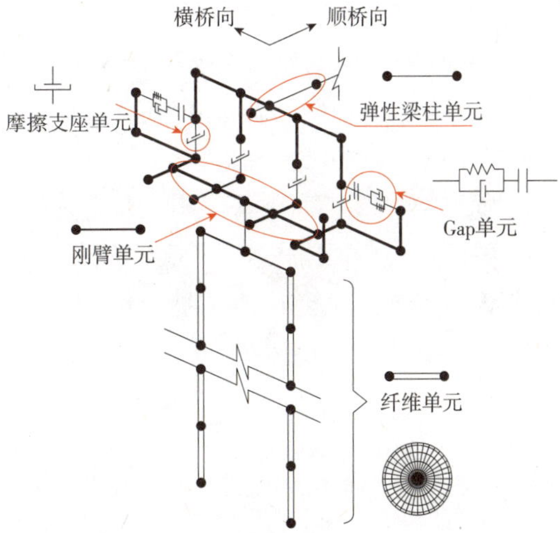

图 3-39　模型细节

Figure 3-39　Detail model

在改进计算模型中，墩、梁单元的模拟仍沿用《公路桥梁抗震设计细则》（JTG/T B02-01—2008）[17]的要求，但对于板式橡胶支座的计算模型考虑了摩擦及滑动的影响，桥墩模拟了挡块，并考虑了各联主梁间的碰撞、主梁与桥台的碰撞、主梁与挡块的碰撞，从而考虑了桥台和挡块的纵、横向限位作用，需要模拟土—结构相互作用时，仍可采用《公路桥梁抗震设计细则》（JTG/T B02-01—2008）的方法。该模型较现有模型较为完整地模拟了整个桥梁的动力学特性，与实际结构更加吻合。

板式橡胶支座的计算模型可采用理想弹塑性模型，弹性段刚度按支座的剪切刚度计算，屈服荷载为梁、支座间的摩擦力，可采用库仑摩擦模型，滑动端接触点上的临界水平力 F_{cr} 与竖向力 N 之间的关系可用式（3-1）表达。

碰撞效应可采用间隙单元 + 接触单元的方式来模拟，接触单元采用 Kelvin 模型，两相邻桥梁之间产生的碰撞力可表示为：

$$\begin{cases} F_c=k_k(u_1-u_2-g_p)+c_k(\dot{u}_1-\dot{u}_2), & u_1-u_2-g_p \geq 0 \\ F_c=0, & u_1-u_2-g_p < 0 \end{cases} \tag{3-2}$$

式中：k_k——连接弹簧的线性刚度；

c_k——阻尼系数；

g_p——两相邻联桥梁之间伸缩缝处的间距。

c_k 与恢复系数 e 之间的关系可按下式计算：

$$c_k = 2\xi\sqrt{k_k\frac{m_1 m_2}{m_1+m_2}} \tag{3-3}$$

$$\xi = \frac{-\ln e}{\sqrt{\pi^2+(\ln e)^2}} \tag{3-4}$$

式（3–3）中，m_1 和 m_2 分别为两相邻跨桥梁的质量。对于混凝土材料建议恢复系数 e 取 0.65。主梁间的碰撞刚度 k_k 取梁体的轴向刚度，主梁与挡块之间的碰撞刚度取混凝土挡块的抗弯刚度。间隙单元的初始间隙取为主梁—桥台、主梁—主梁间伸缩缝宽度和主梁与挡块间的实际间隙。

简支梁桥面连续是一种特殊的构造，在顺桥向上具有较大的轴向刚度，在横桥向上也具有强大的抗弯、抗剪刚度，从而将各跨主梁连接为整体，但其竖向抗剪刚度和绕横桥向的抗弯刚度却很弱，几乎不能传递竖向剪力和绕横桥向弯矩。在模拟桥面连续时必须模拟出上述传力特点。计算模型中可采用梁单元模拟桥面连续，但放松梁端的竖向抗剪和绕横桥向弯曲自由度。

计算模型确定后，地震作用和计算方法的选取可沿用《公路桥梁抗震设计细则》（JTG/T B02–01—2008）中的规定。

3.6.2 挡块计算方法 Calculation method of the block

汶川地震中出现了共计 720 余组挡块震害，是较为普遍的震害形式，其主要原因在于，在设计中挡块仅进行构造设计，而且对构造也未进行详细规定。因此，工程实际中挡块的设计趋向经验化，各地也没有统一的做法，配筋情况五花八门，几乎从不对其进行计算分析。

根据震后的专题研究结果，对混凝土挡块的构造和设计计算改进的建议如下。

（1）挡块是重要的抗震措施，其截面尺寸和钢筋配置应通过计算确定，既不宜过强，也不能过弱。

（2）为了能够更好地发挥挡块的横向支挡能力，在设计中宜采用封闭式箍筋。

（3）在设计中，为了避免挡块外侧纵筋产生屈曲破坏，应将挡块箍筋的设置范围延伸进盖梁，其延伸长度不小于挡块的厚度且不小于钢筋锚固长度。

（4）对于采用封闭式箍筋的挡块，可以采用下式进行挡块承载能力计算：

$$F_h = \frac{f_{sk}\cdot A_s\cdot L}{H} \tag{3-5}$$

式中：F_h——上部结构作用在挡块的水平推力（N）；

H——上部结构作用在挡块的水平推力到盖梁顶面的距离（cm）；

L——挡块内侧纵筋距离挡块受压区中心的距离（cm）；

f_{sk}——挡块内侧竖向钢筋抗拉强度标准值（MPa）；

A_s——挡块内侧竖向钢筋面积（mm^2）。

3.6.3 长桥主梁的纵向限位 Longitudinal limiting displacement of main beam of long bridge

在上文的分析中已表明，对于长桥，由于伸缩缝数量多，主梁运动空间大，墩梁相对移位、落梁风险明显较中等长度的桥梁要大。

从桥台的限位作用也可以得到一个启示，即对于多联桥梁，若在适当的位置设置刚度较大的“抗震限位墩”（图3-40），起到类似于桥台的限位作用，这样即可将多联长桥分为多联短桥（图3-41），通过抗震限位墩减小伸缩缝的累积宽度，从而减小主梁移位的空间。为验证上述构思的可行性，将某桥10号墩设置为“地震限位墩”，其结果如图3-42所示，可见设置限位墩后，主梁的最大相对移位明显减小，证明上述措施是可行的。

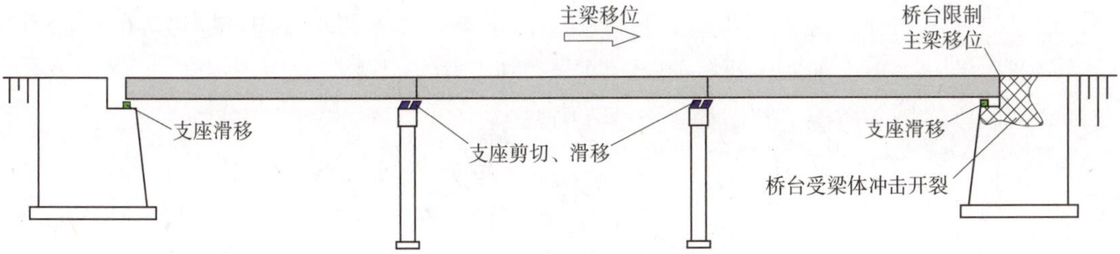

图3-40 桥台约束梁体移位

Figure 3-40 Abutment restrain displacement of beam

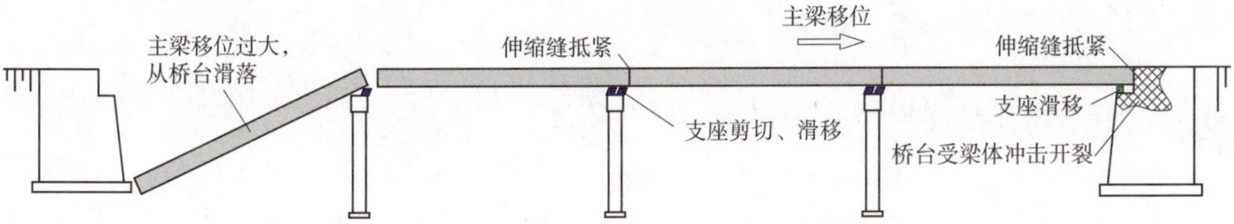

图3-41 约束梁体移位

Figure 3-41 Aseismatic-limiting displacement piers restrain displacement of beam

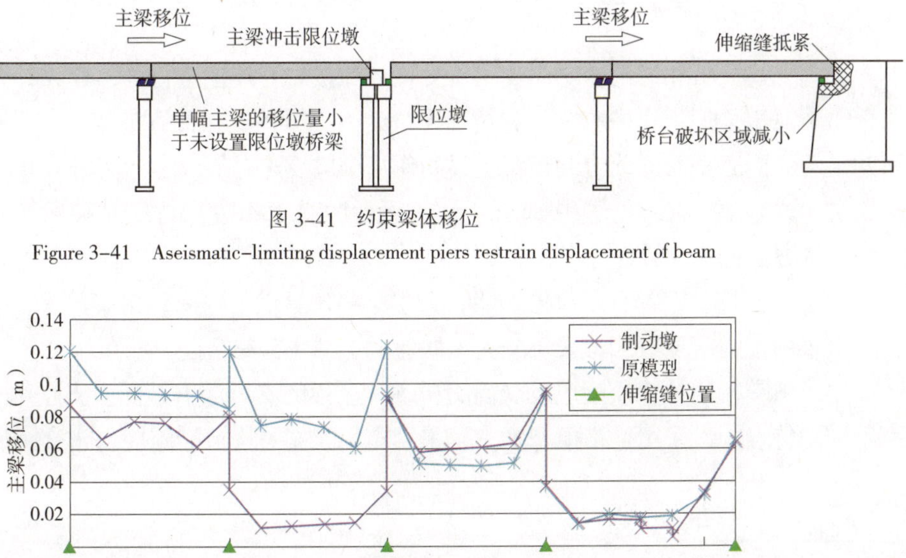

图3-42 限位墩效果比较

Figure 3-42 Function comparison of braking piers

3.6.4 斜交桥计算模型及对策 Calculation model and countermeasures of skew bridges

斜交桥是几何形状较为复杂的桥梁，在地震中表现出主梁纵、横向位移耦合和易发生转动的特点。震后桥梁震害机理研究表明，斜交桥主梁的转动主要由两个因素导致：其一，斜交桥各片主梁的支座反力不同，导致支座对主梁移位的约束不同，作用于主梁质心的地震作用与支反力的合力构成了转动力耦；其二，当主梁与桥台以及主梁间发生碰撞后，由于碰撞力与碰撞边界不垂直，将产生平行于碰撞边界和垂直与碰撞边界的碰撞力，前者将产生转动力矩，加剧主梁的转动。在计算模型中，应能反映出上述特点。建议对斜交桥宜采用梁格模型模拟上部结构（图 3-43）。

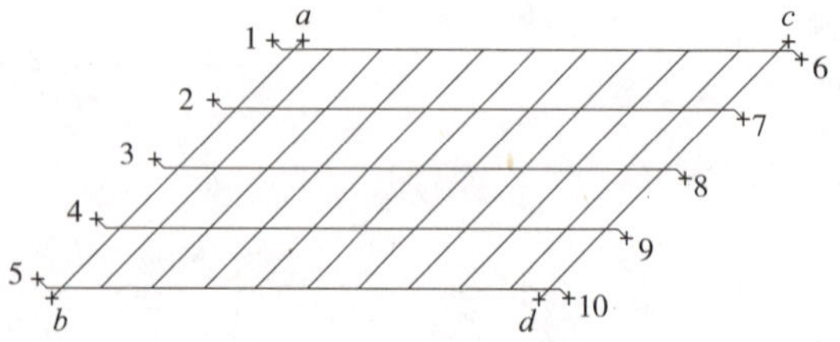

图 3-43 梁格模型
Figure 3-43 Grillage model

最后需讨论的是，汶川地震中，大量的斜交桥在主梁平面移位的同时均出现了转动，增大了墩梁的相对移位。因此，对于斜交桥的主梁支承长度（支座到盖梁边缘的距离）应有别于正交桥，在日本规范中[18]，斜交桥的支承长度较正交桥要大，正是考虑到斜交桥的转动可能增大墩梁相对移位的特点，这一措施值得借鉴。

3.7 抗震对策 Aseismatic countermeasures

根据上述分析和讨论，对简支梁桥的设计除按现行规范进行外，建议补充如下对策：

（1）对于采用板式橡胶支座和桥面连续的简支梁桥，在计算模型中应反映主梁与支座间的滑动，同时桥面连续协调各跨主梁的作用也应反映。

（2）在地震作用下，挡块应视为简支梁桥的受力构造，其尺寸和配筋应通过计算确定，计算方法详见 3.6.2。

（3）由于长桥设置有多道伸缩缝，为主梁移位提供了空间，落梁风险较大。在长桥设计中可采用抗震限位墩，将长桥分为多联短桥，减小落梁风险。

（4）斜交桥的计算模型应反映斜交桥各片主梁的支座反力不同，支座对主梁移位的约束不同的特点，以采用梁格模型为宜，主梁支承长度等构造措施应与正交桥区别对待。

第 4 章 连续梁桥震害机理分析
Chapter 4 Seismic damage mechanism of continuous beam bridges

汶川震区内的连续梁桥共 90 座，跨径大多在 20~30m，均为中小跨径桥梁，上部结构多为预应力混凝土箱梁。部分桥梁处在平面曲率半径小于 300m 的曲线上；下部结构有排架墩、独柱式墩或混合式桥墩。支承方式主要有四种：其一，各墩为盆式橡胶支座，固定墩采用固定支座，这是最为常见的支承方式；其二，固定墩采用盆式橡胶支座，其余墩采用板式橡胶支座，如百花大桥即采用这一形式；其三，固定墩采用墩梁固结，其余墩采用板式橡胶支座或盆式橡胶支座，如小黄沟中桥、回澜立交桥采用该类布置；其四，各墩均采用板式橡胶支座，以锚栓进行限位，这一支承方式多用于跨度不足 20m 的小跨桥中，如蒲家沟大桥的连续梁段等。另有少量桥梁除桥台采用板式橡胶支座外，其余均采用盆式橡胶支座，如新房子大桥右线桥。

4.1 连续梁桥震害类型及特征 Seismic damage forms and features of continuous beam bridges

连续梁桥震害表现与简支梁桥震害表现有较大的相似性，上部结构也表现为梁体移位、支座破坏等，少量桥墩也出现了压溃、剪切破坏、开裂、倾斜等，但在连续梁明显表现出布置固定支座的桥墩（下称“固定墩”）和墩梁固结的桥墩破坏较布置滑动支座的桥墩严重的现象。

4.1.1 主梁震害和支座破坏 Seismic damage of main beam and bearing damage

连续梁的主梁是成联工作的，在 185 联主梁中，共计 39 联出现移位（B_B、B_C、B_D 级震害），主梁移位比例为 21.1%；而出现主梁严重移位（B_C 级震害）及主梁失效（B_D 级震害）的联数为 8 联，占总联数的 4.3%，这两个比率与简支梁桥基本持平。但值得注意的是，在连续梁桥的主梁震害中，出现了主梁开裂和主梁内力重分布的现象，前者主要出现在墩梁固结桥墩附近，后者在主梁移位大的桥梁中较为明显（图 4–1）。

汶川地震区连续梁桥的支座形式主要有板式橡胶支座和盆式橡胶支座两种，其中板式橡胶支座 231 组、盆式橡胶支座 281 组，合计 512 组。两类支座中，合计破坏支座比例为 14.5%，这一比例与简支梁桥的支座破坏比例较为接近。

图 4-1 主梁开裂

Figure 4-1 Main beam cracking

4.1.2 桥墩震害 Seismic damage of piers

连续梁桥桥墩的主要破坏形式有桥墩倾斜、墩底压溃、墩底塑性铰、系梁破坏、墩柱与系梁节点破坏、完全倒塌等。破坏的桥墩均出现在实际地震烈度Ⅸ度以上区域内，出现破坏（P_B、P_C、P_D 级破坏）的桥墩比例为 35.6%，桥墩严重破坏（P_C 级破坏）及桥墩失效（P_D 级破坏）的比例为 12.5%，这两个比例均较简支梁桥要高。

进一步的调查表明，固定墩的破坏较一般墩要更为严重，这一点在采用墩梁固结的连续梁桥中表现更为突出。仅有的两座采用墩梁固结方式桥梁，其固结墩均破坏严重，其中回澜立交桥甚至因固结墩完全失效而使承载力完全丧失（图 4-2、图 4-3）。而对于采用盆式橡胶支座固结的连续梁桥，在一联中也表现出较一般墩破坏更为严重的现象（图 4-4、图 4-5）。

此外就桥墩形式而言，震害较严重的桥墩主要是无顶系梁的双柱墩（或称独立柱双柱墩）和独柱墩。

图 4-2 小黄沟中桥开裂、倾斜

Figure 4-2 Fixed piers cracking and tilt of Xiaohuanggou Medium Bridge

图 4-3 回澜立交桥固结墩压溃

Figure 4-3 Fixed edge piers crush of Huilan Flyover

图 4-4 百花大桥固定墩倾斜、墩底压溃

Figure 4-4 Fixed piers tilt and pier bottom crush of Baihua Bridge

图 4-5 百花大桥固定墩系梁附近压溃

Figure 4-5 Fixed piers crush of Baihua Bridge near tie beam

4.1.3 小半径曲线桥震害 Seismic damage of minor radius curved bridge

对于弯连续梁桥（曲率半径小于300m），其破坏特点与直线桥有较大区别，弯连续梁桥的破坏程度较直线连续梁桥更为严重，震区出现严重破坏或完全失效的连续梁桥（如百花大桥、新房子大桥、小黄沟中桥、回澜立交桥等）均为弯连续梁桥。同时，震害调查结果表明，对于弯连续梁桥，在主梁发生移位时，存在较为明显沿桥轴线法向的移位。

4.2 连续梁桥典型震害特征分析 Analysis to typical seismic damage characteristics of continuous beam bridges

4.2.1 主梁开裂及内力重分布 Main beam cracking and redistribution of internal forces

连续梁的主梁开裂及内力重分布是其区别于简支梁桥震害的重要特征。根据震害现象结合力学分析，导致这一现象的原因有两个方面。

其一，由于桥墩破坏导致支点发生竖向移位，从而使得主梁发生内力重分布甚至开裂。在回澜立交桥中，A匝道、C匝道均出现了此现象。由于C匝道2号墩（下称C2墩）的破坏导致桥墩高度减小10cm以上，主梁在该墩处不能获得有效支承，使得结构支承体系变化，在恒载作用下以负弯矩为主的支点附近区域，难以承担由于支承体系变化导致的正弯矩，在导致主梁在C2墩处断裂的同时，也使得主梁以C1墩为支点发生转动，从而导致主梁在C0桥台处的上翘（图4-6）。主梁的上翘使得下部板式橡胶支座分离，匝道桥与桥台断开等（图4-7）。其效应类似于在C2墩处对主梁施加了向下的强迫移位。

其二，桥墩并未破坏，但由于主梁的过大移位导致支点反力的重分布，从而导致主梁内力的重分布。在新房子大桥右线桥连续梁段中，0号台处主梁横桥向移位量达51cm（图4-8），1号墩（过渡墩）处移位量更达64cm（图4-9），主梁顺桥向移位量也达15cm之多。大幅的主梁移位导致支点反力的重分布，从而使得 2 号墩右支座、6 号墩支座脱空（图 4-10~ 图 4-12）。毫无疑问，作为超静定结构，上述支点的脱空将必然导致主梁内力的重分布，即使主梁、桥墩均未出现开裂等结构性震害，在主梁复位前，该桥也将丧失通行能力。

从上述分析可看出，连续梁桥的主梁开裂和内力重分布，并非直接由地震的动力作用所导致，而是主梁移位导致的静力效应。对于采用圆形独柱墩的桥梁，由于支点反力较大，不大的墩梁相对移位即可能导致主梁内力较大的变化（主要是扭矩），连续梁桥支承体系的这一特点在抗震设计中不可忽略。

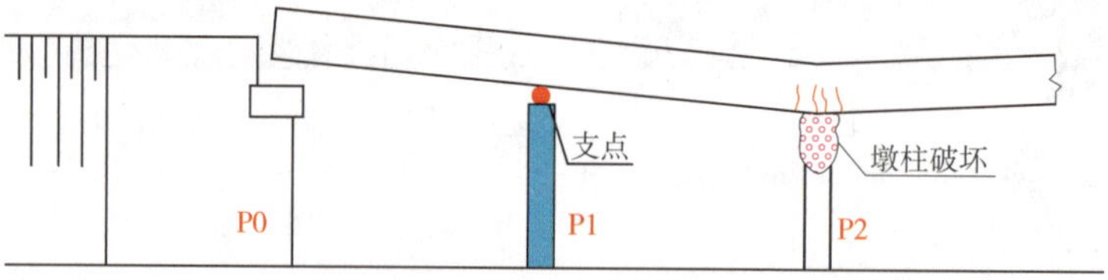

图 4-6　桥墩破坏导致主梁开裂

Figure 4-6　Piers damages result in main beam cracking

a）C匝道2号墩破坏

a）2nd pier damage of C ramp

b）2号墩附近主梁开裂

b）Main beam cracking near 2nd pier

c）梁体上翘

c）Beam cocking-up

d）橡胶支座分离

d）The girder lost the support of the bearing

e）桥台断开

e）Abutment break

图 4-7　C 匝道主梁开裂

Figure 4-7　Main beam cracking of C ramp

图 4-8　0 号台主梁大幅移位

Figure 4-8　Big displacement of main beam

图 4-9　1 号墩支座上垫板明显顺桥向移位

Figure 4-9　Obvious displacement along with longitudinal direction to upper inserted plate of 1st pier

图 4-10　2 号墩左支座脱空

Figure 4-10　The girder lose support of the bearing on 2nd pier

图 4-11　6 号墩支座脱空

Figure 4-11　The girder lose support of the bearing on 6th pier

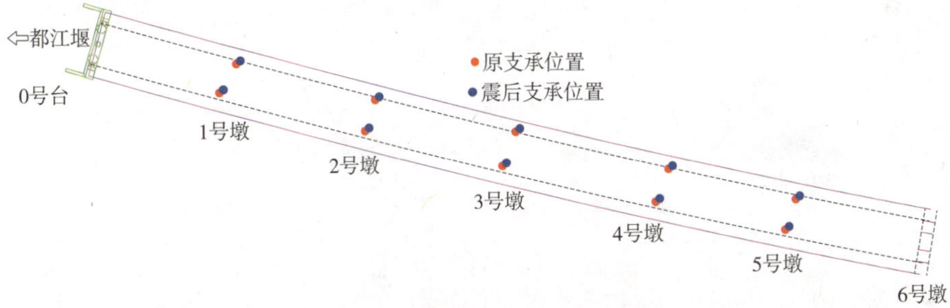

图 4-12　主梁移位导致支承位置变化

Figure 4-12　Main beam moving result in variation of support location

4.2.2　固定墩的破坏 Fixed piers damage

1）破坏原因

如前所示，连续梁桥在支承体系方面与简支梁桥最大的不同在于其在一联之内需设置固定支座，以约束主梁的纵向位移。震后对连续梁桥的震害进行了数值模拟，支座采用最为常用的固定支座 + 滑动支座方式。固定支座和滑动支座均考虑了支座的非线性，采用理想弹塑性模型模拟，固定支座的屈服力取为支座的水平向承载力，对于抗震支座为其竖向承载力的 20%（非抗震支座为 10%）；滑动支座滑动方向的屈服力取为其最大摩擦力，非滑动方向的屈服力取值与固定支座相同。计算中对跨度 20~40m 的连续梁桥进行了分析，限于篇幅这里仅给出了 30m 跨在 0.4*g* 加速度下的分析结果（图 4-13~ 图 4-16），图中，M_y 为顺桥向弯矩，M_z 为横桥向弯矩，Q_y 为横桥向剪力，Q_z 为顺桥向剪力。

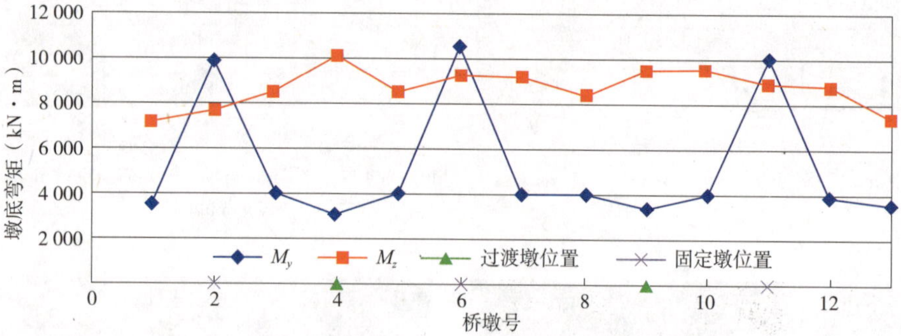

图 4-13 30m 跨（4×30m+2×5×30m）墩底最大弯矩（0.4*g*）

Figure 4-13 The maxmium bending moment of pier bottom section（0.4*g*）

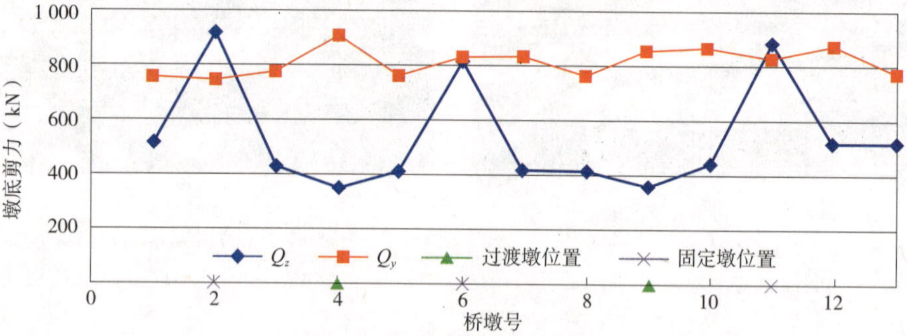

图 4-14 30m 跨（4×30m+2×5×30m）墩底最大剪力（0.4*g*）

Figure 4-14 The maxmium shearing force of pier bottom section（0.4*g*）

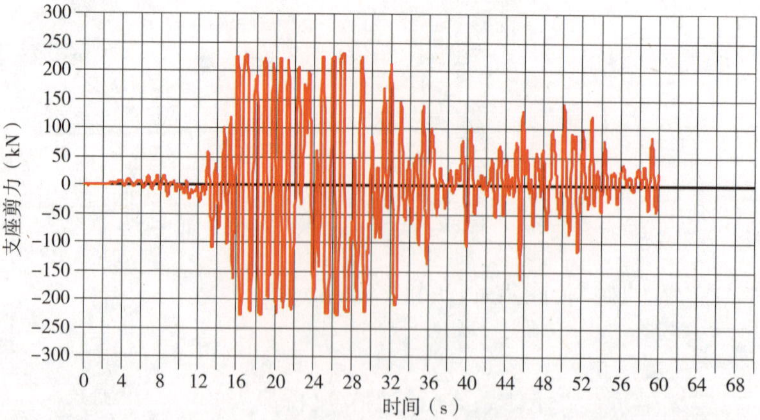

图 4-15 30m 跨（4×30m+2×5×30m）2 号墩（固定墩）支座剪力时程

Figure 4-15 Bearing shearing time-history of 2nd pier（fixed pier）

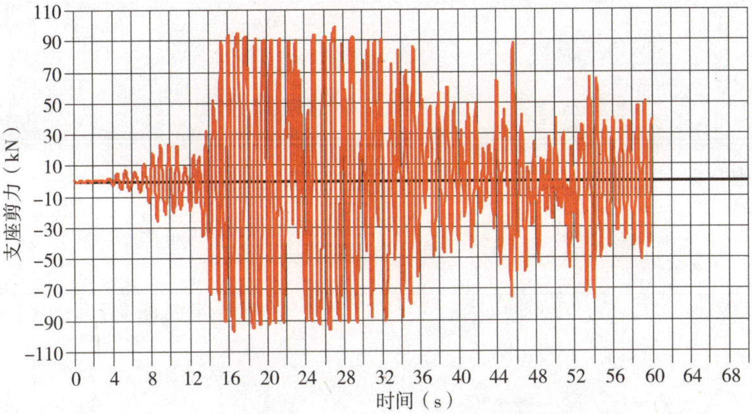

图 4–16　30m 跨（4×30m+2×5×30m）4 号墩（过渡墩）支座剪力时程

Figure 4–16　Bearing shearing time–history of 4th pier(transition pier)

数值模拟的结果表明，无论跨度大小，在顺桥向连续梁的各墩均参与工作，这一点与简支梁桥是相同的。但从图中可以看出，伸缩缝处桥墩的弯矩和剪力均较其他桥墩明显要小，而固定墩内力较其他墩要大。

其原因在于，在纵向水平地震荷载作用下，连续梁桥在一联之内是整体受力的，桥墩承受的水平力也是按桥墩—支座串联体系的刚度分配的。伸缩缝处支座支反力较小，相应的屈服荷载较小，从图 4–15~ 图 4–16 可以看出，对于 30m 跨连续梁来说，过渡墩支座在 15s 左右即已屈服（屈服荷载 90kN），伸缩缝支座屈服后，其墩—支座串联系统的刚度迅速下降，这是过渡墩内力较小的主要原因。而固定墩支座（屈服荷载 893kN）在整个时程范围内均未屈服，其刚度可认为是串联系统的弹性刚度，因此表现出其内力较一般墩要大。

值得注意的是由于固定墩和一般墩的支座屈服荷载不同，随着地震加速度的增大，其桥墩和支座表现也有明显差异。从图 4–17 可以看出，在地震加速度小于 0.5g 时，固定墩的顺桥向弯矩 M_y 基本随加速度的增加而线性增加，而一般墩的弯矩明显较固定墩要求小，对照支座剪力可以看出，在地震加速度为 0.2g 时，一般墩支座即已屈服，而固定墩支座直到 0.5g 时才屈服，使得大部分的上部结构地震作用由固定墩承担。支座特性的不同是导致连续梁桥桥墩顺桥向地震响应迥异的主要原因。

从图 4–17 中还可看出，在桥墩的横桥向也是各墩均参与工作的，这一点与简支梁的情况也是类似的，但桥墩最大内力的分布规律不如简支梁明显。总体来看，其桥墩横向内力可分为两种情况：其一，对于靠近桥台的两联，越靠近桥台，桥墩内力越小，越靠近过渡墩，桥墩横向内力越大；其二，对于中间联，当只有一个中间联时，除过渡墩以外的桥墩，其内力是较为均衡的。这一特点仍与支座的屈服有较大关系，由于各墩均布置一个横向限位支座，支座在横桥向的屈服强度较纵向明显要高，因此，在大部分加速度区段，固定墩和一般墩的响应相差不大。过渡墩虽然支座屈服强度较低，但过渡墩一般均设置盖梁、布置挡块，由于挡块对主梁移位的约束和墩梁相互碰撞，尽管支座在横向上屈服较早，但桥墩内力却仍随加速度的增加而快速增加，而且可能是横向内力最大的桥墩。

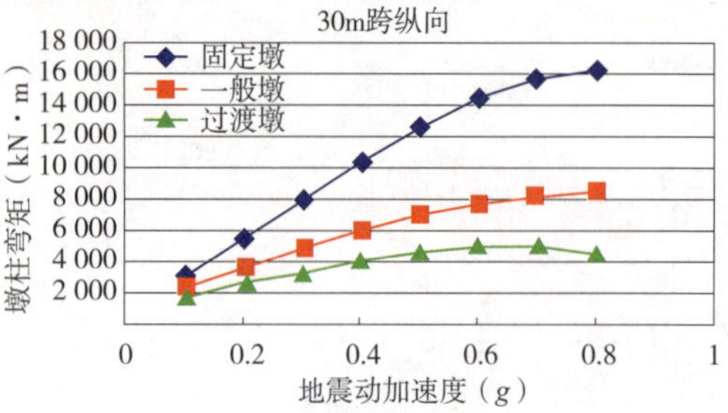

a）墩底最大 M_y 随加速度变化

a）The maximum M_y of pier bottom section was variation with acceleration

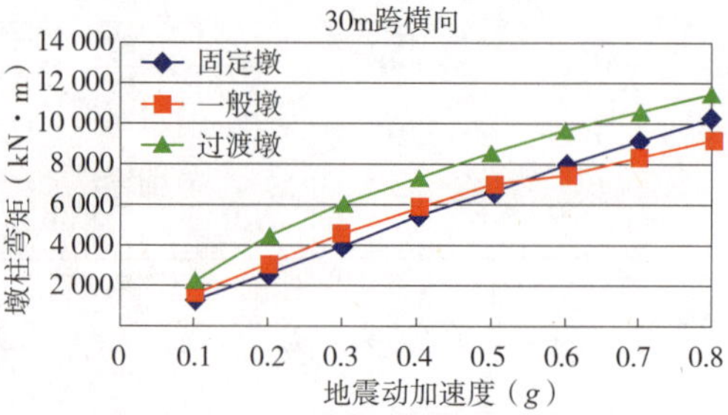

b）墩底最大 M_z 随加速度变化

b）The maximum M_z of pier bottom section was variation with acceleration

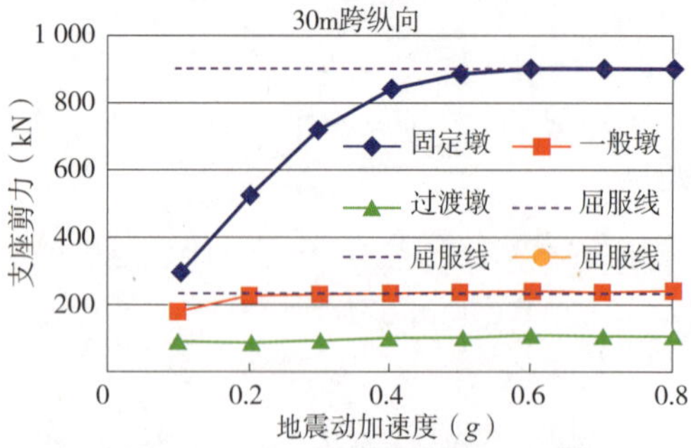

c）支座顺桥向剪力随加速度变化

c）Longitudinal shearing force of bearing was variation with acceleration

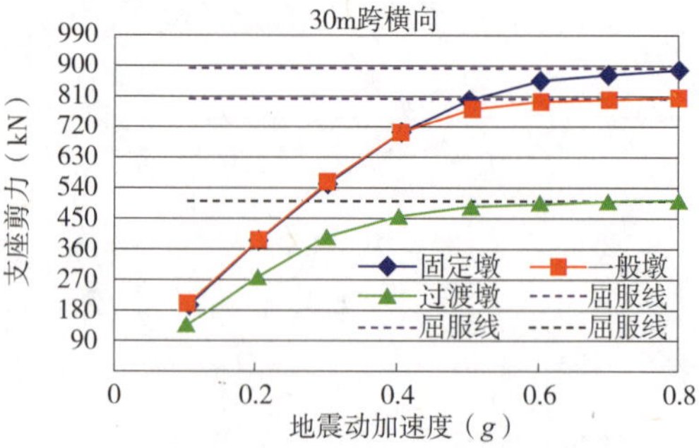

d）支座横桥向剪力随加速度变化

d）Transverse shearing force of bearing was variation with acceleration

图 4-17 30m 跨连续梁墩柱弯矩、支座剪力随加速度变化

Figure 4-17 Bending moment of piers,shearing force of bearing in continuous beam were variation with acceleration（30m span）

从上面的分析可看出，无论是在纵向还是横向，支座的屈服对桥墩的内力响应均有明显的影响，与简支梁桥不同的是，连续梁桥一旦固定支座破坏，其主梁移位将失去控制，导致其恒载内力的重分布。因此，对于连续梁来说，应采用适用、简便、廉价、便于推广的支承体系设计来解决其抗震问题。

2）支承体系的影响

从上述分析可看出，连续梁的桥墩地震响应区别于简支梁的一个显著特点是固定墩的内力响应明显较其他桥墩大，使得固定墩成为连续梁桥的易损构件和薄弱环节。

桥墩是以墩群系统的方式发挥作用的。由可靠性理论可知，系统的可靠性取决于可靠性最低的元件，就墩群而言，决定于抗震性能最低的桥墩，是连续梁桥的固定墩。不论其他桥墩如何强劲，只要有一个桥墩失效，即可导致桥梁的失效。从这一特点出发，连续梁桥的桥墩抗震设计应从充分发挥墩群的作用入手。由于在设计中同一桥梁中通常采用相同截面的桥墩（除非墩高差异很大时可能使用不同截面的桥墩），也就是说，从桥墩的截面结构抗力来说，各墩是比较接近的，要充分发挥各墩抗震效能，最为核心的是尽量使全桥各墩的地震内力均衡，这是连续梁桥桥墩抗震设计的基本原则。要达到这一目的需从支承体系的优化布置入手。

对于连续梁桥可采取的措施有以下几个方面。

（1）采用水平力分散型叠层橡胶支座，不设固定支座。水平力分散型叠层橡胶支座的基本构造与板式橡胶支座相同，但在支座顶底设置了与墩梁连接的钢板，通过预埋螺栓与墩、梁连接（图4–18，图4–19）。

图4–18 水平力分散型橡胶支座实物

Figure 4–18 Horizontal force dispersive rubber bearing

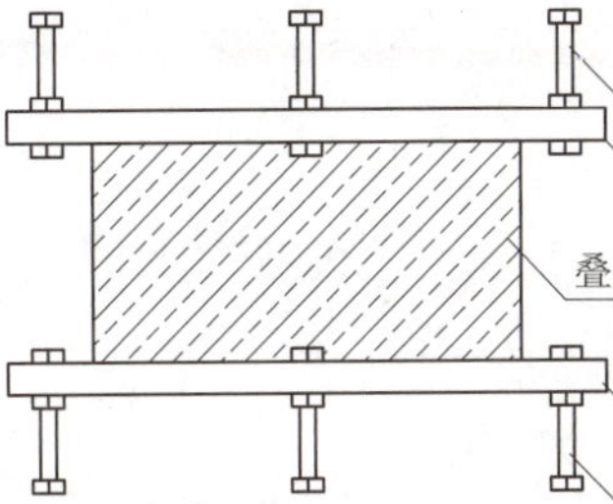

图4–19 水平力分散型橡胶支座构造

Figure 4–19 Structure of horizontal force dispersive rubber bearing

其原理是，由橡胶支座与桥墩构成串联体系，墩群的内力按串联体系刚度分配，将上部结构的地震作用分散至一联以内的多个桥墩，尽量使各墩的地震力均衡；通过连接钢板与墩、梁相接，使主梁可以获得可靠的弹性约束，解决了由于支座与主梁的相对移位过大导致主梁恒载内力重分配的问题。此类支座有良好的压力稳定性、温度稳定性和频率稳定性，极限剪应变可达100%以上，而且价格较铅芯橡胶支座、高阻尼橡胶支座便宜。

（2）采用速度锁定装置（LUD或称Lock–up）协调各墩水平地震效应（图4–20~图4–22）。速度锁定装置是使用较早也是较为成熟的连续梁抗震性能优化装置，与支座配合使用，支座仍有固定支座和活动支座之分，速度锁定装置布置在活动支座处。在温度等慢速变化的荷载作用下，速度锁定装置可自由变形，不阻碍活动支座的位移；在地震等荷载作用下，该装置锁定活动支座处的墩梁相对移位，使上部结构的水平地震作用分配到各墩。需注意的是，速度锁定装置虽然外形上与黏滞阻尼器相似，但此类装置只能起到分散上部结构水平地震力的作用，不能耗散地震能量。

除与支座分离的速度锁定装置外，与支座集成速度锁支座也已趋于成熟。此类装置可以用于Ⅶ度及以上烈度区，但价格较高。

图4–20 纵向布置的速度锁定装置

Figure 4–20 LUD（lock–up device）along longitudinal arrangement

图4–21 横向布置的速度锁定装置

Figure 4–21 LUD along transverse arrangement

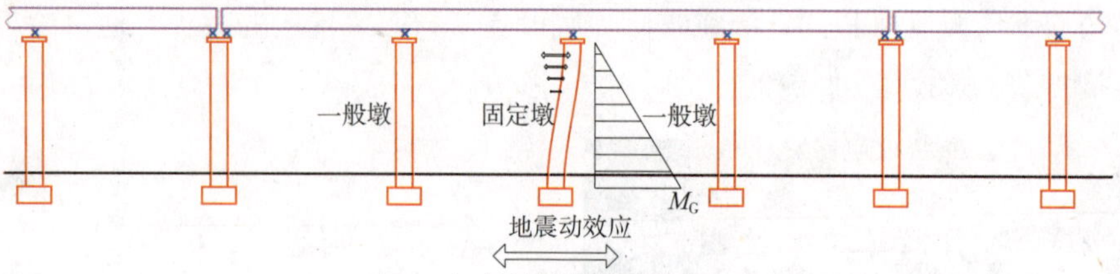

a）连续梁桥墩地震响应
a）Seismic response of piers of continuous beam bridge

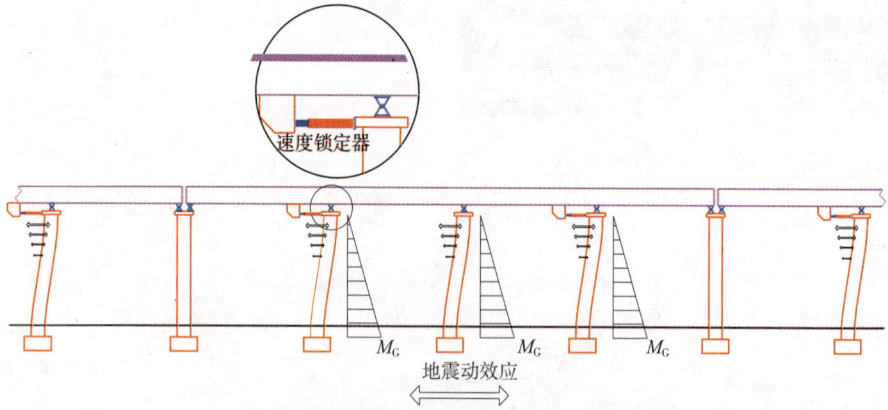

b）采用速度锁定器的连续梁桥墩地震响应
b）Seismic response of piers of continuous beam bridge adopted LUD

图 4-22 速度锁定器作用原理
Figure 4-22 Work mechanism of LUD

（3）采用限位器协调各墩地震响应。此类装置也与支座配合使用，支座仍有固定支座和活动支座之分，活动支座允许有限位移，当活动支座位移量大于容许位移量时，限位装置限制活动支座处的墩梁相对位移继续增大，并将上部结构地震作用向一般桥墩（布置活动支座的桥墩）分配，减轻固定墩的负担（图 4-23）。但是限位有一定的使用条件，只有在固定墩高度较大、自振频率较低、墩顶位移较大而墩底弯矩可控时才能使用，因为滑动支座的位移小于限位器与桥墩间隙时，限位器不能发生作用，这要求固定墩必须有足够的弹性变形能力。

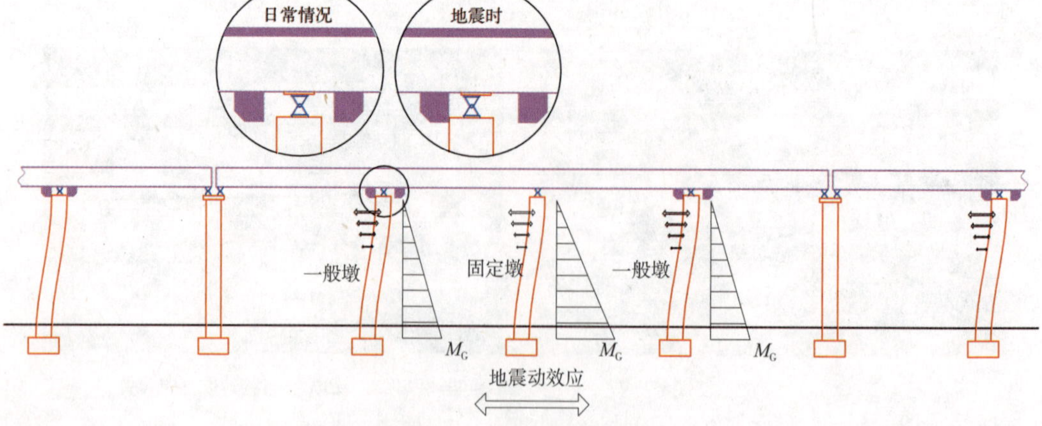

图 4-23 限位器作用原理
Figure 4-23 Work mechanism of restrainer

（4）其他。除上述三种装置外，目前可用于连续梁的抗震装置十分丰富，如摩擦摆支座、铅芯橡胶支座、高阻尼橡胶支座、黏滞阻尼器、型钢阻尼器等，这些装置不仅可分配地震作用，而且可以耗散地震能量，但价格较高，阻碍了其推广使用。

3）固定墩的选择

从物理学知识可知，输入桥梁的地震能量将转化为结构动能和结构的应变能，若能增大墩顶位移，使更多的地震能量转化为结构的动能，这样就有可能减小结构应变能，从而减轻震害。

根据上述原理，若将固定支座布置于高度较高的桥墩上，将会有效减小结构自振频率，增大结构的位移，换言之，可以通过固定支座的优化布置来达到减小固定墩内力的作用。图 4–24 给出了某桥两种固定墩布置方式的墩底弯矩比较，计算工况如表 4–1 所示。

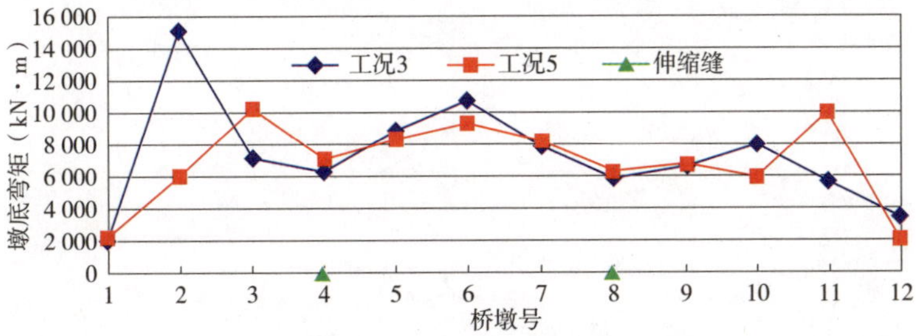

图 4–24　墩底弯矩比较

Figure 4–24　Bending moment comparison of pier bottom

表 4–1　固 定 墩 墩 高

Table 4–1　The height of fixed piers

桥墩号	墩高（m）	备　注
2	16.04	原型固定墩（工况 3）
3	21.17	工况 5 固定墩
10	17.54	原型固定墩（工况 3）
11	14.62	工况 5 固定墩

可以看出，第 1 联固定墩由矮墩（2 号墩）向高墩（3 号墩）移动后，固定墩弯矩减小幅度达 30%；第 3 联固定墩由高墩（10 号墩）移动至矮墩（11 号墩）后，固定墩弯矩增幅达 23.5%。当固定墩位置有多种选择时，将固定支座布置在较高的桥墩上，对减小固定墩弯矩可能是有利的。需说明的是采用这一措施时应注意支座的选择。

4）碰撞的影响

当连续梁桥各联墩高差异较大时，各联的自振特性不同，在地震作用下，各联的振动存在相位差，较易发生碰撞[19–20]。图 4–25 给出了某 30m 跨连续梁桥在以下三种情况下的桥墩弯矩：①完全不考虑碰撞效应；②考虑主梁间的碰撞但不考虑主梁与桥台的碰撞（图中为“梁、梁碰撞”）；③同时考虑主梁间和主梁与桥台间的碰撞（图中为“梁、台碰撞”)。图 4–26 给出了在伸缩缝处设置防撞缓冲垫后的桥墩弯矩（*PGA*=0.4*g*)。图 4–27 进一步给出了“梁、台碰撞”时的碰撞力时程与固定墩弯矩时程的对比。

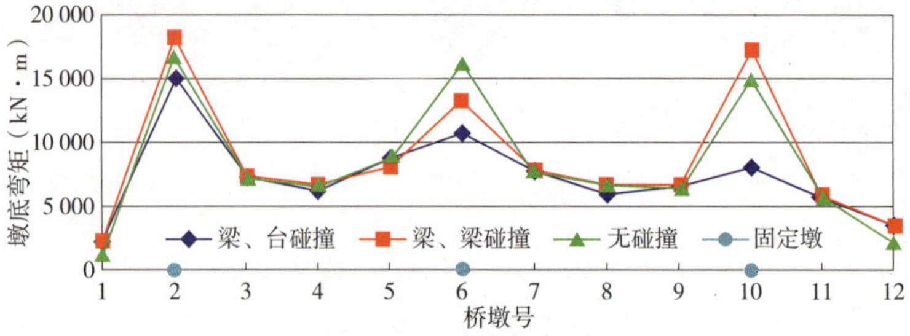

图 4–25　不同碰撞效应比较

Figure 4–25　Collision effect comparison

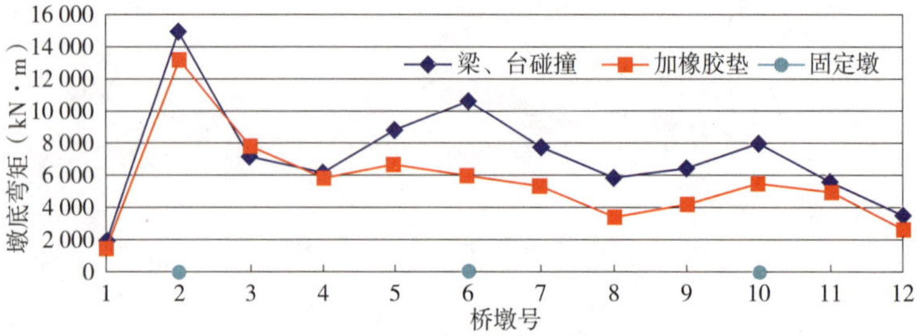

图 4–26　反撞缓冲垫效果

Figure 4–26　Effect of cushion rubber

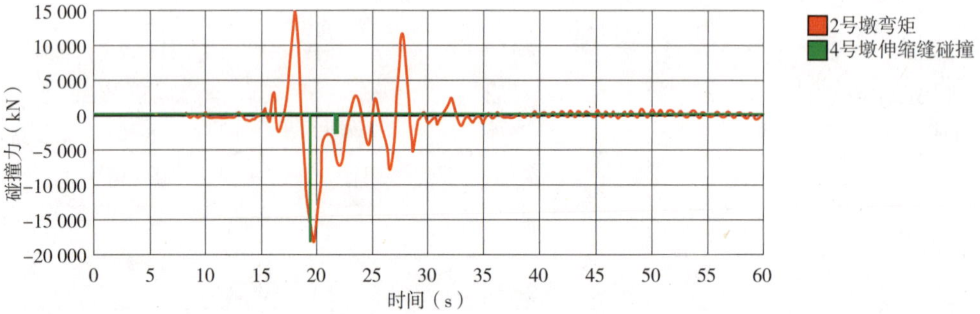

图 4–27　2 号墩弯矩与伸缩缝碰撞时程（工况 2）

Figure 4–27　Collision time–history of expansion joint and bending moment of 2nd pier（working condition 2）

从图 4–25~ 图 4–27 中可看出，固定墩的弯矩峰值与主梁间的碰撞联系紧密，固定墩出现弯矩峰值的时刻均发生了碰撞，主梁间的碰撞明显增大了桥墩的最大弯矩，是不可忽略的因素。设置防撞缓冲垫后延缓了碰撞过程，减小了碰撞力，从而减小了主梁碰撞对桥墩弯矩的影响。当然，虽然设置橡胶垫可以减小碰撞力，但要有良好的防撞效果，无论是橡胶垫的刚度，还是橡胶垫与主梁的间隙，均需精细计算才能确定，换言之，防撞垫应视为受力构件。

除设置防撞缓冲垫外，优化联跨布置，减少伸缩缝，减小各联自振频率差异也是减少碰撞的有效措施。

4.2.3 墩梁固结连续梁震害机理 Seismic damage mechanism of continuous beam fixed on piers

墩梁固结连续梁取消了支座，将桥墩与主梁固结，其固结墩可视为固定墩的特殊形式。由于固结墩约束了主梁全部 6 个自由度的位移，对主梁的约束方向更多，尤其是对转动的约束，将显著增大桥墩的弯矩响应，而且在桥墩顶、底截面均可能是最大弯矩截面，可能是地震中的易损位置（图 4-28），如前述的小黄沟中桥在桥墩顶、底均出现了裂缝，回澜立交桥墩顶截面的破坏远较墩底截面严重。由于控制截面的增多，使得墩柱的抗震构造设计更加复杂。

图 4-28　某墩梁固结连续梁桥顺桥向桥墩弯矩图

Figure 4-28　Longitudinal bending moment to pier of pier-beam fixed continuous beam bridge

对于墩梁固结连续梁可能产生的另一个问题是，由于桥墩对主梁的约束，在主梁中也可能出现较大的弯矩（图 4-29），桥墩对主梁转动的约束作用十分明显。一跨以内主梁振动内力基本成反对称，这是由于刚架体系在水平荷载作用下主梁和立柱中均会产生内力，

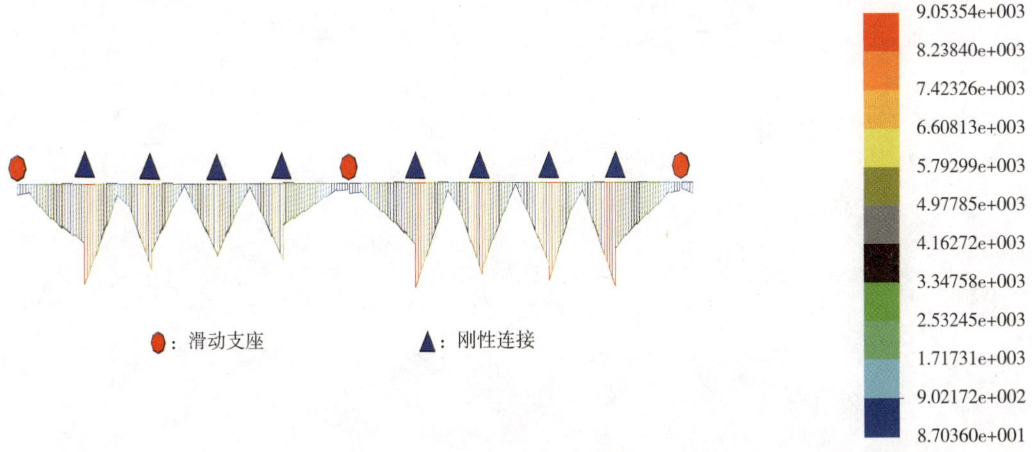

图 4-29　某刚构主梁最大弯矩 M_y（0.4g）

Figure 4-29　The maxmium M_y of rigid-frame main beam（0.4g）

纵向水平地震荷载为反对称荷载，这样使得结构的反对称振型被激发，从而产生反对称内力。就汶川地震的震害调查来看，虽然回澜立交桥主梁裂缝可能是由于桥墩破坏所致，不能肯定是墩梁固结的因素，但在跨度更大的庙子坪大桥中出现了墩梁连接区域开裂的现象，从这一特点看出，墩梁固结连续梁的抗震设防不仅要对桥墩采取抗震措施，而且对主梁也要采取措施。

4.3 桥墩形式对震害的影响 Pier forms influence on seismic damage

连续梁桥由于多采用箱梁，墩顶不一定设置盖梁，因此桥墩形式较简支梁桥多，就外形来说大致可分为无墩顶系梁双柱墩、有墩顶系梁双柱墩、无墩盖梁独柱墩、有盖梁独柱墩、“花瓶墩”等形式，见图 4-30。就结构而言，大致可分为独柱墩、双柱墩、墙式墩三类，其中“花瓶墩”2 应视为异形双柱墩，而“花瓶墩”1 则为墙式墩。由于桥墩形式多样，也使得其震害复杂化。

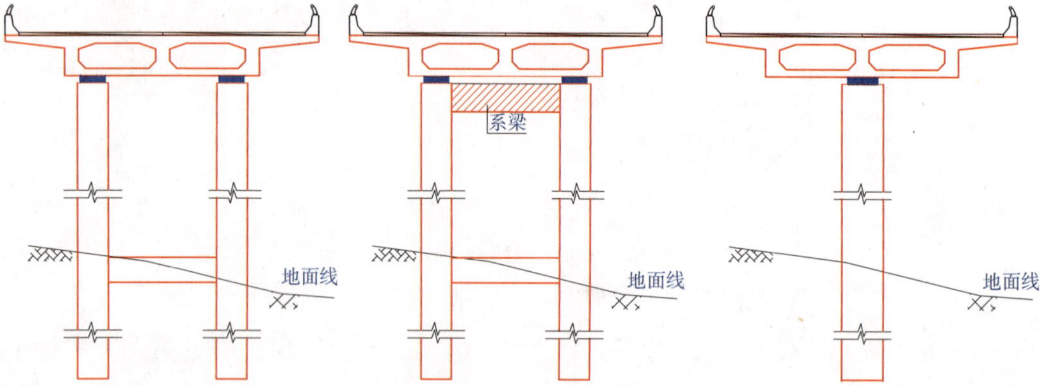

a）无系梁双柱墩
a）Double column pier without top tie beam

b）有墩顶系梁双柱墩
b）Double column pier with top tie beam

c）无盖梁独柱墩
c）Single column pier without coping

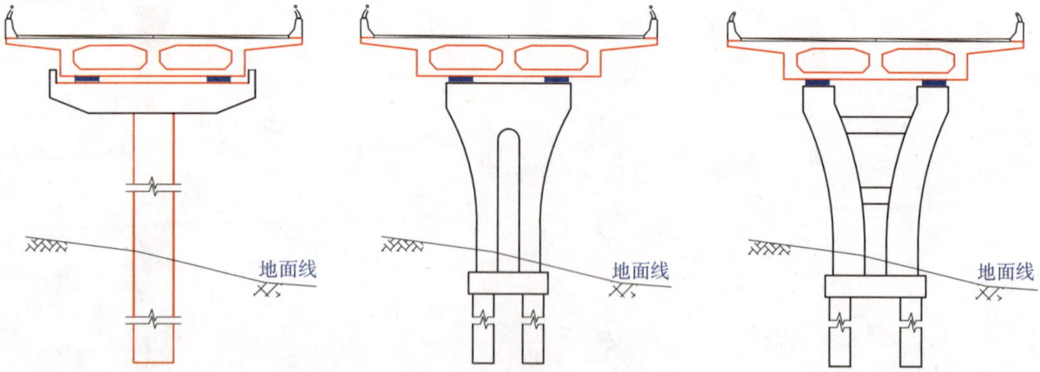

d）有盖梁独柱墩
d）Single column pier with coping

e）“花瓶墩”1
e）The vase pier 1

f）“花瓶墩”2
f）The vase pier 2

图 4-30 连续梁桥墩形式
Figure 4-30 Pier forms of continuous beam

震害调查表明，独柱墩和无墩顶系梁双柱墩的震害明显较其他桥墩形式严重，在汶川地震中采用独柱墩的桥梁不多，震害并不突出（详见《汶川地震公路震害调查——桥梁》，陈乐生，庄卫林，人民交通出版社，2012），但在日本阪神地震中却出现大量的独柱墩破坏；汶川地震中，采用无墩顶系梁双柱墩的百花大桥桥墩破坏相当严重（图 4-31、图 4-32），该桥 19 个桥墩中除 1 号、9 号墩外，其余桥墩均出现倾覆、压溃、倾斜、严重开裂等不同的震害现象，在全桥 19 个墩柱中倒塌、压溃的共 12 个，比例高达 63%；未压溃但出现环向开裂的有 3 个，占 16%；墩柱震害不明显的有 4 个，占 21%，采用同类桥墩的新房子大桥也出现桥墩倾斜、开裂等震害。

图 4-31 桥墩倾斜

Figure 4-31 Piers tilt

图 4-32 桥墩开裂

Figure 4-32 Pier cracking

要解释这一现象，还需从桥墩的结构形式进行分析。在顺桥向上述三类桥墩均为悬臂体系，其地震响应主要取决于墩顶的支座（固定支座或滑动支座），稍有不同的是，对于“花瓶墩”1，由于桥墩上宽下窄，桥墩顶部质量较大，对于有盖梁的独柱墩，也有这一问题，但相比上部结构质量来说，这一影响并不大。但对于横桥向来说，上述桥墩的地震响应有较大差别，图 4-33 中给出了独柱墩和双柱墩在地震作用下的墩柱弯矩示意图，为表达清楚只给出了单方向振动的最大弯矩。

从图中可以看出，对于独柱墩，在横桥向上仍为悬臂结构，同时承受纵、横向地震力，对于圆形截面独柱墩，其截面弯矩为纵横向弯矩的矢量和，对于矩形截面，则截面应力为纵、横向地震弯矩产生应力的叠加，同时上部结构的位移还将导致附加弯矩，受力十分不利，这也是日本阪神地震和美国北岭地震中桥墩破坏率高的重要原因（图 4-34、图 4-35）。

无顶系梁的双柱墩尽管在形式上为双柱墩，但地震响应特性却与独柱墩相差不大［图 4-33a）、b）、c）］，当两侧墩柱均布置单向活动支座时，两侧墩柱尚能共同承担上部结构的地震作用［图 4-33b）］，但在工程中为释放横桥向温度变形，通常只在一侧布置单向活动支座（或固定支座），使得横向地震作用集中在一侧的墩柱上。

这是汶川地震中连续梁桥墩破坏主要集中在独柱墩和无顶系梁双柱墩中的重要原因。值得一提的是，对于无顶系梁双柱墩桥墩，当墩较高时可能设置中间系梁，这样在系梁以下两个桥墩的响应可以协调，而系梁以上却仍是独立工作的，使得一侧的墩柱在系梁处破坏［图 4-33d）、e）］。

若在墩顶处布置系梁，则整个桥墩转化为刚架体系，无论支座如何布置，不仅通过墩顶系梁联系两个墩柱的响应可以协调，而且可以将一部分横向地震效应转换为两墩柱的轴力差，从而减小墩柱弯矩，同时系梁可以作为耗能构件保护墩柱［图 4-33f）］。

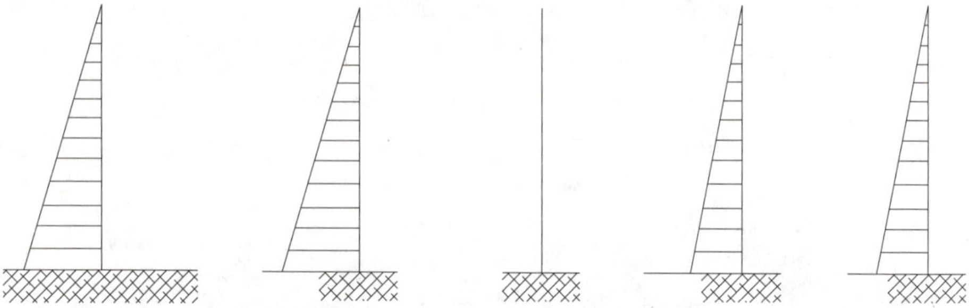

a）独柱墩
a）Single column pier

b）无顶系梁独柱墩（一侧布置单向活动支座）
b）Single column pier without top tie beam
（one-way expansion bearing at one side）

c）无顶系梁独柱墩（两侧布置单向活动支座）
c）Single column pier without top tie beam
（one-way expansion bearing at two sides）

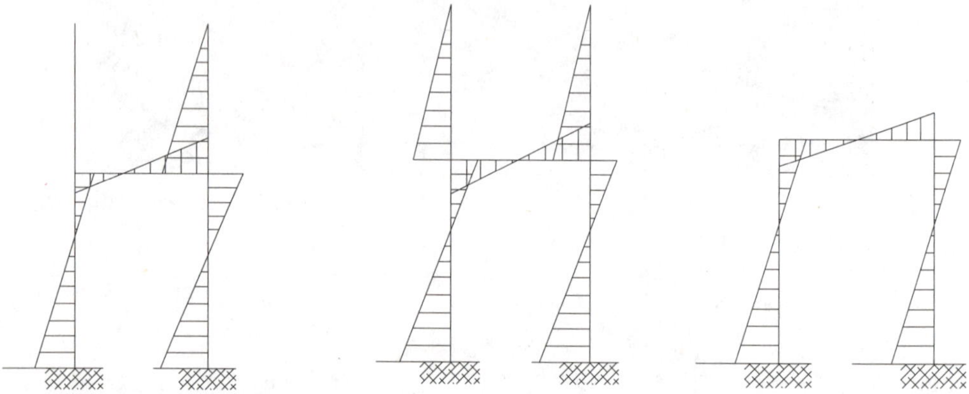

d）无顶系梁双柱墩
（一侧布置单向活动支座）
d）Doube column pier without top tie beam
（one-way expansion bearing at one side）

e）无顶系梁双柱墩
（两侧布置单向活动支座）
e）Doube column pier without top tie beam
（one-way expansion bearing at two sides）

f）有顶系梁双柱墩
f）Double column pier
with top tie beam

图 4-33 独柱墩、双柱墩横桥向地震响应

Figure 4-33 Transverse seismic response of single column pier and double columns pier

图 4-34 阪神高速公路 3（阪神地震）

Figure 4-34 The Hansin Expressway 3（Hyogoken-Nanbu Earthquake）

图 4-35 阪神高速公路 4（阪神地震）

Figure 4-35 The Hansin Expressway 4（Hyogoken-Nanbu Earthquake）

对于墙式墩，虽然在横向地震作用下仍然是悬臂体系，但由于其横向惯性矩很大，横向地震的应力并不大，在一定程度上减小了纵、横向地震的总应力。汶川地震中采用墙式墩的成灌高速公路跨线桥震后即保存完好（图 4-36）。

图 4-36　桥墩完好的成灌高速公路跨线桥

Figure 4-36　Undamaged piers of Chengguan Expressway Flyover

图 4-37、图 4-38 中给出了某 25m 跨连续梁桥采用无顶系梁圆形双柱墩、独柱圆形墩、墙式墩时的应力计算结果，可以清楚地看到不同形式桥墩的应力响应特点。

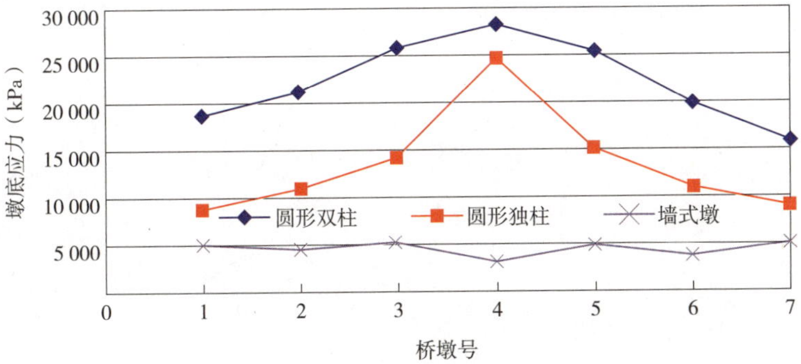

图 4-37　桥墩形式对横桥向应力的影响

Figure 4-37　Pier forms influence on transverse stress

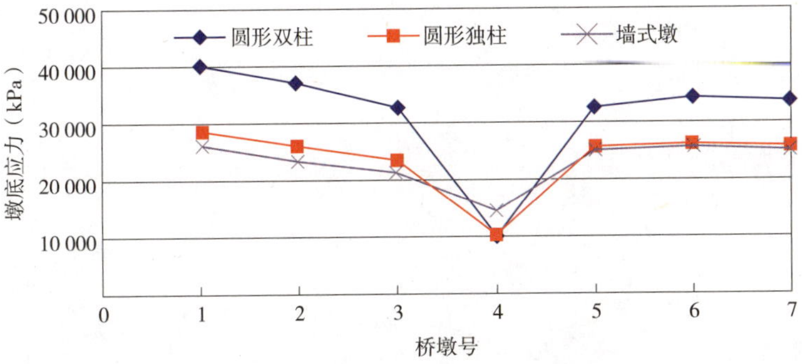

图 4-38　桥墩形式对顺桥向应力的影响

Figure 4-38　Pier forms influence on longitudinal stress

4.4　抗震对策 Aseismatic countermeasures

根据上文的分析，对于连续梁桥可采取以下对策：

（1）桥墩是以墩群系统的方式发挥作用的，支承体系的合理布置可优化各墩的内力分布，具体的优化措施为：采用水平力分散型叠层橡胶支座，不设固定支座；采用速度锁定装置（LUD 或称 Lock-up）协调各墩水平地震效应；采用限位器协调各墩地震效应。除上述措施外，还可采用摩擦摆支座、铅芯橡胶支座、高阻尼橡胶支座、黏滞阻尼器、型钢阻尼器等。

（2）阪神地震、Northridge 地震业已表明，独柱墩虽然占地较少，但抗震性能较差，其原因在上文中已做分析，因此在高烈度地震区独柱墩、无墩顶系梁的双柱墩，尤其是墩梁固结的独柱墩，均应慎重使用。当地形、地物条件许可时，建议采用有墩顶系梁的双柱墩，设计系梁时应注意强柱弱梁的原则，系梁应作为延性耗能构件，并应对墩梁节点处进行加强，但受地形、地物限制或外观有较高要求时，可采用“花瓶墩”。

（3）合理选择固定墩，当固定墩位置有多种选择时，宜将固定支座布置在较高的桥墩上。

（4）减少各联主梁的碰撞。具体措施包括：优化联跨布置，减少伸缩缝，减小各联自振频率，设置防撞缓冲垫。设置缓冲垫时，橡胶垫的刚度、橡胶垫与主梁的间隙均需计算确定。

第 5 章 拱桥震害机理分析
Chapter 5 Seismic damage mechanism of arch bridges

拱桥是汶川地震区数量较多的桥梁，共 297 座，其中圬工拱桥 276 座，在Ⅶ度以上地区共有拱桥 108 座，其中圬工拱桥 102 座[1]。拱桥的结构形式较为丰富，按材料可分为圬工拱桥、钢筋混凝土拱桥、钢管混凝土拱桥；按拱上建筑形式可分为实腹式拱桥、拱式腹孔拱桥、梁式腹孔拱桥；按主拱截面形式可分为板拱桥、肋拱桥、双曲拱桥、桁架拱桥、刚架拱桥；从桥面位置可分为上承式、下承式、中承式。除下承式拱桥和刚架拱桥外，其他形式在汶川地震实际烈度Ⅶ度以上地区均有使用，但主要形式为圬工板拱桥。

5.1 拱桥震害类型 Seismic damage forms of arch bridges

5.1.1 震害形式[1] Seismic damage forms

拱桥震害形式主要包括主拱震害、拱上建筑震害两大类。主拱震害的主要形式有全桥垮塌、拱圈开裂（图 5-1、图 5-2），对于填土高度较大的实腹拱和桥台较高的空腹拱，还可能出现纵向开裂，对于中承式肋拱桥还出现了横向连接系震害。实腹式拱桥拱上建筑的震害形式主要是侧墙开裂和垮塌（图 5-3），以侧墙开裂居多。空腹式拱上建筑的震害形式主要有腹拱、横墙开裂（图 5-4），尤其是与桥台相接的腹拱拱顶或拱脚更易开裂，梁式拱上建筑的主要震害是立柱开裂。此外，空腹式圬工拱桥的桥台震害也是出现较多、情况较严重的震害形式之一。

值得一提的是，圬工拱桥在汶川地震中出现了在主震中受损、在余震中垮塌的实例（图 5-1）。

图 5-1 甘肃某桥在余震中主拱垮塌

Figure 5-1 Main arch collapse

图 5-2 主拱开裂

Figure 5-2 Main arch cracking

图 5-3 侧墙垮塌

Figure 5-3 Flank collapse

图 5-4 拱上横墙开裂

Figure 5-4 Cross wall cracking on the arch

5.1.2 震害特点 Seismic damage characteristics

圬工拱桥的震害表现与梁桥有明显的区别，其震害表现出一定的极端性，要么基本完好，要么震害严重，甚至全桥垮塌。相同烈度、相同桥梁跨径的拱桥中，各级破坏率并未表现出类似简支梁桥的完全失效率、严重破坏率与中等破坏率明显的阶梯状增长。这一点在位于Ⅹ、Ⅺ度区的大规模拱桥中表现最为明显（图 5-5）。一个典型实例是，位于“映秀极震区”老国道 318 线上的洱沟拱桥基本完好（图 5-6），而在该桥附近的多座梁式桥则破坏严重，而位于相同烈度下的多座大跨圬工拱桥，如南坝旧桥、辕门坝大桥等，则在地震中全桥垮塌。

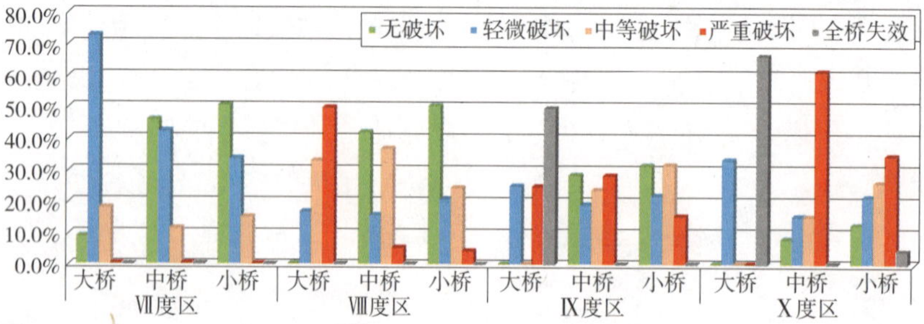

图 5-5 圬工拱桥震害比例

Figure 5-5 Seismic damage proportion of masonry arch bridges

图 5-6 位于Ⅺ度区的洱沟拱桥基本完好（跨径 60m）

Figure 5-6 Ergou Arch Bridge undamaged located in XI intensity region(60m span)

对比圬工拱桥和钢筋混凝土拱桥震害表现还可看出（Ⅷ度及以上地区），钢筋混凝土拱桥除辕门坝大桥因圬工桥墩倒塌导致全桥垮塌外，其他未出现全桥损毁的实例，严重震害的桥梁也仅 2 座，而圬工拱桥的全桥损毁和严重震害率高达 21.4%。

拱桥震害的另一个特点是拱上建筑震害较多，尤其是拱式腹孔，白水河大桥、曲河大桥、洞洞岩中桥（图 5-7）等腹拱和拱上横墙均出现了开裂、变形等震害，尤其是与桥台相接的腹拱，因变形较大，极易受损。

调查还表明，横撑是中承式拱桥的易损构件。调查区域内仅2座中承式拱桥，其横撑均出现了较为严重的开裂现象（图5-8）。

图5-7 洞洞岩中桥腹拱几近垮塌

Figure 5-7 Spandrel of Dongdong Yan Middle Bridge nearly collapse

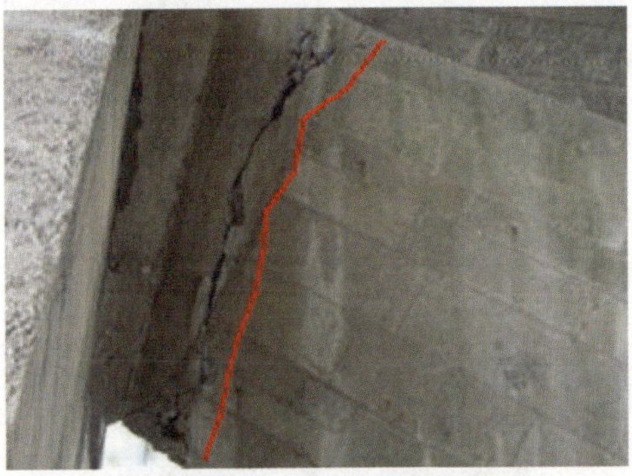

图5-8 安州大桥斜撑开裂

Figure 5-8 Inclined support cracking of Anzhou Bridge

5.2 圬工拱桥震害机理分析 Seismic damage mechanism analysis of masonry arch bridges

5.2.1 主拱震害 Seismic damage of main arch

圬工拱桥的主拱震害具有一定的极端性，其原因有材料、地基变形和结构力学特性等几个方面。

1）材料特性

众所周知，圬工是一种抗压性能较好但抗拉性能极差的材料，拱式结构具有将竖向荷载转化为主拱压力的特点，这是早期的拱桥多采用圬工材料修建的原因，而且一般为无铰拱。地震荷载包括纵、横、竖三个方向的分量，在水平方向分量的作用下，主拱中不可避免地将产生弯矩，从而导致主拱开裂，而且由于圬工材料缺少配筋，一旦形成裂缝，极易发展为贯通整个截面的通缝（图5-9，图5-10），导致结构严重受损。而且一旦形成通缝，开裂截面即不能承受弯矩，转化为铰接，从而使结构体系发生变化，并导致恒载内力的重分布，使得其他截面受损。这是拱桥一旦出现主拱震害，震损往往比较严重的原因。若地震作用导致的弯矩不足以使主拱开裂，则主拱仍保持完好。

震害极端性实例在汶川地震中较多，例如位于Ⅷ度区的关坝大桥（图5-11，跨度40m）、位于XI度区的浑沟拱桥基本完好，而位于实际地震烈度Ⅷ度区的干河子大桥（跨度25m）、X度区的纸房坝桥（跨度24m）、Ⅷ度区的龙洞河大桥（图5-12，跨度60m）震害却较为严重。

对于圬工拱桥来说，另一个不可忽视的原因是材料的老化，调查中发现，建造年代较早的桥梁，主拱砌石和砌缝均有不同程度的老化现象，使得主拱的抗压能力也大打折扣，这也是圬工拱桥震害较多的原因之一（图5-13）。此外，圬工砌体的砌缝砂浆强度往往低于石料或混凝土砌块的强度，因此主拱病害往往出现在砌缝位置，裂缝并不一定规则，也不完全是受拉所致，汶川地震中出现多个因砌缝在地震往复荷载作用下破坏、砌块松动的实例（图5-14）。

需补充说明的是，双曲拱桥中虽然拱肋配有一定数量的钢筋，但其配筋主要是满足施工阶段的要求，配筋量较少，即使在进行恒载、活载和温度荷载验算时，一般也按圬工结构验算，从震害表现来看，也更接近圬工拱桥，因此这里也将其归入圬工拱桥中。

图5-9 一旦开裂易形成贯通裂缝（纸房坝桥）
Figure 5-9 Through crack as soon as crack（Zhifang Dam Bridge）

图5-10 双曲拱桥的拱肋贯通裂缝
Figure 5-10 Through crack of arch rib of two-way arch bridge

图5-11 跨度40m的关坝大桥主拱基本完好
Figure 5-11 Main arch basically integrity of Guanba Bridge（40m）

图5-12 龙洞河大桥主拱贯通裂缝
Figure 5-12 Through crack of main arch of Longdong River Bridge

图5-13 主拱圈砌筑砂浆钙化
Figure 5-13 Masonry mortar calcification of the main arch ring

图5-14 砌缝破坏、砌块掉落
Figure 5-14 Joints damage,stone block falling

2）地基变形

从很多地震位移记录以及震害中可以发现[5]，在地震结束后地表存在永久位移。在汶川地震后，许多学者对桥梁、建筑等结构的震害情况进行了大量的调查和研究，其中对地基基础震害进行了详细分析，由于滑坡、地基液化等产生永久变形，使得主体结构开裂、倾斜，甚至功能丧失。震区拱桥多数为无铰拱，属三次超静定结构，而且主拱刚度较大，不大的地基变形都可能导致较大的主拱内力。震害调查表明，拱脚位于坚硬场地上的中小跨径圬工拱桥一般有较好的表现，而长度较长、地基条件较差的拱桥则震损相对严重。其原因在于跨度较小的或桥长较小的拱桥，拱脚间的地表永久变形相对较小，而跨度较大的拱桥拱脚间的地表永久位移较大，容易导致拱脚较大的位移，从而导致主拱震害。一个典型实例是小鱼洞大桥3~4跨垮塌，桥墩倾斜、基础破坏（图5-15）。其主要原因就是大桥位于较宽阔的河漫滩场地，而且桥位位于从彭州小鱼洞镇发育的一条次级断裂带上，该断裂带NW走向，表现为SW向NE逆冲，并带有左旋特征。小鱼洞大桥桥位走向与小断裂带走向几乎垂直，相距不到200m。调查结果表明，该桥主体结构表现出明显的纵向移位，断层附近的地表位移影响明显。另一个地基变形导致拱桥破坏的实例是四川省道302线江油至北川段的笼子口2号桥（图5-16、图5-17），震后的调查表明，两拱脚起拱线处的距离减小6cm，表明拱脚存在相向移位，导致拱顶上拱，拱顶附近几乎压碎，而$l/4$附近则出现明显的裂缝。静力分析表明，当基础产生3cm的相对移位时，主拱产生的内力就相当于PGA=0.1g地震波的作用，一旦发生强震，同时伴有基础相对移位的耦合作用对拱桥是非常不利的。

图5-15 小鱼洞大桥
Figure 5-15 Xiaoyudong bridge

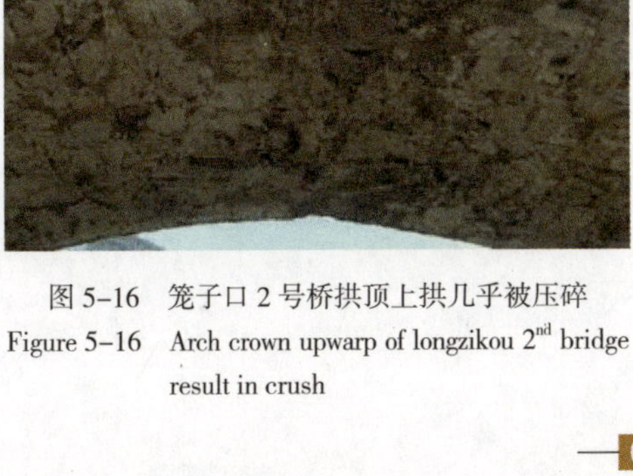

图5-16 笼子口2号桥拱顶上拱几乎被压碎
Figure 5-16 Arch crown upwarp of longzikou 2nd bridge result in crush

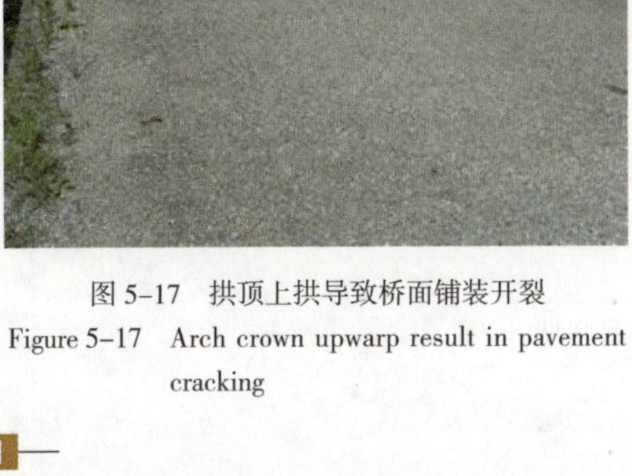

图5-17 拱顶上拱导致桥面铺装开裂
Figure 5-17 Arch crown upwarp result in pavement cracking

反之，一些地基情况较好的拱桥在汶川地震中表现良好，例如，与笼子口2号桥临近的笼子口大桥，主拱基础位于基岩上，十分稳固，地震中主拱完好，仅靠近桥台的立柱底部产生裂缝，震后仍能保证通车（图5-18）。

图5-18　笼子口大桥基本完好

Figure 5-18　Basic intact to Longzikou Bridge

可见，拱桥的震害与两侧的地基稳定性关系密切，地基稳定的拱桥震害较轻，抗震性能较好。汶川地震中一些拱桥之所以表现卓越，与其拱脚处的地基较好有关。

3）结构力学特性

为了利用圬工材料或混凝土材料受压性能好的特点，主拱往往被设计为小偏心受压构件，轴压比较大，即使是钢筋混凝土构件，延性也较差。

对某跨度150m的钢筋混凝土肋拱桥的分析表明（详见附录E），主拱恒载作用下轴压比约为0.6。在多维强震作用下主拱圈产生了较大的拉、压轴力；拱桥的一阶纵向振动，使得在地震作用下主拱圈有4个弯矩极值点；横向一阶对称侧弯使得拱脚弯矩很大，在纵横向地震动的耦合作用下，拱脚最早进入塑性状态。值得注意的是，由于主拱的轴压比较大，当采用绵竹清平波计算时（EW为0.842g、NS为0.803g、UD为0.623g），在18.06s时首先在左岸拱脚出现塑性铰，18.14s时，右岸拱脚出现塑性铰，同时，左岸拱脚的塑性铰转角已经超过了《公路桥梁抗震设计细则》（JTG/T B02-01—2008）要求的延性安全系数K=2时的转角，在18.16s时，两个塑性铰均达到极限转角，结构失效（图5-19~图5-22）。

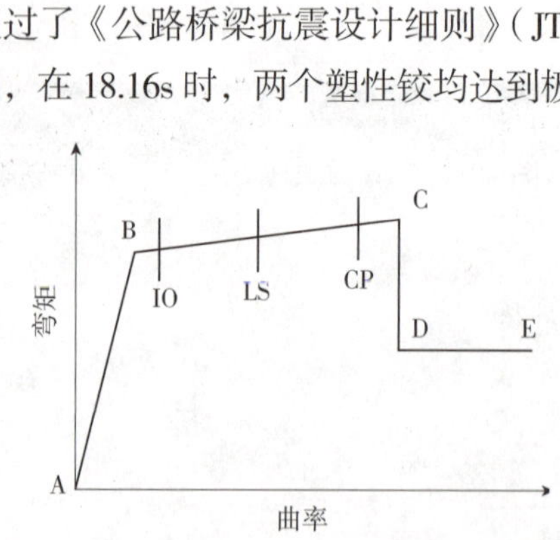

图5-19　塑性铰弯矩—曲率模型曲线

Figure 5-19　*M*–*C*（curvature）model curve of plastic hinge

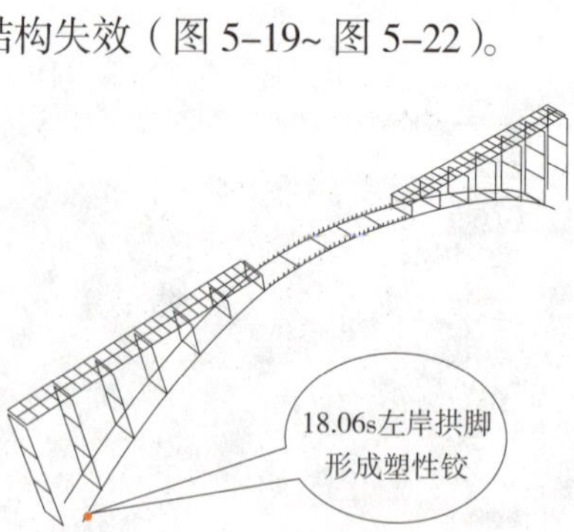

图5-20　左岸拱脚形成塑性铰

Figure 5-20　Left bank skewback formed plastic hinge

通过以上分析可看出，在强震作用下拱脚形成塑性铰后非常短的时间就超出塑性铰的变形能力，可见主拱圈在高轴压下塑性变形能力太弱，不能形成有效的耗能机构，一旦遭遇强震主拱很有可能失效。而采用茂县南新波进行计算时（EW 为 0.421g、NS 为 0.349g、UD 为 0.352g），主拱圈则基本处于弹性阶段。可见，主拱大轴压比的特点，也是导致拱桥破坏的极端性的重要原因，要么震害较轻，要么就发生严重震害，甚至垮塌。

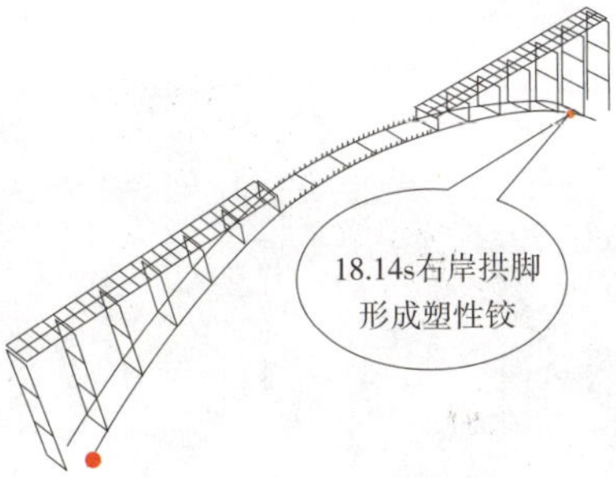

图 5-21 右岸形成塑性铰

Figure 5-21 Right bank skewback formed plastic hinge

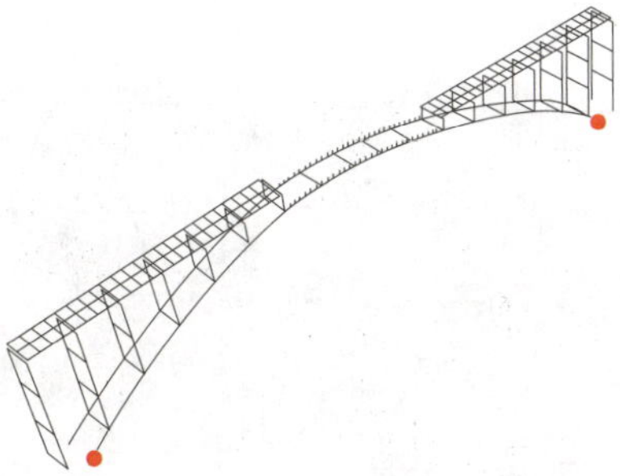

图 5-22 18.16s 两岸塑性铰转角超限

Figure 5-22 Rotations of plastic hinges of two sides were transfinite

4）计算方法的缺陷

《公路工程抗震设计规范》（JTJ 004—89）要求对主拱进行抗震验算，并给出了自震特性、地震效应（反映谱法）和构件验算的方法。其基本出发点是采用圆弧拱模拟悬链线拱，以便得到其自振特性和地震效应的解析解，这一方法是为了适应当时的手算。尽管其计算原理是正确的，计算自振特性的方法也是基本准确的，对于跨度 40m 以下的悬链线拱和抛物线拱为适应手算将其按圆弧拱计算也基本可行，但对于跨度较大（跨度不小于 40m）的拱桥仍采用圆弧拱进行模拟，将导致拱轴线与实际的悬链线拱轴线差异过大。

此外对于中小跨度的拱桥，尤其是矢高较高的圆弧拱，单孔拱桥仅考虑一阶振型、联孔拱桥仅考虑二阶振型是合理的，但对于跨度较大拱桥的第一振型的参与质量虽然仍占优势，但很难达到参振质量大于 90% 的要求，若只计入 1~2 阶振型则会导致参振质量缺失，导致低估地震效应。由此所带来的另一个问题是振型组合，《公路工程抗震设计规范》（JTJ 004-89）的 SRSS 方法同样只适用于振型交叉项影响不大的中小跨度拱桥，而对于跨度较大的结构，我国学者林家浩教授早在 20 世纪 90 年代即指出，振型的交叉项是不可忽略的，CQC 法和 SRSS 法计算结果的差距在 10% 以上，这也会导致地震效应的低估。

5.2.2 拱上结构破坏机理 Failure mechanism of upper structure of arch

1）实腹式拱上建筑

实腹式拱上建筑构造简单，由拱上侧墙和拱上填料构成，主要震害为侧墙开裂和垮塌。在地震荷载作用下，侧墙除承受拱上填料的被动土压力外，还将承受由地震所导致的主动土压力以及自身质量产生的惯性力。在侧墙设计时一般均只计算拱上填料导致的被动土压力和车辆重量导致的主动土压力，而地震效应是不进行计算的，在设计环节并没有解决拱上建筑的抗震问题。

此外，拱上侧墙为次要构件，通常采用块石甚至是卵石砌筑，加之修建年代较早，砌缝、石材性能均有不同程度的老化，在地震作用下易出现开裂等病害（图 5-23、图 5-24）。

图 5-23 卵石侧墙开裂

Figure 5-23 Pebble side cracking

图 5-24 块石侧墙开裂

Figure 5-24 Rubble side cracking

2）空腹式拱上建筑

圬工拱桥的空腹式拱上建筑主要为拱式腹拱，在汶川地震中出现了大量震害，其震害数量甚至超过主拱，是圬工拱桥中的易损构件，其原因包括腹拱构造和设计计算两个方面。

从构造的角度，拱式腹拱通常有圬工砌块和预制混凝土微弯板两种，由于腹孔跨度小，刚度大，适应主拱变形的能力较差，不大的主拱变形即可能影响腹孔。调查中发现，靠近桥台的第 1 个腹孔震害往往最严重，其原因就是在于纵向地震作用下，拱脚附近的变形最大，腹拱不能适应主拱变形的需要。此外在拱上还存在一定数量的拱上填料，地震中腹拱还需承受拱上填料的纵横向惯性力，也增大了腹拱的负担，加之圬工材料抗裂性能差，也是导致腹拱震害的重要原因（图 5-25）。需注意的是，由于拱上侧墙承受的填料惯性力还将通过腹拱传递至主拱，填料高度较大时，甚至有可能导致主拱的纵向开裂，这样的震害在汶川地震中并不鲜见（图 5-26）。

对于跨度较大（60m 左右）的圬工拱桥，为适应主拱变形，有的桥梁第一腹拱采用两铰拱（或三铰拱）的构造形式（图 5-27，图 5-28）。这一构造在承担恒载、活载等竖向荷载时，腹拱以承担压力为主，是稳定的，而且由于腹拱拱脚为铰接，且侧墙设有变形缝，因此有一定的适应主拱变形的能力。但这一构造几乎不能承担拉力，在水平地震荷载作用下，铰十分容易破坏，导致腹拱拱脚破坏（图 5-27，图 5-28），并可能导致腹拱内力的重分布，使得腹拱拱顶也出现病害（图 5-27）。

拱上横墙在恒载作用下，两侧腹拱的不平衡力较小，横墙以承受竖向压力为主，但在地震荷载（尤其是顺桥向地震荷载）作用下，横墙将受到腹拱及其拱上填料的推挤，从而产生弯矩和剪力，弯矩和剪力过大时即可能产生破坏，由于第一腹拱的横墙高度较大，因此横墙震害往往出现在第一腹拱处（图 5-29）。

图 5-25 纵横向地震力作用下腹拱破坏
Figure 5-25 Spandrel arch damage under seismic force from two sides

图 5-26 主拱纵向开裂
Figure 5-26 Longitudinal cracking of main arch

图 5-27 白水河大桥两铰拱腹拱几乎垮塌
Figure 5-27 Two sides of spandrel arch of Baishui River Bridge nearly collapse

图 5-28 曲河大桥两铰拱腹拱拱脚错位
Figure 5-28 The foot of spandrel arch appear dislocation to Quhe Bridge

图 5-29 横墙弯曲开裂
Figure 5-29 Cross wall bending and cracking

导致腹拱震害的另一原因是设计计算的缺陷。汶川地震中的圬工拱桥大多依据《公路工程抗震设计规范》（JTJ 004—89）设计，有的甚至未做抗震设计。即使依据

《公路工程抗震设计规范》(JTJ 004—89)进行了抗震计算，由于在规范中仅要求对主拱进行抗震验算，而不进行拱上建筑的抗震验算，拱上建筑能够承受多大的地震荷载，是否能满足抗震的需要，在设计并未进行专门计算。拱上建筑的抗震性能在设计计算中缺乏应有的评估。

5.2.3 桥台震害 Seismic damage of abutment

另一类值得一提的震害是桥台震害。圬工拱桥的桥台通常也为圬工结构，在地震作用下桥台不但要承受被动土压力，还将同时承受纵、横向地震荷载导致的主动土压力，若台后填土过高、年代久远、材料性能退化或施工质量欠佳，在主、被动土压力的作用下均可能出现桥台震害。因纵向土压力过大导致的震害往往是前墙的横向开裂，苏保大桥、老街中桥、母猪桥、干河子大桥、曲河大桥等多座桥梁中均出现这一震害（图 5-30，图 5-31）。因横向土压力过大往往会导致侧墙开裂、外倾，这一震害形式数量较多（图 5-32），填土高度较大时也出现了多个前墙竖向开裂的情况，如纵向锚儿石中桥，金谷垭 3 号桥，白草 1 号大桥、2 号大桥（图 5-33）等。

图 5-30 干河子大桥桥台前墙开裂

Figure 5-30 Front wall cracking of abutment of Ganhezi Bridge

图 5-31 曲河大桥桥台前墙开裂

Figure 5-31 Front wall cracking of abutment of Quhe Bridge

图 5-32 侧墙开裂外倾

Figure 5-32 Flank cracking and tilt

图 5-33 白草 2 号大桥前墙开裂并导致腹拱开裂

Figure 5-33 Front wall of Baicao 2nd Bridge cracking and resulting in spandrel cracking

5.3　钢筋混凝土拱桥震害机理分析 Seismic damage mechanism analysis of reinforced concrete arch bridges

5.3.1　主拱震害 Seismic damage of main arch

如前所述，钢筋混凝土主拱在地震中的表现较圬工拱要好，其原因有以下几个方面。

其一，混凝土拱桥的材料强度较圬工拱桥高，使得其拱圈厚度较圬工拱桥小，减小了结构刚度、延长了自振周期；其二，钢筋混凝土拱桥的主拱中配有钢筋，对裂缝有一定的约束作用，不易出现“一旦开裂即形成贯通裂缝”的情况，可使拱圈保留较大的受压面积，而且主拱的整体性较好，无砌缝松动、砌块掉落等问题；其三，钢筋混凝土拱尽管轴压比较大、延性较差，但其延性较圬工材料要好。

另一个值得分析的原因是钢筋混凝土拱桥可采用梁式腹拱，无拱上填料等附加质量，拱上建筑的质量较拱式腹拱要小，而且桥道梁与立柱间一般均设置板式橡胶支座，可以释放部分上部结构的地震作用，在金华大桥、桂溪大桥均观察到桥道梁与拱上立柱发生相对滑移的现象。此外，震害调查也表明，采用拱式腹拱的白水河大桥（1 × 90m）、干溪河大桥（1 × 80m）等桥梁均出现较为严重的主拱震害，而桂溪大桥、笼子口大桥、广元嘉陵江大桥等主拱震害均轻微（图 5-34，图 5-35）。

图 5-34　笼子口大桥主拱无震害

Figure 5-34　No damage to main arch of Longzikou Bridge

图 5-35　桂溪大桥主拱震害轻微

Figure 5-35　Slight damage to main arch of Guixi Bridge

5.3.2　肋拱横撑震害 Seismic damage of cross arm of arch rib

横撑是中承式拱桥的易损构件，调查区域内仅 2 座中承式拱桥（安州大桥、黄江大桥），其横撑均出现了较为严重的开裂现象（图 5-36，图 5-37）。

1）横撑构造

出现这一现象与其横撑形式有关。已有的研究表明，在平面上，拱肋与横向连接系形成了排架结构，对拱肋的横向振动尤其是弯曲振动产生约束，同时横向连接系将出现较大的内力响应，并可能导致横向连接系的失效。在横向连接系失效的过程中，共同工作的拱肋逐渐向独立工作的两条拱肋演化，同时导致拱肋因横向地震内力的快速增加而失效。

这两座桥梁在桥面以上均无横撑，但在桥面以下布置了强大的 K 撑（或“剪刀撑”）、肋间横梁，对拱肋的横向振动形成了强劲的约束，同时也导致了斜撑、拱肋横梁、拱肋的交界位置形成弯矩集中区域，从而导致斜撑、拱肋横梁和拱肋的开裂。同时，在顺桥向地震动的作用下，斜撑将参与拱肋共同受力，在纵、横向地震动的耦合作用下，斜撑破坏最为严重。

图 5-36 安州大桥“K 撑”开裂

Figure 5-36 K support of Anzhou Bridge was cracking

图 5-37 黄江大桥“剪刀撑”开裂

Figure 5-37 Bridging cracking to Huangjiang River Bridge

这里需讨论的一个问题是拱肋横撑布置。上述两桥拱肋横向连接系集中于桥面以下，虽然获得了较好的通透性，但桥面以下横向连接系十分强大。这一方面使得横向连接系对拱肋的横向约束过强，也导致了拱肋横向振动的无约束长度过长，还使拱肋的最大弯矩位置由拱脚上移至横撑附近，安州大桥拱肋裂缝出现在横梁附近证实了这一点。分散布置横向连接系，可使横向振动产生的弯矩分布得相对均匀，有利于拱桥承受横向地震荷载。事实上，震害调查表明，在汶川地震中，采用密布横撑的上承式肋拱桥均未出现 C 级震害（如前述的桂溪大桥、笼子口大桥、嘉陵江大桥），横向连接系也鲜见震害，但横向连接系集中于桥面以下的安州大桥和黄江大桥，其横向连接系的震害均较为严重。

可以看出，集中而强大的横向连接系虽然可获得较好的通透性，但对抗震却是不利的。

另一个值得讨论的问题是横撑刚度与拱肋刚度的匹配问题。虽然较大的横撑刚度有利于增大主拱稳定系数，但也使得节点刚度过大，可能导致拱肋震害（如安州大桥），若借用“强柱弱梁”的设计理念，将横撑作为耗能构件，在地震中允许横撑出现有限、可控的震害，并耗散部分地震能量，将可以起到保护主拱的作用。

2）计算方法缺陷

另一个不容忽视的问题是在《公路工程抗震设计规范》（JTJ 004—89）中，对于肋拱桥的抗震计算存在缺陷。《公路工程抗震设计规范》（JTJ 004—89）将主拱视为整体结构，未考虑横向连接系，这一做法对于板拱桥较为适宜，因为板拱桥的主拱为整体，但对于肋拱桥，其主拱由拱肋和横向连接系构成，在拱平面的计算中尚可忽略横向连接系的影响，将多条拱肋合为一条计算，但在出拱平面计算中，拱肋与横向连接系构成了框架体系，其横向连接系的作用不可忽略，但规范中又未给出计算肋拱桥横向刚度的方法。此外，在横向连接系与主拱的连接节点处往往是内力峰值的位置，采用《公路工程抗震设计规范》（JTJ 004—89）计算模型不能反映这一实际情况。

5.4 抗震对策 Aseismatic countermeasures

根据上述震害情况及分析，对于拱桥可采取如下抗震对策：

（1）由于材料特点和拱式体系的特点，圬工拱桥的震害具有极端性，在设计中其抗震性能不易把握，根据震害统计，在Ⅷ度区即出现了多座严重震害桥梁，建议在烈度为Ⅷ度以上地区应慎重使用较大跨径圬工拱桥。

（2）由于拱式体系的特点，主拱轴压比较高，塑性铰变形能力有限，在出现塑性铰后很快即达到其转动极限而失效，因此在地震作用下，主拱应基本保持弹性。

（3）拱式拱上建筑存在刚度大、质量大、变形能力差的先天缺陷，对于上承式拱桥应尽量采用梁式腹孔。

（4）汶川地震中，大刚度的K撑、剪刀撑暴露出刚度过大，拱肋/横撑刚性节点易破坏的缺点，横撑应采用节点刚度分布较均匀的形式（如密布横撑等），而且横撑刚度不宜过大，应遵循“强拱弱撑”的原则。

（5）地基条件是影响拱桥抗震性能的重要因素，在选择桥位时应注意地基在地震作用下的稳定性。

第 6 章 连续刚构桥震害机理分析
Chapter 6 Seismic damage mechanism of continuous rigid-frame bridges

汶川地震中连续刚构桥数量并不多，震害严重的桥梁仅庙子坪岷江大桥 1 座，但该桥震害形式丰富，震害形式包括了主梁、桥墩、支座等震害，不易出现震害的箱梁横隔板也出现了较为严重的开裂现象，可以说连续刚构的主要构件均受损，值得进行分析。

6.1 连续刚构桥震害类型 Seismic damage forms of continuous rigid-frame bridges

岷江庙子坪大桥主桥为连续刚构桥（图 6-1），主梁采用单箱单室、三向预应力混凝土箱形截面，悬臂浇筑法施工；主墩（P4、P5 墩）为矩形空心墩，基础为 16 根直径 280cm 钻孔灌注桩，两岸交界墩（P3、P6 墩）采用双柱门架式薄壁空心墩，每墩的桩基由 8 根直径 2.5m 的钻孔灌注桩组成群桩，P3~P6 墩的墩高依次为 67.5m、102.5m、99.5m、85.4m。在每个交界墩处各设 2 个双向活动盆式橡胶支座（GPZ10SX）和 1 道 GL480 伸缩缝。汶川地震发生时，本桥主体结构已完成施工，但各联间伸缩缝还未安装。

桥位位于龙门山中央断裂带（汶川地震发震断裂带）与前山断裂带之间，距前山断裂带的垂直距离不到 1km，距中央主断裂带的垂直距离约 6km，桥梁方位角为北偏西 50°，与中央断裂带的交角约 40°。

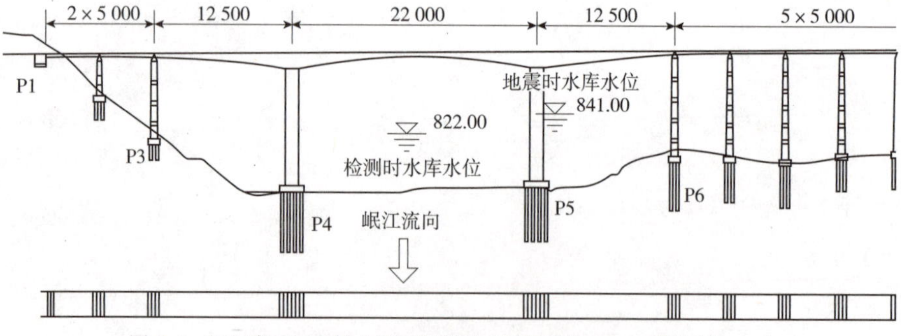

图 6-1 岷江庙子坪大桥主桥桥型布置（跨径单位：cm，高程单位：m）

Figure 6-1 Bridge type layout for Miaoziping Bridge

6.1.1 上部结构震害 Seismic damage of upper structure

主桥上部结构的主要震害有：部分主梁节段开裂，并有较为明显的纵、横向移位，支座破坏严重，箱内横隔板开裂。

1）主梁移位

岷江庙子坪大桥边跨主梁的残留横向移位十分明显（图 6-2），3 号墩处主梁横向移位量达 43cm，6 号墩处移位量也达 36cm。主墩处主梁的移位量明显较交界墩处要小，4、5 号墩处移位量为 8cm 和 2cm，可见边跨主梁不仅有横向刚体位移，而且还有较为明显的横向弯曲，边跨的“摆尾”现象十分明显。中跨主梁横向位移主要受 4、5 号主墩的控制，横向位移量较边跨要小得多，但由于 4、5 号墩横向位移量不同，中跨箱梁也有一定的横向弯曲。

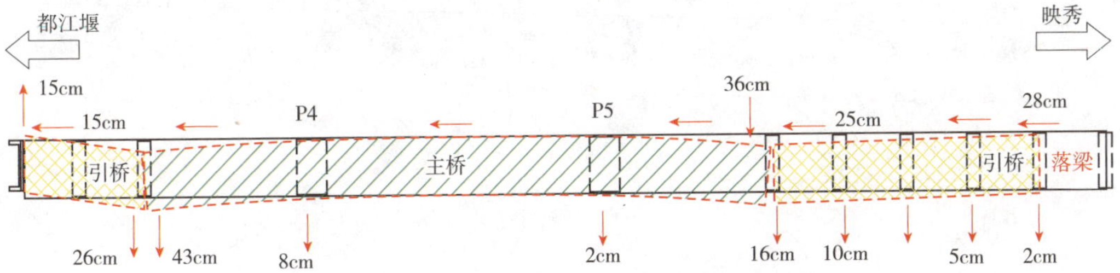

图 6-2　主桥及相邻引桥移位示意图

Figure 6-2　Displacement diagram of the main bridge and the approach bridge

在纵向，连续刚构主梁移位均向都江堰岸方向，震后的残留移位量不大，但从交界墩垫梁开裂、主梁梁端碰撞损伤的情况可以推知，地震中主梁在纵向上产生过较大幅度的纵向振动，并与垫梁发生碰撞，从伸缩缝宽度（48cm）可以推知，主梁的纵向振幅不小于 48cm。

2）主梁开裂

除主梁移位外，连续刚构段主梁箱体内出现了数量较多的裂缝。顶板、底板、腹板及横隔板均有开裂现象，相比较而言，横隔板裂缝数量最多，腹板裂缝次之，而顶、底板裂缝较少（图 6-3~ 图 6-6）。边跨的裂缝较中跨要多得多，且边跨裂缝主要出现在最端部的悬臂浇筑块件，主要以腹板斜向裂缝为主，裂缝较密集，但裂缝宽度均不大，最大裂缝宽 0.3mm，多数裂缝宽均在 0.15mm 以下。中跨的裂缝主要集中在跨中部分底板，既有纵向裂缝，也有横向裂缝，还有网状裂缝。值得注意的是，中跨合龙段、都江堰边跨合龙段底板混凝土出现了空鼓，范围较大，空鼓处形成密集裂缝（网裂状，纵向裂缝为主），其中中跨合龙段附近的最大缝宽已达 2mm，大部分裂缝两侧混凝土存在挤压剥落痕迹（图 6-4，图 6-5）。

图 6-3　横隔板裂缝（加固后）

Figure 6-3　Diaphragm break（after reforce）

图 6-4　中跨合龙段空鼓开裂

Figure 6-4　Join the two section of a bridge void breaking in mid-span

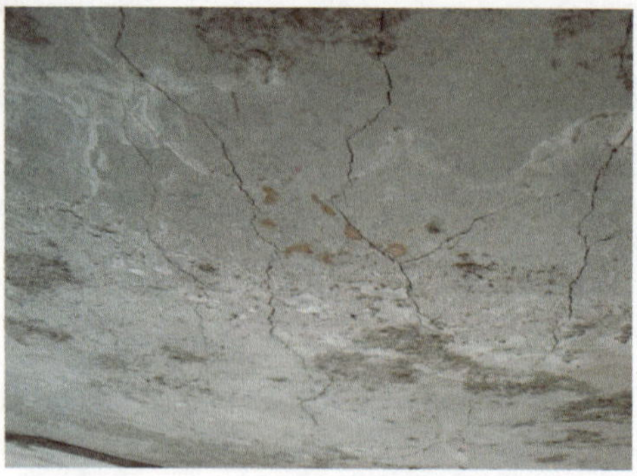

图 6-5 中跨合龙段附近节段底板空鼓开裂

Figure 6-5 Segment near joint the two section of a bridge breaking in mid-span

图 6-6 腹板裂缝

Figure 6-6 The web breaking

3）支座震害

主桥的 4 个支座完全失效。3 号墩上游支座锚固螺栓被剪断、钢盆损坏、橡胶体开裂，下游支座整个从梁底沿横向滑出，梁底预埋钢板明显弯曲，垫石破损（图 6-7）。6 号墩上游支座钢盆损坏且支座被甩出，支座垫石也破坏严重，部分混凝土碎裂，并露出钢筋（图 6-8），其余支座情况与上述支座类似。

图 6-7 3 号墩箱梁下游支座梁底钢板弯曲

Figure 6-7 Steel plate bend to bearing of backward positionof 3rd pier box

图 6-8 6 号墩支座被甩出

Figure 6-8 Bearing throwing of 6th pier

6.1.2 桥墩震害 Seismic damage of piers

连续刚构主墩和交界墩的主要震害是桥墩开裂和倾斜。P3、P5 墩横桥向在上游侧、纵桥向在两侧均出现裂缝，裂缝形态均为水平裂缝，出现裂缝的位置在墩底倒角面至第一道横隔板间，其中 P5 墩裂缝已贯通整个桥墩横截面，裂缝宽度达 0.8mm（图 6-9），P3 桥墩的裂缝宽度为 0.4mm（图 6-10，图 6-11）。此外，在 5 号墩墩梁交界处出现横向水平裂缝（图 6-12）。从上述情况可基本判断，这些裂缝均为弯曲裂缝。4 号、6 号墩未见明显震害。

桥墩的测量结果表明，主墩和交界墩存在不同程度的纵桥向和横桥向倾斜，其中横向上 P3 墩倾斜最为明显，向右侧倾斜 0.496%，导致墩顶出现 0.33m 位移；纵向上，6 号墩倾斜最为明显，向汶川方向倾斜 0.256%，墩顶位移 0.219m。

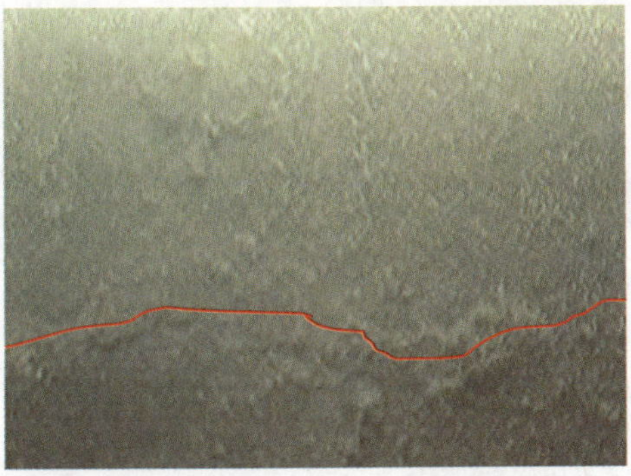

图 6-9　5 号墩墩身横向贯通裂缝 1（水下摄影）

Figure 6-9　The cracks of the 5th pier（underwater photography）

图 6-10　3 号墩承台以上裂纹

Figure 6-10　Cracks on 3rd pier

图 6-11　3 号墩上游侧挡块破坏

Figure 6-11　The concrete displacement restricted block on the 3rd pier damaged

图 6-12　5 号墩 0 号块墩梁交界处表面裂缝

Figure 6-12　The surface cracks on the segment of the 5th pier

调查还表明，过渡墩盖梁出现竖向裂缝，与主梁的碰撞痕迹明显。

6.2　连续刚构桥震害特征分析 Seismic damage features of continuous rigid-frame bridges

6.2.1　边跨主梁震害机理分析 Seismic damage mechanism to girders of side span

1）主梁位移及横向弯曲

为进一步分析主梁在地震中的振动情况，对其进行数值模拟分析。计算模型中，主梁、桥墩均采用弹性梁单元模拟，支座采用状态非线性弹簧单元和间隙碰撞单元模拟。在水平向，当支座水平力小于支座模阻力时，支座仅产生弹性变形，其刚度按《公路桥梁抗震设计细则》（JTG/T B02-01—2008）计算；当支座水平力大于支座模阻力时，主梁与支座间产生滑动。在竖向，支座采用 Kelvin 模型模拟。Kelvin 模型由一个间隙单元串联一组并联的弹簧单元和阻尼单元而成，弹簧刚度模拟主梁与桥墩碰撞时实际的法向接触刚度，阻尼模拟碰撞过程中能量的损失。由于间隙单元只受压，可模拟主梁与支座的竖向拍击。计算模型中，还考虑相邻一联引桥的影响，计算模型如图 6-13~ 图 6-17 所示。对自振特性进行了分析，结果如表 6-1。考虑到桥位距离中央主断裂较近，选用距离中央主断裂约 3km 的绵竹清平波作为输入，EW 加速度峰值为 0.824*g*，NS 加速度峰值为 0.803*g*，UD 峰值为 0.623*g*。

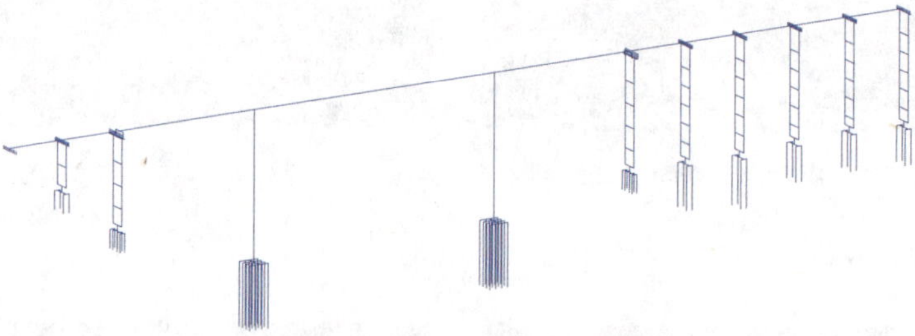

图 6-13 庙子坪大桥计算模型

Figure 6-13 Calculation model of Miaoziping Bridge

表 6-1 庙子坪大桥自振特性分析

Table 6-1 Dynamic property of Miaoziping Bridge

振型序号	自振频率（Hz）	振型描述	振型序号	自振频率（Hz）	振型描述
1	0.271	水平面内转动	11	1.437	竖向二阶反对称振动
2	0.282	水平面内转动	12	1.635	竖向二阶对称振动
3	0.388	6 号墩纵向振动	13	1.702	横向二阶对称振动
4	0.411	纵飘 + 主梁反对称	14	2.232	竖向三阶反对称振动
5	0.453	横桥向对称振动	15	2.305	6 号墩扭转
6	0.54	3 号墩纵向振动	16	2.432	6 号墩纵向二阶振动
7	0.904	6 号墩横向振动	17	2.749	4 号墩横向振动
8	0.921	竖向对称振动	18	2.84	5 号墩横向振动
9	0.93	横向反对称振动	19	2.9	3 号墩扭转振动
10	1.223	3 号墩横向振动	20	3.009	对称竖向三阶振动

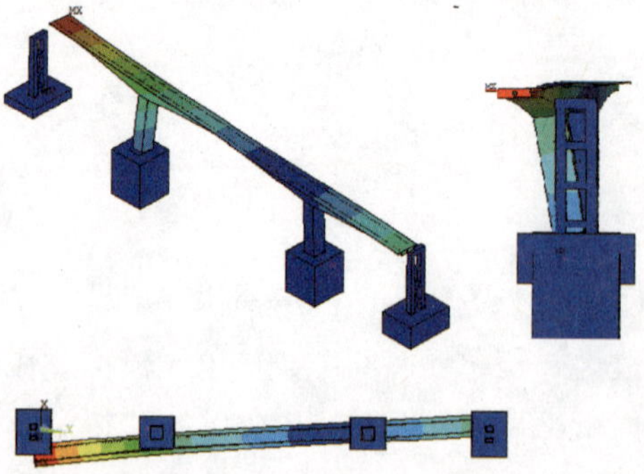

图 6-14 振型 1 f=0.271Hz

Figure 6-14 Mode 1 f= 0.271Hz

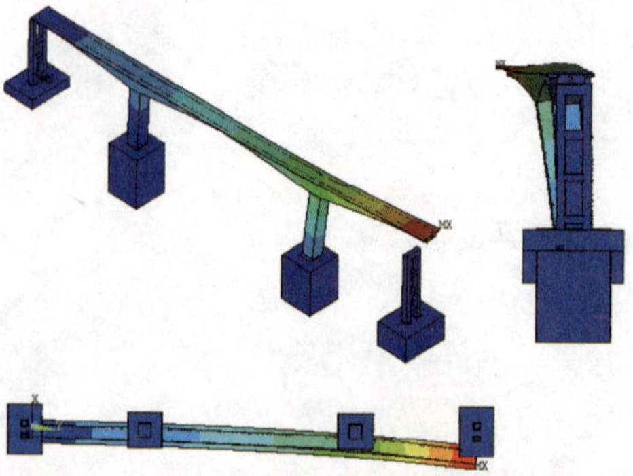

图 6-15 振型 2 f=0.282Hz

Figure 6-15 Mode 2 f=0.282Hz

自振特性计算表明，主梁的横向振动与其支承体系的设置密切相关，由于连续刚构桥主梁在主墩处（P4、P5）各自由度的运动均受到桥墩的约束，而在过渡墩处（P3、P6）由于采用了双向活动支座，加之伸缩缝尚未安装，桥墩只能提供竖向和主梁扭转方向的约束，而对横向振动几乎无约束，因此主梁的绕竖向扭转振型和主梁横向弯曲振型频率较低，前 2 个振型均为结构整体绕竖向扭转，并伴有主梁的横向弯曲，至振型 5 又出现了主梁的整体横向弯曲振型，而且振型 1、2 自振频率尚不到 0.3Hz，振型 5 也仅 0.453Hz（表 6–1）。这些情况表明，庙子坪大桥的横向刚度较纵向刚度要小，在地震作用下易出现横向振动，主梁的横向弯曲振型也易被激发。

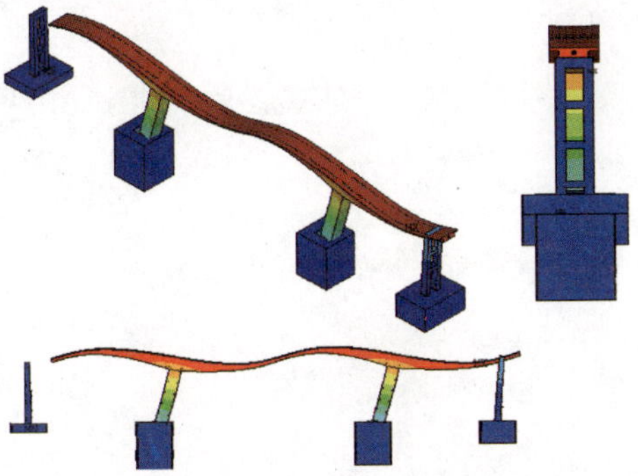

图 6–16 振型 4 f=0.410Hz

Figure 6–16 Mode 4 f=0.410Hz

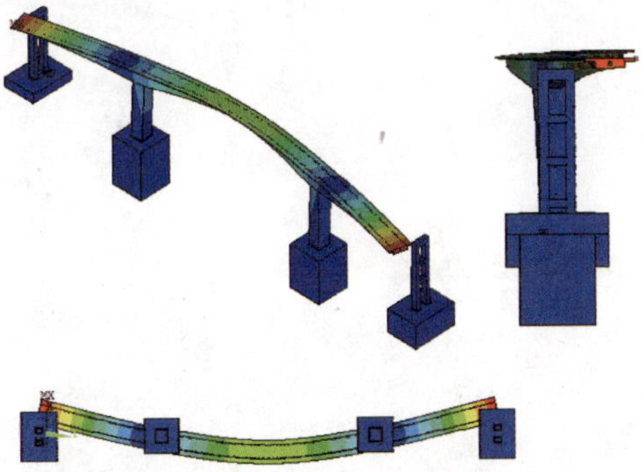

图 6–17 振型 5 f=0.453Hz

Figure 6–17 Mode 5 f=0.453Hz

绵竹清平波作用下的地震响应表明，在地震作用下，连续刚构出现了大幅振动，最大振幅包络线如图 6–18 所示，在主墩处由于主梁的振动受到桥墩的约束，振幅相对较小。而在过渡墩处由于支座对主梁的振动无约束，振幅较主墩处明显要大，悬臂端最大振幅达到 84.8cm 和 –68.8cm，主梁出现了横向弯曲，计算结果与震害现象是一致的。从上述分析可以看出，主梁的横向位移和弯曲一方面由结构自振特性决定，过大的地震激励是导致这一现象的重要原因。

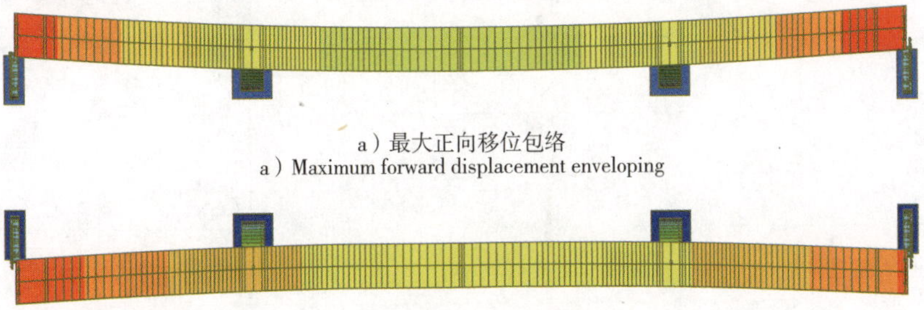

a）最大正向移位包络

a）Maximum forward displacement enveloping

b）最大负向移位包络

b）Maximum negative displacement enveloping

图 6–18 最大移位包络

Figure 6–18 Maximum displacement enveloping

由于大幅的主梁振动导致了支座的破坏，支座破坏后的残骸对主梁有一定的约束作用，振动停止后过渡墩处主梁并未返回平衡位置，而是有一定的残余位移，受边跨约束的影响，主墩虽然有较大的弹性恢复力，但也残留有一定位移。此外，在实际结构中由于在过渡墩布置有挡块，对主梁的横向振动有一定约束作用，但大幅的主梁振动导致的碰撞使得挡块破坏。

2）边跨主梁开裂

边跨主梁的开裂是由自振特性和过大的竖向地震动所致。一方面主梁的竖向弯曲振型频率仅 0.921s，频率较低，易被激发。另一方面绵竹清平波的竖向地震动加速度峰值达 0.623*g*，在竖向地震动作用下，边跨出现竖向振动，振幅达 ±15cm 左右，由此产生的剪力可达 8 000~12 000kN（图 6-19）。

图 6-19 主梁最大剪力包络

Figure 6-19 Maximum shearing force enveloping of girders

另一个不可忽略的因素是边跨主梁与支座间的拍击。由于边跨支座为受压支座，主梁向上振动时，主梁不受支座的约束，而当主梁回落至平衡位置时，将拍击支座，计算表明，在 15~22s，主梁多次与支座产生拍击（图 6-20），从图 6-19 也可看出，由于主梁与支座的拍击，导致梁底预埋支座钢板弯曲。主梁与支座拍击一方面加剧支座的破坏，另一方面导致支座反力的增大，这也会导致主梁剪力增加，从而导致靠近支座的区域主梁出现大量斜向裂缝。

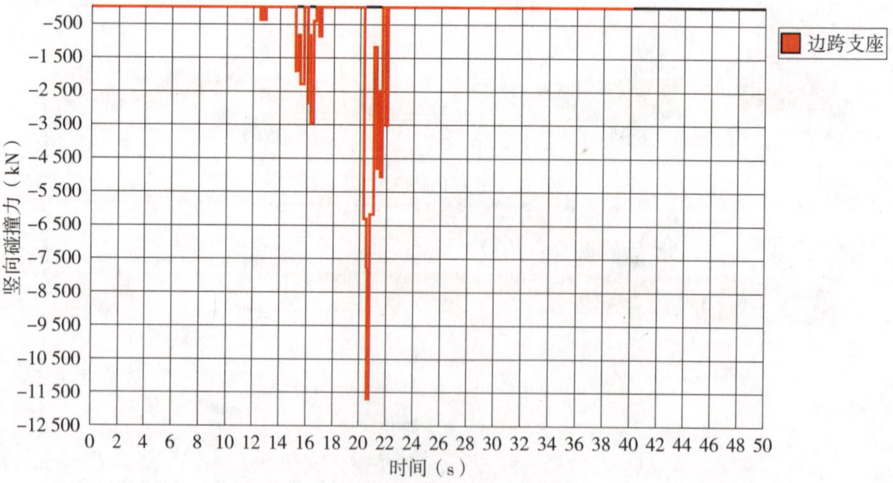

图 6-20 主梁与支座竖向碰撞（拍击）时程

Figure 6-20 Vertical collision time-history of girders/bearings

这里需讨论的一个问题是刚构桥边跨支承体系的设计。从上述分析可以看出，由于边跨采用只受压的双向活动支座，使得主梁的横向位移失去约束，而受压支座则使竖向的向上振动不受约束，二者均削弱了过渡墩对主梁的约束。在边跨支承设计时应充分考虑地震的需要，当横向地震作用较强时，应根据情况选用抗震单向支座，并注意竖向地震可能导致的支座负反力，当地震作用下可能出现支座负反力时，则应选用拉压支座。

3）横隔板开裂

横隔板在箱梁中的主要作用是减少箱梁在偏心荷载作用下的畸变，应该说，横隔板并不是主梁的易损构件。然而岷江庙子坪大桥的横隔板出现了大量的裂缝。一般来说横隔板裂缝多由主梁的扭矩所致，要解释横隔板裂缝，首先需解释地震中主梁的扭转从何而来。

混凝土箱梁的扭转刚度较大，其扭转频率较高，岷江庙子坪大桥的扭转频率高达 20Hz 以上，而且计算也表明扭转振型在地震中并未被激发。但需注意到，在主梁的横向振型中，桥墩也有一定的横向弯曲，而桥墩的横向弯曲不可避免地将产生主梁的刚体扭转，由于是刚体转动，这一扭转并不会产生扭矩（图 6-21）。但是由于边跨支承的存在，约束了这一转动，从而使主梁的扭转由自由扭转转化为约束扭转，这是主梁产生扭矩的原因之一。

另一个值得注意的问题是挡块的影响。当主梁大幅横向振动时将撞击挡块，这一点可从图 6-11 挡块受撞击破坏得到证实，由于主梁与挡块的撞击点位于主梁下侧，撞击力是偏心作用于主梁的，由简单的力学知识可知，这一撞击也将在主梁中产生扭矩（图 6-22）。若扭矩过大有可能导致主梁横隔板开裂。

一般来说，由于碰撞力较大，地震中可能后一种作用更加显著。

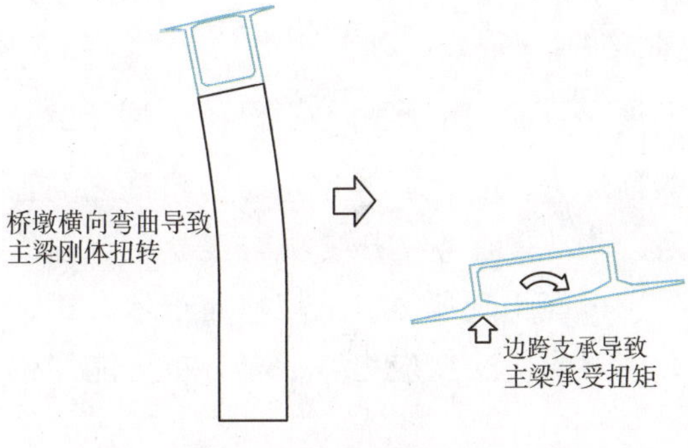

图 6-21　主梁受扭示意 1

Figure 6-21　Girders torsion diagram 1

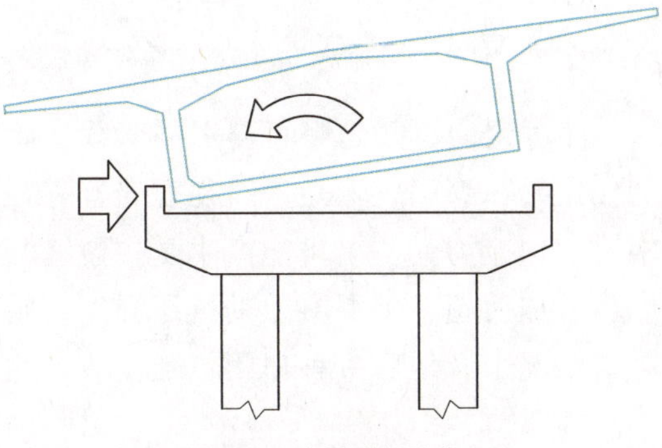

图 6-22　主梁受扭示意 2

Figure 6-22　Girders torsion diagram 2

6.2.2　中跨主梁开裂机理分析 Cracking mechanism analysis of girders of mid-span

中跨主梁开裂也是较为少见的震害形式。岷江庙子坪大桥的计算表明，在绵竹清平波作用下，中跨主梁的正向（向上）加速度最大可达（0.6~0.8）g，图 6-23 给出了跨中截面的加速度时程。这意味着在地震中，当主梁向上运动时，主梁自身“重量”将增大，而当主梁向下运动时，主梁自身“重量”将减小，无论是“自重”的增大还是减小都将导致主梁内力、应力的变化，计算表明，此时主梁将出现交变应力（图 6-24）。

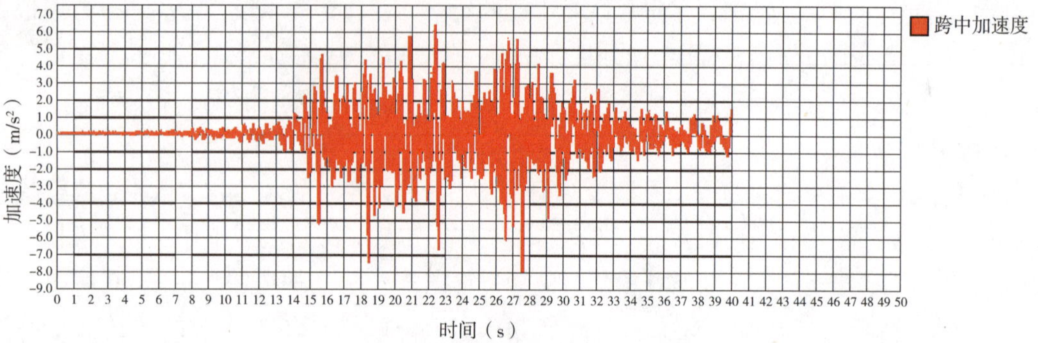

图 6-23　跨中截面加速度时程

Figure 6-23　Time-history of acceleration in section of mid-span

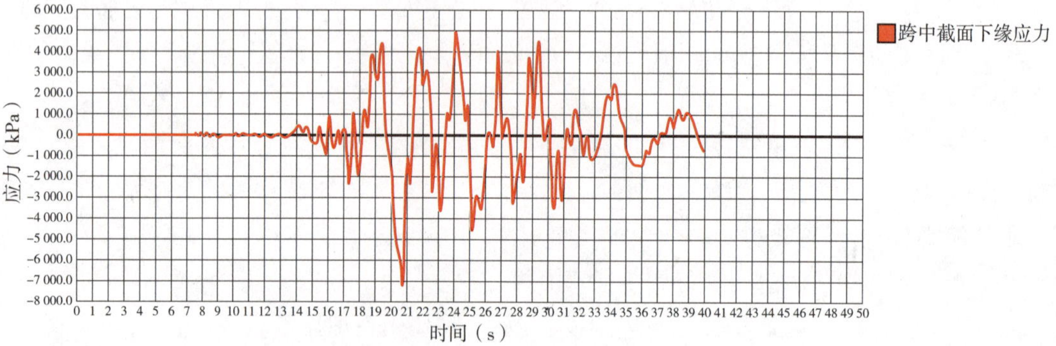

图 6-24　跨中截面应力时程（应力单位：kPa）

Figure 6-24　Time-history of stress in section of mid-span（kPa）

注意到，恒载是竖直向下的荷载，活载也为竖直向下的荷载，为抵消恒载、活载的作用，在跨中正弯矩区段往往布置有强大的预应力，若地震导致拉应力超过混凝土中有效预应力，主梁可能产生受拉裂缝；反之，若地震产生的压应力与混凝土有效预应力叠加后超过了混凝土的抗压强度，则混凝土可能出现压溃，从岷江庙子坪大桥的震害情况来看，后一种作用更强一些。此外大应力幅的交变应力对混凝土也可能产生不利的影响。

从上述分析可看出，由于连续刚构截面设计和预应力配置是按恒载和活载来设计的，竖向地震的效应与静力设计初衷并不相同，而且主墩处主梁受到桥墩的强大双向约束，这是连续刚构主梁在地震中易产生裂缝的主要原因。

6.2.3　桥墩震害分析 Seismic damage of piers

连续刚构桥就结构体系而言属刚架体系，对于这一体系桥梁，桥墩的地震内力响应基本与地震加速度成正比，由于桥位距离发震断裂仅 6km，紧邻桥位的紫坪铺水库大坝实测地震加速度峰值达 2.06g，加速度峰值大，而且桥墩也是此类桥梁在地震作用下的薄弱环节，过大的地震作用，是桥墩出现裂缝的直接原因。由于桥墩墩底受到基础的约束，而顶部的转动受到主梁的约束（图 6–16），因此在墩顶和墩底均可能出现裂缝。绵竹清平波的计算也表明，在纵向地震作用下墩底、墩顶的拉应力增量达 13.8MPa 和 10.8MPa，叠加恒载压应力 6.5MPa 后，名义拉应力仍分别达 7.3MPa 和 4.3MPa，墩顶、墩底均可能产生裂缝。这与震害现象是一致的。

除纵向振动的影响外，对于墩顶，主梁的竖向振动也是一个重要的因素。墩顶截面位于主梁与主墩交界节点处，是主梁的根部截面，受竖向地震动影响较大，竖向地震弯矩和纵向地震弯矩的叠加使得该区域成为连续刚构的易损点之一。

值得注意的是，在地震时 P3~P6 桥墩的淹没水深依次为 19.8m、64.8m、60m、39.2m，墩水耦合振动的影响也是重要的因素。计算表明，水体对墩底弯矩和剪力的影响均十分明显（图 6–25、表 6–2），以顺桥向剪力 F_y 和绕横桥向弯矩 M_y 为例，由于水体的影响，导致 P4 墩 F_y 正向增大 129%，M_x 正向增大 73%，可见，由于墩水耦合振动大幅增大了墩底内力。岷江庙子坪大桥的震害验证了墩水耦合振动的巨大影响。

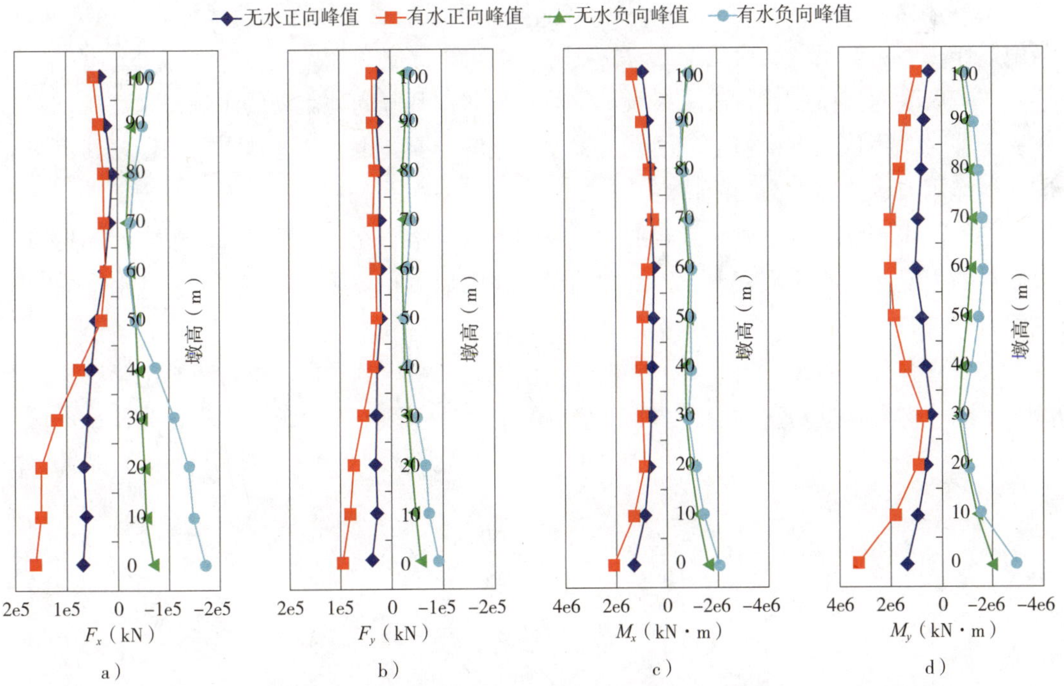

图 6–25　水体对 P4 墩内力峰值的影响

Figure 6–25　Fluid affected to peak of internal force in P4 pier

表 6–2　水体对 P4 墩墩底内力的影响率

Table 6–2　Proportion on fluid influence on internal force of P4 pier bottom

项　　目	横桥向剪力 F_x	顺桥向剪力 F_y	绕横桥向弯矩 M_x	绕顺桥向弯矩 M_y
正向峰值增量（%）	140.479	129.422	72.936	120.823
负向峰值增量（%）	167.171	74.520	37.795	51.949

岷江庙子坪大桥是国内第一座出现水下震害的大型桥梁，其震害现象表明，深水桥梁的设计有其特殊性，一方面水可能作为地震能量输入的介质，另一方面动水附加质量也可能增大地震作用，这样使得水中桥墩受地震的影响更大。从震后修复的角度来说，水中桥墩的修复，尤其是淹没较深的水中桥墩的修复比岸上墩要困难得多。

总体而言，庙子坪大桥桥墩的受损并不严重，裂缝宽度仅 0.8mm，并未伤及核心混凝土，但由于裂缝位于深水下，给震后的修复带来巨大的困难，修复时间长达 2 个月，耗资上千万。岷江庙子坪大桥的震害为深水桥墩的抗震设计提出了一个尖锐的问题。

6.3 抗震对策 Aseismatic countermeasures

从岷江庙子坪大桥的震害及分析可以看出：

（1）边跨支承体系的设计对于连续刚构桥的抗震设计十分重要，支承体系直接影响了结构的动力特性，也深刻影响了其地震响应，支承体系的设计应充分考虑抗震的需要。当横向地震作用较强时应适时选用抗震单向支座，并注意竖向地震可能导致的支座负反力，当地震作用下可能出现支座负反力时，则应选用拉压支座。

（2）在大跨连续刚构桥的主梁设计中应充分认识到竖向地震动的影响，尤其在预应力体系配置时，不仅应考虑恒载、活载、温度荷载的需要，也应考虑地震需求，尤其是应考虑地震作用下主梁应力交变的特点。

（3）深水连续刚构桥墩水耦合振动的影响不可忽略，在地震响应计算中应计入附加动水质量的影响。现有研究表明，当桥墩同时存在内域水和外域水时，内、外域水体的影响应同时计入。

（4）应合理设置主梁纵、横向移位的限位措施。适当的限位不仅可减小主梁移位，也减小了纵、横向振动对主梁的影响，而且可使水平地震作用在主墩和过渡墩中合理分配。

第 7 章　桥梁震害机理分析小结
Chapter 7　Summary on seismic damage mechanism

在前文中分别对汶川地震中出现震害的 4 类主要桥型——简支梁桥、连续梁桥、拱桥、连续刚构桥的震害原因进行了分析。可以看出，由于结构体系不同，不同桥型的地震响应特点不同，因此，无论是震害现象还是致灾机理均有其自身的特点，但也有共性的原因。

7.1　设防标准和设计方法 Fortification criterion and design method

其一，规范的抗震设防目标与设计方法不匹配。汶川地震中的大部分桥梁是按 1977 年版《公路工程抗震设计规范》和 1989 年版《公路工程抗震设计规范》设计的，1989 年版抗震规范与 1977 年版抗震规范均明确规定了各抗震设防类别桥梁的设防标准和设防目标，这些规定也是基本合理的，两者相比较，在设防标准和设防目标上并无本质区别，均采用一水平设防、一阶段设计。在设防水准上，因为采用了不同的描述地震作用的方式，使得用于设计的地震动会有些差异。

其二，设计方法和计算方法不匹配。在计算方法上，1989 年版抗震规范假定结构是弹性状态，采用弹性反应谱理论进行结构地震力计算，但实际上地震属于偶然荷载，一般允许结构物在强震作用下处于塑性状态，且又不会产生结构毁坏，这样就造成了计算理论值与实际作用值有差异。为了解决这一问题，引入综合影响系数，对计算地震力进行“修正”。

由上可以看出，1989 年版抗震规范没有明确采用延性设计指标，但却规定了结构构件可以进入延性状态，该规定被放在规范的条文说明中，即“采用弹性反应谱理论计算结构地震力，计算假定结构是弹性状态，但地震作用下一般允许结构物在强震作用下处于塑性状态，但不产生结构毁坏”。因此，1977 年版、1989 年版抗震规范允许结构物在地震作用下进入延性状态，却没有给出相应的延性设计方法和构造措施，仅用综合影响系数 C_z 调整地震动输入后进行弹性设计，延性比较好的结构采用较大的 C_z，延性比较差的结构则采用较小的 C_z，藉此表现延性指标。

应该说，这种方法不能保证构件具有一定的延性能力。结构抗震分析需要确定两个方面的内容：首先，确定结构在给定地震作用下的响应，这表现了荷载对结构的需求值；其次，要确定结构本身抵抗地震的能力，这表现了结构拥有某种配筋和构造形式所具有的抗力；最后，比较需求与能力来确定结构是否能够在给定地震力作用下达到某一性能要求目标。1989 年版抗震规范以 C_z 调整地震动输入的做法相当于只规定了需求部分，并没有给出能力保证措施，缺少了保证结构具有假定延性能力的相关设计和构造措施，而这点恰是抗震设计中极为重要的一个方面。在实际工程中，结构设计过多地依赖于设计工程师的经验、水平和习惯，有的工程师会将构件配置较多的箍筋，使构件的延性得到了较好保证，而有的工程师则可能不会注意这个问题，从而使按照相同规范设计出的桥梁产生不同的延性抗震能力，而在地震中则会表现为其抗震能力相差甚远，这是违背采用综合影响系数的初衷的，也因此成为1989年版抗震规范的一个重要缺陷，也是汶川地震中桥梁受损的原因之一。实际上，按1989年版规范的综合影响系数对地震动效应进行折减后，只能实现“小震不坏”的目标。

7.2 地震超载 Earthquake overload

震害调查表明，灾区普遍存着地震动超载现象。根据《中国地震动参数区划图》（GB 18306—2001），汶川地震灾区的地震烈度均为Ⅶ度，但在汶川地震中，实际地震烈度为Ⅶ度的情况仅出现在省道105线彭州至北川段和省道212线姚渡至广元段的部分区域，其余均为Ⅷ度及以上，最高为Ⅺ度，水平地震峰值加速度最高则达到958gal，竖向653gal。因此，地震动超载是汶川地震中桥梁破坏的重要原因。在第3~6章的动力增量计算分析中也可看到，能够导致桥梁受损的地震动加速度均远大于设防烈度所对应的加速度值。

7.3 构造措施 Structure measures

桥梁的抗震构造措施，是人们在总结国内外桥梁震害经验的基础上不断认识到其重要性，并逐步提出来的设计原则。历次大地震的震害表明，抗震构造措施可以起到有效减轻震害的作用，而其所耗费的工程代价往往较低。

从上文的分析中也可以看出，对于采用拱式腹孔的拱桥，由于在第一腹孔采用两铰拱或三铰拱，从而导致了大量的拱上建筑震害；在连续刚构桥中由于不适当的支座设置导致支座的破坏和大幅主梁横向振动。反之，在简支梁桥中，由于采用桥面连续，有效协调了各跨的位移，在一定程度上弥补了板式橡胶支座对主梁水平约束较弱的缺陷，大大减少了落梁。

目前我国有关构造措施规定的部分内容仅处于定性规定的层面，有的甚至只是指出应采取何种措施，具体如何设计基本依赖于设计人员的经验，这就导致了相同的设防烈度不同设计人员具体采用的构造不尽相同。以挡块为例，抗震规范（包括1977年版、1989年版、2008年版抗震规范）均没有明确提出其抗震设计方法和配筋等构造布置要求，因此工程实际中挡块的设计趋向经验化，各地也没有统一的做法，配筋情况五花八门。这就导致了在地震中挡块的表现不尽相同，有的一撞即坏，有的又过于强大，甚至导致盖梁和桥墩的破坏（如湔江河大桥）。

目前我国尚处于大规模建设时期，对抗震设计暴露的问题处理还需认真总结，深入而务实的研究工作亟须开展。目前在确定抗震构造措施等级时，1989年版和2008年版抗震规范均采用场地设防基本烈度来衡量地震作用的大小，并以此为依据确定抗震设防措施等级，这种做法是不完善的。对中、长基本周期的桥梁，应综合考虑基本烈度、特征周期和结构重要性修正系数，提出新的指标进行抗震构造措施等级的选取。美国抗震挡块和防落梁装置的研究工作在 20 世纪已经开展了很多，如加州抗震设计规范对挡块设计的计算公式已有明确规定，后期在破坏形式研究中发现该公式具有局限性，容易带来与设计初衷相违背的不良后果，对公式进行了检讨。应该说，这些研究工作从细微处着手，但带来的经济效益却是巨大的。我国现阶段的抗震研究工作应对这些基础研究工作给予充分重视，不追求大、新、奇，避免蜻蜓点水，浅尝辄止。

本篇参考文献
Reference

[1] 陈乐生，庄卫林．汶川地震公路震害调查——桥梁［M］．北京：人民交通出版社，2012.

[2] 陈乐生，庄卫林．汶川地震公路震害调查——地质灾害［M］．北京：人民交通出版社，2012.

[3] 中华人民共和国交通运输部．汶川地震公路震害调查图集［M］．北京：人民交通出版社，2009.

[4] 卢寿德，李小军．汶川 8.0 级地震未校正加速度记录：中国强震记录汇报［M］．北京：地震出版社，2008.

[5] 王军文，李建中，范立础．非规则梁桥横桥向地震碰撞反应分析［J］．振动与冲击，2010，29（6）：25-30.

[6] 许祥，刘伟庆，徐秀丽．新型抗震挡块的抗震性能［J］．东南大学学报：自然科学版，2009，39（增刊Ⅱ）：65-168.

[7] 刘荣灿，王克成，唐红梅，陈洪凯．桥梁抗震设计中滑移挡块作用机理［J］．重庆交通大学学报：自然科学版，2010，29（2）：171-173.

[8] 邓育林，彭天波，李建中．地震作用下桥梁结构横向碰撞模型及参数分析［J］．振动与冲击，2007，26（9）：104-106.

[9] 金锡平，张俊发，刘金慧．隔震橡胶防护挡块非线性有限元分析［J］．工程抗震与加固改造，2005，27（3）：51-54.

[10] 中华人民共和国行业标准．JTJ 004—89 公路工程抗震设计规范［S］．北京：人民交通出版社，1989.

[11] Kaneko Y，et al.Fracture mechanics approach for failure of concrete shear key Ⅰ：Theory［J］．J. Eng．Mech.，1993，119（4）：681-700.

[12] Megally S H，et al.Seismic response of sacrificial shear keys in bridge abutments. SSRP-2001/23，2002.

[13] Goel R，K，Chopra A，K.Role of shear keys in seismic behavior of bridges crossing fault-rupture zones［J］．J． Bridge Engrg，2008，13（4）：398-408.

[14] Mattock A H，Hawkins N M.Research on shear transfer in reinforced concrete［J］.PCI J.，1972，17（2）：55-75.

[15] Kaneko Y，et al.Fracture mechanics approach for failure of concrete shear key II:

Verification [J]. J. Eng. Mech., 1993, 119 (4): 701-719.

[16] 聂利英，李建中，范立础. 地震作用下结构碰撞的模型参数及其影响分析 [J]. 工程力学，2005，22 (5): 142-146.

[17] 中华人民共和国行业标准. JTG/T B02-01—2008　公路桥梁抗震设计细则 [S]. 北京：人民交通出版社，2008.

[18] 日本道路协会. 道路桥示方书·同解说，V 耐震设计篇 [M]. 东京，平成 14 年 3 月.

[19] 张应宏. 山区连续梁桥横桥向抗震性能分析 [D]. 上海：同济大学硕士学位论文，2006.

[20] 邓育林，彭凯，李建中. 地震作用下横向碰撞对连续梁桥地震反应的影响 [J]. 结构工程师，2007，23 (2): 64-68.

第二篇 隧 道
Part 2 Tunnel

第8章　概　述
Chapter 8　Introduction

8.1　汶川地震公路隧道震害综述 Outline of tunnel seismic damage of Wenchuan earthquake

“5・12”汶川特大地震重灾区范围超过10万km^2，死亡和失踪8万余人，造成直接经济损失8 451亿元。地震导致21条高速公路和16条国省干线公路上的56座隧道不同程度受损[1]。

其中有5条线路隧道受损严重，分别是：都映高速（龙溪隧道、龙洞子隧道、紫坪铺隧道和烧火坪隧道），G213线都江堰至映秀段公路（白云顶隧道、友谊隧道和马鞍石隧道），剑阁至青川公路（酒家垭隧道），S105线北川至青川段公路（牛角垭隧道），都江堰至龙池公路（龙池隧道）。

G213线映秀至汶川段公路（皂角湾隧道、毛家湾隧道、彻底关隧道、福堂关隧道、桃关隧道、草坡隧道、单坎梁子隧道）和S303线映秀至日隆段公路（盘龙山隧道、耿达隧道）受次生灾害影响，部分隧道洞门被砸坏、洞口被掩埋[2]。

隧道震害主要分为隧道洞口段结构震害、隧道断层破碎带段结构震害[3]和隧道普通段隧道结构震害。其中，洞口段结构包括洞外结构（边仰坡、洞门及明洞结构）和洞口段衬砌结构。

洞口段衬砌结构包括洞口浅埋段和洞口震害影响过渡段。洞口浅埋段属于震害易发生段。然而，洞口浅埋段震害并不仅仅延伸到深浅埋分界就终止，通过震害展示图发现，隧道震害在浅埋段的基础上还向深埋段延伸了一定的距离。在隧道震害展示图中画出一条线将此延伸的终止范围标示出来，此线与浅埋分界线间的隧道段就是洞口震害影响过渡段。

通过研究震害展示图发现，断层破碎带及两侧一定范围有这样一个特点，即此范围比邻近的其他区域震害面积或严重震害（比如垮塌、掉块）的比例有明显的增加。在隧道震害展示图两侧各画出一条线将此范围标示出来，两条标示线内的隧道段就是断层破碎带震害影响段（断层破碎带段隧道结构）。

隧道断层破碎带段结构和洞口段结构皆是隧道震害相对集中的区域，就一座隧道而言，除去此两段，剩余区段即是普通段隧道结构。

8.1.1　隧道洞口段震害概述 Outline of tunnel structural seismic damage of opening section

隧道洞口是隧道唯一暴露的部位，所处地质条件一般较差，埋深浅，故震害及次生灾害发生较多，位于地震烈度Ⅸ度及Ⅸ度以下震区隧道 25 座，Ⅸ度以上震区隧道 15 座。

1）Ⅸ度及Ⅸ度以下地震区隧道洞口结构震害

统计发现，位于地震烈度Ⅵ度的隧道洞口结构未出现震害；位于地震烈度Ⅶ度和Ⅷ度震区的隧道均有一座隧道洞门墙冒石被落石砸坏；位于地震烈度Ⅸ度震区的隧道中单坎梁子隧道、草坡隧道（图 8-1）和耿达隧道（图 8-2）仅边仰坡、洞门墙和明洞出现了震害，且主要由次生灾害所引起，酒家垭隧道洞口段衬砌出现了二次衬砌垮塌、混凝土掉块、剥落等影响车辆通行的严重震害。

图 8-1 草坡隧道进口崩塌，掩埋洞口

Figure 8-1 The entrance collapsed and buried in Caopo Tunnel

图 8-2 耿达隧道洞口段明洞结构被砸穿

Figure 8-2 The rock smashed through the structure of open tunnel in Gengda Tunne

2）Ⅸ度以上地震区隧道洞口结构震害

位于地震烈度Ⅹ度区的盘龙山隧道、紫坪铺隧道、友谊隧道和马鞍石隧道边仰坡崩塌、滑塌及落石，洞口段衬砌破坏较严重，出现了衬砌开裂等震害；白云顶隧道边仰坡崩塌、滑塌及落石，洞门端墙被砸坏，洞口段衬砌破坏严重，出现了混凝土掉块、剥落以及二次衬砌垮塌等影响车辆通行的严重震害。

图 8-3 桃关隧道洞门端墙开裂，拱圈损坏

Figure 8-3 The headwall of portal crazed and the arch ring broken in Taoguan Tunnel

位于地震烈度Ⅺ度区的毛家湾隧道、福堂坝隧道、皂角湾隧道、彻底关隧道和桃关隧道仅边仰坡、洞门墙和明洞出现了震害，且主要由次生灾害所引起；龙洞子隧道、牛角垭隧道和烧火坪隧道边仰坡出现崩塌、滑塌，掩埋洞口，洞门墙被砸坏，洞口段衬砌破坏较严重，出现了衬砌开裂等震害；龙溪隧道和龙池隧道边仰坡出现小规模的滑塌，洞口段衬砌破坏严重，出现了混凝土掉块、剥落以及二次衬砌垮塌等影响车辆通行的严重震害。典型震害如图 8-3~ 图 8-7 所示。

图 8-4 福堂隧道翼墙开裂

Figure 8-4 The flare(wing)wall crazed in Futang Tunnel

图 8-5 龙洞子隧道出口边仰坡及山体崩塌掩埋洞口

Figure 8-5 The heading slope and mountain collapsed and buried the entrance in Longdongzi Tunnel egress

图 8-6 白云顶隧道洞口段衬砌环向错台

Figure 8-6 The circumferential slab staggering of lining in Baiyunding Tunnel

图 8-7 龙溪隧道左洞进口拱部二次衬砌垮塌

Figure 8-7 The secondary lining of the left entrance arch collapsed in Longxi Tunnel

8.1.2 隧道断层破碎带段结构震害概述 Outline of tunnel structural seismic damage of fault fracture zone

震区内有 6 座穿越断层破碎带的隧道震害较为严重，分别是友谊隧道、白云顶隧道、紫坪铺隧道、龙洞子隧道、龙溪隧道和酒家垭隧道。其中，酒家垭隧道处于Ⅸ度及Ⅸ度以下烈度区，其他 5 座隧道均处于Ⅸ度以上烈度区。

1）Ⅸ度及Ⅸ度以下烈度区断层破碎带段隧道结构震害

Ⅸ度及Ⅸ度以下烈度区仅有酒家垭隧道，其穿越断层部分震害类型有衬砌开裂、混凝土掉块、二次衬砌垮塌、初期支护垮塌、施工缝开裂、衬砌渗水等（图 8-8~ 图 8-11）。

图 8-8 酒家垭隧道二次衬砌垮塌

Figure 8-8 The secondary lining collapsed in Jiujiaya Tunnel

图 8-9 酒家垭隧道初期支护变形

Figure 8-9 Deformation of the initial support in Jiujiaya Tunnel

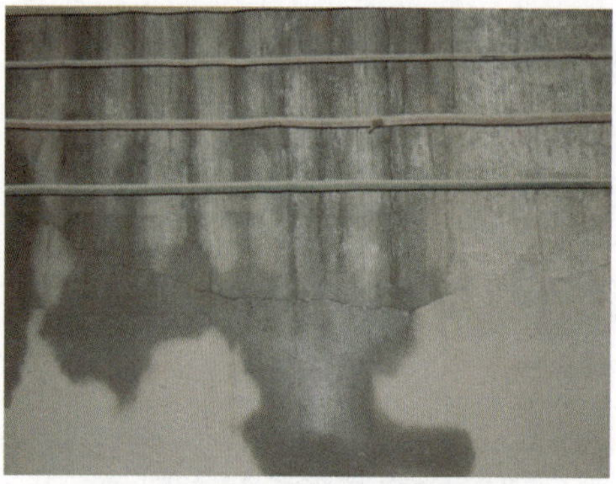

图 8-10 酒家垭隧道衬砌开裂、渗水

Figure 8-10 Cracking and leakage on lining of Jiujiaya Tunnel

图 8-11 酒家垭隧道仰拱隆起

Figure 8-11 The inverted arch heaved in Jiujiaya Tunnel

2）Ⅸ度以上烈度区断层破碎带段隧道结构震害

友谊隧道、白云顶隧道、紫坪铺隧道、龙洞子隧道、龙溪隧道处于Ⅸ度以上区域。隧道在穿越断层破碎带时出现各种形式破坏，包括衬砌开裂、错台（图 8-12）、混凝土剥落、施工缝开裂、初期支护垮塌（图 8-13）、二次衬砌垮塌（图 8-14）、塌方（图 8-15）等。相对于普通段隧道结构的破坏，断层破碎带段隧道结构初期支护垮塌和二次衬砌垮塌这样严重阻碍隧道交通以及抢修的灾害出现的概率大大增加。友谊隧道、龙溪隧道过断层段二次衬砌几乎全部垮塌，龙溪隧道局部位置可以透过垮塌的二次衬砌看见初支和部分围岩塌落至防水层。白云顶隧道断层破碎带也有出现了二次衬砌垮塌。

图 8-12 龙溪隧道衬砌错台

Figure 8-12 The slab staggering of lining (wrong setting) in Longxi Tunnel

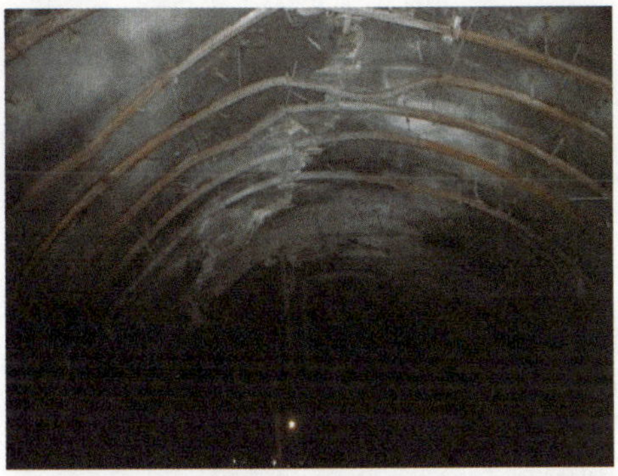

图 8-13 龙溪隧道初期支护垮塌，钢拱架扭曲变形

Figure 8-13 The initial support collapsed in Longxi Tunnel, steel arch bridge distorted

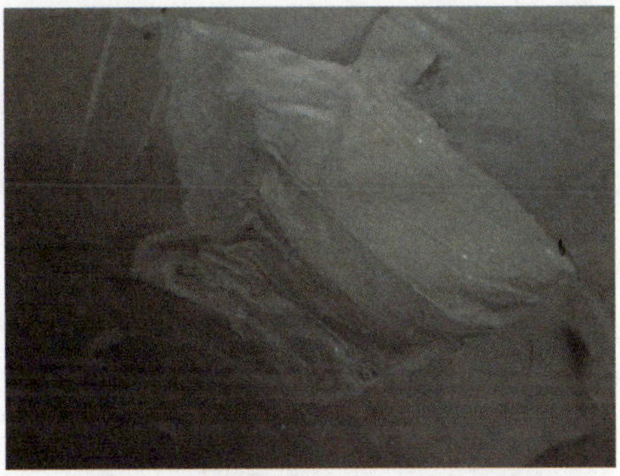

图 8-14 龙溪隧道二次衬砌垮塌

Figure 8-14 The secondary lining collapsed in Longxi Tunnel

图 8-15 龙溪隧道拱部塌方

Figure 8-15 The arch collapsed in Longxi Tunnel

8.1.3 隧道普通段结构震害概述 Outline of tunnel structural seismic damage of normal zone

普通段隧道结构一般围岩条件相对较好，震害受损程度和震害比例比洞口结构和断层破碎带段隧道结构要小，但是这并不意味着就可以忽略普通段隧道结构的震害机理研究和抗震设防。经统计，普通段隧道结构占隧道总长度的70%左右，在这么长的范围内一些个别区域也发生了较严重的震害，比如衬砌垮塌、错台等，虽然比例不高，但是这样的震害同样影响隧道的正常、安全运营，须引起重视。

1）Ⅸ度及Ⅸ度以下地震区普通段隧道结构震害

位于Ⅵ～Ⅷ度区的普通段隧道结构未出现震害；在位于地震烈度Ⅸ度区的隧道中，草坡隧道和单坎梁子隧道有少量施工缝开裂渗水以及衬砌涂料层剥落（图 8-16），酒家垭隧道普通段隧道结构破坏较严重，出现了衬砌开裂、剥落等震害。

2）Ⅸ度以上地震区普通段隧道结构震害

在位于地震烈度Ⅹ度区的隧道中，盘龙山隧道普通段隧道结构基本无破坏；白云顶隧道、马鞍石隧道和紫坪铺隧道普通段隧道结构破坏较严重，出现了衬砌开裂等震害（图 8-17）；

友谊隧道普通段隧道结构破坏严重，出现了衬砌开裂、二次衬砌垮塌等震害（图 8-18）。

在位于地震烈度 XI 度区的隧道中，龙洞子隧道和牛角垭隧道普通段隧道结构破坏较严重，出现了衬砌开裂等震害；龙溪隧道、烧火坪隧道和龙池隧道普通段隧道结构破坏严重，出现了衬砌开裂、掉块、初期支护垮塌、二次衬砌垮塌等震害（图 8-19）；其他隧道普通段隧道结构基本无破坏。

图 8-16 二次衬砌纵向交叉开裂与渗水

Figure 8-16 The crossed cracking and leakage on secondary lining

图 8-17 紫坪铺隧道衬砌开裂掉落

Figure 8-17 The lining cracked and flopped in Zipingpu Tunnel

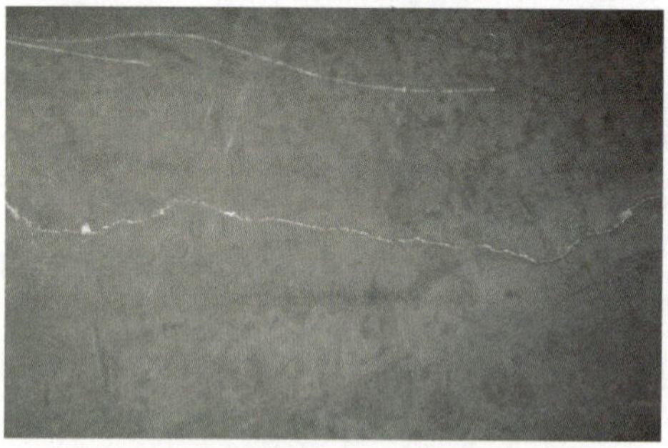

图 8-18 友谊隧道衬砌多条裂缝并存

Figure 8-18 The crack of lining in Youyi Tunnel

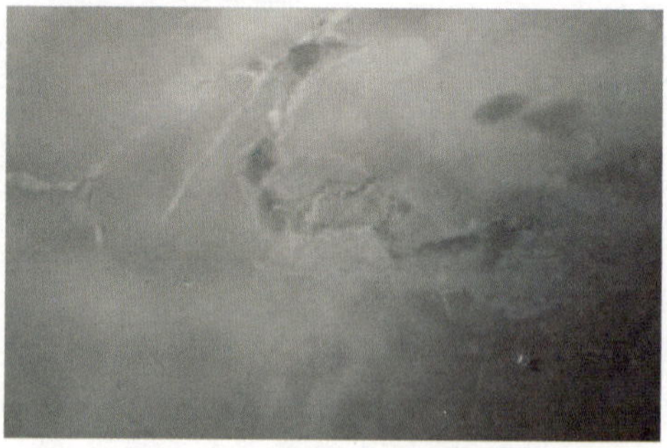

图 8-19 烧火坪隧道二次衬砌塌落掉块

Figure 8-19 The concrete of secondary lining collapsed and flopped in Shaohuoping Tunnel

8.2 汶川地震公路隧道震害特点 Seismic damage characteristics of highway tunnel in Wenchuan earthquake

8.2.1 隧道洞口段震害特点 Seismic damage characteristics of tunnel opening section

隧道洞口段埋深较浅或裸露，所处地质条件一般较差，但位于不同地震烈度、不同地层条件，在地震后呈现不同的震害，其特点如下：

（1）隧道边仰坡在地震烈度为Ⅷ度及Ⅷ度以下时无震害；在Ⅸ度及Ⅸ度以上地震区均出现不同强度的崩塌和滑塌现象。

（2）洞门结构在Ⅷ度及Ⅷ度以下时，地表区仅出现洞门墙帽石被落石砸坏的震害，在Ⅸ度时出现了洞门墙开裂的震害，在Ⅸ度及以上地表区隧道洞门墙均出现开裂，Ⅺ度区的龙洞子和桃关隧道洞门出现了断裂震害。

（3）明洞震害较轻，仅耿达隧道明洞被落石砸穿、桃关隧道明洞上方有落石堆积。

（4）按Ⅶ度设防的隧道洞口段衬砌在地震烈度为Ⅷ度及Ⅷ度以下时震害较轻（少数隧道出现轻微裂缝），未出现二次衬砌垮塌、隧道垮塌等严重震害；在地震烈度为Ⅸ～Ⅹ度时，出现了二次衬砌垮塌这样严重的震害类型，但未出现隧道垮塌；在地震烈度为Ⅺ度时，出现了隧道垮塌这样最为严重的震害类型。

（5）软岩隧道洞口浅埋段由于考虑了抗震设防，未出现二次衬砌垮塌这样严重的震害类型；软岩隧道洞口过渡段出现了二次衬砌垮塌这样严重的震害类型（龙溪隧道和酒家垭隧道）。

8.2.2 隧道断层破碎带段结构震害特点 Seismic damage characteristics of tunnel structure in fault fracture zone

错动断层的隧道出现了二次衬砌垮塌、隧道垮塌等严重的震害类型；未错动断层隧道震害未出现二次衬砌垮塌、隧道垮塌等严重的震害类型，仅出现施工缝开裂以及衬砌剥落、开裂、渗水等受损较轻的震害类型。

8.2.3 隧道普通段结构震害特点 Seismic damage characteristics of tunnel structure in normal zone

相对于洞口段和断层段而言，隧道普通段的震害相对较轻。由于施工中可能存有应力异常、变形侵限的衬砌段落，地震中出现了二次衬砌垮塌、隧道垮塌等不同程度的破坏。概括起来有以下三点：

（1）普通段隧道结构在地震烈度Ⅸ度及Ⅸ度以上的强震作用下，如果不存在缺陷，一般不会出现隧道垮塌和二次衬砌垮塌等严重震害。

（2）普通段隧道结构二次衬砌使用素混凝土时，在高烈度地震作用下，也可能出现开裂等震害。

（3）普通段隧道结构在施工过程中出现过大变形或衬砌背后不密实等缺陷时，可能会发生较严重的震害，如二次衬砌垮塌、隧道垮塌等。

8.3 隧道震害机理研究现状 The study actuality of tunnel seismic disaster analysis

8.3.1 国内外研究总体情况 Research on the general situation at home and abroad

造成隧道震害的原因主要有两个：地震惯性力和强制位移。地震惯性力造成的隧道震害多发生在边仰坡、洞门、明洞结构以及洞口浅埋段隧道衬砌；强制位移造成的隧道震害主要发生在断层破碎带段隧道结构、软硬岩交接面附近等处。

断层破碎带对隧道的影响主要有两个方面：断层错动对衬砌结构的破坏以及断层带软弱破碎岩体在地震作用下发生塌落松动和涌水等。后者较容易发现，可视为不良地质围岩进行加固处理；前者对工程危害最大，原因也较复杂。

边仰坡、洞门及明洞结构是隧道唯一出露的部分，也是震害较严重的区域。发生震害的影响因素主要有：地震惯性力、地形、洞门形式、边仰坡设计防护参数以及洞口段地质情况等[4]。软硬岩交接面处强制位移破坏主要发生在隧道洞口浅埋段，其约束较少、所受地震力较大，软岩部分易发生滑动，从而对隧道衬砌造成破坏。

目前，国内外有关专家对隧道震害资料进行了收集和分析，建立了相应的数据库。通过归类分析，可将地下结构地震破坏分为6种情况，即：洞室变形、洞室顶部的偶然落石、洞顶或洞壁倒坍、沿相交断层的位移、洞室围岩的剥落、支护或衬砌的扰动或变形[5-8]。隧道震害影响因素主要包括：覆盖层厚度、岩石类别、支护类型、震级和震中距等。对这些影响因素进行分析，可得知：在同一烈度地震下，隧道一般较地面建筑物遭受破坏的程度小得多，深埋隧道较浅埋隧道抗震方面更加有利[8]。当峰值地面加速度 $PGA \leqslant 0.15g$ 时，隧道损害轻微；当 $PGA=0.15g\sim0.45g$ 时，隧道损害严重；当 $PGA>0.45g$ 时，隧道损害非常严重[9]。穿越活断层或断层破碎带的隧道在地震中必然受到严重的破坏；隧道洞口也是经常受到地震破坏的地段。

目前，国内外有关专家研究了跨断层破碎带隧道横向断面动力受力特征及纵向地震响应的一般规律[10]；研究了隧道掌子一半硬岩一半软岩的施工技术[11]；采用离散单元法3DEC对含单节理的隧道洞口段进行了动力响应研究。通过对比分析发现，洞口是地震动力响应最大的部位，拱脚、拱肩和仰拱是隧道洞口衬砌结构抗震的危险部位[12]。

综上所述，目前关于隧道的震害机理国内外已进行了一些研究，取得了一些成果。但对于断层破碎带段隧道结构震害的主次要因素研究还不充分，对于错动与不错动断层破碎带段隧道结构的震害因素及设防重点研究较少；未见洞口软硬围岩交接面附近的震害机理研究。为此，需要对上述问题加强分析研究。

8.3.2 汶川地震公路隧道震害分析研究情况 Analysis of high way tunnel seismic damage in Wenchuan earthquake

鉴于国内外对于隧道震害分析的内容及因素尚不充分和完善，本书在汶川地震大量震害调查的基础上，结合现场震害统计分析（见《汶川地震公路震害调查　隧道》一书），围绕典型隧道的工程情况开展了大量的数值模拟和地震反演，针对划分的隧道震害典型三区段——洞口段、断层破碎带段以及洞身普通段，系统分析了汶川地震中公路隧道震害情况。主要分析内容有以下三方面。

（1）隧道洞口段震害分析

隧道洞口段震害分为洞外边仰坡、洞门等次生灾害和洞口浅埋段隧道衬砌破坏两部分。其中，针对洞口浅埋段，分析了软硬岩交界面、覆盖层以及偏压等不同地质地形条件下的震害情况及机理。

（2）隧道断层破碎带段震害分析

针对汶川地震中跨断层典型隧道震害情况，分析穿越无错动的断层带和有错动的断层带两种情况下隧道受力及震害特征。

（3）隧道普通段震害分析

主要分析对比有无施工缺陷情况下隧道的震害特征及机理。

最后在隧道震害分段分析的基础上，提出了公路隧道抗震设防对策，供相应研究和设计人员参考。

第 9 章 隧道洞口段震害分析
Chapter 9 Seismic opening section structure disaster analysis

9.1 洞外次生震害分析 Seismic outside sturcture disaster analysis

9.1.1 震害类型 Seismic damage type

通过震区现场调查，隧道洞外震害主要有以下类型：洞门墙开裂、下沉、倾斜、垮塌、被落石砸坏；明洞开裂、被落石砸坏；边仰坡地表开裂、失稳、垮塌，防护工程出现裂缝、断缝、倾斜、内鼓、下沉，截、排水沟开裂、断口、沉陷，边仰坡破坏导致隧道洞口被掩埋等。

9.1.2 震害分析 Seismic disaster analysis

1）研究情况

（1）计算情况

为了分析隧道洞外结构震害机理，考虑地形、地质条件进行了三维数值分析，计算工况见表 9–1，硬岩选取Ⅱ级围岩，软岩选取Ⅴ级围岩，其物理力学参数如表 9–2 所示，计算模型如图 9–1、图 9–2 所示。

表 9–1 计算模型及参数

Table 9–1 Calculation model and parameters

序号	计 算 模 型	尺寸（长 × 高 × 厚）(m)	坡度（°）	基频（Hz）
A–1	1∶2（表层岩体为硬岩）	200 × 110 × 40	26.56	约 5
A–2	1∶2（表层岩体为软岩）	200 × 110 × 40	26.56	约 6

表 9–2 计算模型物理力学参数

Table 9–2 Physical and mechanical parameters of the calculation model

地层类型	材 料 参 数				
	γ（kN/m³）	c（kPa）	φ（°）	E（MPa）	μ
硬岩	25	2100	60	33 000	0.2
软岩	20	50	20	1 000	0.45

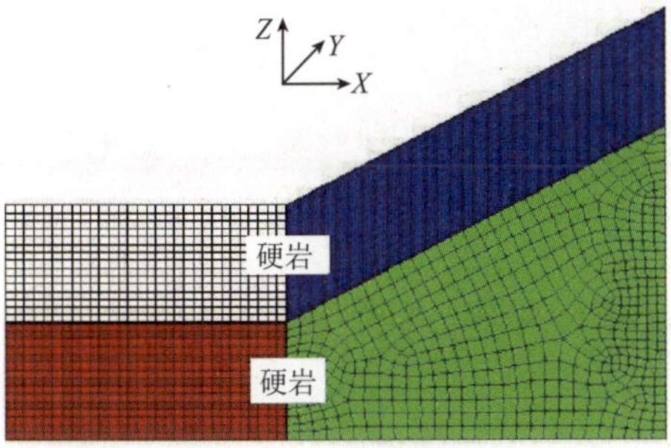

图 9-1　A-1 计算模型

Figure 9-1　Calculation model A-1

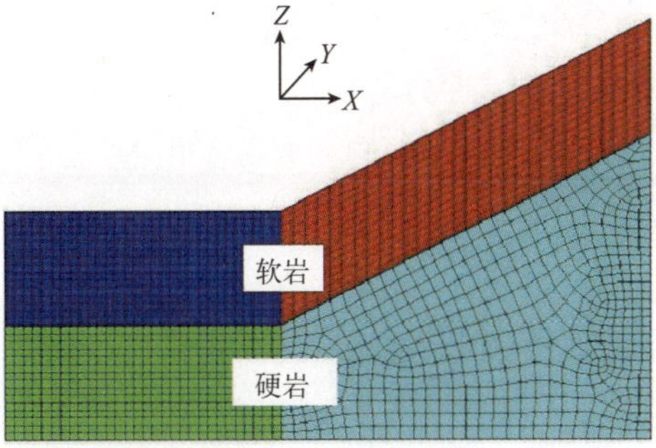

图 9-2　A-2 计算模型

Figure 9-2　Calculation model A-2

计算中采用理想弹塑性本构模型和 Mohr-Coulomb 屈服准则，边界采用自由场边界。计算采用的阻尼为 Rayleigh 阻尼，体系的基频 ω_{min} 约为 5Hz（A-1）和 6Hz（A-2），临界阻尼比 ξ_{min} 根据经验取为 0.05。

（2）测线测点布置

为了研究山地表层岩体岩性对地震动力响应一般规律的影响，在模型内布置了 9 条测线，见图 9-3。

测线 1~3 为研究平地地震动加速度幅值竖向变化规律而布设的，测线 4~6 为研究山地地震动加速度幅值竖向变化规律而布设的，测线 7~9 为研究山地地震动加速度幅值水平方向变化规律而布设的。竖向测线与水平测线的测点布置如图 9-4 所示。为了研究山地坡面点位移，其测点布置如图 9-5 所示。

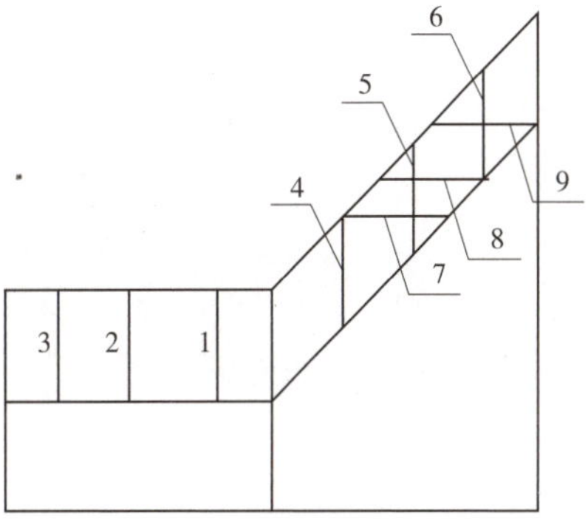

图 9-3　测线布置图

Figure 9-3　Survey（Measuring）line layout

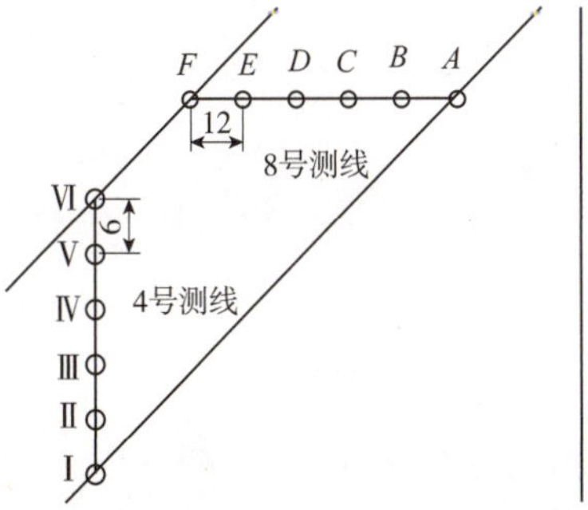

图 9-4　*PGA* 测点布置图（4 号和 8 号测线）（尺寸单位：m）

Figure 9-4　*PGA* measuring point layout（The 4th and 8th survey line）

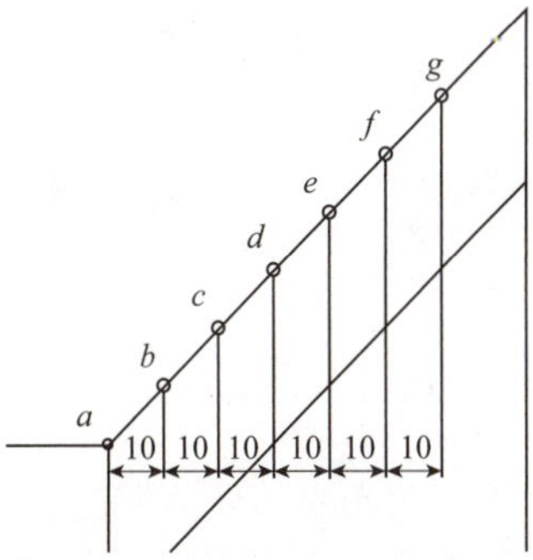

图 9-5　坡面位移测点（尺寸单位：m）

Figure 9-5　Slope displacement measuring points

为了研究地震动峰值加速度沿竖直深度的变化规律，以基岩处测点（图 9-4 中Ⅰ点）的地震动峰值加速度为基准，将其上部各深度的峰值加速度与基岩处测点作比较，得到各深度测点与基岩处测点的幅值比（放大系数）。研究地震动峰值加速度沿水平方向的变化规律同竖直方向，同样是以基岩处测点（图 9-4 中 *A* 点）的地震动峰值加速度为基准。

2）地震惯性力分析

由于隧道洞外结构一般位于山地坡面上，山地表层岩体岩性对隧道洞外结构的安全有着重要的影响。

山地表层岩体一般为强风化地层，其各项力学指标均低于下覆岩体。下面通过数值模拟，主要研究表层岩体与岩性不同时，其地震惯性力的变化。

提取 A-1 和 A-2 计算模型的监测测线 4~9 的加速度时程记录，分析各测线每个测点的峰值加速度，计算各测点幅值比，结果如图 9-6~ 图 9-9 及表 9-3 所示。

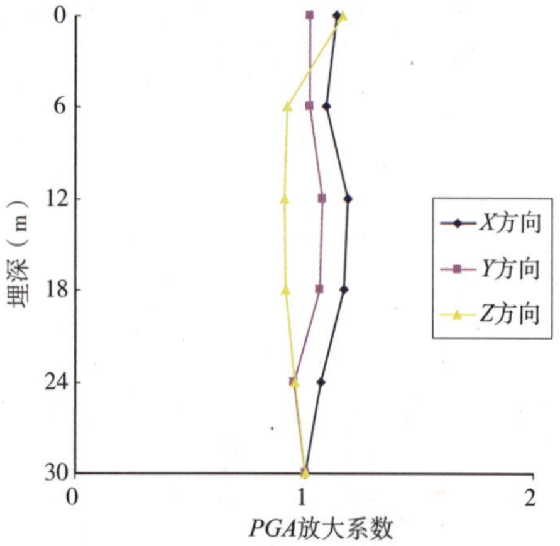

图 9-6 A-1 模型硬岩 *PGA* 竖向传播三方向幅值比变化（4~6 测线平均值）

Figure 9-6 Three-direction amplitude ratio variation of mountainous hard rock *PGA* vertical propagation in calculation model A-1（4~6 measuring line average）

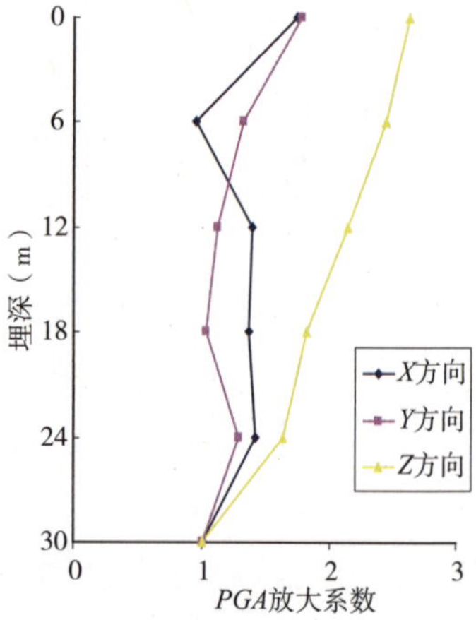

图 9-7 A-2 模型强风化地层 *PGA* 竖向传播三方向幅值比变化（4~6 测线平均值）

Figure 9-7 Three-direction amplitude ratio variation of mountainous surface weathered stratum *PGA* vertical propagation in calculation model A-2（4~6 measuring line average）

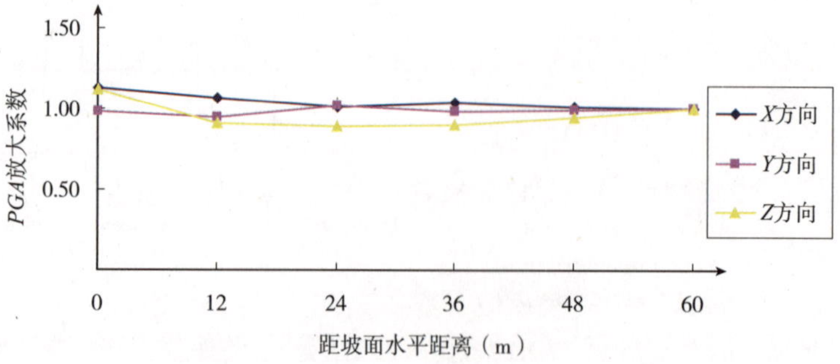

图 9-8 A-1 模型硬岩 *PGA* 水平向传播三方向幅值比变化（7~9 测线平均值）

Figure 9-8 Three-direction amplitude ratio variation of mountainous hard rock *PGA* horizontal propagation in calculation model A-1（7~9 measuring line average）

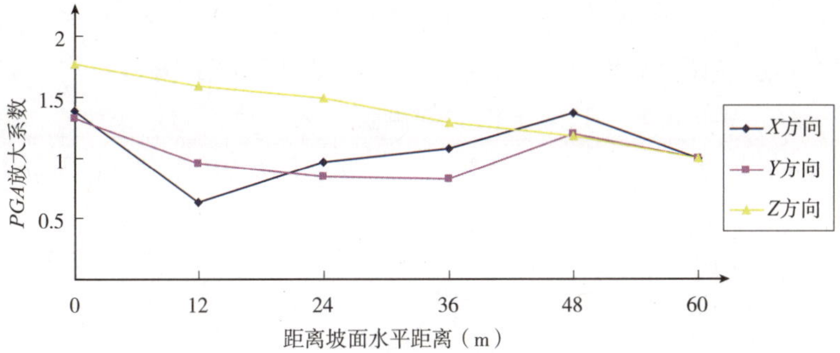

图 9–9 A–2 模型强风化地层 *PGA* 水平向传播三方向幅值比变化（7~9 测线平均值）

Figure 9–9 Three–direction amplitude ratio variation of mountainous surface weathered stratum *PGA* horizontal propagation in calculation model A–2（7~9 measuring line average）

表 9–3 洞口段表层岩体不同岩性 *PGA* 放大系数

Table 9–3 Different lithology *PGA* amplification factor of surface rock in entrance

方向	硬岩竖向放大系数	软岩竖向放大系数	增加百分比（%）
X	1.14	1.74	52.63
Y	1.02	1.77	73.53
Z	1.17	2.62	123.93
方向	硬岩水平放大系数	软岩水平放大系数	增加百分比（%）
X	1.13	1.39	23.01
Y	0.98	1.33	35.71
Z	1.12	1.77	58.04

由图 9–6~ 图 9–9 及表 9–3 可知，当洞口表层岩体为软岩时，其竖向及水平向三方向 *PGA* 放大系数均大于洞口表层岩体为硬岩的情况。三方向竖向 *PGA* 放大系数增大百分值均大于水平向 *PGA* 放大系数增大百分值，三方向中 *Z* 方向增大百分值较多，软岩竖向 *Z* 方向 *PGA* 放大系数增加 123.93%，硬岩水平向 *Z* 方向 *PGA* 放大系数增加 58.04%。

当洞口表层为软岩时，*PGA* 明显增加，致使表层岩体所受地震惯性力明显增加。加之表层岩体本身稳定性较差，若隧道洞口边仰坡防护不足或未做防护，极易发生洞口边仰坡崩塌、滑塌及落石等次生地质灾害，损坏洞门及明洞结构。

3）位移分析

若坡面位移过大，位于坡面上的隧道洞外结构也易因强制位移的影响而造成破坏。

提取 A–2 模型坡面 *a~g* 测点三方向位移，计算位移增量及相邻测点位移差，如图 9–10、图 9–11 及表 9–4~ 表 9–7 所示。

由图 9–10 及表 9–4~ 表 9–6 可知，如地震中边坡未发生失稳，沿坡面向上各测点位移均有增大的趋势（*Y* 方向在加速度最大时刻位移略有减少），其中 *X* 方向位移增加百分比达到了 105.13%，其位移增大量最大，为 6.15mm；*Z* 方向位移增加百分比达到了 177.83%，其位移增大量为 3.61mm。

由于边仰坡、洞门及明洞尺寸均在 10m 以下或 10m 左右，*a*~*g* 相邻测点水平距离为 10m，研究相邻测点位移差对于研究隧道洞外结构震害机理有着重要的意义。

由图 9-10 及表 9-7 可知，边坡坡面相邻测点三方向位移差很小，*X* 方向相邻点位移差最大为 2.02mm，*Y* 方向相邻点位移差最大 0.1mm，*Z* 方向相邻点位移差最大仅 1.76mm。位移差均较小，对坡面结构影响不大，故如边坡不失稳，造成坡面上隧道洞外结构震害的主要因素不是强制位移，而是地震惯性力。

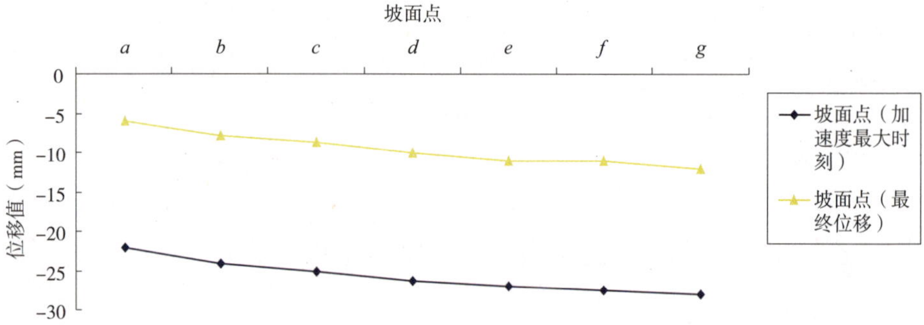

a）坡面点*X*方向位移

a）*X*-direction displacement of each slope surface measuring point

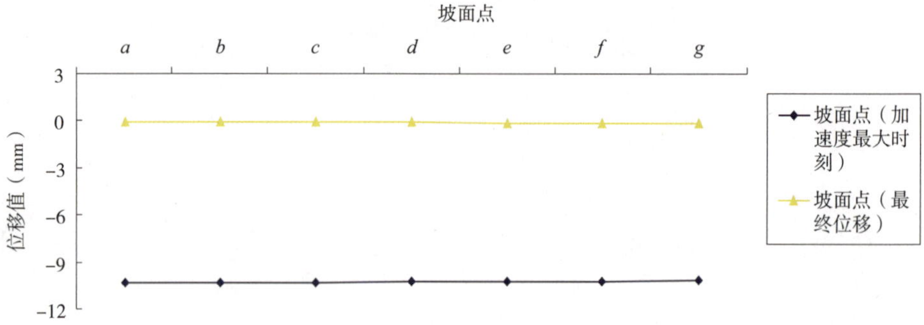

b）坡面点*Y*方向位移

b）*Y*-direction displacement of each slope surface measuring point

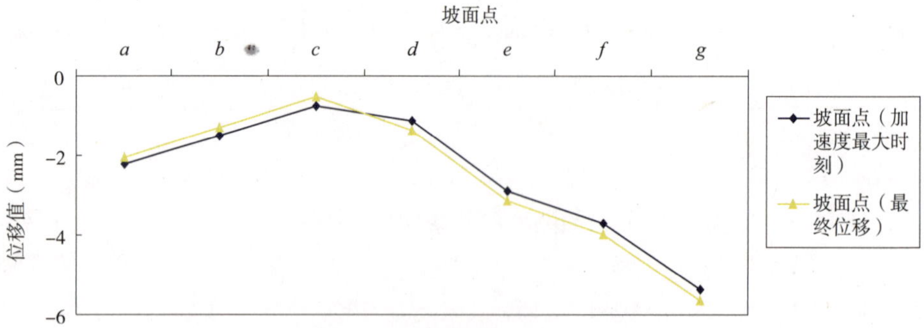

c）坡面点*Z*方向位移

c）*Z*-direction displacement of each slope surface measuring point

图 9-10　A-2 模型坡面各测点三方向位移

Figure 9-10　Three-direction displacement of each slope surface measuring point in calculation model A-2

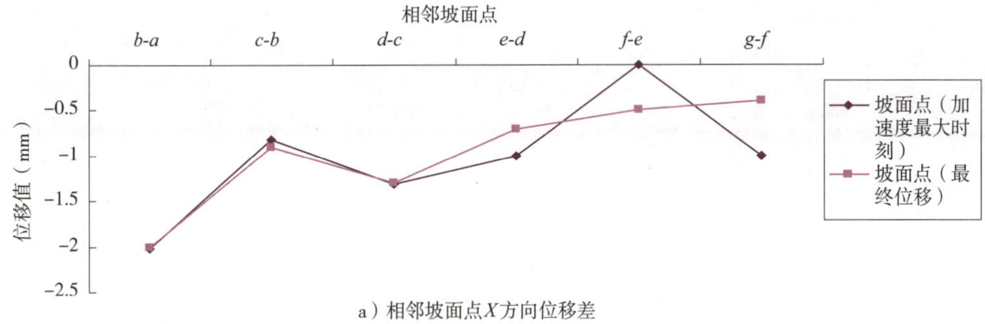

a）相邻坡面点 X 方向位移差

a）X-direction displacement difference of each adjacent slope surface measuring point

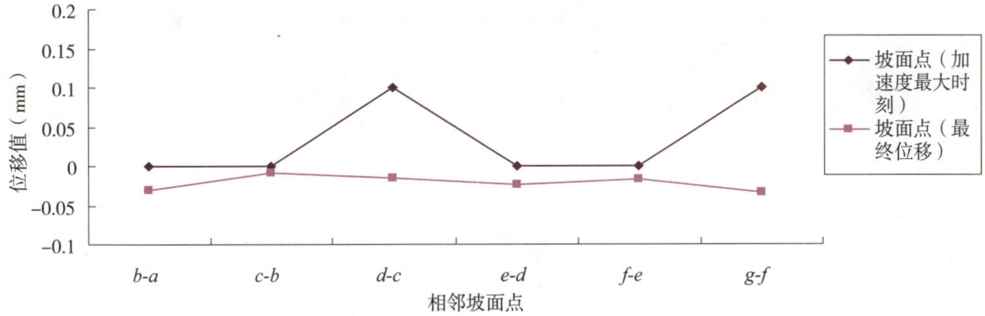

b）相邻坡面点 Y 方向位移差

b）Y-direction displacement difference of each adjacent slope surface measuring point

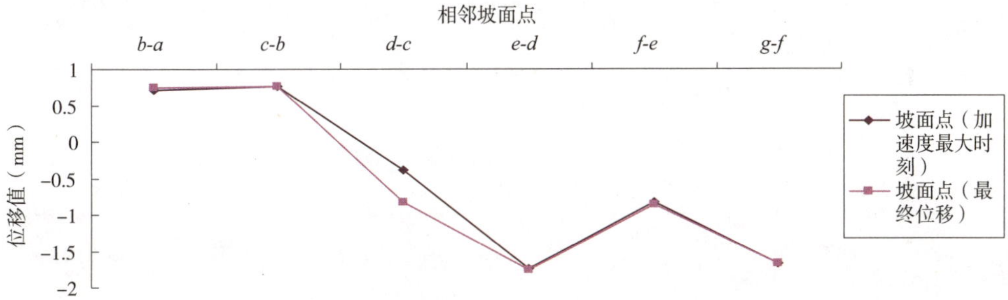

c）相邻坡面点 Z 方向位移差

c）Z-direction displacement difference of each adjacent slope surface measuring point

图 9-11　A-2 计算模型坡面各相邻测点三方向位移差

Figure 9-11　Three-direction displacement difference of each adjacent slope measuring point in Calculation model A-2

表 9-4　坡面 X 方向各测点位移值

Table 9-4　Displacement of each measuring point along slope surface X-direction

测点	最终位移（mm）	位移增量（mm）（相对于 *a* 点）	变化百分比（%）	加速度最大时刻位移（mm）	位移增量（mm）（相对于 *a* 点）	变化百分比（%）
a	-5.85	0	0	-22.1	0	0
b	-7.87	2.02	34.53	-24.1	2	9.05
c	-8.69	2.84	48.55	-25	2.9	13.12
d	-10	4.15	70.94	-26.3	4.2	19.00

续上表

测点	最终位移（mm）	位移增量（mm）（相对于 *a* 点）	变化百分比（%）	加速度最大时刻位移（mm）	位移增量（mm）（相对于 *a* 点）	变化百分比（%）
e	–11	5.15	88.03	–27	4.9	22.17
f	–11	5.15	88.03	–27.5	5.4	24.43
g	–12	6.15	105.13	–27.9	5.8	26.24

表 9–5 坡面 *Y* 方向各测点位移值

Table 9–5 Displacement of each measuring point along slope surface *Y*–direction

测点	最终位移（mm）	位移增量（mm）（相对于 *a* 点）	变化百分比（%）	加速度最大时刻位移（mm）	位移增量（mm）（相对于 *a* 点）	变化百分比（%）
a	–0.015	0	0.00	–10.3	0	0.00
b	–0.045 7	0.030 7	204.67	–10.3	0	0.00
c	–0.054 2	0.039 2	261.33	–10.3	0	0.00
d	–0.069 1	0.054 1	360.67	–10.2	–0.1	0.97
e	–0.093 4	0.078 4	522.67	–10.2	–0.1	0.97
f	–0.11	0.095	633.33	–10.2	–0.1	0.97
g	–0.144	0.129	860.00	–10.1	–0.2	1.94

表 9–6 坡面 *Z* 方向各测点位移值

Table 9–6 Displacement of each measuring point along slope surface *Z*–direction

测点	最终位移（mm）	位移增量（mm）（相对于 *a* 点）	变化百分比（%）	加速度最大时刻位移（mm）	位移增量（mm）（相对于 *a* 点）	变化百分比（%）
a	–2.03	0	0.00	–2.22	0	0.00
b	–1.29	–0.74	–36.45	–1.5	–0.72	–32.43
c	–0.521	–1.509	–74.33	–0.734	–1.486	–66.94
d	–1.35	–0.68	–33.50	–1.12	–1.1	–49.55
e	–3.11	1.08	53.20	–2.87	0.65	29.28
f	–3.97	1.94	95.57	–3.7	1.48	66.67
g	–5.64	3.61	177.83	–5.37	3.15	141.89

表 9–7 坡面相邻测点三方向位移差最大值

Table 9–7 Three–direction displacement difference maximum of adjacent slope surface measuring point

方 向	*X*	*Y*	*Z*
相邻测点位移差最大值（mm）	2.02	0.1	1.76

4）位置分析

由于隧道洞口一般位于平地和山地交界部位，此处地震波传播规律对隧道洞外结构影响较大。在平地及山地面上每 6m 取一测点，分析其地震波传播规律，如图 9-12 所示。

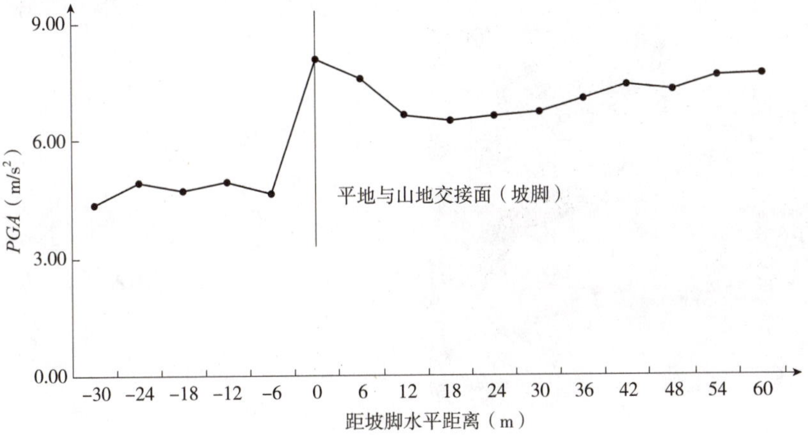

注：*X* 轴正向为山地，*X* 轴负向为平地。

图 9-12　A-2 模型平地及山地面各测点 *PGA* 变化规律

Figure 9-12　The *PGA* changing law of each plain and mountain surface measuring point in calculation model A-2

由图 9-12 可知，在由平地过渡至山地处，*PGA* 由 4.63m/s^2 突增至 8.07 m/s^2。由于隧道洞口多选址于此处，隧道洞外结构所受地震惯性力将突增，这也是隧道洞外结构震害发生率较高的原因之一。

9.1.3　现场震害情况 Situation of field seismic disaster

1）边仰坡崩塌、滑塌

此种震害在都映高速、G213 线都汶公路和映日路隧道洞口发生较多，主要发生在强风化边坡洞口和破碎软岩（石灰岩）边坡洞口。发生的原因主要有：地震烈度大、不良地质条件（如碎石土堆积层、滑坡、断层破碎带等）、洞口地形、边仰坡未做防护或防护不足等。

草坡隧道进口段为泥质灰岩，主要由块石夹土组成，结构松散，隧道边仰坡高度、坡度均较小。震后隧道进口区域山体均有滑坡、崩塌等现象，部分掩埋洞口。

龙洞子隧道出口为高、陡斜坡，主要由石炭系黄龙组浅灰色厚层状石灰岩构成，岩层致密、坚硬，岩层走向与隧道轴线成大角度相交，倾角为 75° ~90° 。受洞口底部龙溪断层带和风化卸荷影响，岩体较破碎。地震中右洞坡顶产生规模较大的滑塌，掩埋洞口。

2）落石

此种震害往往伴随边仰坡崩塌、滑塌，也有个别孤石掉落的情况（小丘地隧道端墙冒石被砸坏）。主要的危害有：砸坏洞门和边坡防护结构、砸坏明洞、堵塞洞口或悬在洞顶威胁行车安全。落石主要发生在坚硬、较完整、存在卸荷裂隙的边坡岩体中。

龙溪隧道出口段表层为第四系含块石碎石土覆盖层，厚5~12m。块碎石成分为花岗闪长岩，呈松散堆积，下伏基岩为晋宁期侵入体花岗闪长岩。受映秀大断裂影响，裂隙节理发育，岩体破碎，基岩强风化厚度约5m。堆积层稳定性差。地震中出口边坡坡顶花岗岩在地震中崩落，大量巨石滚落坡面及隧道洞口，砸坏仰坡框架梁，巨石堆积于左线洞口（图9-13）。

图9-13 龙溪隧道出口落石堵塞洞口

Figure 9-13 The Longxi Tunnel egress rockfalls jammed the entrance

3）洞门墙开裂、断裂，拱圈损坏

出现此种震害的隧道主要是白云顶隧道和桃关隧道。破坏发生的原因有：边仰坡崩塌、滑塌，砸坏洞门；这两座隧道位于巨厚土覆盖层上（而位于岩石地基上的洞门结构无一发生断裂），地震波经巨厚土覆盖层传至洞门，峰值加速度增加较多，这两座隧道洞门由于承受较大的地震惯性力而遭受破坏。

9.2 洞口段衬砌震害分析 Seismic opening section lining disaster analysis

9.2.1 震害类型 Seismic damage type

通过震区现场调查，隧道洞口段衬砌震害除了衬砌开裂、剥落和渗水等常见震害外，还具有以下特点：易发生较大面积的衬砌网状开裂、错台和二次衬砌垮塌等；路面网状开裂、下沉或隆起。

9.2.2 震害分析 Seismic disaster analysis

1）研究情况

（1）计算工况

为分析洞口段衬砌震害机理，作者进行了三维数值分析，共计算了6种工况，分别为正穿坡面隧道4种工况（图9-14）和傍山隧道2种工况（图9-15），计算中基岩为硬岩，具体见表9-8。

山区道路通常傍山沿河而建，山区河流的特点是河床狭窄、弯曲，经过常年的河水侵蚀和风化作用，地势往往变得陡峻。为改善线形、提高车速、缩短里程、节省时间，常需修建隧道，这种隧道叫做傍山隧道。傍山隧道一般与山脊线近似平行或大角度相交，不穿越山体的核心位置，偏压作用明显。为研究地震时傍山隧道的主要影响因素及影响程度，设置BS测线隧道进行研究。

（2）测线测点布置

为了分析傍山隧道沿隧道轴向位移变化，每 8m 设一测试断面，每个断面测点布置如图 9–15 所示。

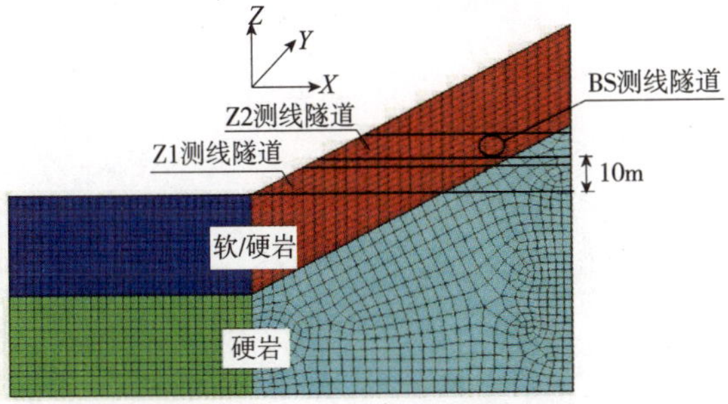

图 9–14　隧道位置示意图

Figure 9–14　Tunnel position schemes

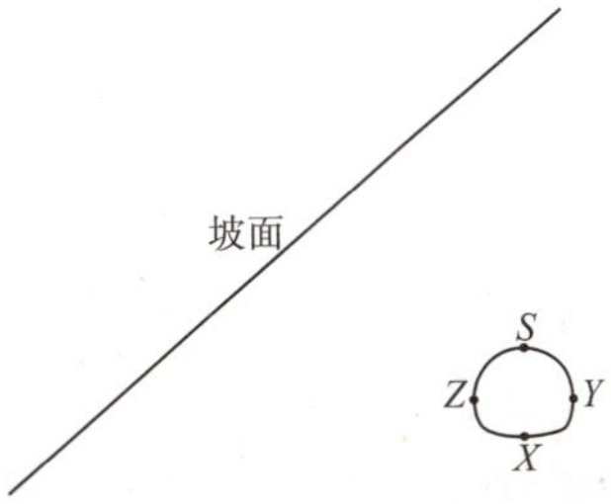

图 9–15　BS 测线隧道横断面位移测点示意图

Figure 9–15　Displacement measuring points schemes of BS measuring line tunnel transect

表 9–8　计 算 工 况

Table 9–8　Calculation conditions

序号	隧道情况	位　置	地层类型
1	正穿坡面	平地进入山体（Z1）	硬岩
2			软岩
3		沿高于平地 10m 进入山体（Z2）	硬岩
4			软岩
5	傍山	靠近基岩（BS）	硬岩
6			软岩

2）洞口段软硬岩交界面影响分析

（1）位移分析

提取 Z1 和 Z2 测线隧道三方向位移，如图 9–16、图 9–17 及表 9–9、表 9–10 所示。

当隧道所处地层为软岩时，坡面相对软硬岩交界面处位移将有较大变化，即坡面相对软硬岩交界面位移有突变（*X* 方向），隧道高程越高，影响越大（Z1 隧道为 31.4mm，Z2 隧道为 35.77mm），影响范围为软岩水平长度的 2/5（从软硬岩交界面算起）。

当隧道所处地层为硬岩时，坡面相对软硬岩交界面处位移增量很小，对隧道结构安全影响不大。

（2）地震惯性力分析

提取 Z1 和 Z2 隧道地震波加速度时程记录，以软硬岩交界面处为基点，计算地层内两条测线在影响范围内（由软硬岩交界面向坡面方向延伸大约是软岩水平长度 2/5 处）的 *PGA* 放大系数，见图 9–18 和表 9–11。

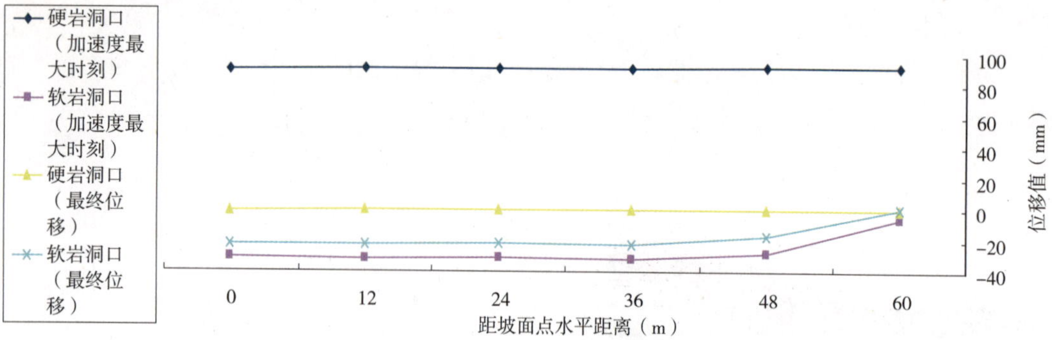

a）*X* 方向位移

a）*X*-direction displacement

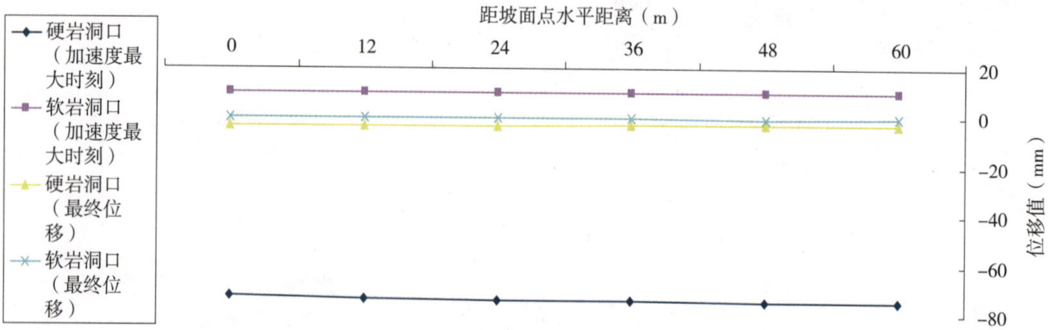

b）*Y* 方向位移

b）*Y* -direction displacement

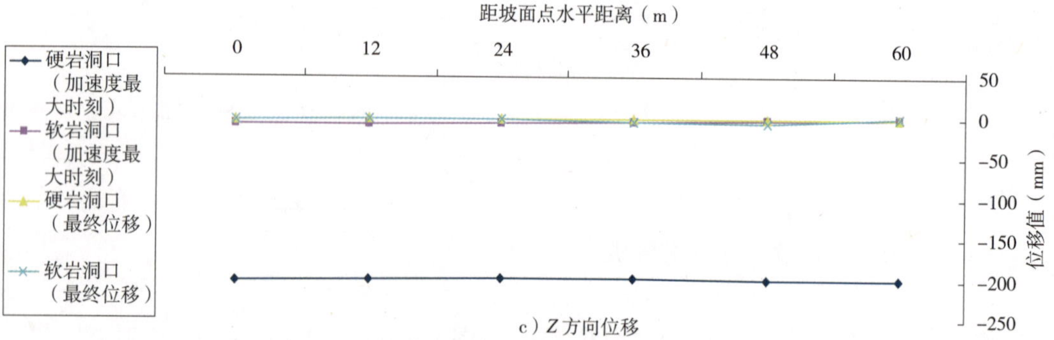

c）*Z* 方向位移

c）*Z* -direction displacement

图 9-16　Z1 隧道位移沿纵向变化规律

Figure 9-16　Longitudinal tunnel points displacement of Z1 measuring line crossing the soft and hard rock interface

表 9-9　Z1 隧道坡面相对软硬岩交界面处位移变化量

Table 9-9　Displacement difference of Z1 measuring line tunnel slope surface with soft and hard rock interface

方向	时　　刻	岩性	Z1 隧道坡面相对软硬岩交界面处位移变化量（mm）
X	最终时刻	软岩	23.39
		硬岩	0.095 6
	加速度最大时刻	软岩	31.4
		硬岩	0.3

续上表

方向	时　　刻	岩性	Z1 隧道坡面相对软硬岩交界面处位移变化量（mm）
Y	最终时刻	软岩	0.079
		硬岩	0.07
	加速度最大时刻	软岩	0.1
		硬岩	0.3
Z	最终时刻	软岩	4.009
		硬岩	0.124
	加速度最大时刻	软岩	4.23
		硬岩	1

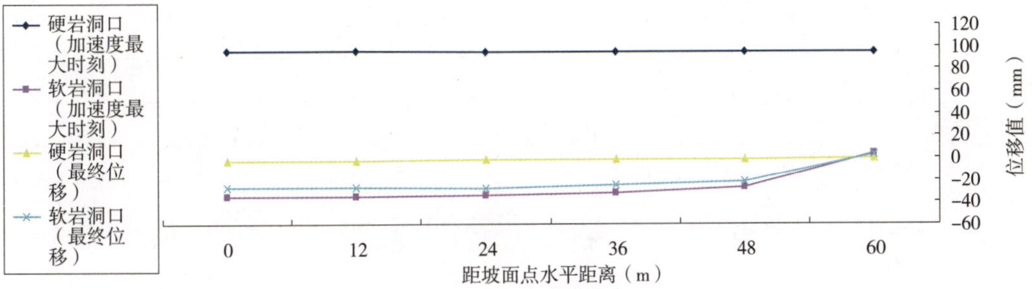

a）*X*方向位移

a）*X*-direction displacement

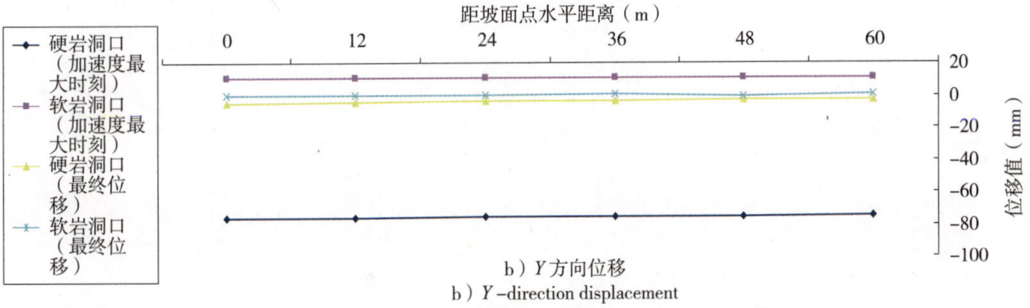

b）*Y* 方向位移

b）*Y* -direction displacement

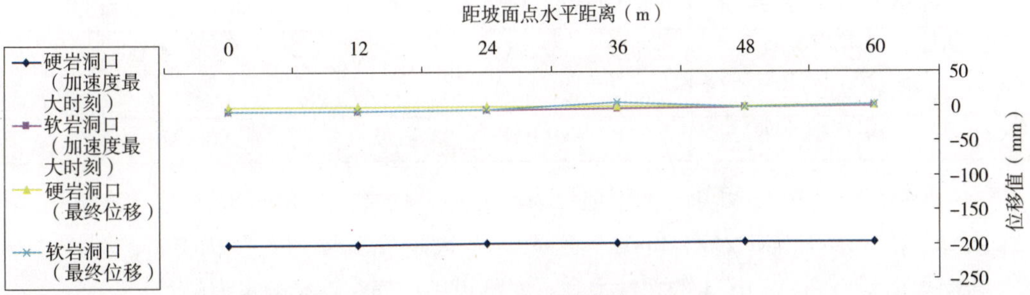

c）*Z* 方向位移

c）*Z* -direction displacement

图 9-17　Z2 隧道位移沿纵向变化规律

Figure 9-17　Longitudinal tunnel points displacement of Z2 measuring line crossing the soft and hard rock interface

表 9-10 Z2 隧道坡面相对软硬岩交界面处位移变化量

Table 9-10 Displacement difference of Z2 measuring line tunnel slope surface with soft and hard rock interface

方向	时刻	岩性	Z2 隧道坡面相对软硬岩交界面处位移变化量（mm）
X	最终时刻	软岩	27
		硬岩	0.41
	加速度最大时刻	软岩	35.77
		硬岩	0.4
Y	最终时刻	软岩	0.016 6
		硬岩	0.58
	加速度最大时刻	软岩	0
		硬岩	0.6
Z	最终时刻	软岩	4.26
		硬岩	1.217
	加速度最大时刻	软岩	4.23
		硬岩	1

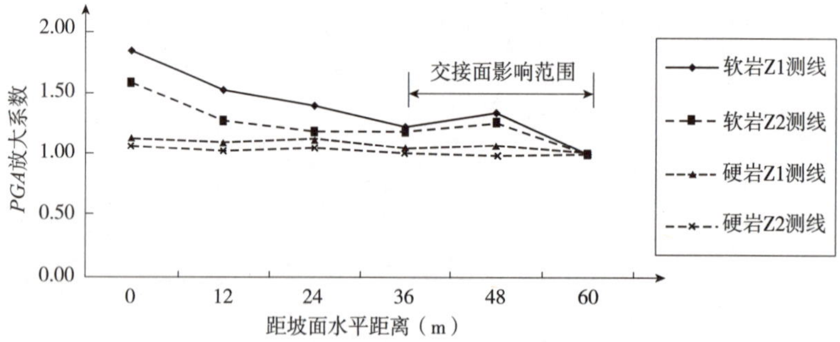

图 9-18 Z1 和 Z2 隧道 *PGA* 放大系数沿纵向传播规律

Figure 9-18 Longitudinal propagation law of Z1 and Z2 measuring line tunnel *PGA* amplification factor

表 9-11 地层影响范围内的 *PGA* 放大系数

Table 9-11 *PGA* amplification factor of the interface influence range in the cover

岩性	Z1 隧道	Z2 隧道
软岩	1.23	1.18
硬岩	1.06	1.01

由图 9-18 和表 9-11 可知，无论地层为硬岩还是软岩，Z1 隧道 *PGA* 放大系数均大于 Z2 隧道。当地层为软岩时，Z1 和 Z2 隧道 *PGA* 放大系数较大，即 Z1 为 1.23，Z2 为 1.18，软硬岩交界面对隧道结构产生的惯性力大，对隧道结构安全性影响也大。

3）洞口段软硬岩交界面影响分析

（1）位移分析

以 Z1 隧道的 *X* 方向位移为例，由坡面到软硬岩交界面的位移变化见图 9-19。

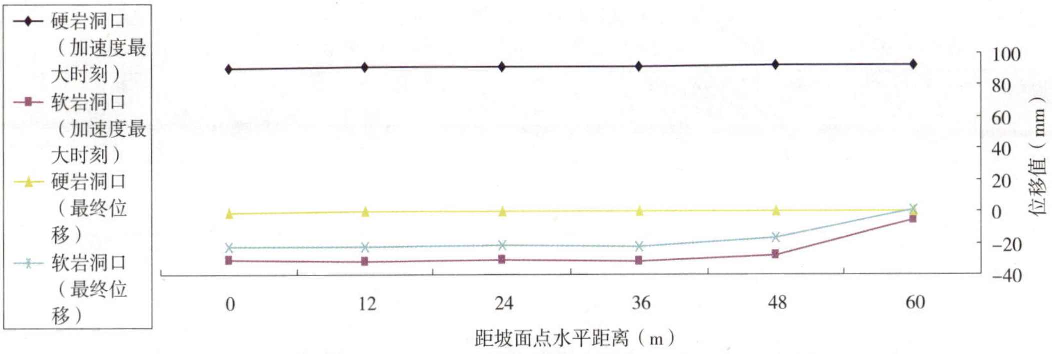

图 9-19 Z1 隧道坡面到软硬岩交界面的 *X* 方向位移变化

Figure 9-19 *X* direction displacement variation of the Z1 tunnel slope to the cover and bedrock interface

由图 9-19 可知，软硬岩交界面对位移影响较大，除此之外，隧道围岩岩性对位移影响不大，即位移对隧道洞口段震害影响小。

（2）地震惯性力分析

提取 A-1 和 A-2 模型洞口段软硬围岩 *PGA* 放大系数，见图 9-20、图 9-21 及表 9-12。

由图 9-20、图 9-21 及表 9-12 可知，当隧道洞口段为软岩时，其竖向及水平向 *PGA* 放大系数均大于硬岩。软岩竖向 *PGA* 放大系数为 2.08，硬岩为 1.11，增加了 87.39%；软岩水平向 *PGA* 放大系数为 1.51，硬岩为 1.08，增加 39.81%，故由于洞口段围岩岩性的不同，软岩洞口段衬砌所承受的地震惯性力远大于硬岩。汶川地震中硬岩隧道洞口段衬砌基本无破坏，而软岩隧道洞口段衬砌却有不同程度的破坏。

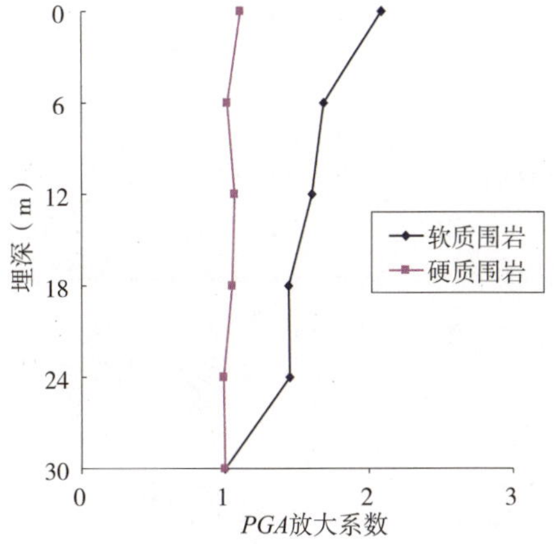

图 9-20 洞口段软硬围岩 *PGA* 竖向传播放大系数

Figure 9-20 *PGA* vertical propagation amplification factor of the entrance soft and hard surrounding rock

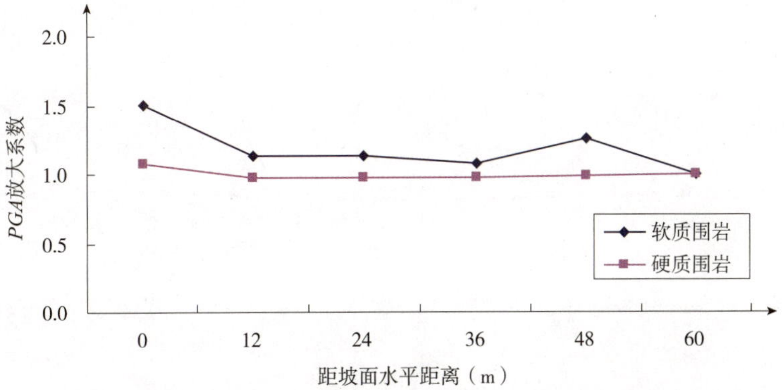

图 9-21 洞口段软硬围岩 *PGA* 水平向传播放大系数

Figure 9-21 *PGA* horizontal propagation amplification factor of the entrance soft and hard surrounding rock

表 9–12 软硬围岩洞口段 PGA 放大系数

Table 9–12 *PGA* amplification factor of the entrance soft and hard surrounding rock

围岩类型	硬质围岩	软质围岩	增加百分比（%）
竖向	1.11	2.08	87.39
水平向	1.08	1.51	39.81

4）偏压隧道震害分析

（1）位移分析

沿隧道纵向提取各断面 S、X、Z 和 Y 四个测点的位移值，计算 S 和 X 测点以及 Z 和 Y 测点三方向的位移差，见图 9–22、图 9–23 及表 9–13。

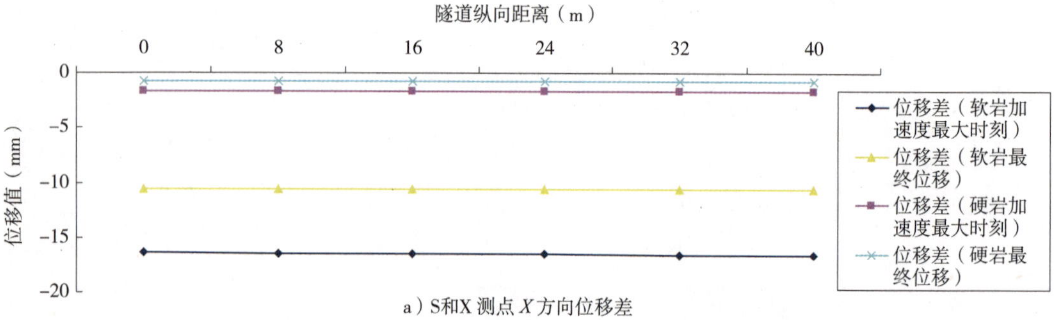

a）S和X 测点 *X* 方向位移差

a） *X*-direction displacement difference of S and X point

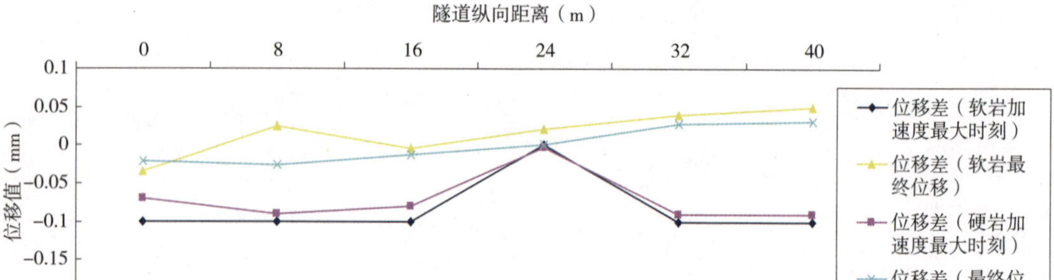

b）S和X测点 *Y* 方向位移差

b） *Y*-direction displacement difference of S and X point

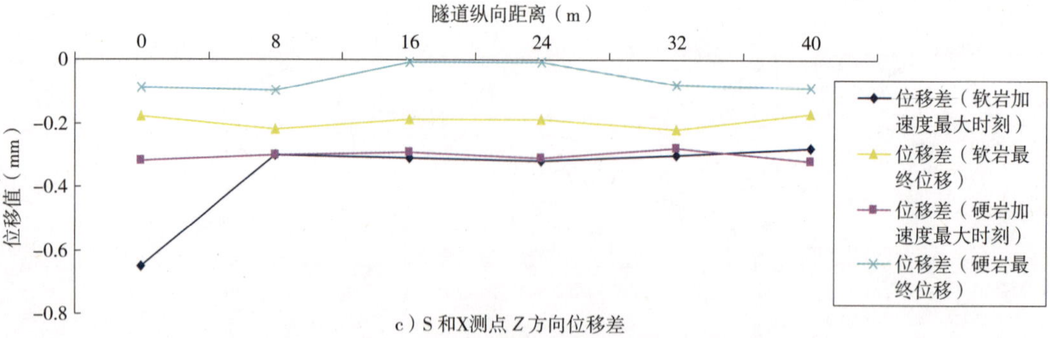

c）S 和X测点 *Z* 方向位移差

c） *Z*-direction displacement difference of S and X point

图 9–22 BS 隧道沿隧道纵向 S 和 X 两测点三方向位移差

Figure 9–22 Three–direction displacement difference of BS measuring line tunnel along the tunnel longitudinal S and X point

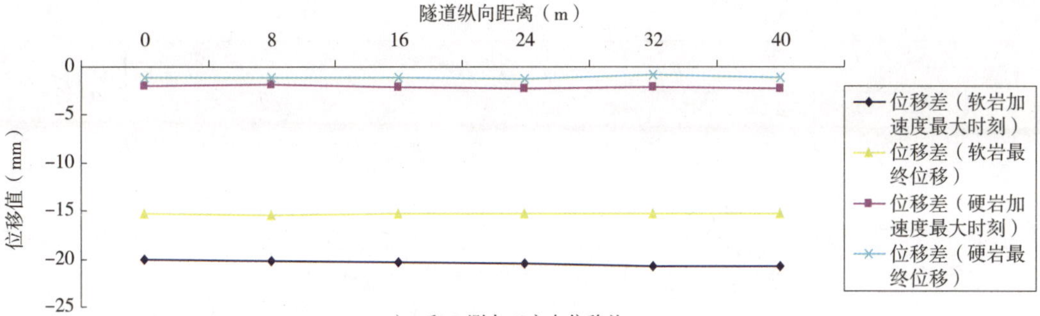

a）Z 和 Y 测点 *X* 方向位移差

a）*X*-direction displacement difference of Z and Y point

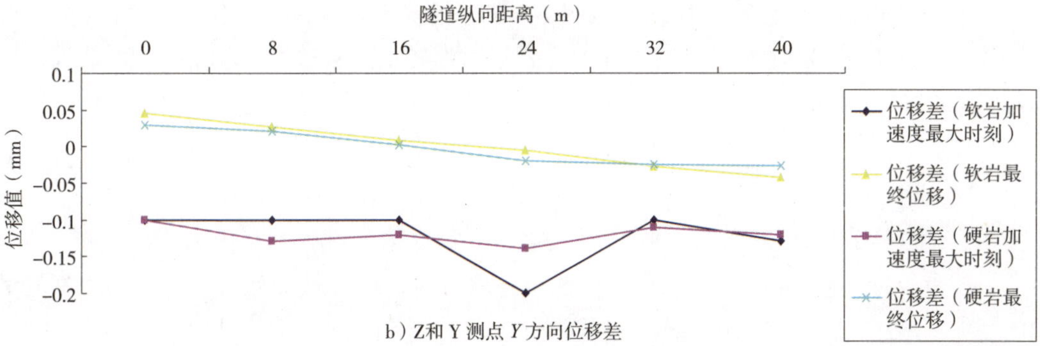

b）Z和 Y 测点 *Y* 方向位移差

b）*Y*-direction displacement difference of Z and Y point

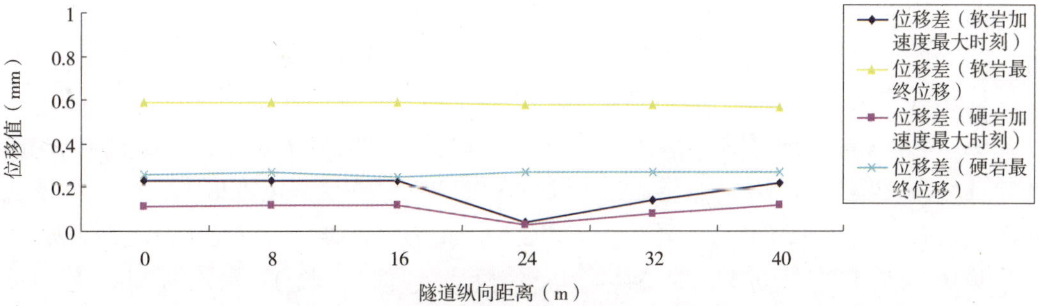

c）Z和 Y 测点 *Z* 方向位移差

c）*Z*-direction displacement difference of Z and Y point

图 9-23　BS 隧道沿隧道纵向 *Z* 和 *Y* 两测点三方向位移差

Figure 9-23　Three-direction displacement difference of BS measuring line tunnel along the tunnel longitudinal Z and Y point

表 9-13　软硬岩条件下 S 和 X 两测点以及 Z 和 Y 两测点三方向位移差最大值

Table 9-13　Three-direction displacement difference maximum of S and X point & Z and Y point in soft and hard rock conditions

方向	S 和 X 两测点三方向位移差最大值（mm）		增加百分比（%）
	硬岩	软岩	
X	1.7	16.6	876.47
Y	0.09	0.1	11.11
Z	0.32	0.65	103.13

续上表

方向	Z 和 Y 两测点三方向位移差最大值（mm）		增加百分比（%）
	硬岩	软岩	
X	2.2	20.8	845.45
Y	0.14	0.2	42.86
Z	0.12	0.23	91.67

由图 9-22、图 9-23 及表 9-13 可知，S 和 X 两测点以及 Z 和 Y 两测点在沿隧道纵向位移差无突变，*Y* 和 *Z* 方向位移差均较小（均小于 1mm）；地层为硬岩情况下，*X* 方向位移差也较小（S 和 X 两测点位移差为 1.7mm，Z 和 Y 两测点位移差为 2.2mm）。地层为软岩情况下，*X* 方向位移差较大，S 和 X 两测点位移差达到了 16.6m，Z 和 Y 两测点位移差达到了 20.8m，对傍山浅埋偏压隧道结构的安全造成了较大的影响。

（2）地震惯性力分析

从坡面到软硬岩交界面的水平向 *PGA* 放大系数变化见图 9-21。由图分析可知：当地层为硬岩时，地震惯性力影响较小；当地层为软岩时，*PGA* 放大系数较大，地震惯性力亦较大，对隧道结构的安全性造成不利影响。

9.2.3 现场震害情况 Situation of field seismic disaster

二次衬砌垮塌是一种严重的隧道震害形式，它危害行人及行车安全。在对震害严重的 8 座隧道（龙溪隧道、紫坪铺隧道、龙洞子隧道、烧火坪隧道、马鞍石隧道、白云顶隧道、友谊隧道以及酒家垭隧道）进行洞口段震害统计中发现，二次衬砌垮塌震害长度所占比例为 7.29%，混凝土掉块较少（0.32%）。在这 8 座隧道中，白云顶隧道、龙溪隧道和酒家垭隧道出现二次衬砌垮塌这种严重的震害类型，以龙溪隧道最为典型。

龙溪隧道在右线进口 K21+544~K21+548 段（拱部、拱腰）、左线进口 LK21+517~LK21+524 段（拱部、拱腰，伴随有混凝土掉块）以及出口 LK25+017~LK25+039 段（拱部）出现二次衬砌垮塌，见图 9-24~ 图 9-26。

龙溪隧道右线进口 K21+544~K21+548 段和左线进口 LK21+517~LK21+524 段均为为泥岩、砂质泥岩、泥质粉砂岩及炭质泥岩等软质岩；主要发育两组节理，J1 组倾向 65°~90°，倾角为 50°~75°；J2 组倾向 255°，倾角为 17°~35°；围岩稳定性较差。而且此两处又为软硬夹层，地震时发生层间滑动可能性较大。加之此两处埋深较浅（50~60m），地震惯性力较大，二次衬砌又为素混凝土结构，其抗拉、抗剪性能较差。地震时初期支护虽然变形较大，但为柔性支护，应力较小；二次衬砌受地震惯性力作用且其刚性较大，故应力较大。因此，二次衬砌易于发生垮塌、掉块。

龙溪隧道左线出口 LK25+017~LK25+039 段为第四系含块石碎石土覆盖层，厚 5~12m；块碎石成分为花岗闪长岩，呈松散堆积，下伏基岩为晋宁期侵入体花岗闪长岩；

受映秀大断裂影响，裂隙节理发育，岩体破碎，基岩强风化厚度约 5m。LK25+020 为围岩软硬岩交界面，此处发生垮塌，受其影响较大。加之此处埋深较浅（30~40m）、二次衬砌为素混凝土结构，故二次衬砌发生垮塌。

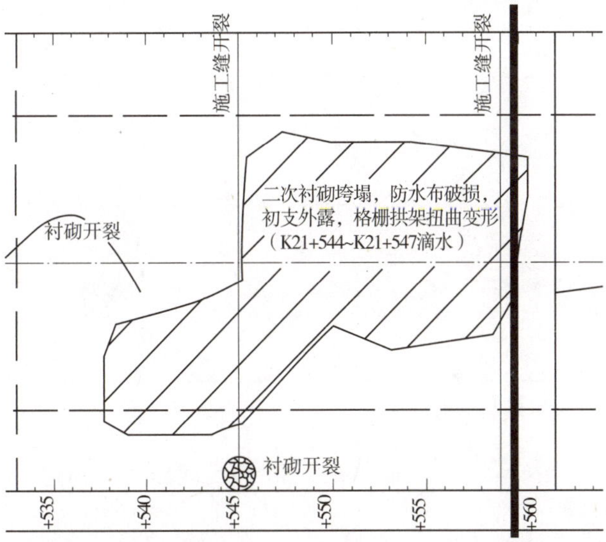

图 9-24 龙溪隧道右线进口 K21+544~K21+548 段震害

Figure 9-24 Earthquake damage description of right line entrance K21+544~K21+548

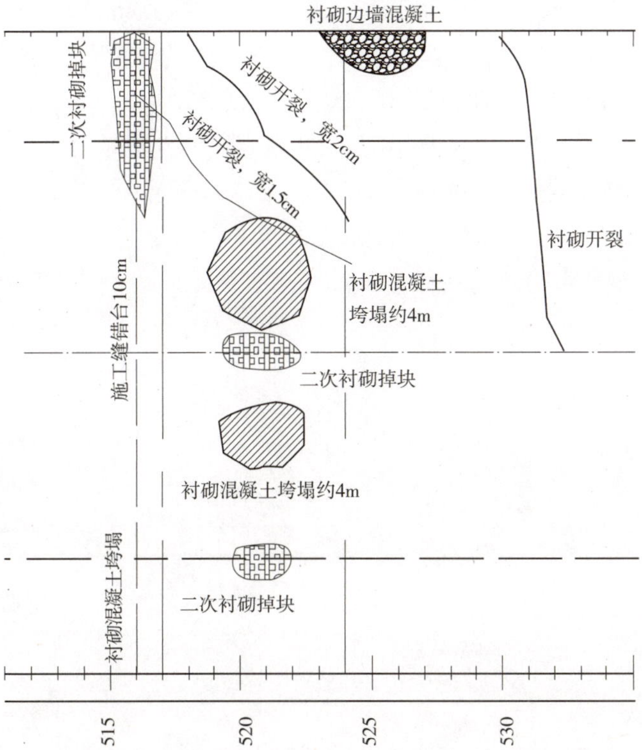

图 9-25 龙溪隧道左线进口 LK21+517~LK21+524 段震害

Figure 9-25 Earthquake damage description of left line entrance LK21+517~LK21+524

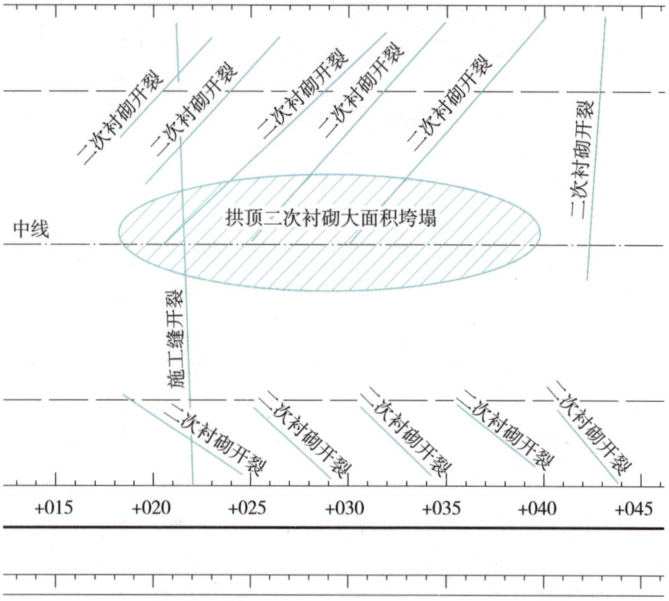

图 9-26 龙溪隧道左线出口 LK25+017~LK25+039 段震害

Figure 9-26 Earthquake damage description of left line egress LK25+017~LK25+039

衬砌错台主要由软硬岩交界面层间错动造成。衬砌错台是一种严重的震害形式，往往伴随出现衬砌开裂、剥落、掉块，甚至衬砌垮塌。通过对 8 座隧道洞口段震害统计分析表明：衬砌错台震害长度所占比例为 1.86%。衬砌错台以白云顶隧道和龙溪隧道最为典型。

白云顶隧道进口 K1020+270~K1020+300 处发生衬砌错台、开裂、剥落、垮塌等严重震害。此处为一下伏断层破碎带且 K1020+300 处为软硬岩交界面，上覆软岩为第四系崩坡积层（碎石土，充填砂质粉土），埋深很浅（10~20m），见图 9-27。此段隧道洞顶地表有明显的剪切滑动裂缝（图 9-28），因此该段隧道的严重破坏显然是由于软岩（碎石土）滑动所产生的强制位移引起的。

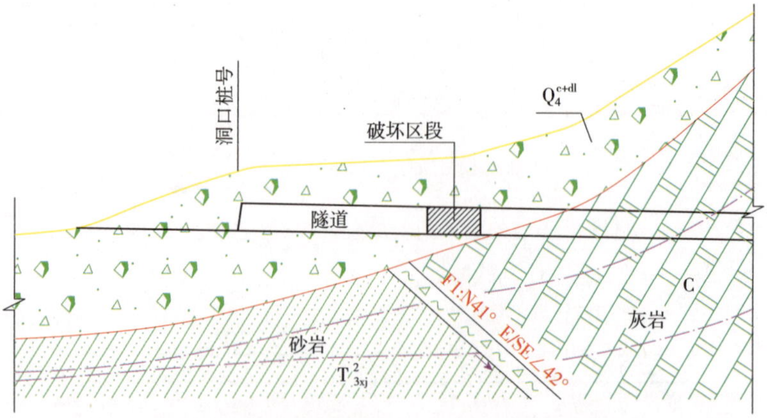

图 9-27 白云顶隧道衬砌错台震害发生位置示意图

Figure 9-27 The location of Baiyunding Tunnel lining wrong set earthquake damage

图 9–28　白云顶隧道出口地表滑动裂缝

Figure 9–28　Sliding surface crack of Baiyunding Tunnel egress

9.3　本章小结 Preliminary summary

引起隧道洞外结构破坏的主要原因是地震惯性力，强制位移次之。引起地震惯性力增大的原因与围岩条件、洞口位置、地形、地貌、边仰坡坡度等因素有关。

引起洞口浅埋隧道震害的原因主要包括以下两个方面：①洞口段软硬围岩交界面影响，引起软硬围岩交界面附近隧道破坏的主要原因是强制位移，地震惯性力也有较大影响。该强制位移对隧道的作用主要沿隧道纵向。②当洞口段地层为软岩时，引起洞口段隧道破坏的主要原因是地震惯性力，强制位移影响次之。

第 10 章 隧道断层破碎带段结构震害分析
Chapter 10 Seismic tunnel structure disaster analysis in fault fracture zone

10.1 震害类型 Seismic damage type

通过震区现场调查发现，隧道断层破碎带段结构震害除了衬砌开裂、剥落和渗水等常见震害外，还具有以下特点：易发生大面积的衬砌网状开裂、二次衬砌垮塌甚至围岩垮塌、钢筋扭曲等；路面下沉或隆起、断裂、错台等。

10.2 震害分析 Seismic disaster analysis

10.2.1 研究情况 Situation of research

通过对断层破碎带段隧道结构震害调研资料分析表明：隧道穿越断层有两种情况，即无错动断层破碎带和错动断层破碎带。本章通过三维数值模拟技术，分析了这两种断层情况下隧道结构的受力和变形规律。

本次共分析了四种模型，具体见表 10-1。

表 10-1 计算模型
Table 10-1 Calculation condition

序号	计算模型	断层情况	模型规模
1	普通段	无断层	长 210m，宽 80m，埋深 100m
2	无错动断层破碎带	断层破碎带宽 10m	长 210m，宽 80m，埋深 100m
3	宽错动断层破碎带	断层破碎带宽 10m	长 410m，宽 80m，埋深 100m
4	窄错动断层破碎带	断层破碎带宽 0m	长 400m，宽 80m，埋深 100m

输入地震波取汶川地震加速度波（卧龙），按Ⅸ度烈度标准化，波形见图 10-1。

10.2.2 无错动断层破碎带段隧道震害机理分析 Tunnel seismic disaster analysis of no slip fault fracture zone

本节分析并比较无错动断层（宽）破碎带段隧道和普通段隧道在地震作用下的反应特征。

1）二次衬砌最小安全系数分析

下面以断层破碎带内部中点、断层破碎带以外 8m 和 40m 三处二次衬砌横断面为对象，分析隧道拱顶最大主应力达到峰值时，二次衬砌结构的轴力、弯矩、安全系数见图 10–2。

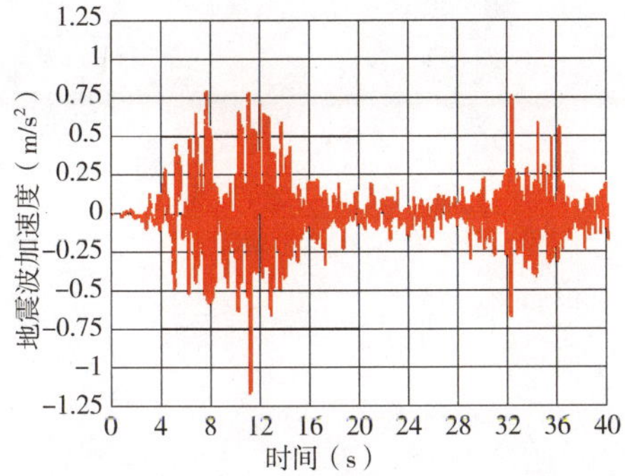

a）*X* 分量
a）*X*–component

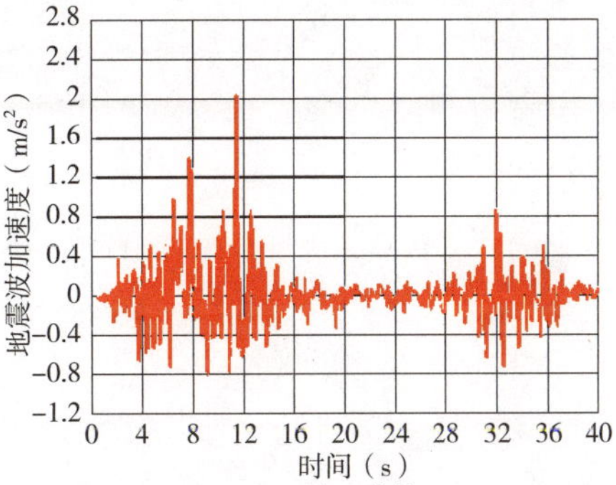

b）*Y* 分量
b）*Y*–component

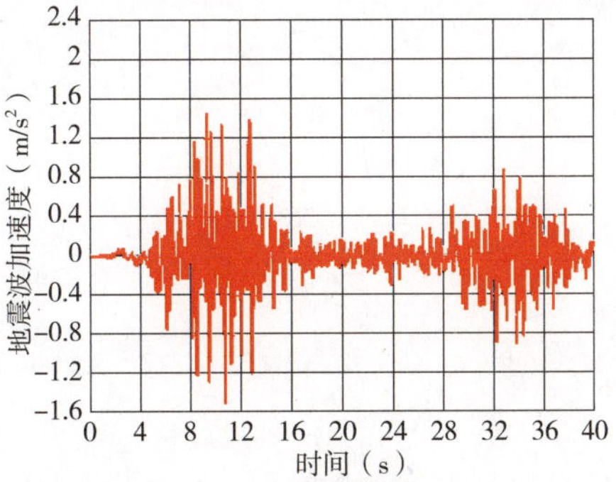

c）*Z* 分量
c）*Z*–component

图 10–1　基底输入地震波加速度

Figure 10–1　Seismic waves acceleration which input from the base

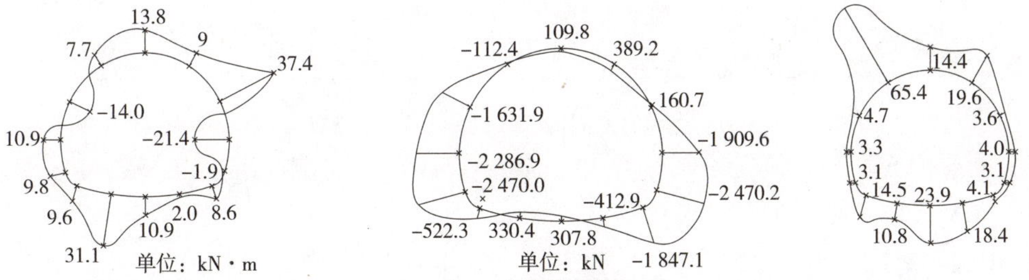

a）断层中部处
a）The central part of fault

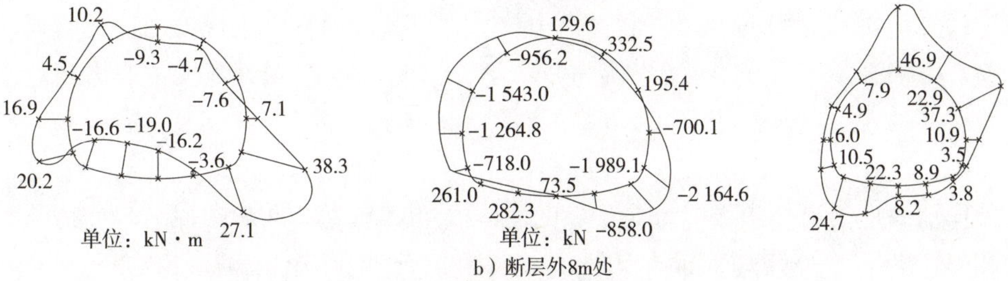

b）断层外8m处
b）8m away from fault

图　10–2

Figure　10–2

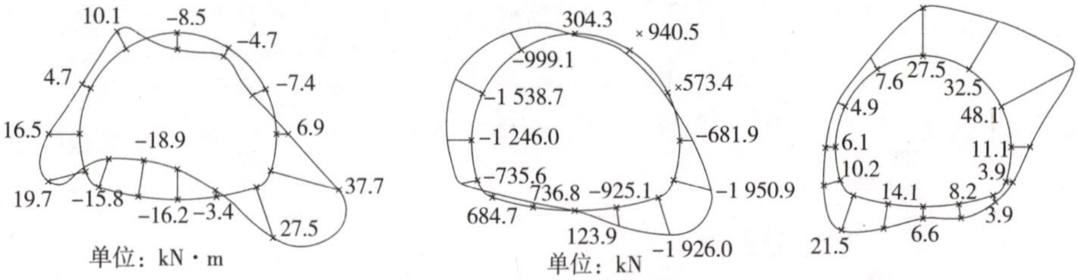

c）断层外40m处

c）40m away from fault

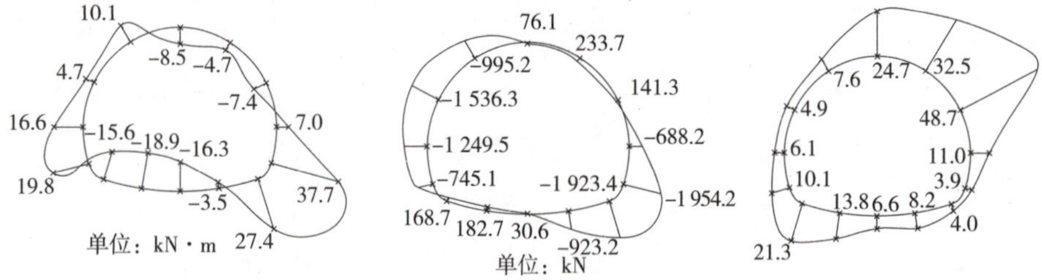

d）普通段

d）Normal part

图 10-2　弯矩、轴力、安全系数分布图（从左至右）

Figure 10-2　Bending moment, axial force and the safety factor（from left to right）

普通段、无错动断层破碎带各截面位置最小安全系数见表 10-2。

表 10-2　二次衬砌最小安全系数

Table 10-2　Minimum safety factor of the secondary linings

无错动断层破碎带段隧道		普通段隧道	最小安全系数减小（%）
断面位置	最小安全系数	最小安全系数	
断层内中部	3.1	3.9	20.5
距断层 8m 处	3.5		10.2
距断层 40m 处	3.9		0

由表 10-2 可知，无错动断层破碎带段隧道距离断层越近，其二次衬砌安全系数降低越多，断层内部二次衬砌安全系数为 3.1，降低了 20.5%。但距离断层破碎带 40m 处，二次衬砌安全系数（3.9）趋于普通段隧道。

2）二次衬砌应力和位移分析

拱顶最大主应力沿隧道纵向分布，见图 10-3。由图可知，普通段与无错动断层破碎带段隧道沿纵向分布的最大主应力皆为拉应力，断层内最大主应力峰值比普通段增大 0.2MPa，增幅为 16%。峰值处于断层中部。离断层越远，拱顶处最大主应力越趋于普通段。如果以最大主应力超过普通段 5% 为界限，断层影响带宽度大约为 60m（包含断层破碎带）。

拱顶轴向应力沿隧道纵向分布，见图 10-4。由图可知，两种情况下轴向应力皆为拉应力。10m 宽断层导致隧道轴向应力增大 0.04MPa，增幅为 18.8%。

拱顶合位移沿隧道纵向分布，见图 10-5。由图可知，10m 宽断层导致合位移增大 0.41mm，增幅为 0.25%。

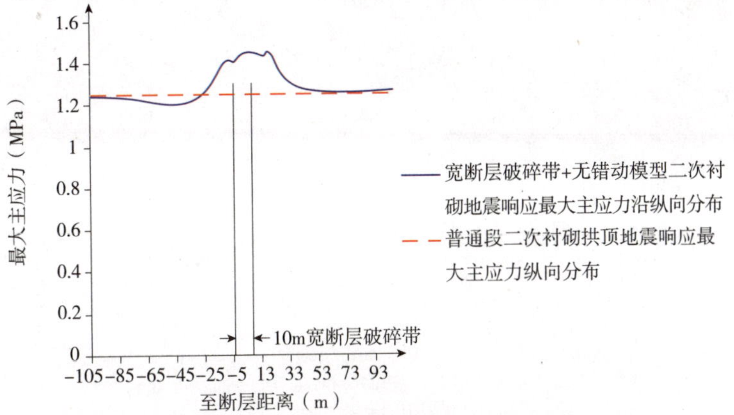

注：-5m至5m处为断层破碎带，小于-5m为断层左侧，大于5m为断层右侧。

a）拱顶最大主应力沿纵向分布

a）Distribution of vault major principal stress peak

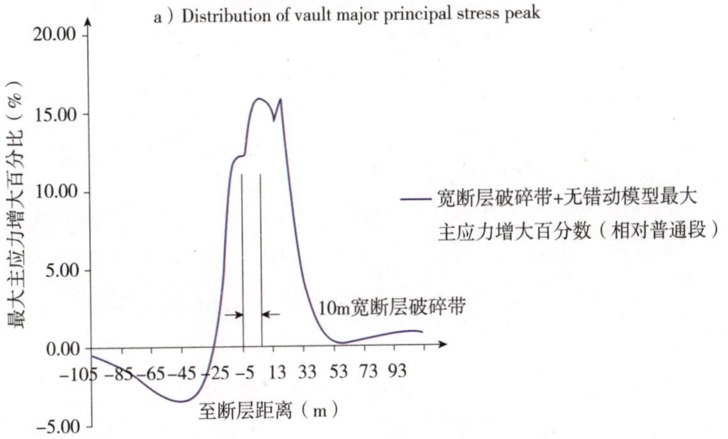

注：-5m至5m处为断层破碎带，小于-5m为断层左侧，大于5m为断层右侧。

b）拱顶最大主应力增幅沿纵向分布

b）Distribution of vault major principal stress peak increment

图 10-3　拱顶最大主应力变化规律

Figure 10-3　Distribution of vault major principal stress peak

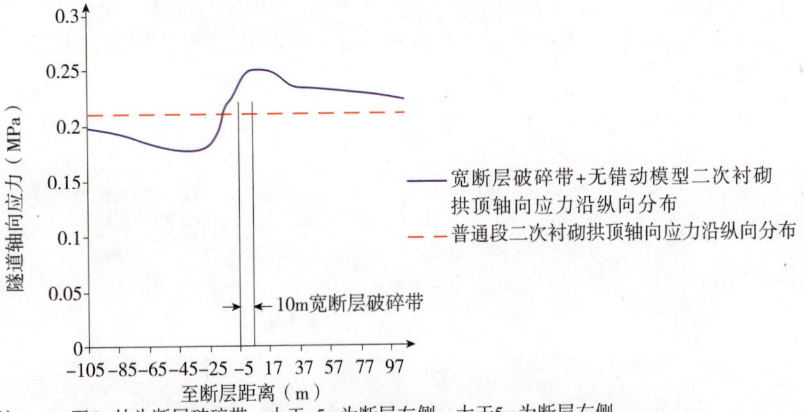

注：-5m至5m处为断层破碎带，小于-5m为断层左侧，大于5m为断层右侧。

a）拱顶轴向应力沿轴向分布

a）Distribution of vault axial stress peak

图　10-4

Figure　10-4

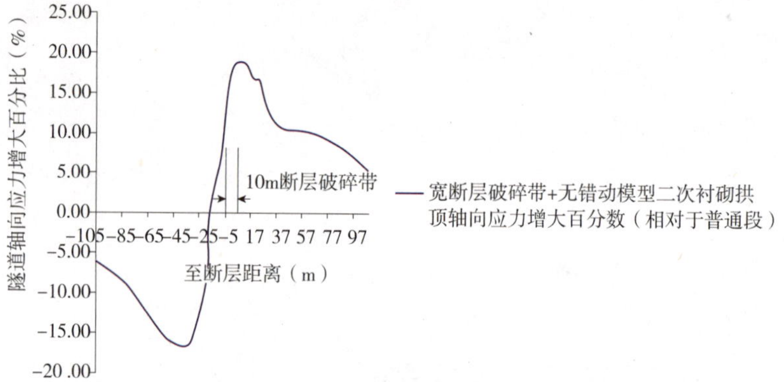

注：−5m至5m处为断层破碎带，小于−5m为断层左侧，大于5m为断层右侧。

b）拱顶轴向应力增幅沿纵向分布

b) Distribution of vault axial stress peak increment

图 10–4 拱顶轴向应力变化规律

Figure 10–4 Distribution of vault axial stress peak

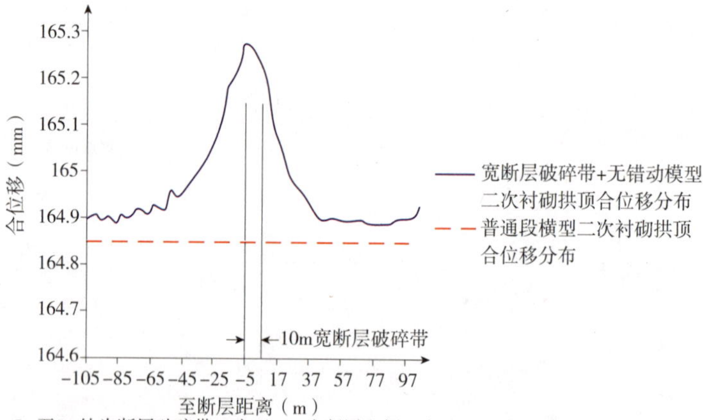

注：−5m至5m处为断层破碎带，小于−5m为断层左侧，大于5m为断层右侧。

a）拱顶合位移沿纵向分布

a) Distribution of vault resultant displacement

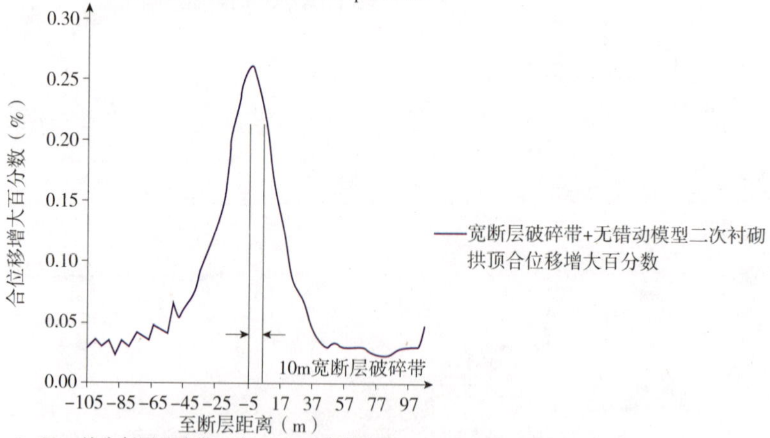

注：−5m至5m处为断层破碎带，小于−5m为断层左侧，大于5m为断层右侧。

b）拱顶合位移增幅沿纵向分布

b) Distribution of vault resultant displacement increment

图 10–5 拱顶合位移变化规律

Figure 10–5 Distribution of vault resultant displacement increment

将普通段和无错动断层破碎带段隧道二次衬砌应力峰值和合位移峰值汇总，见表 10–3。

表 10–3 二次衬砌应力峰值和合位移峰值

Table 10–3 Vault stress peak and resultant displacement peak of the secondary lining

项　目	最大主应力（MPa）	隧道最大轴向应力（MPa）	最大合位移（mm）
无错动断层破碎带隧道	1.45	0.25	165.26
普通段隧道	1.25	0.21	164.85
增大量	0.2	0.04	0.41
增幅（%）	16	18.8	0.25

由表 10–3 可知，有一定宽度断层存在的情况下，隧道二次衬砌最大主应力峰值增加 16%，隧道轴向应力峰值增加 18.8%。合位移峰值增加 0.25%。无错动断层破碎带隧道，位移变化量不大，隧道结构应力有一定增加。

10.2.3 错动断层破碎带段隧道震害机理分析 Tunnel seismic disaster analysis of slip fault fracture zone

为便于比较，本小节分析了宽错动断层破碎带段和窄错动断层破碎带段隧道，并与普通段隧道相比较。

1）二次衬砌最小安全系数分析

下面以宽、窄错动断层破碎带段隧道的断层中部、断层外 8m、40m、200m 四处二次衬砌横断面为对象，分析隧道拱顶最大主应力达到峰值时二次衬砌结构的轴力、弯矩、安全系数，见图 10–6。

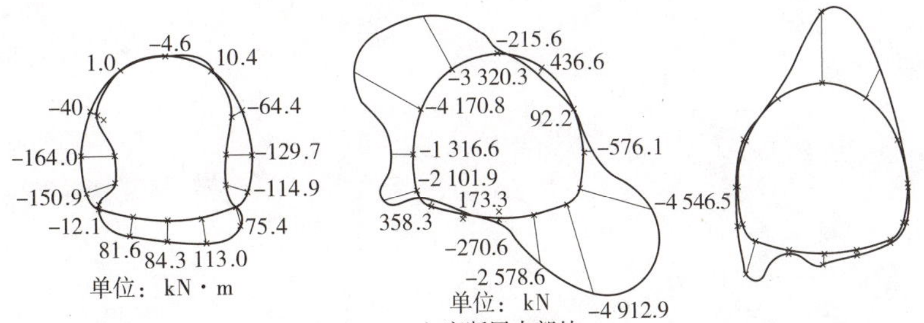

a）宽断层中部处

a）The central part of wide fault

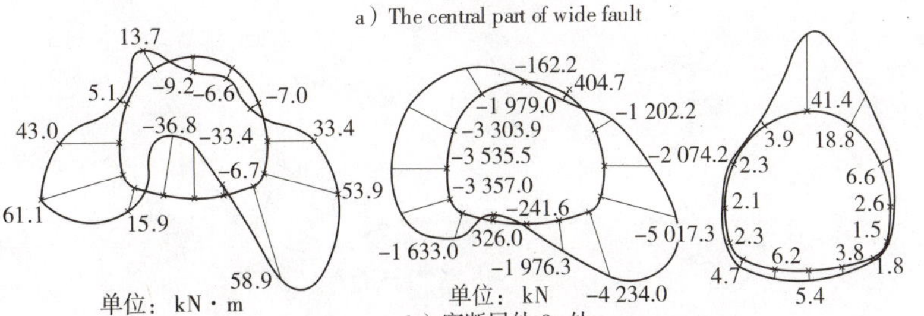

b）宽断层外 8m处

b）8m away from wide fault

图 10–6

Figure 10–6

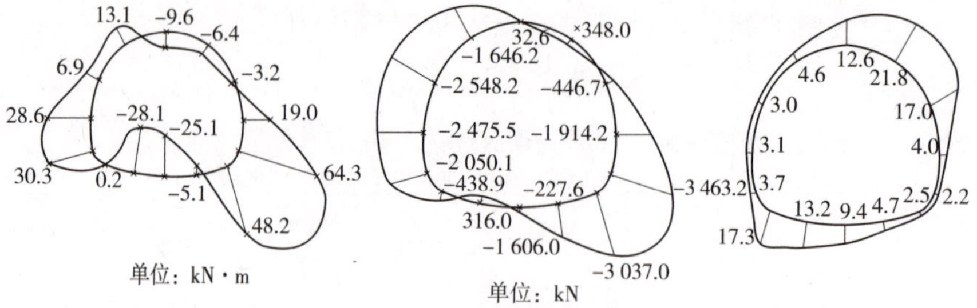

c）宽断层外40m处

c）40m away from wide fault

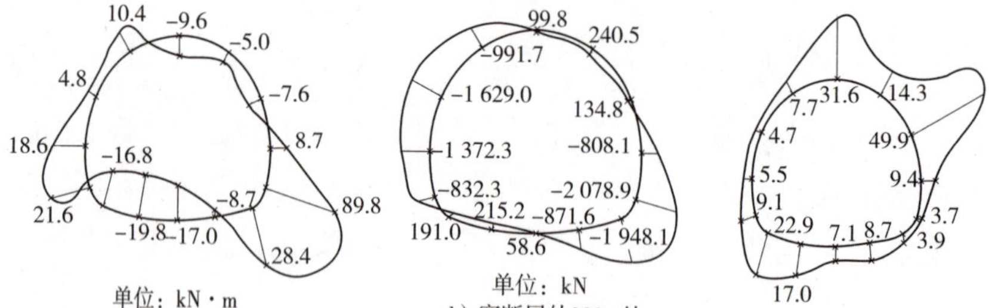

d）宽断层外200m处

d）200m away from wide fault

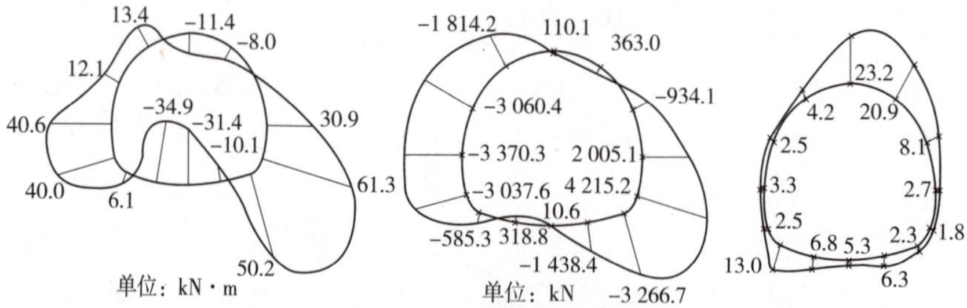

e）窄断层外8m处

e）8m away from narrow fault

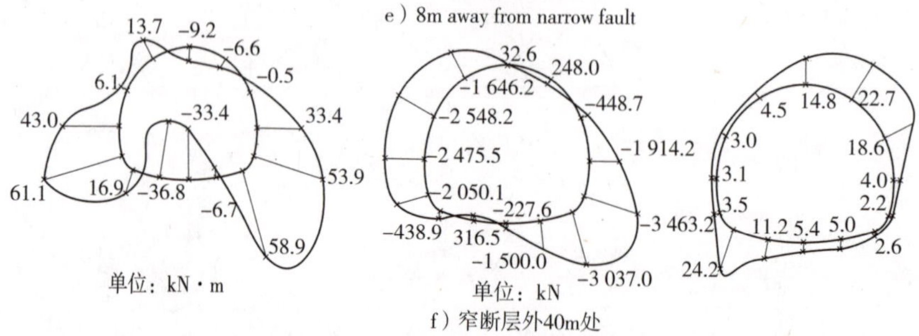

f）窄断层外40m处

f）40m away from narrow fault

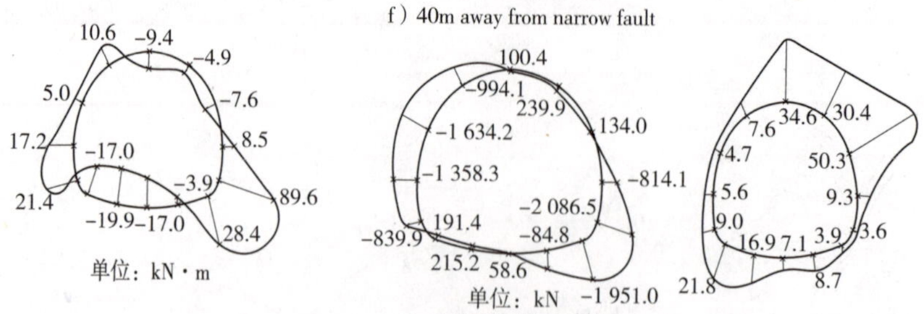

g）窄断层外200m处

g）200m away from narrow fault

图 10–6 宽、窄断层的弯矩、轴力、安全系数分布图（从左至右）

Figure 10–6 Bending moment, axial force and the safety factor distribution (from left to right)

比较普通段、宽错动断层破碎带段、窄错动断层破碎带段隧道各截面最小安全系数，见表 10-4。

表 10-4　二次衬砌最小安全系数

Table 10-4　Minimum safety factor of the secondary lining

情　况	错动断层破碎带隧道		普通段隧道	最小安全系数减小（%）
	断面位置	最小安全系数	最小安全系数	
宽错动断层破碎带段隧道	断层中部	1.0	3.9	74.4
	距断层 8m 处	1.5		61.5
	距断层 40m 处	2.2		43.6
	距断层 200m 处	3.7		5.1
窄错动断层破碎带段隧道	距断层 8m 处	1.8	3.9	53.8
	距断层 40m 处	2.2		43.6
	距断层 200m 处	3.6		7.7

由表 10-4 可知，宽断层破碎带发生错动时，对隧道二次衬砌安全系数影响很大，最大降低了 74.4%。窄断层破碎带发生错动时，隧道二次衬砌安全系数最大降低了 53.8%。

2）二次衬砌应力和位移分析

普通段、窄错动断层破碎带段、宽错动断层破碎带段隧道拱顶的最大主应力见图 10-7、图 10-8。

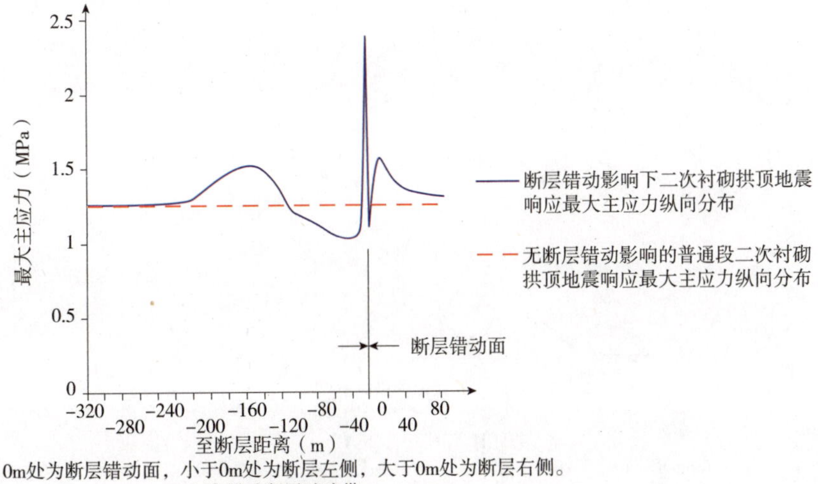

注：0m处为断层错动面，小于0m处为断层左侧，大于0m处为断层右侧。

a）窄错动断层破碎带

a）Narrow fault

图　10-7

Figure　10-7

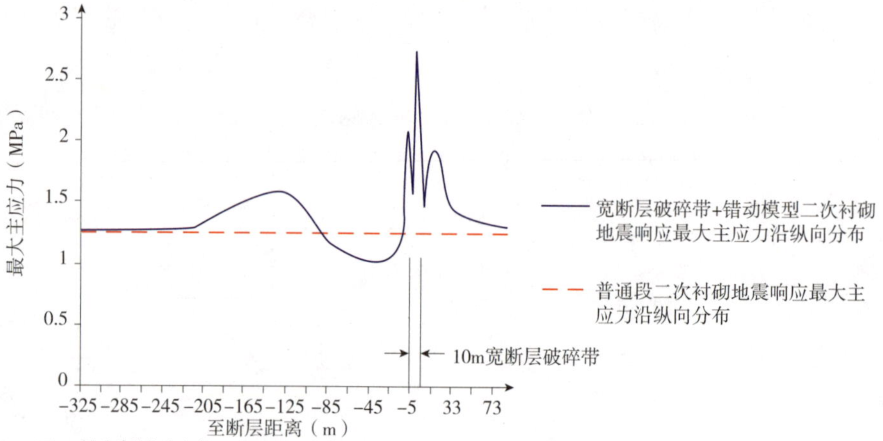

注：−5m至5m处为断层破碎带，小于−5m为断层左侧，大于5m为断层右侧。

b）宽错动断层破碎带

b）Wide fault

图 10-7　拱顶最大主应力沿纵向分布图

Figure 10-7　Distribution of vault major principal stress peak along the axial direction

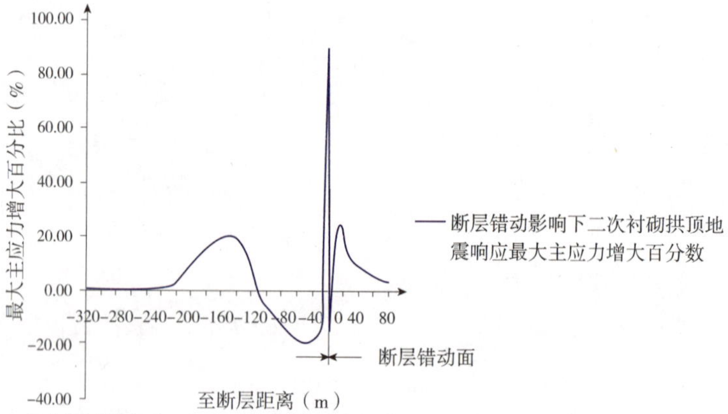

注：0m处为断层错动面，小于0m处为断层左侧，大于0m处为断层右侧。

a）窄错动断层破碎带

a）Narrow fault

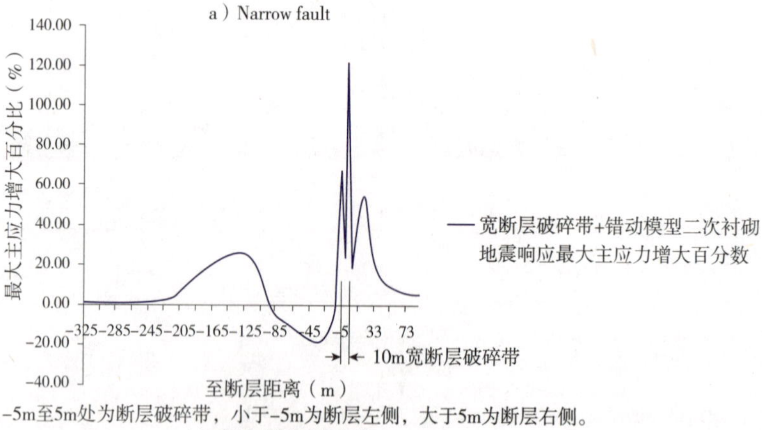

注：−5m至5m处为断层破碎带，小于−5m为断层左侧，大于5m为断层右侧。

b）宽错动断层破碎带

b）Wide fault

图 10-8　拱顶最大主应力增幅沿纵向变化规律

Figure 10-8　Distribution of vault major principal stress peak increment along the axial direction

图 10-7、图 10-8 中，普通段与宽错动断层破碎带段隧道沿纵向分布的最大主应力皆为拉应力。相对于普通段隧道，断层上盘最大主应力增大量和影响范围都大于下盘。

宽错动断层破碎带段隧道最大主应力峰值位于断层破碎带内部中间，为 2.77MPa，超出普通段 1.52MPa，增幅为 121.0%。

窄错动断层破碎带段隧道上盘最大主应力峰值增幅为 89.6%。

普通段、窄错动断层破碎带段、宽错动断层破碎带段隧道轴向应力见图 10-9。

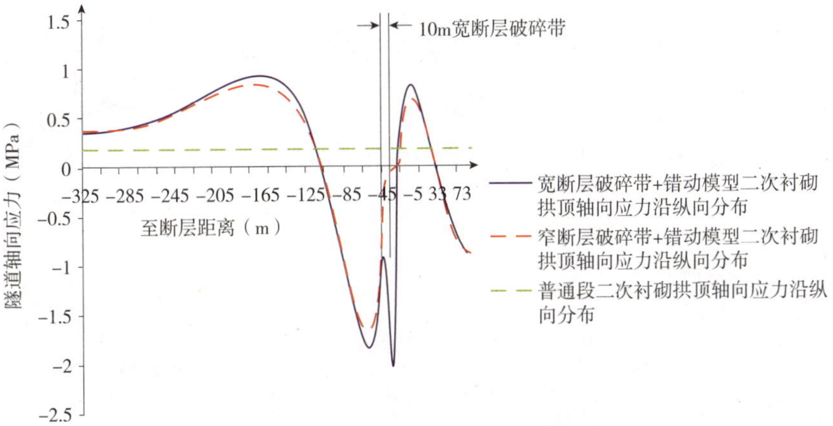

注：-5m至5m处为断层破碎带，小于-5m为断层左侧，大于5m为断层右侧。

a）拱顶轴向应力沿纵向分布

a）Distribution of vault axial stress peak

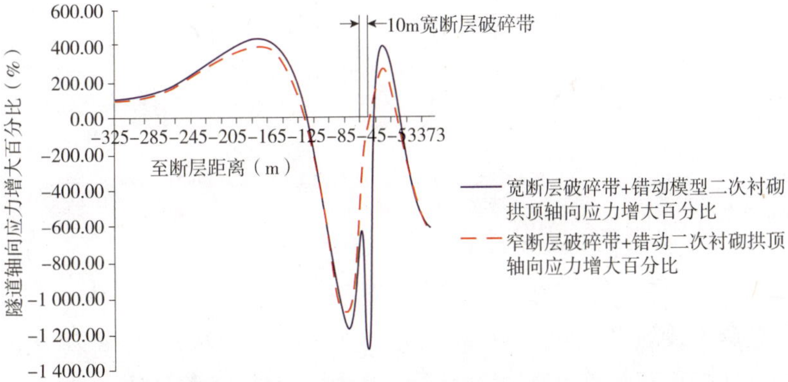

注：-5m至5m处为断层破碎带，小于-5m为断层左侧，大于5m为断层右侧。

b）拱顶轴向应力增幅沿纵向分布

b）Distribution of vault axial stress peak increment

图 10-9　窄、宽错动断层破碎带段隧道拱顶轴向应力变化规律

Figure 10-9　Distribution of vault axial stress peak

宽错动断层破碎带与普通段模型轴向应力分布基本一致，其中前者的峰值为 0.911MPa，比普通段轴向应力大 0.741MPa，增幅约 436%；比窄错动断层破碎带模型大 0.072MPa。

普通段、宽错动断层破碎带段隧道合位移沿隧道纵向分布见图 10-10。

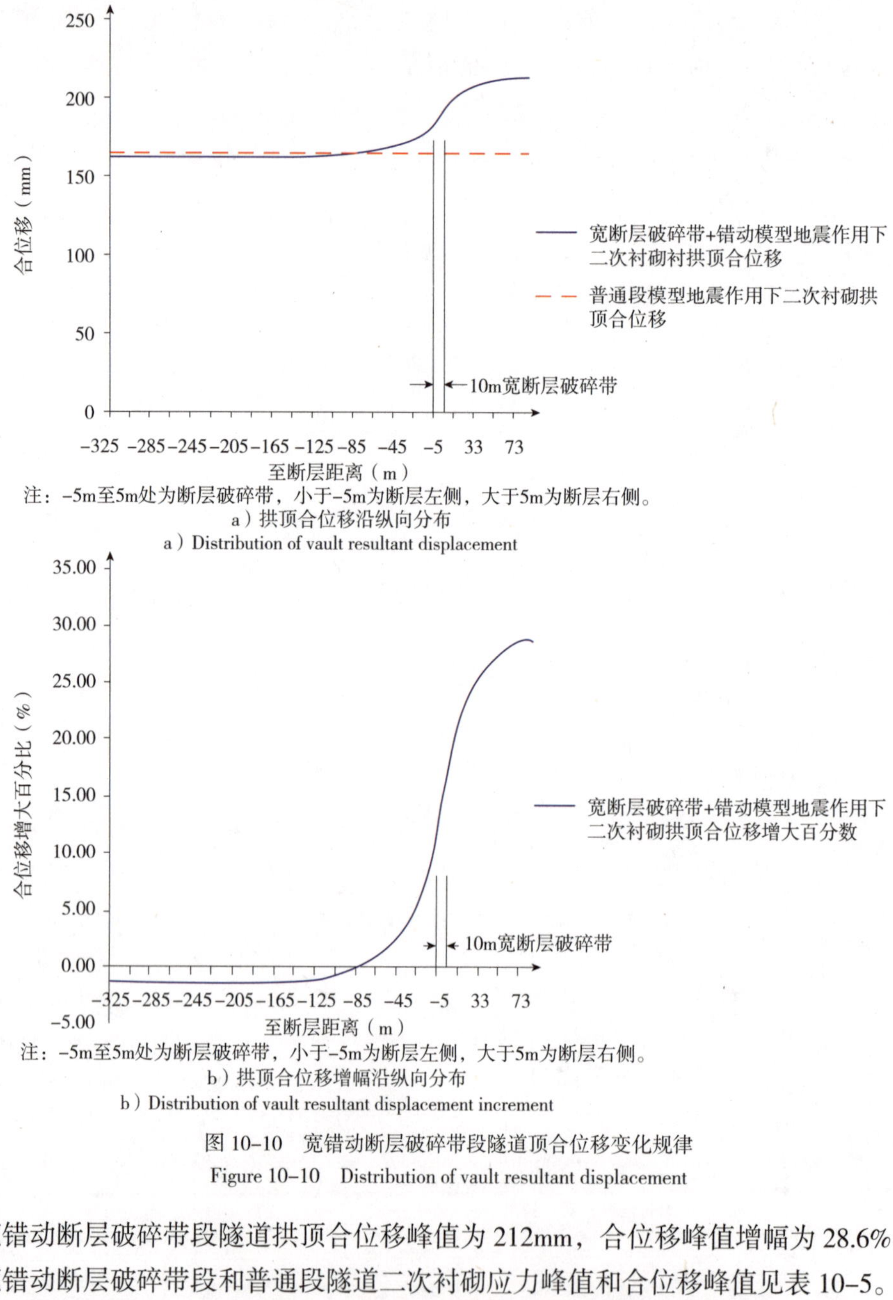

注：-5m至5m处为断层破碎带，小于-5m为断层左侧，大于5m为断层右侧。

a）拱顶合位移沿纵向分布

a）Distribution of vault resultant displacement

注：-5m至5m处为断层破碎带，小于-5m为断层左侧，大于5m为断层右侧。

b）拱顶合位移增幅沿纵向分布

b）Distribution of vault resultant displacement increment

图 10-10 宽错动断层破碎带段隧道顶合位移变化规律

Figure 10-10 Distribution of vault resultant displacement

宽错动断层破碎带段隧道拱顶合位移峰值为 212mm，合位移峰值增幅为 28.6%。宽错动断层破碎带段和普通段隧道二次衬砌应力峰值和合位移峰值见表 10-5。

表 10-5 二次衬砌应力峰值和合位移峰值

Table 10-5 Vault stress peak and resultant displacement peak of secondary lining

项 目	最大主应力（MPa）	隧道最大轴向应力（MPa）	最大合位移（mm）
宽错动断层破碎带隧道	2.77	0.91	212.0
普通段隧道	1.25	0.17	164.8
增大量	1.52	0.74	47.20
增大百分比（%）	121.6	436	28.6

由表 10–5 可知，当宽断层破碎带发生错动时，将引起隧道二次衬砌最大主应力峰值增加 121.6%，轴向应力峰值增加 436%。合位移峰值增加 28.6%。宽错动断层破碎带段隧道轴向应力增大十分显著，这主要是由于位移沿隧道纵向显著变化引起的，因此，宽错动断层破碎带隧道纵向是抗震设防的重点。其震害主要原因是强制位移，而且该位移沿隧道纵向作用。

窄错动断层破碎带隧道与宽错动断层破碎带隧道相比，其二次衬砌安全系数、应力、位移等变化规律相似，只是量值略小，因此，其抗震设计与宽错动断层破碎带隧道相同。

10.3 现场震害情况 Situation of field seismic disaster

10.3.1 无错动断层破碎带段隧道震害情况 Situation of no slip fault fracture zone Seismic disaster

紫坪铺隧道 F10 断层宽 3m，无错动，隧道断层破碎带段和影响段震害分析分别见表 10–6 和表 10–7。

表 10–6 紫坪铺隧道断层破碎带段震害

Table 10–6 Seismic damage statistic in broken fault zone of Zipingpu Tunnel

震害类型	衬砌开裂（裂纹清晰，有一定走向）	施工缝开裂	衬砌渗水	路面开裂（裂纹清晰，有一定走向）
断层破碎带段（长度比例，%）	84.00	9.33	29.33	8.00
普通段（长度比例，%）	53.49	4.19	0.00	0.00

表 10–7 紫坪铺隧道影响段震害

Table 10–7 Seismic damage statistic in influence area of Zipingpu Tunnel upper and bottom part

震害类型	衬砌开裂（裂纹清晰，有一定走向）	衬砌开裂（不能确定裂纹方向，呈片状或网状）	施工缝开裂	衬砌渗水	路面开裂（裂纹清晰，有一定走向）
断层破碎带影响段（长度比例，%）	73.33	0	6.67	56.67	100.00
普通段（长度比例，%）	31.53	0.79	4.91	2.55	4.42

由表 10–6 和表 10–7 可知，断层破碎带及影响段隧道破坏类型与普通段类似，但破坏规模和程度比普通段大；对于无错动断层，未出现二次衬砌垮塌或隧道垮塌等严重的破坏形式。

综合分析表明：与普通段隧道相比，无错动断层破碎带隧道在Ⅸ度地震区，其二次衬砌最大主应力峰值比普通段大 16%，安全系数降低 20.5%，变形增加较小。调查资料也表明，无错动断层破碎带隧道破坏类型与普通段类似，但破坏规模和程度比普通段大；对于无错动断层，未出现二次衬砌垮塌或隧道垮塌等严重的破坏形式。这说明无错动断层破碎带隧道震害主要是惯性力导致，强制变形影响不大。无错动断层破碎带隧道不是抗震设防重点。

10.3.2 错动断层破碎带段隧道震害情况 Situation of slip fault fracture zone seismic disaster

龙溪隧道 F8 断层及破碎带，宽 10m，为宽断层破碎带，在汶川地震作用下出现错动，其震害情况见表 10-8。

表 10-8 龙溪隧道错动断层破碎带段隧道震害情况

Table 10-8 Statistics of seismic damage caused by fault movement in broken band（Longxi Tunnel）

震害类型	衬砌开裂	混凝土剥落	衬砌错台	二次衬砌垮塌	隧道垮塌	施工缝开裂	衬砌渗水
错动断层破碎带隧道（长度比例，%）	29.69	6.77	7.81	40.10	1.04	0.52	1.04
普通段隧道（长度比例，%）	6.52	4.14	0.54	1.53	0.00	1.38	1.07

由表 10-8 可知，错动断层破碎带隧道破坏类型与普通段隧道不同，断层错动不但会引起隧道二次衬砌垮塌，而且会引起隧道垮塌。在同样条件下，普通段隧道仅有较少区段（1.53%）出现二次衬砌垮塌，未出现隧道垮塌。宽破碎带断层错动还会引起隧道出现较大范围的衬砌开裂、剥落、错台等。

综合分析表明，与普通段隧道相比，宽错动断层破碎带段隧道在Ⅸ度地震区，其二次衬砌最大主应力峰值增加 121.6%，安全系数降低 74.4%，隧道轴向应力增加 436%，变形增加 28.6%。调查资料也表明，错动断层破碎带隧道破坏类型与普通段隧道不同，宽破碎带断层错动不但会引起隧道二次衬砌垮塌，而且会引起隧道垮塌。在同样条件下，普通段隧道仅有较少区段（1.53%）出现二次衬砌垮塌，未出现隧道垮塌。宽破碎带断层错动还会引起隧道出现较大范围的衬砌开裂、剥落、错台等。这说明错动断层破碎带导致隧道位移变化量增大，隧道轴向应力急剧增大，因此，错动断层破碎带隧道纵向都是抗震设防的重点。

友谊隧道 F1 断裂，宽 0.5m，为窄断层破碎带，其震害情况见表 10-9。

表 10-9 友谊隧道错动断裂震害情况

Table 10-9 Survey of seismic damage caused by fault movement（Youyi Tunnel）

震害类型	衬砌开裂（裂纹清晰，有一定走向）	凝土剥落	二次衬砌垮塌	施工缝开裂
粘滑错动段（长度比例，%）	0.00	0.00	100.00	0.00
普通段（长度比例，%）	1.42	2.13	0.00	0.71

由表 10-9 可知，窄错动断层破碎带段隧道破坏类型主要为二次衬砌垮塌；与普通段隧道相比，窄错动断层破碎带段隧道在Ⅸ度地震区，其二次衬砌最大主应力峰值增加 89.6%，安全系数降低 53.8%，隧道轴向应力增加 394%，变形增加 28.6%。调查资料表明，窄错动断层破碎带段隧道破坏特征与宽错动断层破碎带段隧道相似。

10.4　本章小结 Preliminary summary

由上分析可以得知，引起无错动断层破碎带段隧道震害的主要原因是地震惯性力作用。引起错动断层破碎带段隧道震害的主要原因是强制位移作用，该强制位移对隧道的作用主要沿隧道纵向。错动断层破碎带的宽度只影响隧道震害的规模和强度，不影响其震害类型。

第 11 章　隧道普通段结构震害分析
Chapter 11　Seismic tunnel structure disaster analysis of normal section

11.1　震害类型 Seismic damage type

通过震区现场调查发现，隧道普通段结构震害主要有以下几种类型：洞身支护（含初期支护与二次衬砌）开裂、剥落（掉块）、侵限、脱空、渗水；路面及仰拱开裂、渗水；另外还有检修道、电缆沟、预埋沟（槽、管）开裂、错台，供配电设施、照明设施、通风设施、消防及救援等设施倒塌或脱落、预埋件外露等。

11.2　震害分析 Seismic disaster analysis

“5·12”汶川地震隧道震害资料分析表明：普通段隧道震害轻微，但当隧道在施工阶段出现过大变形、围岩松弛、衬砌背后存在空洞、衬砌厚度不足、衬砌强度不足等缺陷时，隧道抗震性能将会降低。

11.2.1　无缺陷普通段隧道结构震害机理 Seismic disaster analysis of normal section of tunnel structure with non-defect

1）理论分析

普通段隧道结构是隧道的深埋部分，地震时受惯性力的影响较小，受强制位移的影响较大。隧道在围岩中受到地震作用时，隧道衬砌刚度与外部围岩刚度不同，会产生不同的位移，两种位移之差称为位移差。从隧道衬砌的角度，可以称此位移差为地层作用于衬砌的强制位移。在地层中特别是土质地层中，隧道结构的刚度一般比地层大，往往形成对地层变形的约束。衬砌刚度越大，其吸收的变形能也越大，所以隧道的震害往往由地层的地震动变形施加于衬砌所致。

在以往的资料和分析中，深埋于完整均一围岩中的隧道，特别是硬质围岩隧道，其地震破坏非常小。这正好印证了以上理论——深埋隧道主要受到强制位移作用，而当衬砌刚度越接近于围岩时强制位移作用的效果越弱。另外，当围岩完整而且均一时，隧道整体受到强制位移，所以不会发生严重的破坏。

而当隧道处于完整非均一围岩中，比如两种围岩交界地带，在交界处由于两侧围岩振动特性不同而产生位移差，进而对隧道产生局部变形影响，使隧道发生开裂等破坏。但这样的变形相比断层部位要小，所以破坏也更轻。

2）计算验证

下面分析地震作用下衬砌刚度和地震烈度的影响。计算采用 ANSYS/LS-DYNA 有限单元计算软件。建立两组模型，分别输入Ⅷ度和Ⅺ度的地震波。每组模型分成 3 种工况，即衬砌厚度为 30cm、40cm、50cm。

① 模型（沿隧道轴向）长 50m，全段均采用Ⅳ级围岩参数；埋深 100m；模型宽 80m（图 11–1）。

② 所有单元材料属性皆为完全线弹性。

③ 地震波取汶川地震（卧龙）加速度地震波，烈度标准化为Ⅷ度和Ⅺ度。

地震波由模型基底输入，波形如图 11–2~ 图 11–4 所示。

图 11–1　有限元模型

Figure 11–1　Finite element model

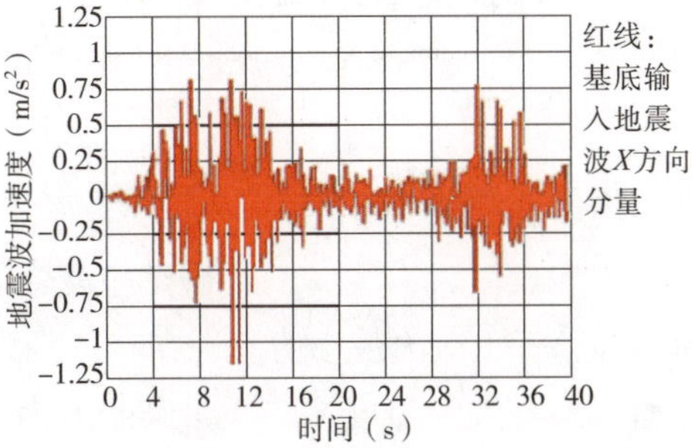

图 11–2　X 方向地震波

Figure 11–2　Seismic wave from X direction

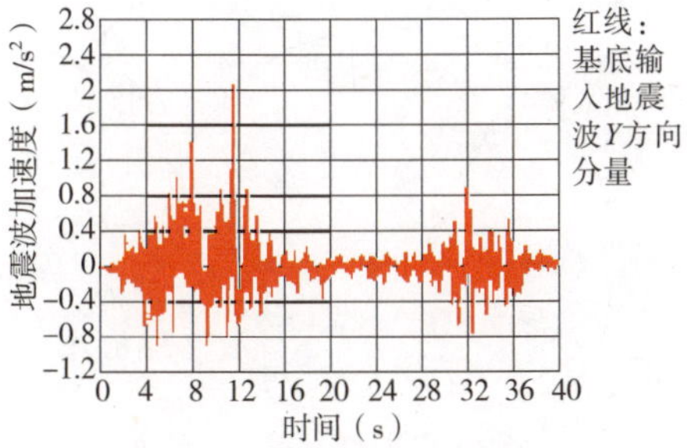

图 11–3　Y 方向地震波

Figure 11–3　Seismic wave from Y direction

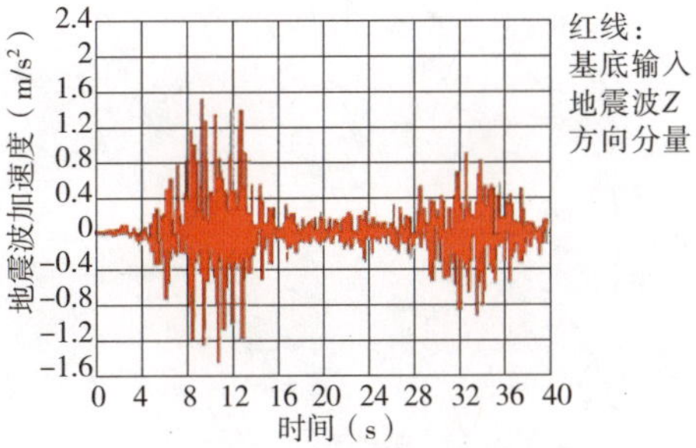

图 11–4　Z 方向地震波

Figure 11–4　Seismic wave from Z direction

由前文计算知道，当隧道在相同围岩级别的情况下，其沿纵向内力变化较小。另外，为减少边界效应的影响，取距模型边界 25m 的隧道横断面作为研究面，取此研究面二次衬砌拱顶处出现最大主应力的时刻 9.9s，作为研究时间点。计算结果如下：

（1）输入地震波为Ⅷ度

当输入地震波为Ⅷ度、二次衬砌厚度为 30cm 时，第一主应力最大值出现在左拱脚为 1.84MPa，第一主应力最小值出现在右拱脚为 −0.02MPa（图 11–5）。

当输入地震波为Ⅷ度、二次衬砌厚度为 40cm 时，第一主应力最大值出现在左拱脚为

2.69MPa，第一主应力最小值出现在右拱脚为 -0.10MPa（图 11-6）。

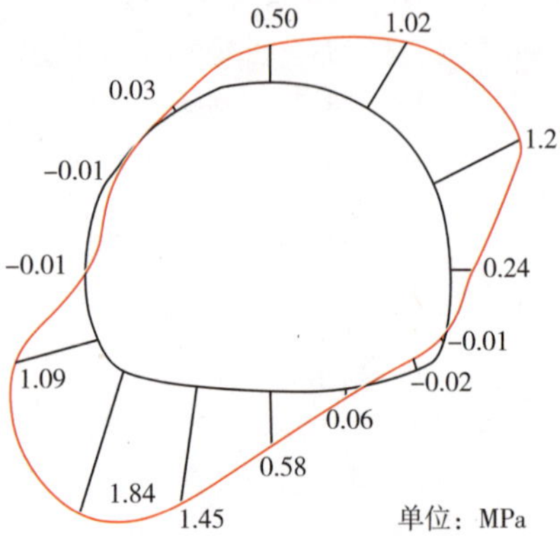

图 11-5 二次衬砌厚度 30cm 时的最大主应力分布图

Figure 11-5 Distribution of major principle stress when secondary lining with 30cm thick

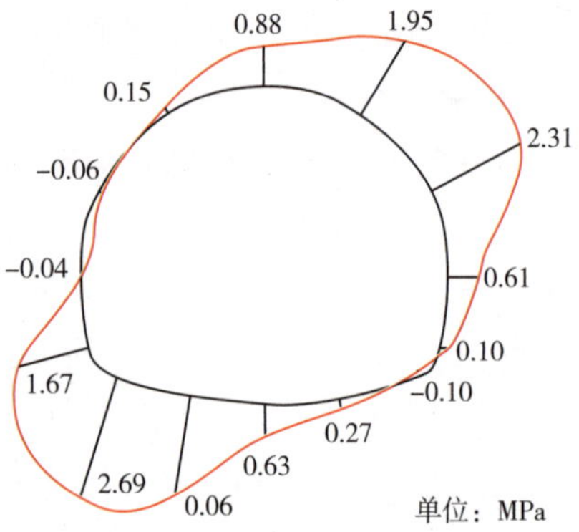

图 11-6 二次衬砌厚度 40cm 时的最大主应力分布图

Figure 11-6 Distribution of major principle stress when secondary lining with 40cm thick

（2）输入地震波为Ⅺ度

当输入地震波为Ⅺ度、二次衬砌厚度为 30cm 时，第一主应力最大值出现在左拱脚为 14.83MPa，第一主应力最小值出现在右拱脚为 -0.20MPa（图 11-7）。

当输入地震波为Ⅺ度、二次衬砌厚度为 40cm 时，第一主应力最大值出现在左拱脚为 21.6MPa，第一主应力最小值出现在右拱脚为 -0.7MPa（图 11-8）。

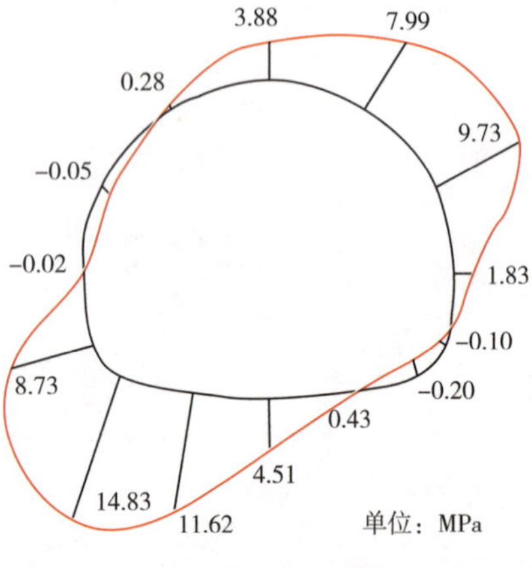

图 11-7 二次衬砌厚度 30cm 时的最大主应力分布图

Figure 11-7 Distribution of major principle stress when secondary lining with 30cm thick

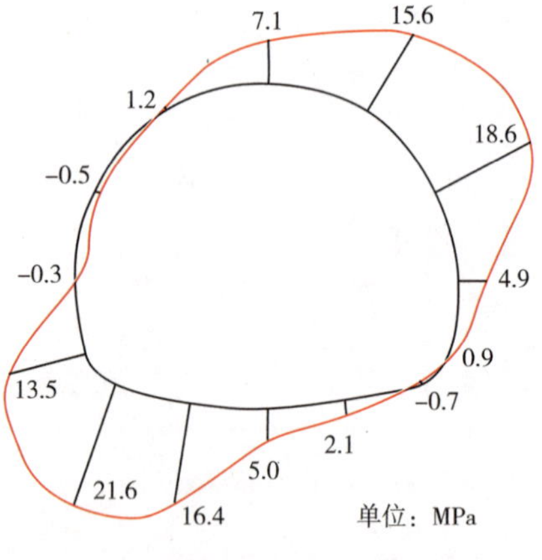

图 11-8 二次衬砌厚度 40cm 时的最大主应力分布图

Figure 11-8 Distribution of major principle stress when secondary lining with 40cm thick

当输入地震波为Ⅺ度、二次衬砌厚度为 50cm 时，第一主应力最大值出现在右拱肩为 30MPa，第一主应力最小值出现在右拱脚为 1MPa（图 11-9）。

综上所述，当输入地震波为Ⅺ度时，二次衬砌的厚度从 30cm 增加到 50cm，由于刚度的逐渐增大，导致二次衬砌应力也逐渐增加。当地震烈度为Ⅺ度，而且采用大刚度的二次衬砌时，隧道整体内力极大，在地震中隧道将会发生严重的破坏。

（3）二次衬砌第一主应力最大值变化规律

图 11-10 为二次衬砌第一主应力最大值变化规律。由图可知，在Ⅷ度和Ⅺ度地震烈度情况下，二次衬砌的第一主应力最大值随着二次衬砌厚度的增加而增加。另外，当烈度从Ⅷ度升到Ⅺ度时，二次衬砌的主应力增长明显，Ⅺ度时其第一主应力最大值在 30MPa 以上。由此可见，二次衬砌刚度越大，其受力越大。因此，在设计高烈度地震区隧道时，应注意隧道衬砌刚度与围岩刚度相匹配。

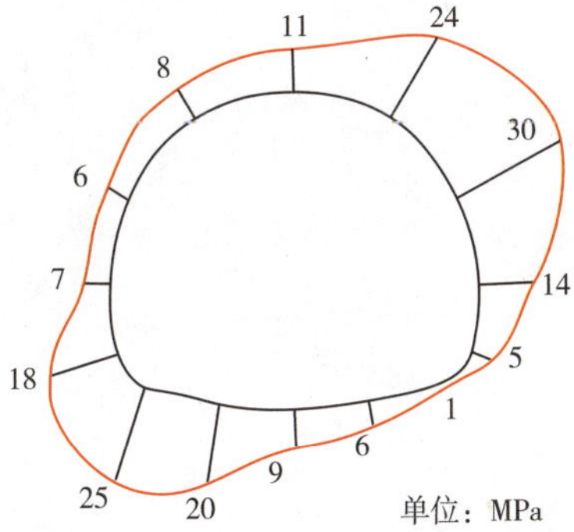

图 11-9 二次衬砌厚度 50cm 时的最大主应力分布图

Figure 11-9 Distribution of major principle stress when secondary lining with 50cm thick

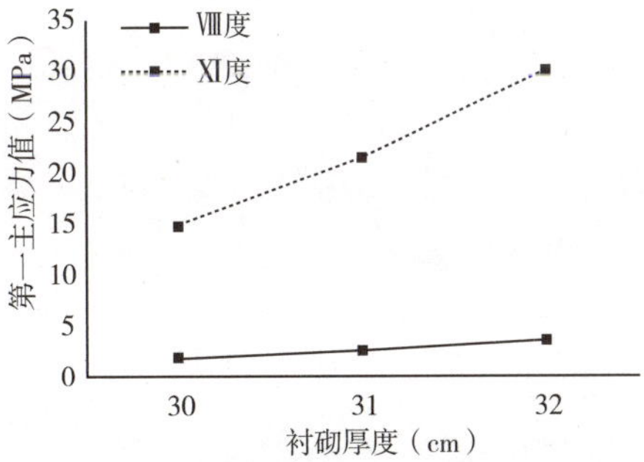

图 11-10 二次衬砌第一主应力最大值变化规律

Figure 11-10 Variation law of major principle stress maximum on secondary lining

11.2.2 有缺陷普通段隧道结构震害机理 Seismic disaster analysis of normal section of tunnel structure with defect

1）理论分析

通过调研龙溪隧道等的施工资料，发现普通段隧道结构也发生如衬砌垮塌和隧道垮塌等严重的破坏，这类破坏一般存在于断层影响段和惯性力作用较强的洞口。显然这样的破坏和断层影响段破坏是有很大差别的，而更类似于洞口或者浅埋段。就隧道结构的横断面而言，在岩质地层中，隧道洞身遭受地震惯性力破坏的发生概率一般较洞口及浅埋地段低。隧道普通段结构之所以发生惯性破坏，主要是由于隧道结构和地层之间出现了较大的空隙，从而削弱了地层的约束作用，提高了衬砌结构的相对质量密度，使得衬砌分担的地震惯性力超过了极限。而且根据施工资料发现，大多数普通段发生垮塌的地方，施工过程中确实由于地应力过大或者围岩太松散，曾出现过塌方和衬砌背后有空洞等问题。

2）计算验证

隧道结构缺陷有很多种情况，包括大变形、衬砌背后存在空洞、围岩松弛等。下面分析衬砌背后存在空洞时地震对隧道结构受力的影响，采用数值模拟方法，分别考虑了隧道衬砌背后无空洞、有空洞（拱顶、拱肩、拱腰、边墙处存在空洞）、空洞被注浆充填等三种情况。计算采用 ANSYS/LS-DYNA 有限单元计算软件。建立三个隧道横断面模型：A 模型隧道外部围岩完整；B 模型隧道拱顶、拱肩、拱腰、拱边墙处有空洞（图 11-11）；C 空洞处注浆加固。建模具体参数如下。

① 隧道埋深 100m，模型宽 80m（图 11-12）。

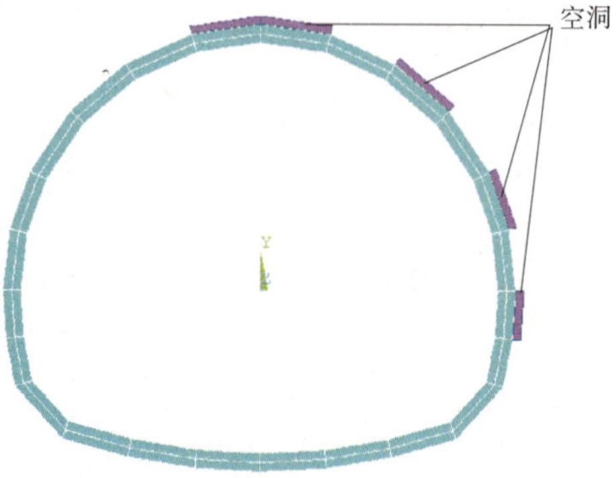

图 11-11 隧道空洞分布图

Figure 11-11 Distribution of tunnel empty

图 11-12 ANSYS 计算模型

Figure 11-12 ANSYS calculation model

② 所有单元材料属性皆为完全线弹性。

③ 地震波输入同 11.2.1 节。

取二次衬砌拱顶处出现最大主应力的时刻 10.1s 作为研究时间点。计算结果如下：

当围岩完整时，第一主应力最大值出现在右拱肩为 9.86MPa，第一主应力最小值出现在左拱肩为 -0.12MPa（图 11-13）。

当衬砌背后有空洞时，第一主应力最大值出现在右拱肩为 12.51MPa，第一主应力最小值出现在左拱腰为 -0.14MPa（图 11-14）。

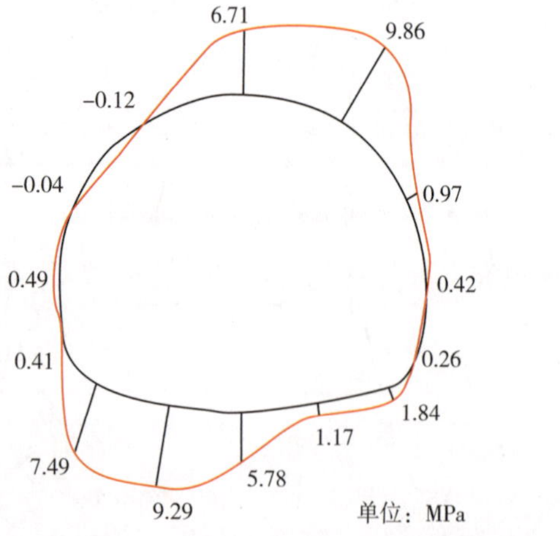

图 11-13 围岩完整时的最大主应力分布图

Figure 11-13 Distribution of maximum principal stress in surrounding rock integrity condition

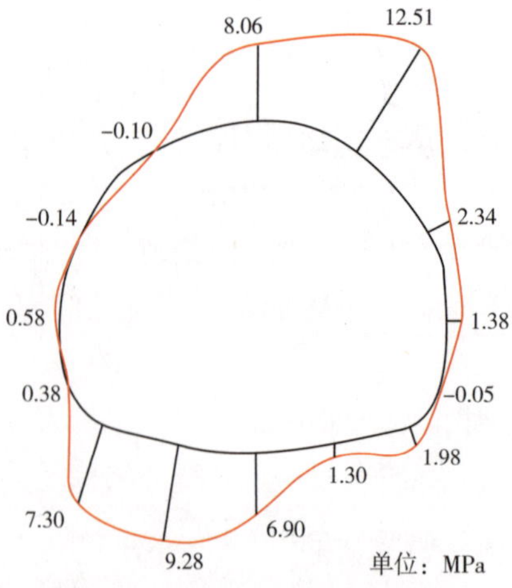

图 11-14 衬砌背后有空洞时的最大主应力分布图

Figure 11-14 Distribution of maximum principal stress when empty occurred in the lining back

当空洞注浆时，第一主应力最大值出现在右拱肩为 9.91MPa，第一主应力最小值出现在左拱肩为 −0.13MPa（图 11–15）。

隧道二次衬砌背后围岩完整、有空洞和空洞被注浆加固时，其第一主应力、位移矢量和的变化规律分别见图 11–16 和图 11–17。

从图 11–16 和图 11–17 可知，当二次衬砌背后存在空洞处时，其第一主应力和位移都有所增大。而对空洞进行注浆后，第一主应力和位移有所减小，可见，二次衬砌背后存在空洞对隧道抗震不利。

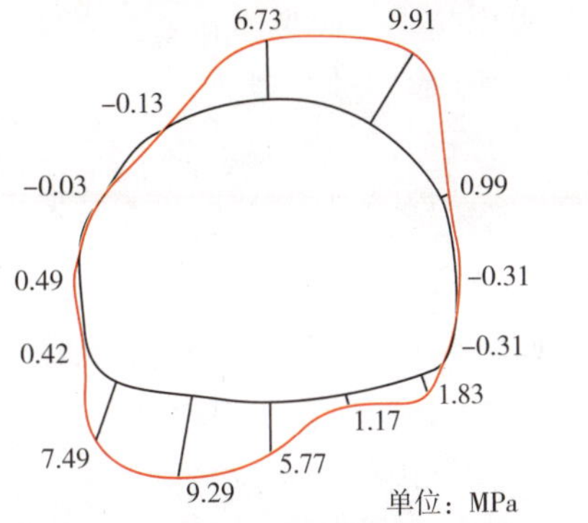

图 11–15　空洞注浆时的最大主应力分布图

Figure 11–15　Distribution of maximum principal stress in empty grouting condition

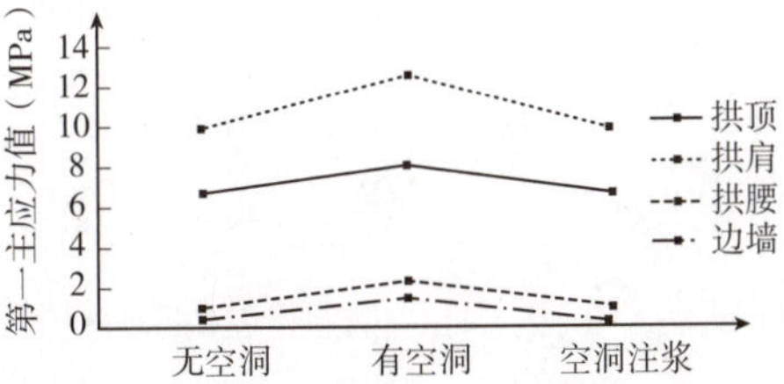

图 11–16　围岩完整、有空洞和注浆加固时的第一主应力变化规律

Figure 11–16　First principal stress variation law in surrounding rock integrity, empty occurred, reinforced with grouting conditions

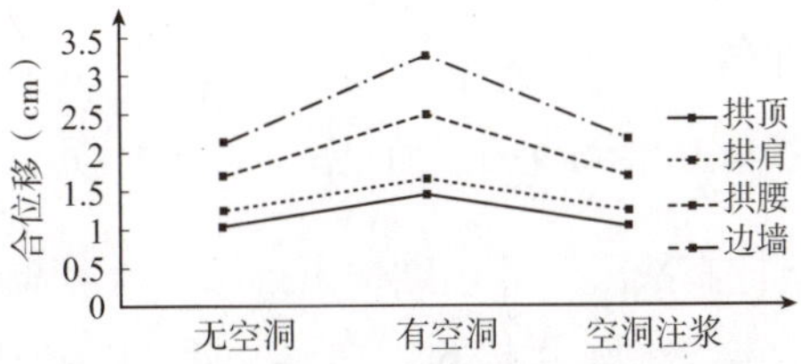

图 11–17　围岩完整、有空洞和注浆加固时的位移矢量和变化规律

Figure 11–17　Displacement vector sum variation law in surrounding rock integrity, empty occurred, reinforced with grouting conditions

11.3　现场震害情况 Situations of field seismic disaster

11.3.1　无缺陷普通段隧道结构震害情况 Situations of normal section of tunnel structure with non-defect seismic disaster

1）衬砌开裂（裂纹清晰，有一定走向）

震区内已调查隧道的普通段衬砌开裂（裂纹清晰，有一定走向）震害比例为 18.99%。此类震害在普通段中比较常见，分布较为广泛。

紫坪铺隧道右线 K16+943~K16+990 段衬砌有大量横向开裂，其中以右拱部至边墙处最为严重，开裂宽度为 5~10mm，并伴有少量衬砌错台、二次衬砌掉块和施工缝开裂。

友谊隧道 K1028+760~K1028+815 段，左右边墙均出现长度 5m 左右的衬砌纵向裂缝，宽度约 2mm，并在局部区域形成衬砌网状裂纹。

马鞍石隧道 K3+105~K3+125 段有较密集的衬砌斜向开裂，开裂宽度 0.5~3mm。

龙溪隧道右线 K23+940~K23+955 段连续分布有 7 条环向裂缝，开裂宽度 3~6mm，此段并有施工缝开裂和施工缝错台发生。

2）施工缝开裂

震区内已调查隧道的普通段施工缝开裂震害比例为2.53%。此类震害在普通段中很少，各隧道中均有少量分布。

烧火坪隧道K24+127~K24+165段分布了6条施工缝开裂，均形成了环向裂缝，并有1处施工缝出现了错台，另外此段内拱部出现多处衬砌渗水。

3）路面开裂（裂纹清晰，有一定走向）

震区内已调查隧道的普通段路面开裂（裂纹清晰，有一定走向）震害比例为4.91%。此类震害在普通段中较少，其中烧火坪隧道和白云顶隧道路面开裂（裂纹清晰，有一定走向）比例较高，分别为14.05%和14.81%；另在龙溪隧道，龙洞子隧道，马鞍石隧道和酒家垭隧道有少量分布。

马鞍石隧道K3+122处路面横向贯通开裂，此处附近的衬砌有较多的衬砌斜向开裂。

11.3.2 隧道有缺陷普通段结构震害情况 Situations of normal section of tunnel structure with defect seismic disaster

隧道有缺陷普通段结构出现了二次衬砌垮塌震害。震区内已调查隧道的普通段二次衬砌垮塌震害比例为1.86%。此类震害在普通段中很少，仅在龙溪隧道，烧火坪隧道和友谊隧道中有少量分布。

龙溪隧道右线K24+390~K24+530段连续出现破坏程度不等的二次衬砌垮塌震害（图11-18）。其中，K24+390~K24+417和K24+480~K24+498段出现严重的衬砌整块垮塌、防水板外露；K24+434~K24+479和K24+498~K24+530段拱部出现衬砌崩落，并伴有大量衬砌纵向开裂和渗水。参照施工资料，此段落内地应力较高，发生过围岩侵限，而且围岩软弱松散。

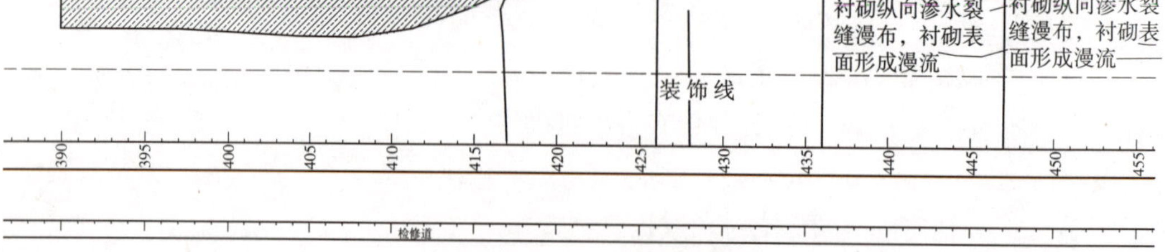

图11-18 龙溪隧道二次衬砌垮塌段震害展示

Figure 11-18 Earthquake damage demonstration in longxi Tunnel secondary lining Collapsed period

11.4　本章小结 Preliminary summary

通过本章前文分析可知，普通段隧道的受灾程度相对洞口段和断层破碎带段较弱，但当隧道施工阶段出现过大变形、围岩松弛、衬砌背后存在空洞、衬砌厚度不足、衬砌强度不足等缺陷时，隧道也会发生如衬砌垮塌和隧道垮塌等严重的破坏。因此，在隧道施工中，应严把质量关，这样才能保证隧道优越的抗震性能。

第 12 章 公路隧道抗震设防对策
Chapter 12 Solution of highway tunnel seismic fortification

本章根据探明隧道震害机理，结合现行《公路隧道设计规范》(JTG D70—2004)采用的抗震设防标准和抗震构造措施，对地震区的公路隧道抗震设防提出相应的处治对策，为公路隧道抗震设防标准的合理制定提供一定的参考依据。

12.1 洞口段抗震设防对策 Solution of opening section structure seismic fortification

公路隧道洞口结构是抗震设防重点区段，汶川地震中地震烈度Ⅸ度及Ⅸ度以上的软岩隧道洞口段衬砌发生了严重的破坏，Ⅸ度及Ⅸ度以上的硬岩隧道洞外结构由于次生灾害也遭受了严重的震害。

12.1.1 洞外次生灾害抗震设防对策 Solution of outside structure seismic fortification

1) 洞门抗震设防对策

造成洞门结构破坏的主要因素是地震惯性力，强制位移影响较小。故洞门抗震设防对策主要有如下几点：

(1)洞门宜设在岩质地基上；当洞门设在软弱围岩上时，应采取换填、扩大基础、基底注浆等加固措施。

(2)洞门结构形式宜优先采用削竹式洞门(接长明洞)结构；当地形地质条件不利时可以采用翼墙式洞门。

(3)地震区洞门端墙与衬砌之间、端墙与挡翼墙之间应加设短钢筋或设置榫头等抗震连接措施；端墙嵌入两侧边坡的深度应适当加大。

(4)洞门端墙、翼墙及其他挡土墙后的空隙要保证回填密实。填料可用浆砌片石，同时应注意设置排水设施，以免墙后地下水堵塞而淤积在背后。

(5)洞门端墙与靠近洞门不小于 3m 范围内的翼墙、挡土墙以及洞口衬砌应同时连续施工，连接为整体。

2) 边仰坡抗震设防对策

造成边仰坡破坏的主要因素是地震惯性力，强制位移影响较小。故边仰坡抗震设防对策主要有如下几点：

(1)控制边仰坡的开挖高度，应提前进洞或接长明洞，防止落石、边仰坡崩塌、滑塌堵塞洞口等灾害。同时还可加固边仰坡及挂网防止次生灾害。

（2）控制边仰坡坡度，受拉应力较大的边仰坡宜设置预应力锚锁进行加固。

3）明洞抗震设防对策

明洞为地面结构，受地震惯性力影响较大，强制位移影响较小。故明洞结构抗震设防对策主要有如下几点：

（1）地震区明洞拱圈宜采用钢筋混凝土结构，防止落石及边仰坡崩塌、滑塌造成的次生灾害。

（2）明洞基础应尽量设置于稳定基础上；当基础可能出现地震液化或震陷等不良地震反应时，应采取可靠的处置措施。

（3）当明洞整体稳定受滑动控制时，应采取一定的抗滑措施，如加强仰拱、加大基础的埋置深度、设钢筋混凝土拉杆或采用桩基础等。

（4）地震区明洞较长时应沿纵向每隔一定长度设置抗震缝。

（5）对明洞施工缝应进行加强处理，以增强结构的整体性。

（6）当明洞左右侧或前后端基础差异较大时，应采取处理措施，减小地震发生时的不均匀沉降。

（7）在明暗交界处宜结合沉降缝、伸缩缝的设置综合考虑设置抗震缝。

12.1.2　洞口段衬砌抗震设防对策 Solution of lining in opening section seismic fortification

1）一般规定

（1）隧道衬砌宜采用带仰拱的曲墙式衬砌。

（2）高烈度地震区二次衬砌宜采用钢筋混凝土结构。

（3）严禁衬砌背后存在空洞，如存在应回填密实。

2）软岩隧道洞口段衬砌抗震设防对策

软岩隧道洞口段衬砌震害较重，而发生在洞口段软硬岩交接面处的震害最为严重。

（1）软岩隧道洞口段衬砌一般段可采用注浆加固围岩、钢筋混凝土衬砌等措施[13]。

（2）软岩隧道洞口段软硬岩交接面设防可采取设置抗震缝等措施。

（3）当软硬岩交接面离洞口较近时，抗震设防可采取注浆加固围岩、钢筋混凝土衬砌以及设置抗震缝等措施进行共同防治。

3）硬岩隧道洞口段衬砌抗震设防对策

硬岩隧道洞口段衬砌按规范进行抗震设计即可[14]。

12.2　断层破碎带段隧道结构抗震设防对策 Solution of tunnel structure in fault fracture zone seismic fortification

对于无错动断层隧道断层破碎带段仅需按软弱围岩加固即可，加固措施有注浆加固围岩等；对于错动断层隧道应进行抗震设防，防治措施有注浆加固围岩和设置抗震缝等。

12.2.1 注浆加固 Consolidate by slip casting

断层破碎带段隧道围岩软弱，易产生震害，因此应对其进行加固。本节通过计算，对比分析了断层破碎带采用注浆加固和未采用注浆加固两种情况下的受力特点。计算采用FLAC 3D软件，模型长170m，断层宽度10m且处于模型中央。注浆加固模型中加固范围为3.5 m。两种情况下隧道二次衬砌最大主应力和最小安全系数最大值见表12–1。

表12–1 有无注浆加固隧道二次衬砌最大主应力和最小安全系数最大值

Table 12–1 Maximum principal stress and minimum safety factor maximum of tunnel secondary lining in grouting or not grouting conditions

工　况	最大主应力最大值（MPa）	安全系数最小值
未注浆加固	2.76	1.0
注浆加固	2.15	1.3
变化百分比（%）	–22.10	30

由表12–1可知，断层破碎带采用注浆加固的情况下，二次衬砌最大主应力将比未采用注浆加固减少22.10%，最小安全系数将增加30%，说明断层破碎带注浆加固后，围岩整体性提高，抗震性能增强。

12.2.2 设置抗震缝 Using aseismatic joint

抗震缝将隧道沿纵向分成几个相互独立的段落，当断层错动时，各段落相互错动，减少纵向位移传递的影响，从而提高隧道的抗震性。本节通过计算，对比分析了设置一条抗震缝与未设置抗震缝这两种情况下的受力特点。计算采用FLAC 3D软件，模型长400m，断层距离一侧80m，窄断层破碎带。两种情况下隧道二次衬砌最大主应力和最小安全系数最大值见表12–2。

表12–2 设与不设抗震缝时隧道二次衬砌最大主应力和最小安全系数最大值

Table 12–2 Maximum principal stress and minimum safety factor maximum of tunnel secondary lining in setting or not setting seismic seam conditions

工　况	最大主应力最大值（MPa）	安全系数最小值
不设抗震缝	1.34	1.8
设抗震缝	0.78	2.0
变化百分比（%）	–41.79	11.11

由表12–2可知，在设抗震缝的情况下，二次衬砌最大主应力比不设抗震缝减少41.79%，最小安全系数增加11.11%，说明设抗震缝后，减少了二次衬砌强制变形，抗震性能增强。

综上所述，对于错动断层，注浆加固围岩和二次衬砌设置抗震缝是两项有效的抗震措施，其减小了隧道二次衬砌内力，提高了二次衬砌安全系数。

12.3　普通段隧道抗震设防对策 Solution of tunnel in normal zone seismic fortification

（1）普通段隧道结构一般不需要进行抗震设防。

（2）隧道施工中出现过塌方、大变形或松弛地段，应进行围岩加固。当二次衬砌背后存在空洞等缺陷时，应进行回填压浆。

12.4　本章小结 Preliminary summary

通过对公路隧道震害典型三区段设防对策的分析，可以得出以下初步建议：

（1）隧道洞外结构抗震设防对策采用构造措施；洞口段衬砌抗震设防对策有：①软岩隧道洞口段衬砌一般段可采用注浆加固围岩、钢筋混凝土衬砌等措施进行防治。②软岩隧道洞口段软硬岩交接面设防可采取设置抗震缝等措施进行防治。③当软硬岩交接面离洞口较近时，抗震设防可采取注浆加固围岩、钢筋混凝土衬砌以及设置抗震缝等措施进行共同防治。④对于硬岩隧道洞口段可按现行规范进行设防。

（2）对于无错动断层隧道断层破碎带段，仅需按软弱围岩加固即可，加固措施有注浆加固围岩等；对于错动断层隧道应进行抗震设防，防治措施有注浆加固围岩和设置抗震缝等。

（3）普通段隧道结构一般不需要进行抗震设防；隧道施工中出现过塌方、大变形或松弛地段，应进行围岩加固。当二次衬砌背后存在空洞等缺陷时，应进行回填压浆。

第 13 章 隧道震害机理分析小结
Chapter 13 Summary on tunnel seismic damage mechanism

本篇分别针对汶川地震中隧道出现震害的三大典型区段——洞口段、断层破碎带段和普通段的震害原因进行了系统分析。可以看出，由于所处的隧道纵向区段不同，不同的区段的地震响应特点不尽相同，其震害表现形式及机理也因此各有特点。

13.1 设防标准和设计方法 Fortification criterion and design method

我国的公路隧道大量修建于 20 世纪 90 年代以后，2008 年 5 月 12 日前尚未经受过破坏性地震的考验，因此，对于公路隧道抗震及减震技术的研究工作还进行得很少，既有规范编制于 20 世纪 90 年代之前，公路隧道数量少，其中相关条文大多参照铁路隧道规范制定，公路隧道抗震及减震技术还缺乏系统性，规范的抗震设防目标及设计方法欠全面、过时。根据隧道震害统计及分析，对现行《公路工程抗震设计规范》（JTJ 004—89）中的隧道部分有关条文提出以下几点建议。

（1）洞门形式

规范规定隧道洞门形式宜采用翼墙式。洞门建筑材料可采用浆砌片石和片石混凝土，根据震害及计算分析，在地震中，隧道洞门的断裂与毁损主要发生在端墙式和翼墙式洞门结构，削竹式洞门基本未见明显破损现象。故建议宜优先采用削竹式洞门（接长明洞）结构；当地形地质条件不适合修建削竹式洞门时，可采用翼墙式洞门，并采用抗震连接钢筋将洞门墙与衬砌连接成一体。

（2）建筑材料

规范建议洞门材料可采用浆砌片石和片石混凝土，明洞衬砌可采用混凝土，材料要求偏低。浆砌片石和片石混凝土结构在地震中易开裂破坏。汶川地震灾区隧道的抗震设防地段隧道衬砌基本采用钢筋混凝土结构，因此明洞的震害不大严重。而拱形明洞的破坏大部分是由滚石、落石等次生灾害造成的，故建议适当提高洞门及明洞建筑材料强度等级要求。

（3）不良地质处理

规范中关于浅埋、偏压以及位于断层破碎等地质不良地段的隧道，要求其衬砌背后应压注水泥砂浆，过于笼统。隧道抗震减灾是一项综合处治技术，针对不同的地段、不同部位应有各异的处治方法：洞口浅埋软岩隧道设防采取注浆加固围岩、钢筋混凝土衬砌等措施；软硬岩交界面设防采取设置抗震缝等措施；软硬岩交界面离隧道洞口较近时，采取上述两种措施共同防治；偏压软岩隧道设防采取注浆加固围岩、钢筋混凝土衬砌等措施进行防治；若断层破碎带易发生错动应进行横断面和纵向抗震设防，若断层破碎带不易发生错动只需进行横断面抗震设防。设防措施采用注浆加固围岩，并设抗震缝和采用钢筋混凝土衬砌等工程措施；若普通段衬砌背后存在空洞或出现过围岩松弛情况，可采用压注水泥砂浆回填，同时进行围岩加固。

13.2　震害机理 Seismic damage mechanism

（1）洞口段震害机理

通过本篇的震害分析判断，隧道洞外结构（边仰坡）的震害主要受次生灾害、地震惯性力作用较大而产生被动破坏；洞口段隧道衬砌受岩层软硬交接面—强制位移、地震惯性力以及地形偏压等因素的影响，在地震中受山体约束较弱产生“鞭梢效应”，结构变形过大致使结构破坏。

（2）断层破碎带段震害机理

地震中断层破碎带段隧道震害比较严重，而震害程度与断层破碎带的规模以及是否错动密切相关。总体而言，断层破碎带错动是引起该段隧道破坏的关键因素，隧道的剪切破坏效应明显，而宽断层带的核心位置由于围岩软弱破碎，受地震力和破碎带剪切双重作用，致使隧道破坏极度严重。宽破碎带 + 错动断层隧道震害最严重；窄破碎带 + 错动断层隧道震害较严重；宽破碎带 + 无错动断层隧道震害较轻。因此，宽破碎带 + 错动断层和窄破碎带 + 错动断层隧道是抗震设防的重点。

（3）普通段震害机理

普通段隧道的受灾程度相对洞口段和断层破碎带段较弱，但当隧道施工中出现过的大变形、围岩松弛、衬砌背后存在空洞、衬砌厚度不足、衬砌强度不足等缺陷，在地震中从而导致隧道发生如衬砌垮塌和隧道垮塌等严重的破坏。从根本上讲，隧道衬砌刚度与周边岩体的刚度匹配十分重要。

13.3　设防区段和抗震对策 Fortification section and aseismatic countermeasures

不同烈度区隧道震害特征的统计及分析表明：普通段隧道由于施工缺陷、刚度匹配等因素震害程度相对较轻，但是洞口段、断层破碎带段、软硬岩交界段 3 个地段隧道极易发生震害，是抗震设防重点区段。

根据大量隧道震害调查和机理分析，震害分布及震害程度在洞口段和断层破碎带段呈现共同的特点，可将其进一步划分进行分段设防，即：隧道洞口设防段可分为洞口浅埋段和过渡段；断层破碎带段可分为断层核心段和影响段。

（1）加强衬砌结构的抗震措施及适用条件

震害调查表明，素混凝土衬砌在地震作用下易开裂、掉块，而部分钢筋混凝土衬砌在高烈度地震后虽然发生严重开裂震害，但能保持较好的整体性，避免整体垮塌的严重震害，发挥了钢筋混凝土的良好的延性。为此提出“单层配筋”的抗震理念，即：设计素混凝土二次衬砌结构中，在其邻空侧设置一层环向主筋与纵向连接钢筋形成单层网架，单层配筋的提出能够有效地发挥其处于混凝土中的“纤维效应”，用于非高烈度地震区洞口浅埋过渡段以及断层破碎带影响带，能够避免隧道结构的整体垮塌，经济合理，且起到“中震可修、大震不倒”的预期设防目的。

（2）加固围岩的抗震方法及适用条件

洞口段在拱部发生衬砌局部掉块、剥落的情况较多，针对不良部位应进行局部注浆。对于宽破碎带 + 错动断层段可能发生围岩垮塌等严重震害，此时需对围岩进行全环注浆加固，并辅以其他抗减震措施。全环注浆加固方式有接触注浆加固和深层注浆加固。深层注浆和接触注浆对减小错动造成的二次衬砌破坏均有效果，前者优于后者。

（3）抗震缝的减震技术及适用条件

洞口段软硬岩交界段以及窄破碎带 + 错动断层段二次衬砌破坏较为严重，但未发生围岩垮塌，结构抗震措施常不能满足抗震要求，需要采用纵向减震措施（减震缝）。抗震缝减震效果明显，3m 间距抗震缝减震效果最好。间距为 12m 抗震缝减震效果略好于 9m 间距，具有一定的实际应用意义。

综上，隧道工程的抗震设防是一个抗震与减震相结合，分区段分部位的综合应用技术，合理设计加上规范施工，才能达到科学设防和有效设防的目的。

经历了“5・12”汶川地震和“4・20”芦山地震之后，隧道工程的安全畅通作为生命线通道越来越受到广泛关注和重视。目前，我国处于大规模建设时期，而真正属于公路隧道专业的抗震规范或规程尚处于空白，隧道抗震设计往往依赖于相对陈旧的现行《公路工程抗震设计规范》（JTJ 004—89）。其中，隧道部分的规定或过于笼统而没有实际指导意义，或落后于现有技术条件而无法实施，或过于保守而不经济合理。目前对抗震设计暴露的问题处理还需认真总结，深入而务实的研究开展工作亟需进行。本篇在总结“5・12”汶川大地震后大量的公路隧道震害调查统计后，对其机理进行了深入分析，对于隧道抗震减震技术提出了一些观点和看法，虽然作者尽了很大努力，但由于学识水平有限，观点不一定完全正确，抛砖引玉，供相关专业人员参考。

本篇参考文献
Reference

[1] 四川省交通厅公路规划勘察设计研究院. 5·12 汶川地震灾区高速公路和国省干线公路恢复重建工程调查、检测、评估[R]. 成都：四川省交通厅公路规划勘察设计研究院，2008.

[2] 王明年，崔光耀，林国进. 汶川地震灾区公路隧道震害调查及初步分析[J]. 西南公路，2008(4)：41-46.

[3] 陆克政. 构造地质学教程[M]. 东营：石油大学出版社，1996.

[4] 高峰，李德武. 隧道三维地震反应分析若干问题的研究[J]. 岩土工程学报，1998，20(4).

[5] 卢振恒. 日本南部地震灾害及其启示[J]. 山西地震，1985，2(81).

[6] Dowding C H，Rozen A. Damage to rock tunnels from earthquake shaking[J]. Journal of the Geotechnical Engineering Division，ASCE，1978，104(GT2) 175-191.

[7] Lee C F. Performance of underground coal mines during the 1976 Tangshan Earthquake[J]. Tunnelling and Underground Space Technology，1987，(2).

[8] 潘昌实. 隧道地震灾害综述[J]. 隧道及地下工程，1990，2(2).

[9] 郑永来，杨林德. 地下结构震害与抗震对策[J]. 工程抗震，1999(4).

[10] 李育枢. 山岭隧道地震动力响应及减震措施研究[D]. 上海：同济大学，2006.

[11] 姜忻良，宋丽梅. 软土地层中地下隧道结构地震反应分析[J]. 地震工程与工程振动，1999，19(1).

[12] 高峰，石玉成，严松宏，等. 隧道洞口段的抗震设防长度[J]. 中国公路学报，2005，3(19).

[13] 于翔，陈启亮，等. 地下结构抗震研究方法及其现状[J]. 解放军理工大学学报，2000，1(5).

[14] 中华人民共和国行业标准. JTJ 004—89　公路工程抗震设计规范[S]. 北京：人民交通出版社，1989.

附录 A 简支梁桥震害计算分析
Appendix A The seismic damage calculation analysis of simply supported beam bridge

A.1 计算模型 Calculation model

选择了 3×（5×20m）+6×20m、5×25m+3×4×25m、4×30m+2×5×30m、3×40m+2×3×40m、5×20m+5×20m、4×25m+4×25m、4×30m+3×30m 的简支梁桥各 1 座。所选取的桥梁跨度覆盖了目前简支梁桥的常用跨径范围。

A.1.1 计算模型的建立 The establishment of calculation model

数值计算模型采用结构地震响应分析中常用的梁系模型，对于支座、伸缩缝等特殊构件，考虑了其非线性性质的影响。由于汶川地震中简支梁桥主梁基本无破坏，因此，这里未考虑主梁的材料非线性（弹塑性）性质，但考虑了桥墩、支座的非线性性质。

1）主要结构参数

简支梁梁桥的材料参数、截面参数主要来自汶川地震中受损严重的都汶高速公路设计图，其中跨径 20m 的简支梁采用小箱梁，跨径 25~40m 的采用 T 形梁，跨径 20~40m 的主梁标准横断面如图 A–1、图 A–2 所示，桥墩采用圆形截面双柱墩，构造如图 A–3 所示。主梁采用 C50 混凝土、桥墩采用 C30 混凝土。

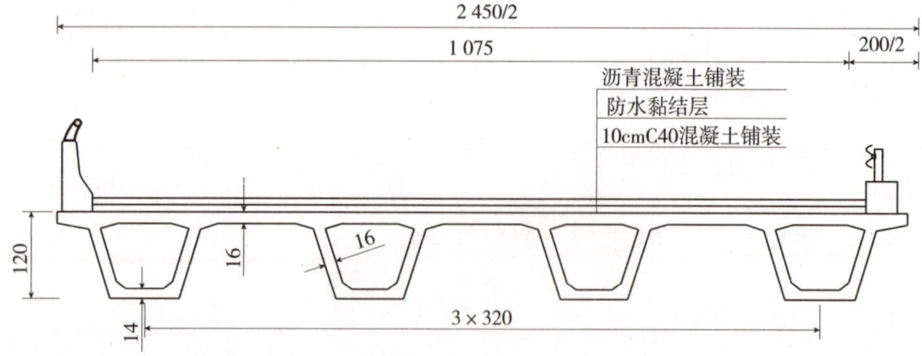

图 A–1 跨径 20m 的简支梁标准横断面（尺寸单位：cm）

Figure A–1 Standard transverse section of 20m span simply supported beam bridge（unit：cm）

计算所采用的材料参数，根据设计图的材料按规范取值，截面特性根据设计图的尺寸由程序自动计算，结构的自重根据密度和截面特性也由程序自动计算。二期恒载的质量包括铺装质量和护栏质量，经计算按 6.33t/m 取值，在计算模型中根据单元长度，按节点集中质量施加，即每一节点施加 0.5×（L_1+L_2）×6.33，L_1、L_2 为某节点相邻两单元的长度。

根据《建筑抗震设计规范》(GB 50011—2010)的规定，振型阻尼比取为 0.05。

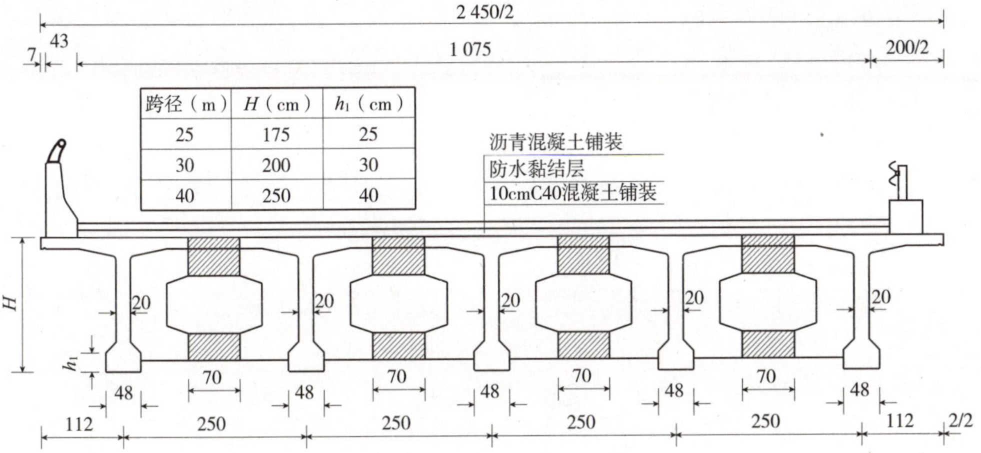

图 A-2　跨径 25~40m 的简支梁标准横断面(尺寸单位：cm)

Figure A-2　Standard transverse section of 25~40m span simply supported beam bridge(unit:cm)

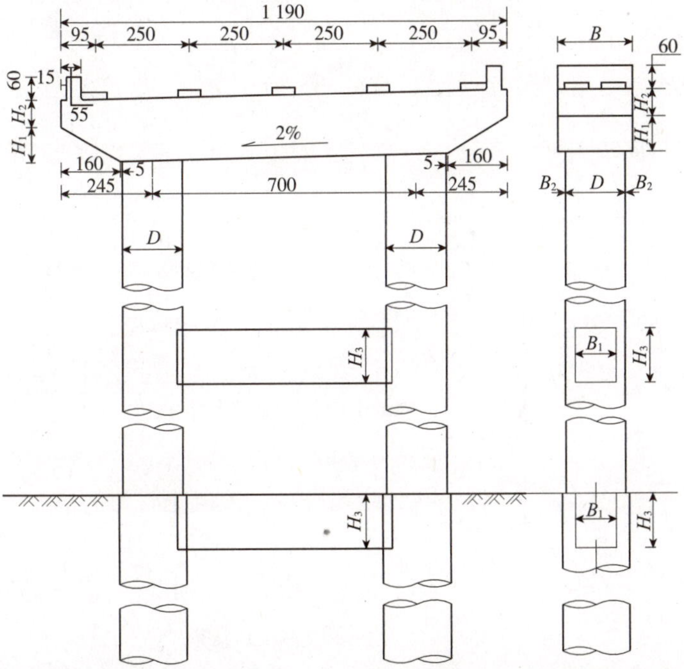

跨径(m)	D(cm)	H_1(cm)	H_2(cm)	B(cm)	B_1(cm)	H_3(cm)	B_2(cm)
20	140	70	70	190	90	110	10
25	150	80	70	190	100	120	15
30	160	90	70	200	110	140	20
40	180	110	70	210	120	160	15

图 A-3　跨径 20~40m 的简支梁桥墩构造(尺寸单位：cm)

Figure A-3　Pier structure of 20~40m span simply supported beam bridge (unit: cm)

2)主梁、桥墩的模拟

主梁的模拟共涉及两种主梁截面形式，即 20m 跨简支小箱梁、25~40m 跨简支 T 形梁。T 形梁和小箱梁在横桥向上通过横隔梁和现浇桥面板连接为整体，构成了整体性良好的刚接梁系。由前期的震害调查结果可知，简支梁主梁接缝和横隔梁在地震动作用下均能保持完好，全截面参与工作，因此采用单梁模型模拟。单元力 – 变形为线性弹性关系。表 A–1 给出了主梁截面特性。

墩柱、盖梁、系梁均采用空间梁单元模拟，盖梁的单元力 – 变形也为线性弹性关系。由于墩柱、盖梁截面形式较为单一，通过简单的几何公式不难得到其截面特性，这里不再一一给出。

表 A–1　简支梁桥主梁截面特性

Table A–1　Section characteristics of main beam to simply supported beam bridge

跨径（m）		截面面积（m^2）	抗扭惯性矩（m^4）	竖向抗弯惯性矩（m^4）	横向抗弯惯性矩（m^4）
20	跨中	3.91	0.989	0.662	50.00
	端部	4.72	1.15	0.795	60.90
25	跨中	4.14	0.072 4	1.53	51.80
	端部	5.47	0.217	1.98	68.40
30	跨中	4.46	0.083 4	2.22	55.80
	端部	5.94	0.247	2.84	74.30
40	跨中	5.10	0.108	4.12	63.80
	端部	6.88	0.307	5.18	86.00

在考虑桥梁墩柱的非线性时，弹塑性纤维梁柱单元是目前公认的精细单元，为了比较准确模拟寿江桥墩柱的非线性地震反应，墩柱采用弹塑性纤维梁柱单元，其中桥墩截面的纤维单元划分如图 A–4 所示。弹塑性纤维梁柱单元将桥墩截面钢筋和混凝土离散为纤维，认为这些纤维之间完全黏结，采用实际的混凝土和钢筋应力 – 应变关系来代表材料非线性。

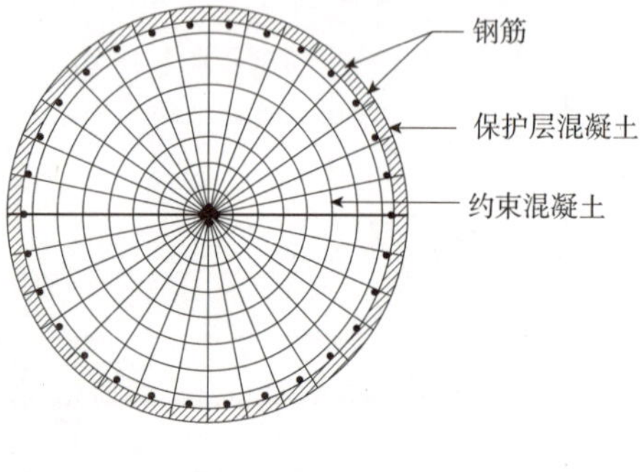

图 A–4　桥墩截面纤维单元划分图

Figure A–4　Fiber element division of pier section

在研究中，混凝土材料的应力 – 应变关系采用 Kent–Park 模型模拟（图 A–5），加载和卸载采用 Karsan–Jirsa 线性加载准则，上升段采用抛物线，下降段采用直线，按照式（A–1）进行定义。混凝土达到剩余强度后以水平线处理，强度不再降低。

$$\sigma = \begin{cases} f_c\left[2\left(\dfrac{\varepsilon}{\varepsilon_{c0}}\right) - \left(\dfrac{\varepsilon}{\varepsilon_{c0}}\right)^2\right] & (\varepsilon \leqslant \varepsilon_{c0}) \\ f_c - (f_c - f_{cu})\dfrac{\varepsilon - \varepsilon_{c0}}{\varepsilon_{cu} - \varepsilon_c} & (\varepsilon > \varepsilon_{c0}) \end{cases} \tag{A–1}$$

式中：f_c——混凝土的抗压强度；

ε_{c0}——应力峰值点应变；

f_{cu}——混凝土压溃强度；

ε_{cu}——压溃应变。

钢筋的应力 - 应变关系采用 Giuffre-Menegotto-Pinto 模型，其滞回曲线如图 A-6 所示，其应力 - 应变关系定义包括骨架曲线和加载、卸载准则；其中，骨架曲线包括弹性段和强化段，弹性段和强化段之间采用曲线过渡，过渡曲线的表达式为：

$$\tilde{\sigma} = b\tilde{\varepsilon} + \frac{(1-b)\tilde{\varepsilon}}{(1+\tilde{\varepsilon}^{R})^{1/R}} \tag{A-2}$$

式中：$\tilde{\sigma}$——$\tilde{\sigma} = \dfrac{\sigma - \sigma_r}{\sigma_0 - \sigma_r}$；

$\tilde{\varepsilon}$——$\tilde{\varepsilon} = \dfrac{\varepsilon - \varepsilon_r}{\varepsilon_0 - \varepsilon_r}$；

b——$b = \dfrac{E_p}{E_0}$；

E_0、E_p——分别为钢筋的初始和屈后弹性模量；

σ_r、ε_r——分别为反向加载点的应力和应变；

σ_0、ε_0——两段渐近线交点处的应力和应变，如图 A-6 中的 B 点和 D 点，按照式（A-3）和式（A-4）计算；

R——影响过渡曲线形状的参数，可以反应包辛格效应，一般 R 取 10~20。

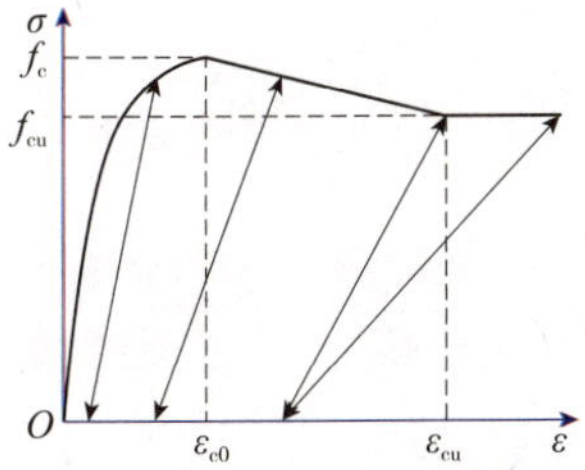

图 A-5　Kent-Park 材料模型

Figure A-5　Kent-Park material model

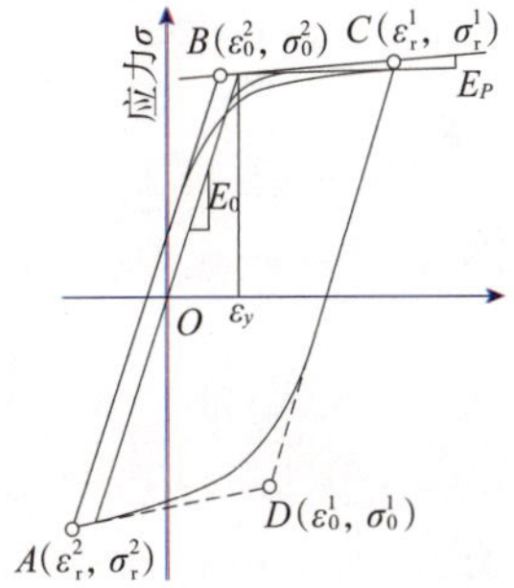

图 A-6　Giuffre-Menegotto-Pinto 材料模型

Figure A-6　Giuffre-Menegotto-Pinto material model

$$\varepsilon_0 = \begin{cases} \dfrac{\sigma_y - \sigma_r + E_p(\varepsilon_r - b\varepsilon_y)}{E_0(1-b)} & (\Delta\varepsilon \geqslant 0) \\[2ex] \dfrac{-\sigma_y - \sigma_r + E_p(\varepsilon_r + b\varepsilon_y)}{E_0(1-b)} & (\Delta\varepsilon < 0) \end{cases} \tag{A-3}$$

$$\sigma_0 = E_0(\varepsilon_0 - \varepsilon_r) \tag{A-4}$$

3）支座的模拟

简支梁桥采用的支座为板式普通橡胶支座以及四氟板滑动支座，支座安装时均直接放置在支座垫石上，支座橡胶顶面与梁底钢板或不锈钢板直接接触，不做其他连接处理，这实际上是以摩擦力来为主梁提供水平约束，一旦主梁的水平力超过摩擦力，墩梁即发生滑动，在力学上，这属于状态非线性问题。

在总体模型中，简支梁桥支座采用非线性连接弹簧单元模拟。单元j节点与支座垫石相应节点连接，i节点作为滑动端与主梁相应节点连接，通过定义的摩擦模型建立力－变形关系。本文计算中采用库仑摩擦模型，滑动端接触点上的临界水平力F_{cr}与竖向力N之间的关系可用式（A–5）表达：

$$F_{cr}=\mu N \quad (A\text{–}5)$$

式中：μ——摩擦面的摩擦因数；

N——支座竖向力。

在进行地震非线性地震反应分析时，任意时刻当支座受到水平力F时，支座水平方向发生相应的弹性变形$\delta=\frac{F}{k}$，k为支座单元的水平剪切刚度；当支座变形$\delta \geq l$时，支座进入滑动状态。如果在某一时刻支座x，y方向所受的地震水平力分别为F_x、F_y，可以通过所示的滑动准则判断支座是否进入滑动状态（图A–7），支座滞回模型如图A–8所示。

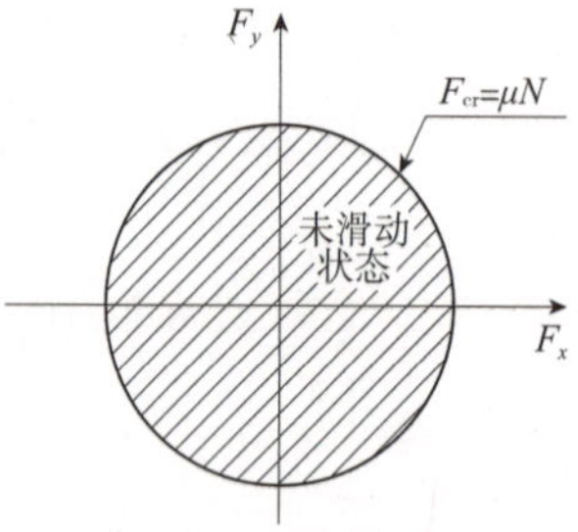

图A–7　支座滑动判断准则

Figure A–7　Judging criterion of bearing sliding

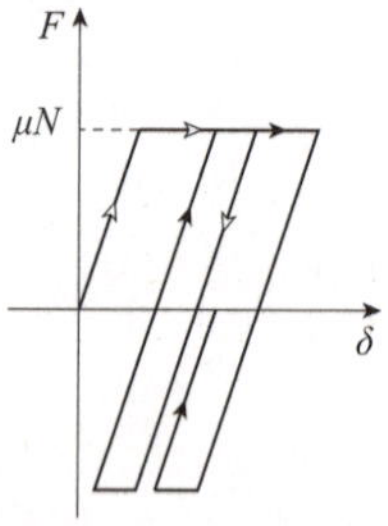

图A–8　支座滞回模型

Figure A–8　Bearing hysteresis model

在采用式（A–5）计算支座临界水平力F_{cr}时，摩擦因数按《公路桥梁板式橡胶支座》（JT/T 4–2006）取值，板式橡胶支座与梁底的滑动摩擦因数为0.2，四氟板滑动支座与梁底滑动摩擦因数取0.02，非线性支座的弹性剪切刚度和竖向剪切刚度，根据《公路桥梁抗震设计细则》（JTG/T B02–01—2008）中式（6.3.7–1）及支座设计尺寸计算，支座刚度和屈服荷载如表A–2所示。

表A–2　简支梁桥支座计算参数

Table A–2　Bearing calculation parameters of simply supported beam bridge

跨径（m）	支座类型	支座竖向刚度（kN/m）	支座抗推刚度（kN/m）	支座屈服荷载（kN）
20	板式橡胶支座	698 455	2 897	87.5
	四氟板橡胶支座	698 455	2 897	8.75
25	板式橡胶支座	547 438	2 270	90
	四氟板橡胶支座	547 438	2 270	9

续上表

跨径（m）	支座类型	支座竖向刚度（kN/m）	支座抗推刚度（kN/m）	支座屈服荷载（kN）
30	板式橡胶支座	756 570	2 333	112
	四氟板橡胶支座	756 570	2 333	11.2
40	板式橡胶支座	1 243 500	3 057	172
	四氟板橡胶支座	1 243 500	3 057	17.2

4）伸缩缝的模拟（碰撞）

伸缩缝两侧主梁或主梁与桥台以及主梁与桥墩横向挡块之间的碰撞属于接触问题，这里采用接触单元法进行模拟。

接触单元法是在两相邻跨桥梁之间设置一个接触单元，碰撞发生时接触单元就会被激活。接触单元根据研究的特点和目的被定义成很多种形式，主要有线性弹簧模型、Kelvin 模型、Hertz 模型、Hertz-damp 模型以及基于点面接触理论且考虑边界渗透的空间三维接触—摩擦模型等；目前对桥梁碰撞研究应用比较多的是线性弹簧模型和 Kelvin 模型。

线性弹簧模型由一个线性的连接弹簧和一个间隙单元所组成，在碰撞期间的接触单元碰撞力—位移关系为：

$$\begin{cases} F_c = k_k(u_1 - u_2 - g_p), & u_1 - u_2 - g_p \geqslant 0 \\ F_c = 0, & u_1 - u_2 - g_p < 0 \end{cases} \tag{A-6}$$

线性弹簧模型是最简单的接触单元模型，但其不能模拟碰撞期间的能量耗散。

Kelvin 模型的接触单元由一个间隙单元串联一组并联的弹簧单元和阻尼单元而成。弹簧刚度模拟桥梁碰撞时实际的法向接触刚度，通过阻尼器模拟碰撞过程中能量的损失；在碰撞过程中，在两相邻桥梁之间产生的碰撞力可表示为：

$$\begin{cases} F_c = k_k(u_1 - u_2 - g_p) + c_k(\dot{u}_1 - \dot{u}_2), & u_1 - u_2 - g_p \geqslant 0 \\ F_c = 0, & u_1 - u_2 - g_p < 0 \end{cases} \tag{A-7}$$

式中：k_k——连接弹簧的线性刚度；

c_k——阻尼系数；

g_p——两相邻联桥梁之间伸缩缝处的间距。

根据能量守恒定律，可以建立阻尼系数 c_k 与恢复系数 e 之间的关系如下：

$$c_k = 2\xi\sqrt{k_k \frac{m_1 m_2}{m_1 + m_2}} \tag{A-8}$$

$$\xi = \frac{-\ln e}{\sqrt{\pi^2 + (\ln e)^2}} \tag{A-9}$$

式（A-9）中 m_1 和 m_2 分别为两相邻跨桥梁的质量。对于混凝土材料建议恢复系数 e 取 0.65。模型中的主梁之间的碰撞刚度取梁体的轴向刚度，主梁与挡块之间的碰撞刚度取混凝土挡块的抗弯刚度。各联主梁间及主梁与挡块的间隙如图 A-9、图 A-10 所示。图 A-9 中 20~30m 跨主梁的伸缩缝间隙采用括号外数据，40m 跨主梁采用括号内数据。

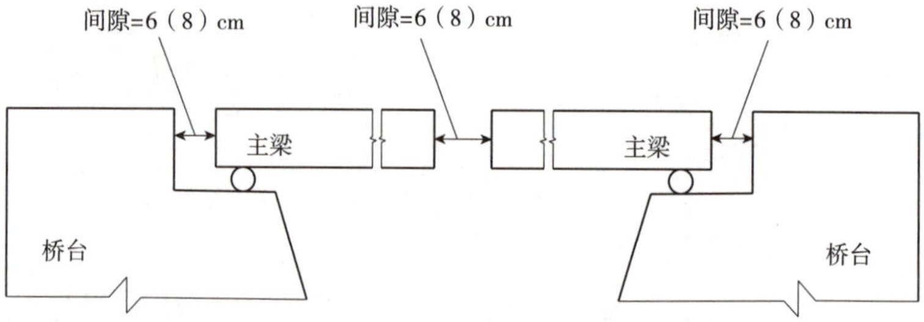

图 A-9 纵向伸缩缝间隙示意图
Figure A-9 Schematic diagram of longitudinal expansion joint space

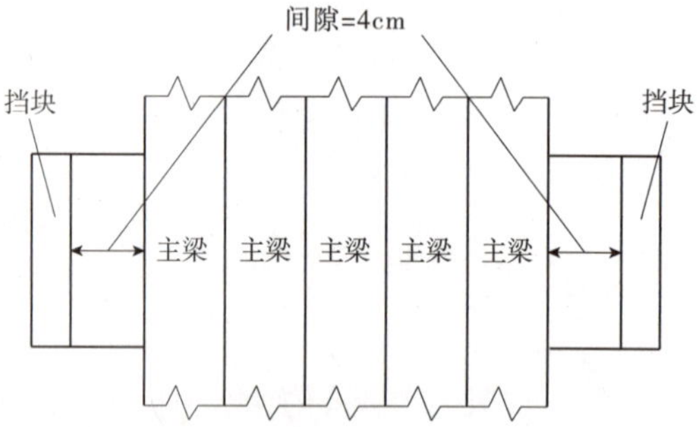

图 A-10 横向挡块间隙示意图
Figure A-10 Schematic diagram of transverse block

5）简支梁桥面连续的模拟

目前工程中所采用的简支梁采用桥面连续构造将多跨主梁连接为一联。简支梁桥面连续是一种特殊的构造，在顺桥向上其具有较大的轴向刚度，在横桥向上也具有较大的抗弯、抗剪刚度从而将各跨主梁连接为整体，但其竖向抗剪刚度和绕横桥向的抗弯刚度却很弱，几乎不能传递竖向剪力和绕横桥向弯矩。在模拟桥面连续时必须模拟出上述传力特点。

计算中采用梁单元模拟桥面连续，但放松梁端的竖向抗剪和绕横桥向弯曲自由度。

A.1.2 坐标系及单位约定 Coordinate system and unit stipulation

在附录 A 中，以顺桥向为整体坐标系 x 轴，横桥向为 y 轴，竖向为 z 轴。在所有内力图中，以 N 表示轴力、Q_y 表示横桥向剪力，Q_z 表示顺桥向剪力，M_y 表示绕横桥向弯矩，M_z 表示绕顺桥向弯矩，T 表示扭矩。力和几何单位均采用 kN、m、kPa 制，地震动加速度以 g 为单位。

A.1.3 计算模型示例 Example of calculation model

由于计算模型众多，一一给出各计算模型是篇幅所不允许的，作为示例，图 A-11 给出了某 3×4×25m 简支梁桥的计算模型，并在图 A-12 中给出了墩、梁连接的细部模型。

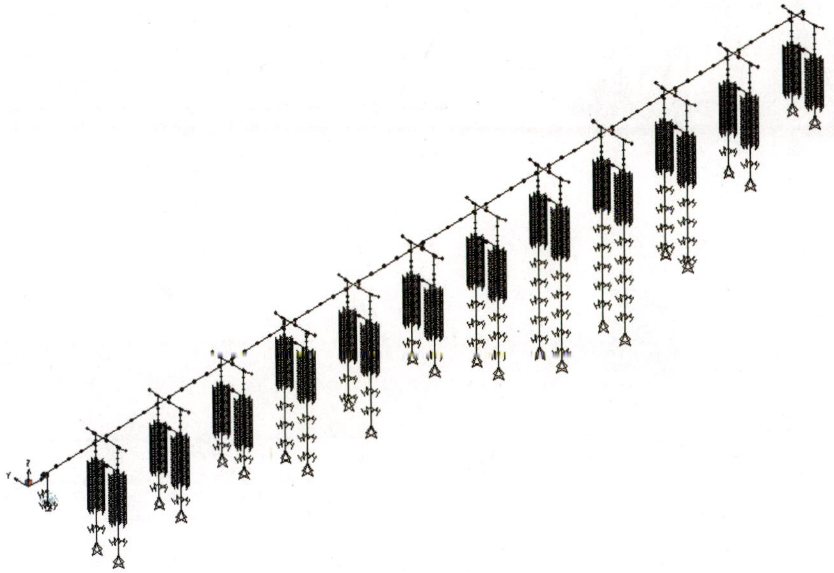

图 A-11 某 3×4×25m 简支梁桥动力模型示意图

Figure A-11 Dynamic model schematic of one of 3×4×25m simply supported beam bridge

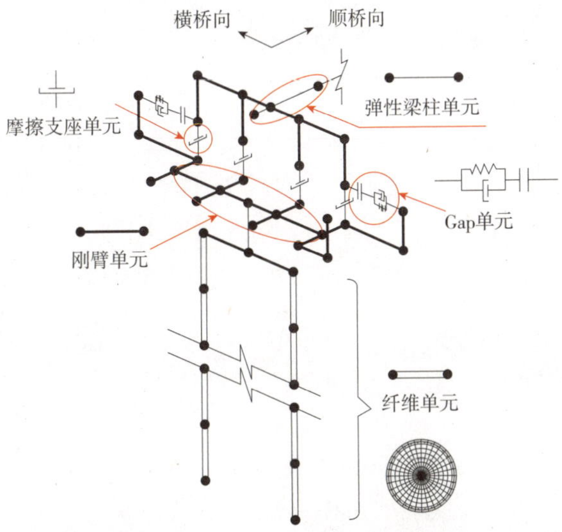

图 A-12 1~2 号双柱墩有限元示意图

Figure A-12 Limited element schematic diagram of No.1~No.2 double column piers

A.2 地震动参数 Seismic oscillation parameters

采用汶川地震的绵竹清平波作为输入，以东西向作为纵向输入、南北向作为横向输入，竖向直接采用绵竹清平波作为输入。绵竹清平波所含频率分量十分丰富，卓越频段较宽，这样结构的多阶振型均会被激发。

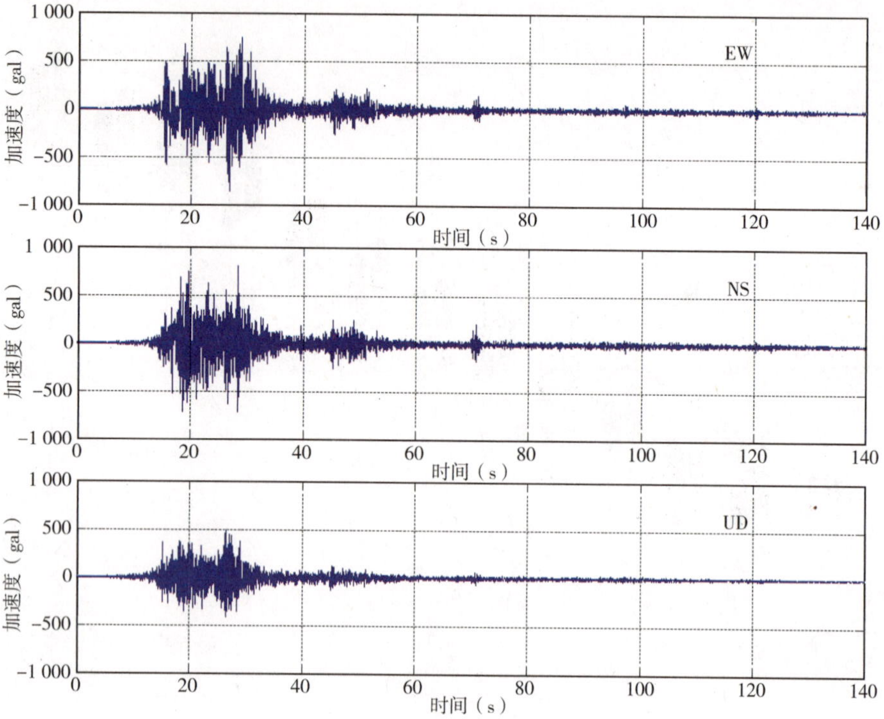

图 A-13 实测地震波时程

Figure A-13 The observed seismic wave time-history

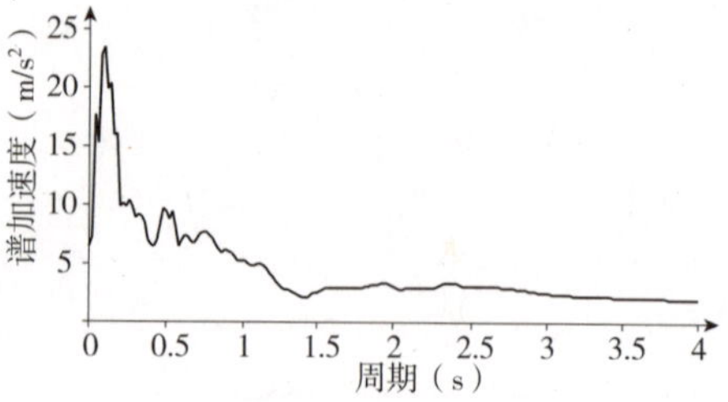

图 A-14 实测地震波反应谱

Figure A-14 The observed seismic wave response spectrum

在进行计算分析时，对实测波进行了调幅，按 0.1*g*~0.8*g* 以 0.1*g* 为步长增加，以分析不同地震动加速度下的结构响应。由图 A-13 可看出，绵竹清平波的强地震动段主要集中在 16~50s 段，在计算时取 0~60s 段进行分析，覆盖了强地震动段。实测地震波反应谱见图 A-14。

A.3 纵向响应动力增量分析 Longitudinal response dynamic increment analysis

A.3.1 桥墩内力 Internal force of pier

附录 A 中采用动力增量法（IDA）将地震动加速度由 0.1*g* 以 0.1*g* 为步长增加至 0.8*g*，以此来考察地震加速度的影响，考察的桥梁包括：3×（5×20m）+6×20m、5×25m+3×4×25m、4×30m+2×5×30m、3×40m+2×3×40m 共 4 座，这 4 座桥梁长度相近。由桥梁工程的常识可知，过渡墩的最大内力响应与其他桥墩有一定区别，因此，在这 4 座简支梁桥墩中任意抽取了同一联内的 1 个一般桥墩和 1 个过渡墩，在图 A-15 中给出了其墩底截面最大弯矩（M_y）随地震加速度的变化情况。

由线弹性理论可知，随着地震加速度的增加，桥墩的内力响应成正比增大，地震动加速度增加 n 倍，则桥墩响应也应增大 n 倍。但从图 A-15 来看，墩底的弯矩响应似乎并不满足这一规律。

桥墩的内力响应包括上部结构的作用和桥墩（含盖梁）振动两个部分，对于确定的桥墩，其刚度和质量是一定的，因此仅就桥墩自身振动而言，是应满足随地震动加速度成正比增大这一规律的。但主梁与桥墩是通过板式橡胶支座连接的，墩梁相对位移通过主梁与支座间的摩擦力来约束，是一种弱连接约束。换言之，主梁振动传递至桥墩的水平力小于或等于支座与主梁间的摩擦力，主梁传递至桥墩的最大水平力亦即上文中所定义的支座屈服荷载，一旦摩擦力破坏，主梁水平地震力即不再增加，这一点在图 A-15a)、d) 中已有一定体现。图 A-16 给出了跨径为 20m、40m 的桥梁，其支座的水平力随地震动加速度的变化情况，可看出在 0.4g~0.5g 时支座即已屈服，从图 A-17、图 A-18 也可看出，在地震动加速度为 0.8g 时，在进入强地震动段不久，支座即已屈服。正是由于支座的屈服，使得桥墩内力响应的增加较地震动加速度的增加要慢。

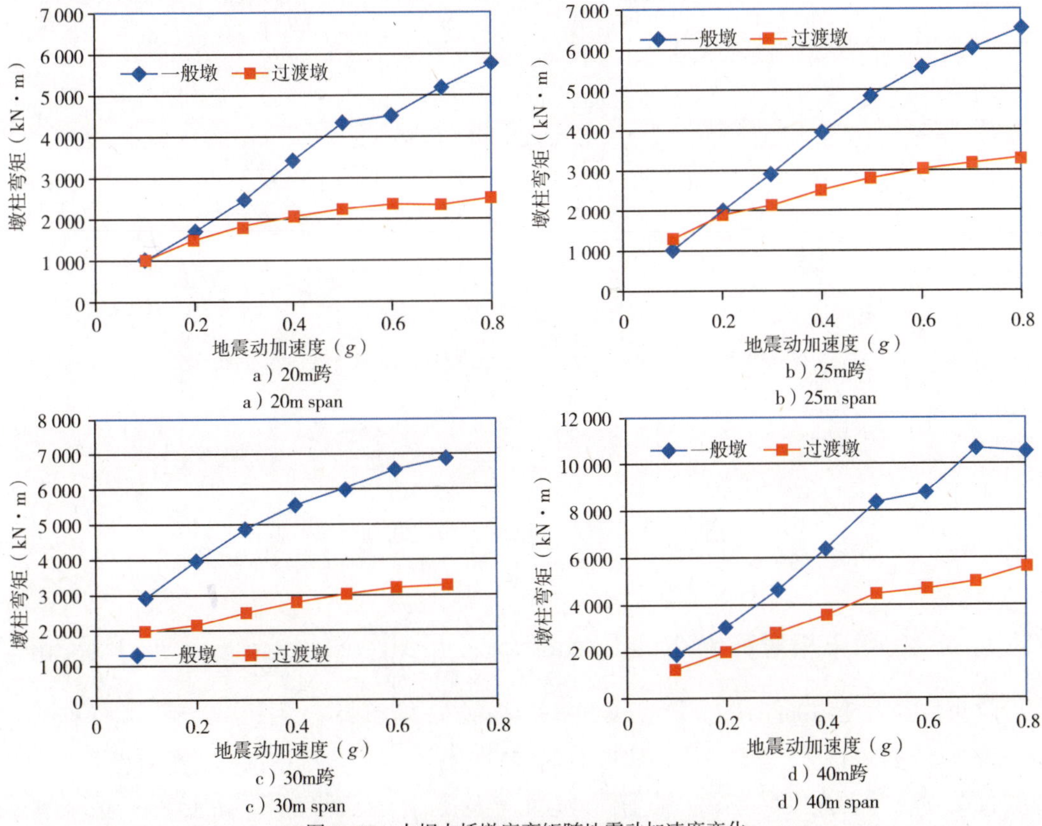

a）20m跨

a）20m span

b）25m跨

b）25m span

c）30m跨

c）30m span

d）40m跨

d）40m span

图 A-15　大坝大桥墩底弯矩随地震动加速度变化

Figure A-15　The pier bottom bending moment variety of Daba bridge with seismic acceleration

根据这一分析，可得到一个重要的启示，即对于采用弱连接的简支梁桥，其桥墩内力的增加速度较地震动加速度的增长要慢，这对于桥墩抗震无疑是十分有利的，这也是汶川地震中简支梁桥桥墩受损比例远低于日本阪神地震和美国北岭地震的主要原因。采用板式橡胶支座等弱连接支座无疑是高地震动加速度区简支梁桥的抗震设计重要措施。

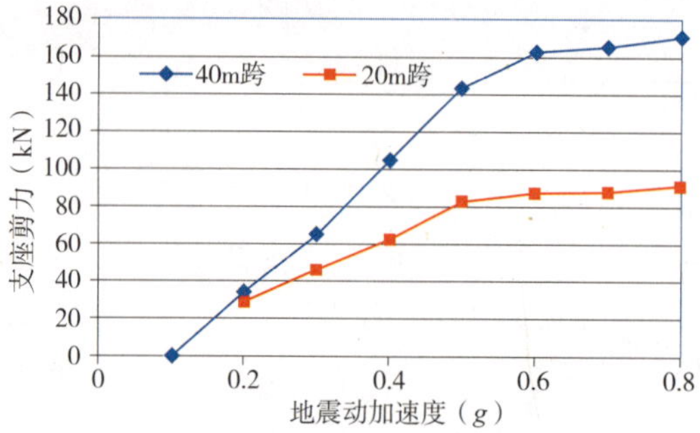

图 A-16 支座剪力随水平地震加速度变化

Figure A-16 Variation of bearing shear force with horizontal PGA

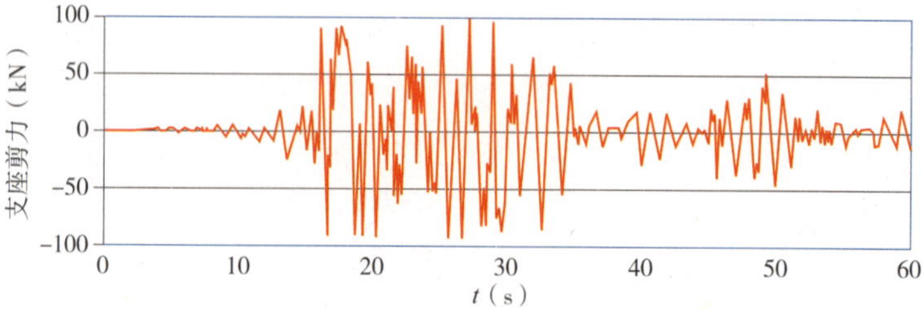

图 A-17 25m 跨支座剪力时程（0.8g）

Figure A-17 25m span bearing shearing force time-history(0.8g)

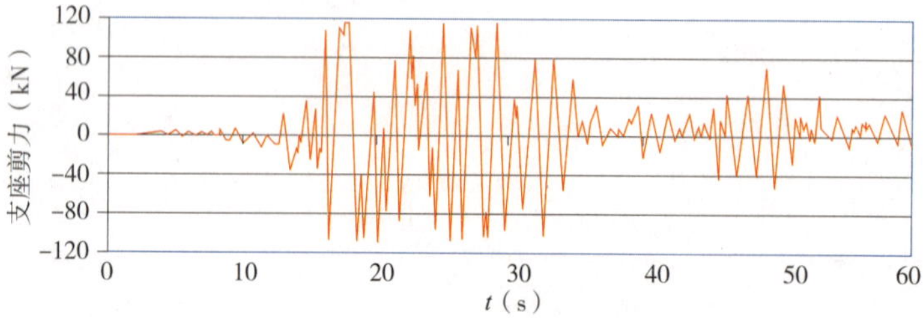

图 A-18 30m 跨支座剪力时程（0.8g）

Figure A-18 30m span bearing shearing force time-history(0.8g)

A.3.2 墩梁相对移位 Relative displacement between pier and beam

这里取跨径为 20m 时的 3×（5×20m）+6×20m 模型来探讨这一问题。对于简支梁桥来说，墩梁相对移位是比主梁移位更加重要的指标，因为主梁移位包含了桥墩移位和支座移位两项，后者直接反映了主梁是否具有可靠的支撑、是否存在落梁风险，是影响承载能力的主要因素之一。限于篇幅，这里仅给出主梁向模型右侧运动的最大移位，向左运动的情况与之类似。

从图 A-19~ 图 A-21 中可以看出，当地震动加速度不大于 0.2g 时，各联的墩梁相对移位相差并不多，但伸缩缝处的移位稍大。随着加速度的增大，各联移位的分布特点出现了明显变化，右端主梁的相对移位由于桥台约束了其运动，在加速度大于 0.4*g* 后，其最大移位始终保持在 6cm 左右，其余各联逐渐表现为由右向左逐渐增大的趋势，而且每经过一道伸缩缝，墩梁相对移位即有较为明显的增大，这是由于由右至左，伸缩缝的累积宽度逐渐增加，给主梁运动提供了空间。

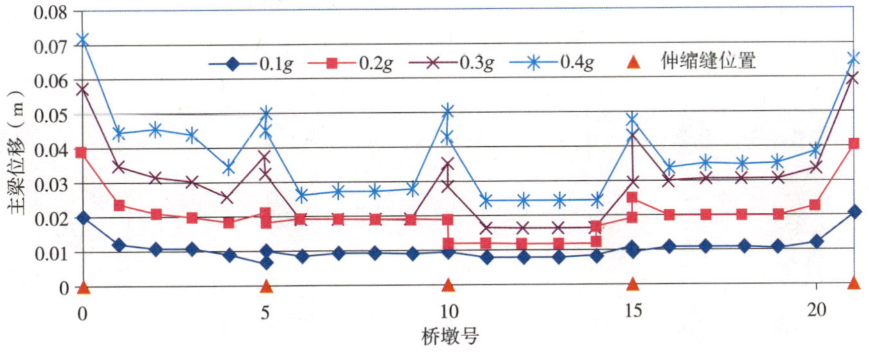

图 A-19　0.1*g*~0.4*g* 墩梁相对位移

Figure A-19　Relative displacement between pier and beam（0.1*g*~0.4*g*）

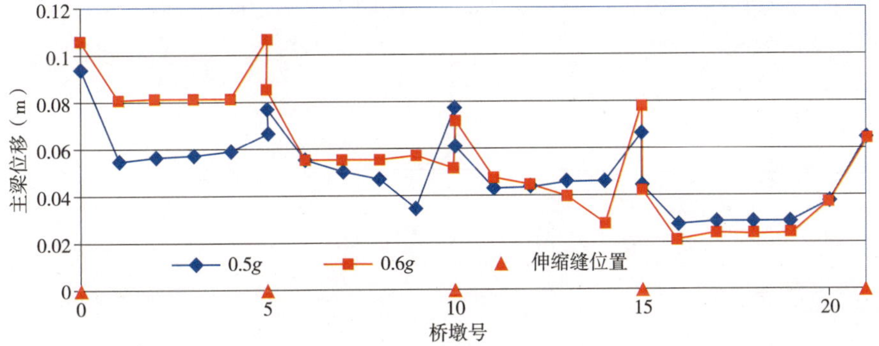

图 A-20　0.5*g*~0.6*g* 墩梁相对位移

Figure A-20　Relative displacement between pier and beam（0.5*g*~0.6*g*）

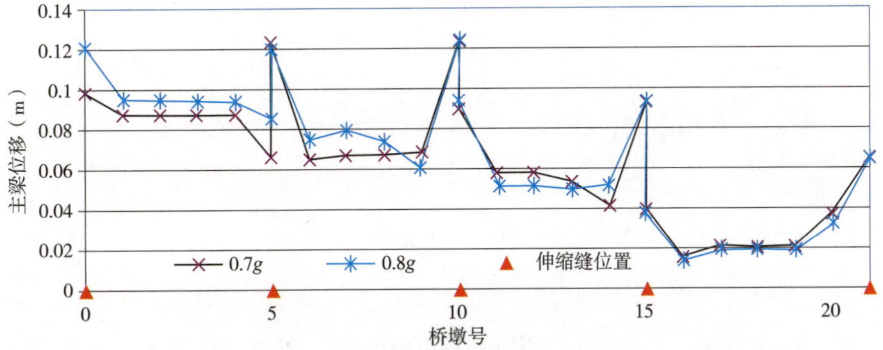

图 A-21　0.7*g*~0.8*g* 墩梁相对位移

Figure A-21　Relative displacement between pier and beam（0.7*g*~0.8*g*）

图 A-22、图 A-23 分别表示汶川地震中小桥主梁和（特）大桥主梁移位统计，桥梁的长度是影响最大墩梁相对移位的重要因素，长度越长，伸缩缝数量越多，主梁运动空间就越大，墩梁相对移位、落梁风险也就越大，例如由图 A-24 可知，只有 2 联的某 5×20m+5×20m 简支梁桥，其墩梁相对移位的趋势与 4 联的某 3×（5×20m）+6×20m 桥相似，但墩梁相对移位要小，这就是为什么汶川地震中，大桥、特大桥的主梁移位率较中小桥明显要高的原因（图 A-22、图 A-23）。由此可见，如何控制墩梁相对移位，避免落梁风险，是基于弱连接的、长度较大的桥梁需重点解决的问题。

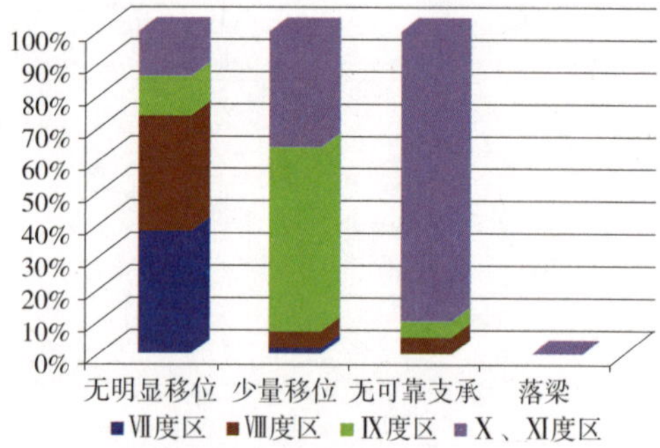

图 A-22 汶川地震中小桥主梁移位统计

Figure A-22 Main beam shifting statistics of minor bridge in Wenchuan earthquake

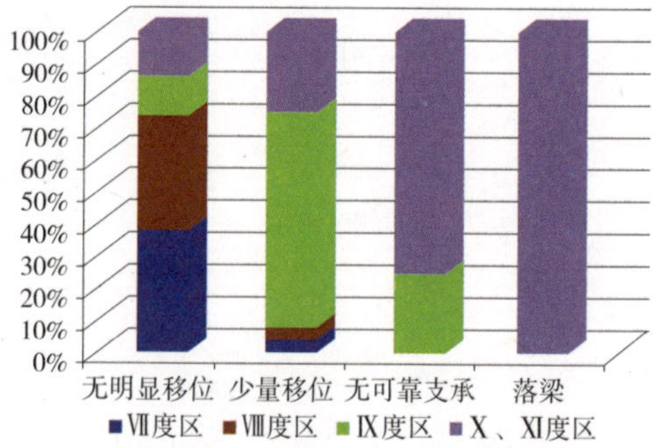

图 A-23 汶川地震（特）大桥主梁移位统计

Figure A-23 Main beam shifting statistics of major bridge in Wenchuan earthquake

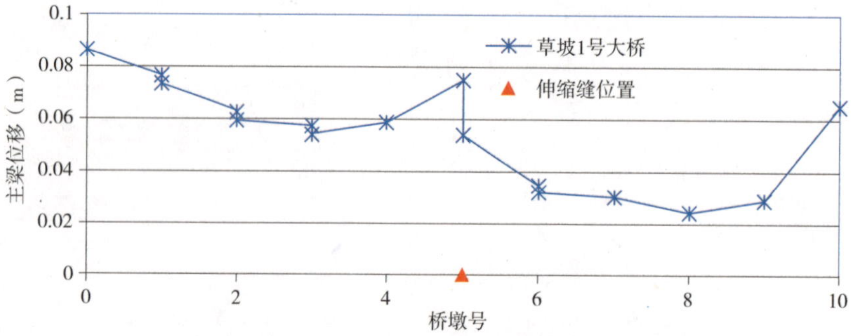

图 A-24 草坡 1 号桥墩梁相对位移 0.8g

Figure A-24 Relative displacement between pier and beam to Caopo bridge No.1 pier (0.8g)

A.4 横向响应分析 Transverse response analysis

A.4.1 内力响应 Internal force response

图 A-25~ 图 A-28 给出了 3×（5×20m）+6×20m、5×25m+3×4×25m、4×30m+2×5×30m、3×40m+2×3×40m 共 4 座桥梁，在 0.1g~0.8g 加速度作用下，墩底截面最大弯矩随加速度的变化情况。

对比图 A-15 和图 A-25~ 图 A-28 可以看出，地震动加速度对桥墩横向响应的影响与纵向有两点明显不同。其一，在横向上，墩底弯矩随地震动加速度几乎成线性增加，甚至有随地震动加速度加速增大的趋势；其二，过渡墩无论是某一地震动加速度下的墩底弯矩，还是弯矩随加速度的变化速度，均较一般桥墩要大。对比简支梁的墩、梁在纵、横向的连接构造，两者区别在于横桥向上桥墩挡块可能对主梁产生约束，而这样的约束是通过碰撞产生的，碰撞与地震动加速度是密切相关的。

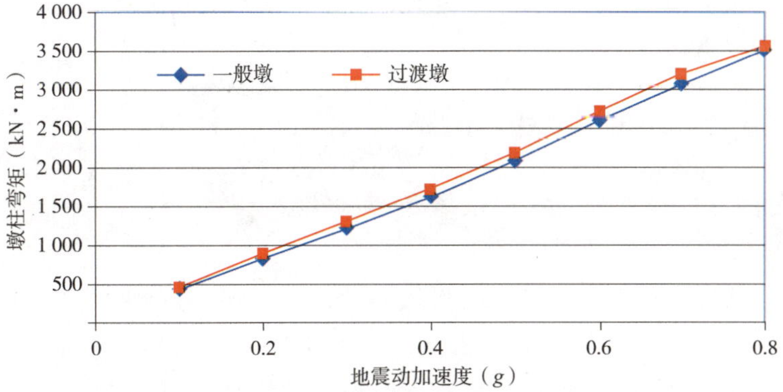

图 A-25 20m 跨墩底弯矩随加速度变化

Figure A-25 Pier bottom bending moment variety to 20m span with acceleration

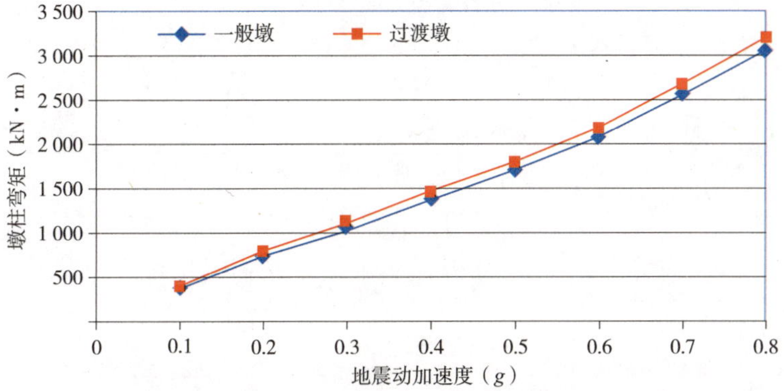

图 A-26 25m 跨墩底弯矩随加速度变化

Figure A-26 Pier bottom bending moment variety to 25m span with acceleration

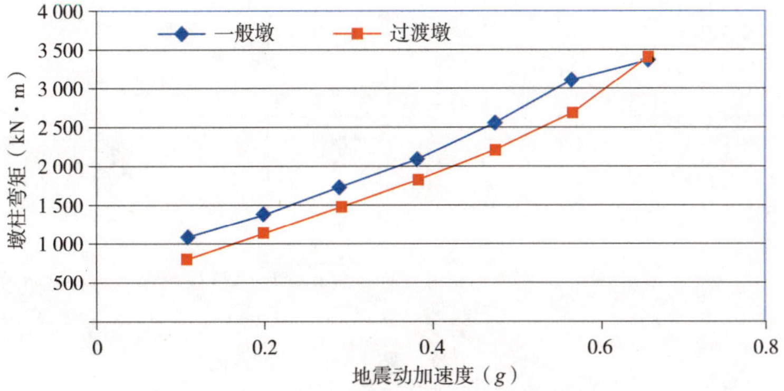

图 A-27 30m 跨墩底弯矩随加速度变化

Figure A-27 Pier bottom bending moment variety to 30m span with acceleration

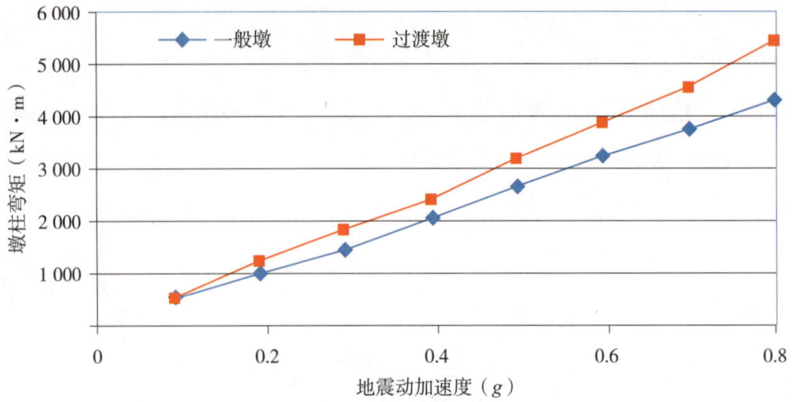

图 A-28 40m 跨墩底弯矩随加速度变化

Figure A-28 Pier bottom bending moment variety to 40m span with acceleration

如前所述，桥墩的地震响应包括桥墩自身振动和主梁作用两个部分，桥墩自身振动对其内力的影响显然是与地震动加速度成正比的，因此这里需重点探讨的是挡块对主梁的约束和两者的碰撞。图 A-29~ 图 A-34 中给出了跨径 25m 的（5×25+3×4×25m）简支梁桥 4 号墩（一般墩）、5 号墩（过渡墩）在 0.6*g*~0.8*g* 加速度时的碰撞力时程。在表 A-3 中进一步给出了 0 号台、4 号墩、5 号墩的碰撞力随加速度的变化。

从上述图、表可以看出，随着地震动加速度的增加，不仅碰撞次数增多，而且碰撞力也急剧增大，碰撞力增加的速度较地震动加速度的增长要快得多，例如 5 号墩 0.5*g* 时碰撞力仅为 182.66kN，而 0.8*g* 时则达到 554.26kN，增加了 3 倍之多。此外还可看出，过渡墩和桥台由于墩梁约束弱，在 0.4*g* 时即出现碰撞，而且碰撞次数较一般墩多，碰撞力也较一般墩大。上述分析证实了关于碰撞是影响桥墩墩内力响应重要因素的观点。

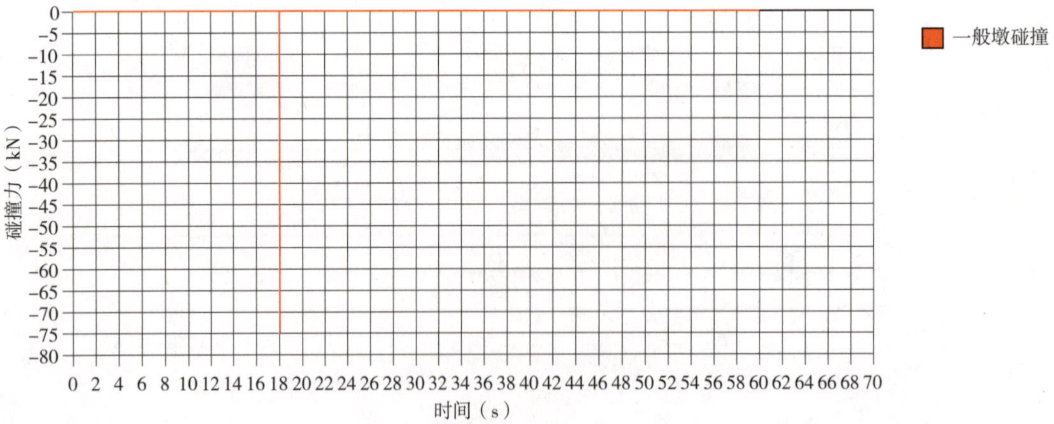

图 A-29 0 号台碰撞力时程（0.6*g*）

Figure A-29 Impact time-history of No.0 pier（0.6*g*）

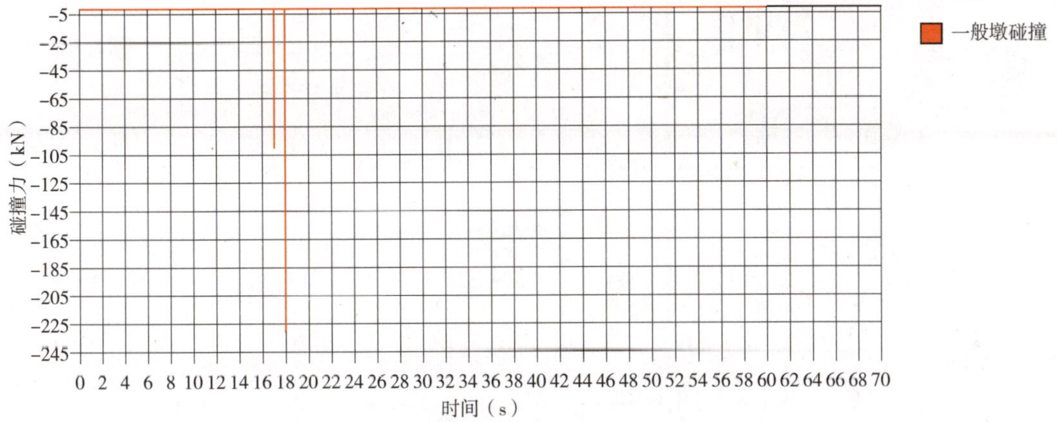

图 A-30　4 号墩碰撞力时程（0.7*g*）

Figure A-30　Impact time-history of No.4 pier（0.7*g*）

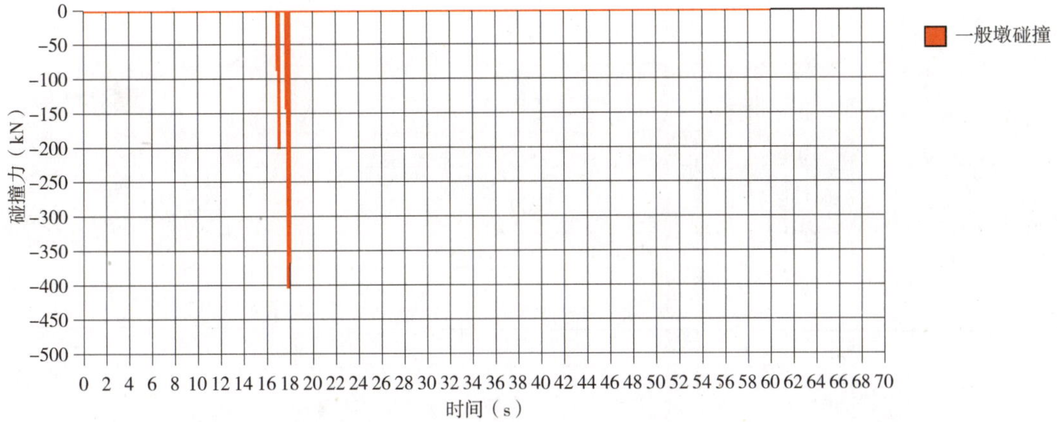

图 A-31　4 号墩碰撞力时程（0.8*g*）

Figure A-31　Impact time-history of No.4 pier（0.8*g*）

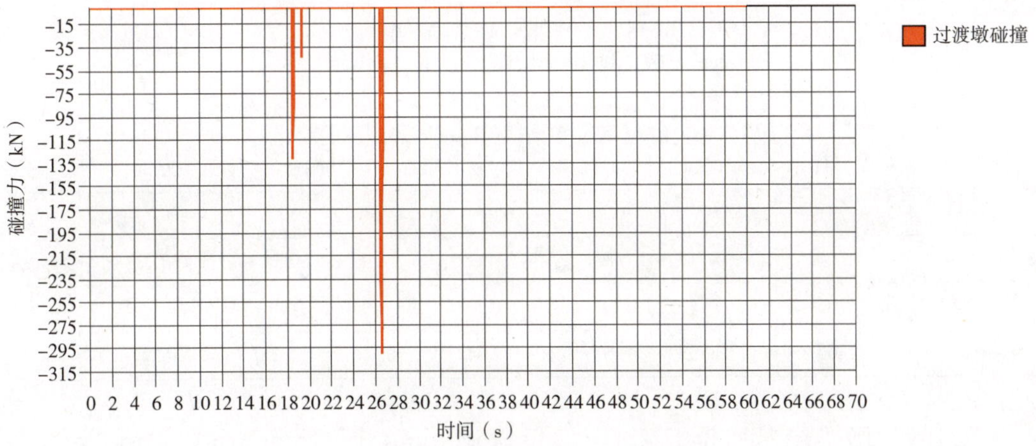

图 A-32　5 号墩碰撞力时程（0.6*g*）

Figure A-32　Impact time-history of No.5 pier（0.6*g*）

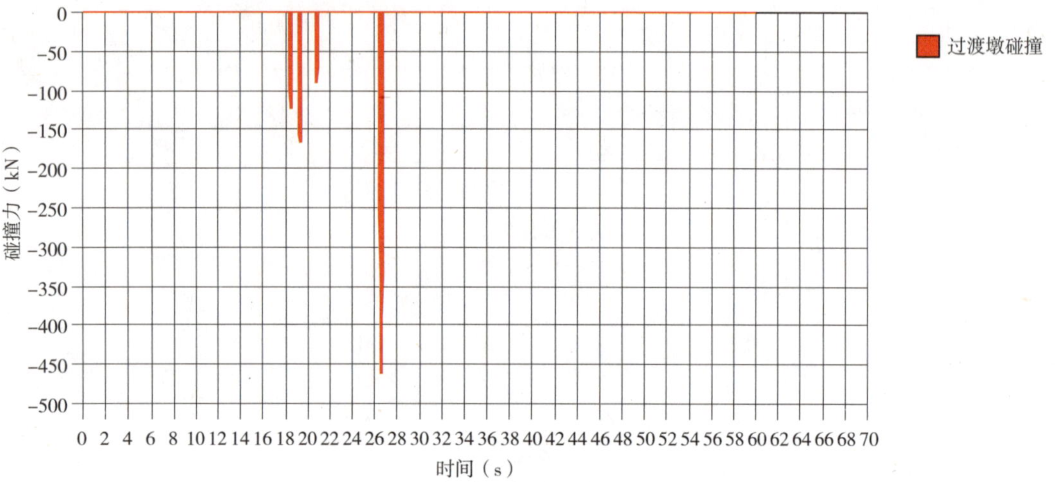

图 A-33 5 号墩碰撞力时程（0.7g）

Figure A-33 Impact time-history of No.5 pier（0.7g）

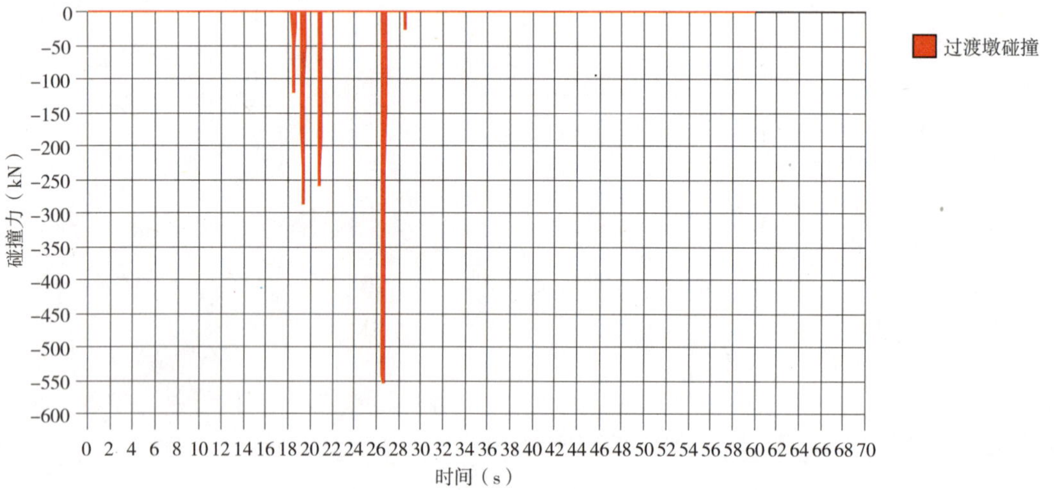

图 A-34 5 号墩碰撞力时程（0.8g）

Figure A-34 Impact time-history of No.5 pier（0.8g）

表 A-3 25m 跨径墩梁横向碰撞随加速度的变化

Table A-3 Transverse collision between pier and beam to 25m span with acceleration

地震动加速度	0.1g	0.2g	0.3g	0.4g	0.5g	0.6g	0.7g	0.8g
桥台（kN）	0	0	0	-134.25	-278.47	-435.83	-603.24	-674.93
4 号墩（kN）	0	0	0	0	0	-75.13	-230.37	-401.62
5 号墩（kN）	0	0	0	-37.44	-182.66	-299.89	-462.86	-554.26

A.4.2 墩梁相对移位 Relative displacement between pier and beam

这里以 3×（5×20m）+6×20m 模型来探讨这一问题。由图 A-35、图 A-36 可以看出，当地震动加速度较小时，墩梁相对移位随加速度的增大几乎成线性增大，大于 0.4g 后，横向墩梁相对移位不再增加，而是收敛于 4cm 左右，对照图 A-10 可以看出，该值为主梁与桥墩挡块的间隙值。地震动加速度较大时墩梁相对移位稍超过 4cm，可能是碰撞刚度取值稍小的缘故。但挡块具有较好的限制横向墩梁移位的作用却是不争的事实。汶川地震中主梁移位数量达 643 跨，但横向落梁的数量为 36 跨，从上述分析来看，挡块“功不可没”。

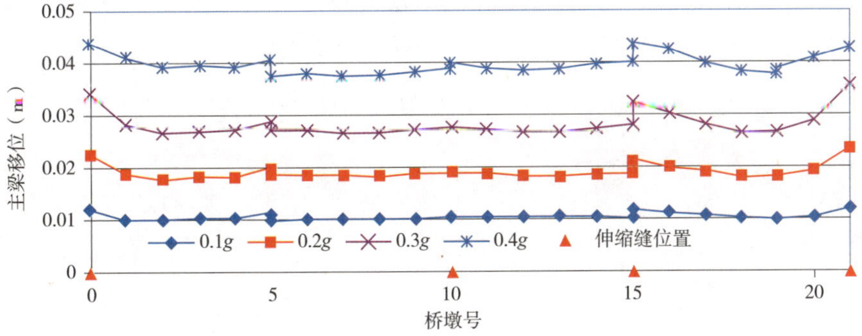

图 A-35　横桥向墩梁相对移位随加速度变化（0.1g~0.4g）

Figure A-35　Transverse relative displacement variety between pier and beam with acceleration（0.1g~0.4g）

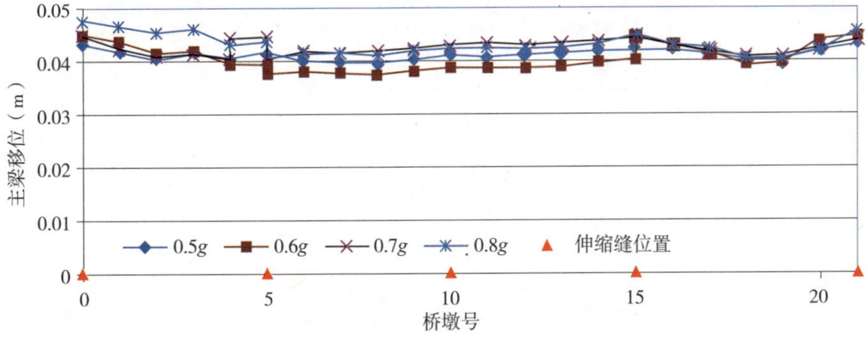

图 A-36　横桥向墩梁相对移位随加速度变化（0.5g~0.8g）

Figure A-36　Transverse relative displacement variety between pier and beam with acceleration（0.5g~0.8g）

综合桥墩内力响应和墩梁相对移位可以看出，挡块是重要的抗震构件，其设计需综合平衡限制墩梁相对移位和减小碰撞效应两个方面需要，刚度过小虽然可以减小碰撞效应，但限位效果不理想，刚度过小碰撞效应又会过大，要解决这一问题尚需进行专题研究。

A.5　桥面连续分析 Bridge deck continuous analysis

为考察桥面连续对桥墩内力的影响，在模型 3×5×20m+6×20m 模型（下称 M2-1）的基础上，拓展了三个模型，模型 M2-1a 为 3×7×20m 简支梁，M2-1b 为传统的各跨间均设伸缩缝的简支梁，M2-1c 为全桥均设桥面连续，仅在桥台处设伸缩缝的模型。当然，模型 M2-1c 这样的情况在实际工程中一般不会出现，但这是一种与各跨间均设伸缩缝相对应的极端情况，以此与其他模型对比来考察桥面连续的影响是合理的。在模型拓展中注意了支撑体系的变化，M2-1a、M2-1c 在伸缩缝处设置了滑板支座，而 M2-1b 则在一跨内一端设板式橡胶支座，另一端设滑板橡胶支座。

A.5.1 桥墩纵向内力 Longitudinal internal force of pier

图 A-37~ 图 A-40 给出了上述 4 个模型的墩底最大弯矩。表 A-4 中进一步给出了上述 4 个模型桥墩最大弯矩的比较，表 A-4 中的最大弯矩为所有桥墩的最大弯矩。

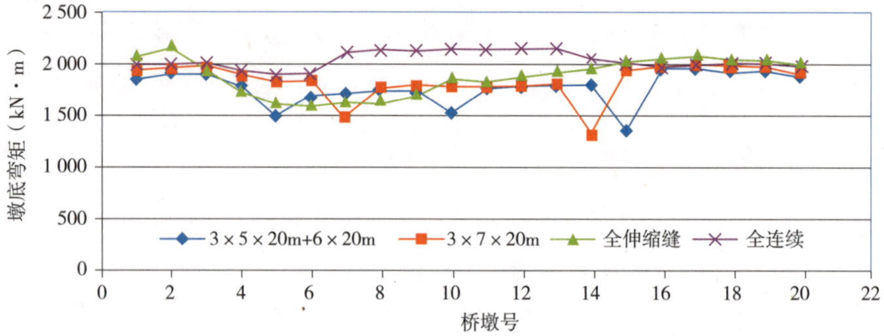

图 A-37 墩底最大弯矩包络图（0.2g）

Figure A-37 Maximum bending moment envelope diagram of pier bottom（0.2g）

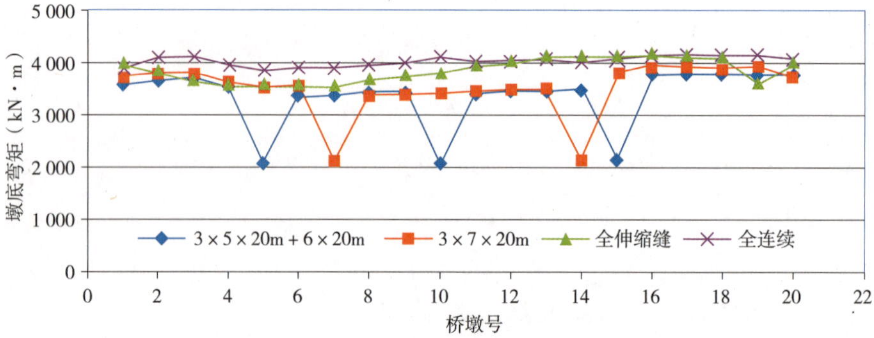

图 A-38 墩底最大弯矩包络图（0.4g）

Figure A-38 Maximum bending moment envelope diagram of pier bottom（0.4g）

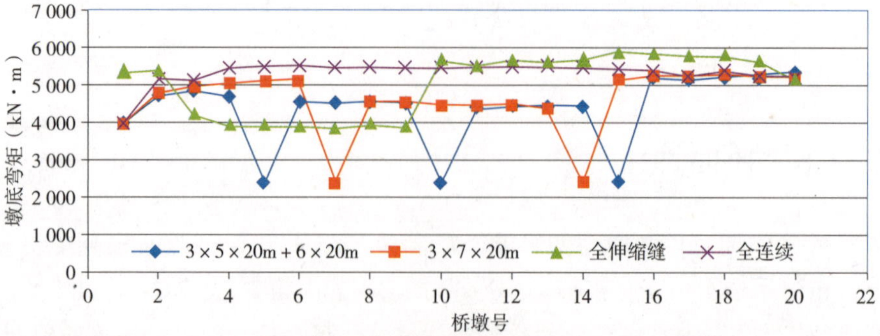

图 A-39 墩底最大弯矩包络图（0.6g）

Figure A-39 Maximum bending moment envelope diagram of pier bottom（0.6g）

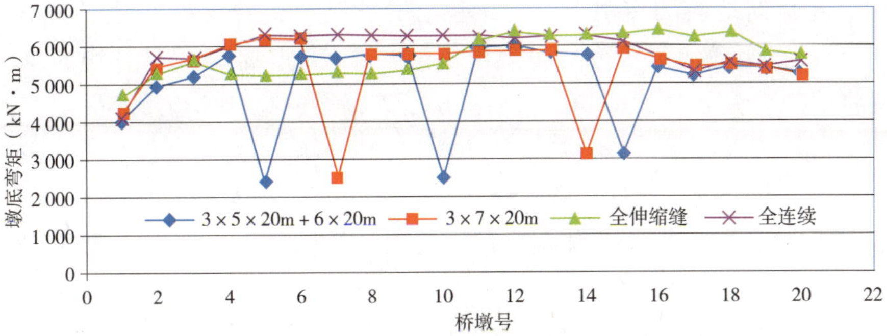

图 A-40　墩底最大弯矩包络图（0.8g）

Figure A-40　Maximum bending moment envelope diagram of pier bottom（0.8g）

表 A-4　桥面连续布置对桥墩最大弯矩的影响（单位：kN·m）

Table A-4　Bridge deck continuous layout influence on maximum bending moment of pier（unit: kN·m）

加速度（g）	3×5×20m+6×20m	3×7×20m	全伸缩缝	全连续
0.2	1 958.95	1 988.84	2 190.36	2 149.72
0.4	3 780.4	3 904.71	4 183.83	4 159.13
0.6	5 336.28	5 259.37	5 893.38	5 487.36
0.8	6 001.64	6 163.82	6 431.35	6 304.88

从上述图中可以看出，桥面连续的布置对桥墩内力的分布有一定影响，但其影响主要体现在伸缩缝桥墩处。随着加速度的变化，由于支座屈服和碰撞的影响，所有接缝均布置伸缩缝情况变化相对明显，其他三种情况变化并不大，桥墩内力分布相对均衡这一基本特点并未改变。而且就设计最为关心的最大弯矩来说，4 种桥面连续布置方式的差别并不大（表 A-4）。其原因正如前所述，对于 M2-1、M2-1a、M2-1c，桥墩的内力是按桥墩 - 支座的串联刚度决定的，由于这几个模型均为对于宽浅地形的桥梁，桥墩高度较为接近，各墩的串联刚度基本相同，是出现上述现象的本质原因。但对于 U 形地形和 V 形地形，由于桥面连续的布置将改变一联内各墩的墩 - 支座串联刚度分布，因此将改变一联内桥墩的内力分布，因此桥梁连续的设置将会改变桥墩的内力，甚至可将优化桥面连续布置作为优化桥墩内力的措施。

A.5.2　桥墩横向内力 Transverse internal force of piers

图 A-41~ 图 A-44 中给出了上述 4 个模型的墩底截面横向弯矩包络图。

对比图 A-37~ 图 A-40 和图 A-41~ 图 A-44 可以看出桥面连续对桥墩纵、横向弯矩的影响有所不同。对于横向弯矩表现出联跨长度越长，横向弯矩越大的趋势，这一点从表 A-5 中也可清楚地看出。要解释这一现象需要从 4 个模型的支承体系入手。

对于所有桥跨间均布置桥面连续的情况，在横向上受到桥台强大约束（分析中假定桥台不动），中间则受到墩 - 支座串联体系的弹性约束，由于墩高相近，支座相同，弹性约束的刚度也是较为接近的，其横向可比拟为两端铰接，中间弹性支撑的连续梁。在横向地震动作用下，主梁位移必然是由桥台向跨中逐渐增大的，这是模型 M2-1c 的桥墩横向弯矩分布表现出桥梁中部较大，靠桥台处较小的原因。伸缩缝的布置将该连续梁分为若干联，从而减小了连续梁的跨径，也减小了主梁的横向位移。如前所述，桥墩弯矩受桥墩振动和主梁振动的影响，主梁位移的减小必然使得桥墩的弯矩减小。此外，由于伸缩缝桥墩（过渡墩）成为比拟连续梁的端支点，加之其支座的屈服荷载小，因此极易滑动并积压、撞击桥墩，从而使得其成为横向弯矩最大的桥墩。

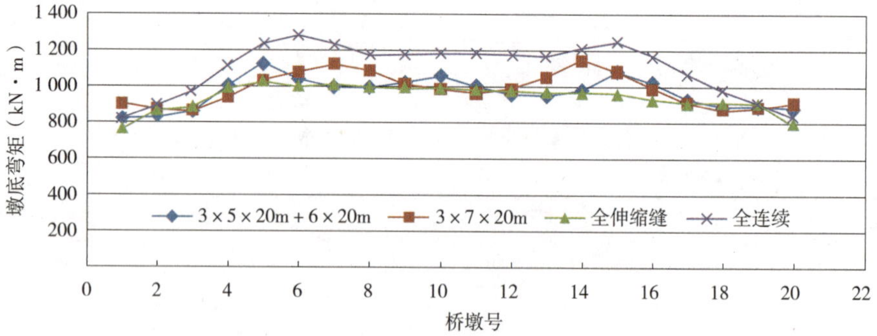

图 A-41 墩底横截面横向弯矩包络图（0.2*g*）

Figure A-41 Bending moment envelope diagram of pier bottom cross-section（0.2*g*）

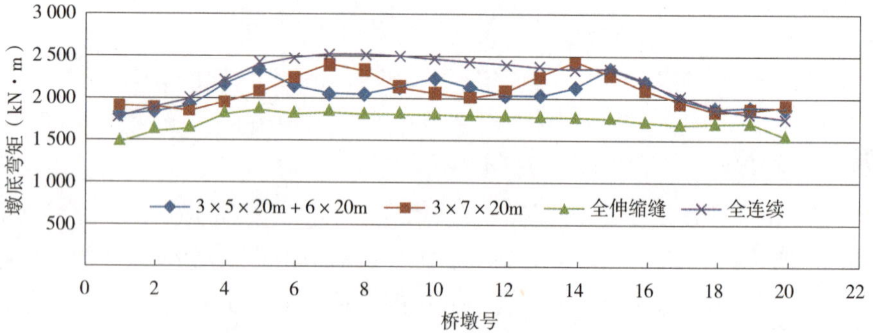

图 A-42 墩底横截面横向弯矩包络图（0.4*g*）

Figure A-42 Bending moment envelope diagram of pier bottom cross-section（0.4*g*）

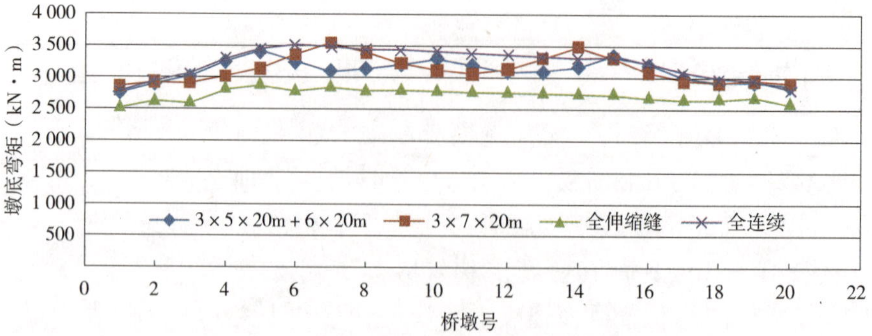

图 A-43 墩底横截面横向弯矩包络图（0.6*g*）

Figure A-43 Bending moment envelope diagram of pier bottom cross-section（0.6*g*）

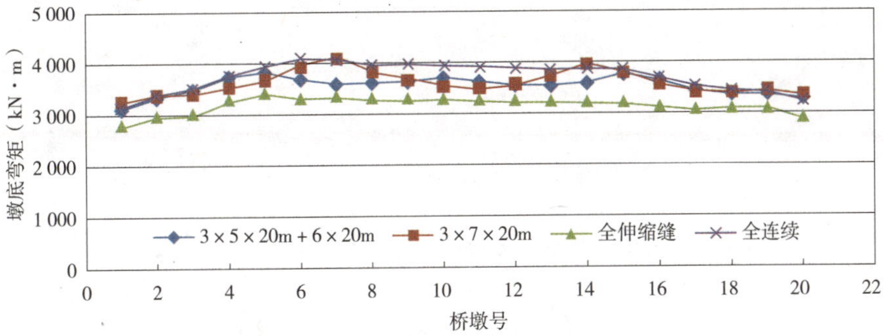

图 A-44　墩底横截面横向弯矩包络图（0.8g）

Figure A-44　Bending moment envelope diagram of pier bottom cross-section（0.8g）

表 A-5　桥面连续布置对桥墩最大弯矩的影响（单位：kN·m）

Table A-5　Bridge deck continuous layout influence on maximum bending moment of pier（unit:kN·m）

加速度 (g)	3×5×20m+6×20m	3×7×20m	全伸缩缝	全连续
0.2	1 120.95	1 139.13	1 031.22	1 274.86
0.4	2 313.88	2 406.06	1 865.06	2 500.31
0.6	3 177.51	3 512.98	2 881.89	3 475.88
0.8	3 797.2	4 063.23	3 417.34	4 052.7

因此，从理论上来说桥面连续的联跨长度越长，桥墩的横向弯矩就越大，但从表 A-5 中可以看出，在正常的联跨长度范围内（100~150m），桥墩的横向弯矩较各跨间全部布置伸缩缝的情况是比较接近的，可以认为在正常的联跨长度范围内，联跨布置对桥墩横向弯矩的影响不大。

A.5.3　主梁移位 Displacement of main beam

从 1.2.2 节的分析可以看出，桥面连续的布置对主梁的移位是有较大影响的，以较长的联跨长度来减少伸缩缝数量，可以减小墩梁相对移位，这里不再重复。需补充说明的是伸缩缝主梁越多，由于主梁间的相互碰撞，使得设计人员对墩梁相对移位的把握难度越大，对比图 A-45 和图 A-19~ 图 A-21 可以看出，模型 M2-1b（各跨间均设伸缩缝）中墩梁相对移位的规律与有桥面连续时明显不同。不仅随加速度的增加，墩梁相对移位增加很快，而且相对移位大、规律性不强，局部存在墩梁相对移位很大的桥跨，这一方面容易出现局部落梁的情况，也会使得设计人员对墩梁相对移位的把握产生困难。

汶川地震桥梁震害调查也认为，桥面连续协调了一联之内的主梁移位，是减小落梁风险的重要措施，从上述分析结果来看，这一认识无疑是正确的。

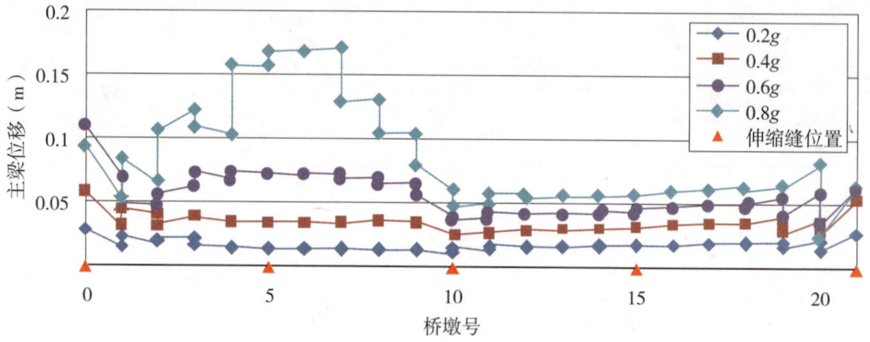

图 A-45 各跨主梁间均设伸缩缝时纵向墩梁相对位移

Figure A-45 Longitudinal relative displacement of each span with expansion joints

A.6 小结 Summary

从上述分析可以看出，简支梁的地震响应具有以下特点：

（1）在地震作用下，表现出所有的桥墩参与工作，也就是说简支梁桥的桥墩是以墩群系统的方式发挥作用的。由可靠性理论可知，系统的可靠性由可靠性最低的元件决定，就墩群而言，决定于抗震性能最低的桥墩。不论其他桥墩如何强劲，只要有一个桥墩失效，即可导致桥梁的失效。从这一特点出发，桥墩的抗震设计应从充分发挥墩群的作用入手，由于在设计中同一桥梁中通常采用相同截面的桥墩（除非墩高差异很大时可能使用不同截面的桥墩），从桥墩的截面结构抗力来说，各墩是比较接近的，要充分发挥各墩抗震效能，最为核心的是尽量使全桥各墩的地震内力均衡，这是简支梁桥桥墩抗震设计的基本原则。

（2）地震能量在桥梁中将转化为动能和变形能两种形式，将更多的能量转化为结构的动能，可减小结构的变形能，从而达到保护结构的目的，这是基于弱连接的梁式桥具有良好抗震性能的根本原因。但结构动能的增加往往意味着结构移位的增大。例如，对于板式橡胶支座简支梁桥和采用铸钢制作的简支梁桥，前者具有较小的桥墩内力，却有较大的主梁移位。对于简支梁桥来说，若墩、梁相对移位过大，即使桥墩没有震害，也可能由于落梁而导致桥梁的失效。因此简支梁桥支承系统的设计应基于在减小桥墩内力的同时，又能有效控制墩梁相对移位的原则进行。

附录 B　简支梁震害机理振动台试验
Appendix B　Shaking table test of simply supported beam about seismic damage mechanism

B.1　概述 Summarize

“5·12”汶川大地震中，震区中、小跨度简支梁桥广泛采用板式橡胶支座，梁体直接搁置在支座上。桥梁震害的调查发现，该类桥梁结构的震害主要集中在支座滑动及梁体位移、伸缩缝处相邻梁体间碰撞、挡块破坏、桥台破坏等方面，其中支座与梁底产生滑移，导致梁体位移过大是简支梁桥震害的主要现象，而桥墩的破坏量减少。

数值模拟分析的结果表明，支座与主梁间产生相对滑动，释放了上部结构的地震作用，是桥墩破坏少，主梁移位率高的原因。为进一步验证上述结论，以汶川地区寿江桥第二跨桥跨结构为试验原型，进行了振动台模型试验研究。

在进行振动台模型试验时，采用正弦波与汶川地震波（绵竹清平波）输入，振动台模型试验结果表明，一旦梁体与橡胶支座间产生滑动，梁体位移迅速增加，质量块在各工况地震波水平向输入下，最大加速度反应均为台面地震波 PGA 的 30% 左右，采用橡胶支座在一定程度上起到了有效的隔震作用。振动台模型试验，再一次验证了梁体与支座间的滑动是导致梁位移过大、桥墩震害较少的主要原因。

B.2　试验模型 Test model

B.2.1　试验原型的选取 Selection of test prototype

由于桥梁数量众多，对每一座桥均进行试验研究是不可能的，而且在已通过统计方法提取出震害现象和特点后，这样做也是不必要。在此情况下，只需根据震害现象和特点选择适当的典型桥梁，通过典型桥梁的试验，就能够达到揭示震害机理的目的。选择典型桥梁时应遵循以下原则:（1）典型桥梁的震害现象应包括通过统计分析提取的所有震害现象;（2）结构构造应是常用的，这样研究的结果才具有实际应用价值。基于以上原则，简支梁桥选择寿江大桥作为典型桥梁。

寿江大桥主梁采用简支 T 梁和空心板，主梁采用桥面连续连接，支座为板式橡胶支座，桥台为肋板式桥台，下部结构采用双柱式墩以及矩形实心墩，这些构件包含了简支梁桥中常用的截面形式和构造形式，其中第二跨主梁移位量达 15cm，但桥墩仅轻微开裂，是较为典型的主梁位移大、桥墩受损少的结构，故以汶川地区寿江桥第二跨桥跨结构为试验原型（图 B–1），进行了振动台试验研究。

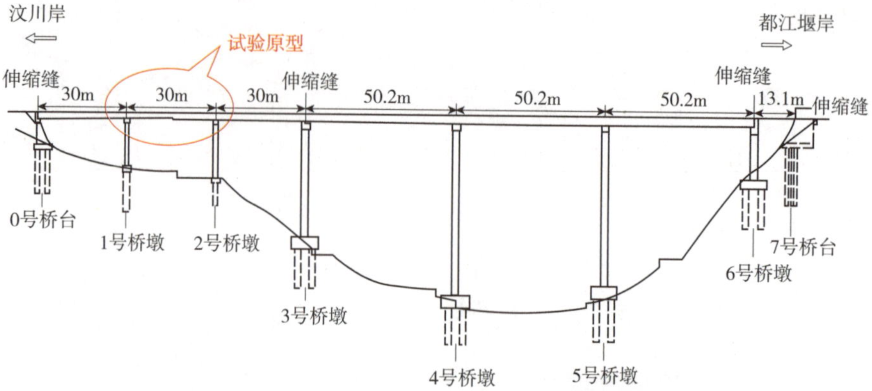

图 B-1 试验原型示意图

Figure B-1 Schematic diagram of test prototype

B.2.2 试验模型参数设计 Parameter design of test prototype

试验模型与原型按照相似比原则进行缩尺，各量纲采用的相似比如表 B-1 所示。

表 B-1 试验模型相似比

Table B-1 Ratio of similitude of test prototype

物理量	相似比	物理量	相似比
质量	1:49	加速度	1:1
时间	$1:\sqrt{7}$	位移	1:7
力	1:49	速度	$1:\sqrt{7}$

1）质量块设计

实际结构单跨为 30m，上部结构总质量为 404t，按照相似比为 1:49，试件设计质量为 8.245t，试验中采用尺寸为 1.77m × 1.67m × 0.42m 的钢箱并配质量块实现，实际质量为 8.95t。

2）板式橡胶支座设计

寿江桥采用的单个支座尺寸为 250mm × 350mm × 49mm 的普通矩形板式橡胶支座，第二跨共 8 个支座，单个支座剪切刚度 K 为 1 785.7N/mm。试验方案中采用 4 个支座，支座总刚度采用相似比为 1 : 7 的比例进行设计，单个支座刚度 K^e 为 510.2N/mm。振动台试验支座正压力与原型结构支座相等，均为 5.77MPa，支座面积 A 为 59mm × 59mm，支座橡胶层厚度为 7mm。试验橡胶支座尺寸如图 B-2 所示。

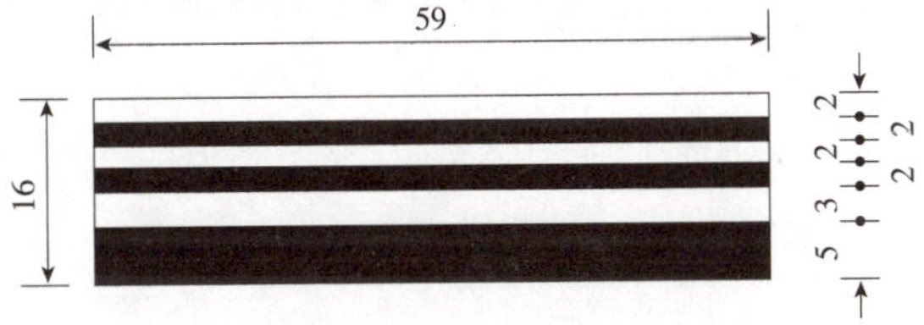

图 B-2　振动台试验橡胶支座大样图（59mm × 59mm × 7mm）

Figure B-2　The detail drawing of rubber bearing on shaking table experiment(59mm × 59mm × 7mm)

3）试验所用测量仪器

试验中使用到的测量仪器，汇总如表 B-2 所示。

表 B-2　测量仪器汇总表

Table B-2　Instrument summary

项　目	数量
三向力传感器	5 个
位移计：量程 +250mm	4 个
加速度计	6 个

4）试验加载

本次振动台试验采用正弦波与汶川地震波加载，加载通过台面输入相应加速度的方式进行。

图 B-3 所示为正弦波波形，正弦波周期分别为 0.3s、0.4s、0.5s，每组正弦波对应 0.15g、0.2g 两种 PGA 值；每组正弦波共 20 个周期，其中前 5 个及后 5 个周期为过渡段，中间 10 个周期为等加速度幅值的正弦波。

图 B-4 所示为时间压缩比例为 1 : $\sqrt{7}$ 的汶川地震波波形示意图，地震波输入时，每个工况对应的调整 PGA 在 0.3g~1.2g 范围内递增。

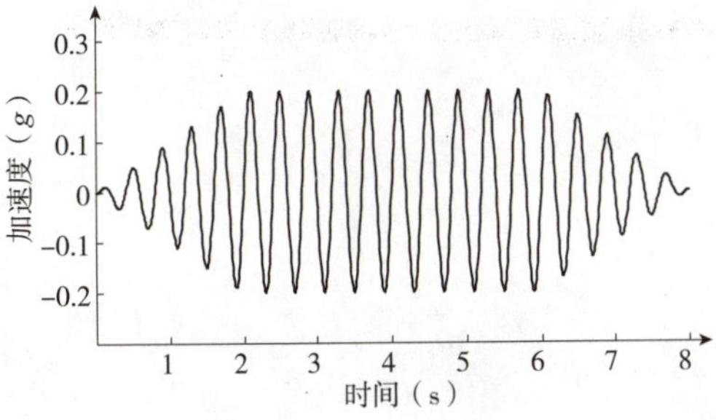

图 B-3　正弦波示意图

Figure B-3　Diagram of sine wave input

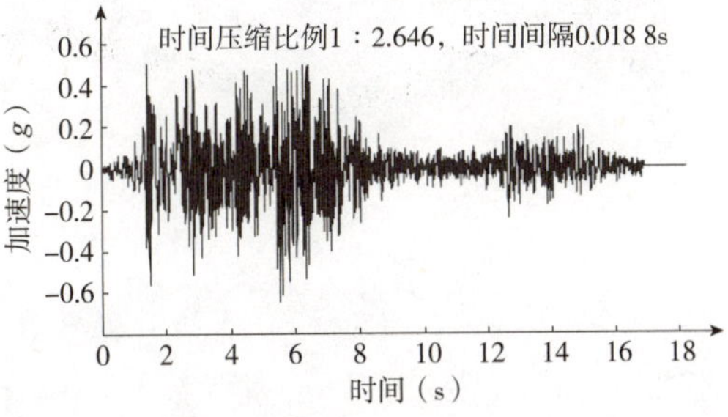

图 B-4　汶川地震波示意图

Figure B-4　Diagram of wenchuan earthquake wave input

B.2.3 试验方案 Experiment scheme

本次振动台试验，主要分为两个方案。方案 A：无挡块，下部刚性（正弦波与汶川地震波加载）；方案 B：无挡块，下部柔性（汶川地震波加载）。各方案详细介绍如下。

方案 A：质量块底面焊接四块钢板作为与橡胶支座顶面的摩擦面，橡胶支座下部通过三向力传感器与振动台台面固结。试验布置如图 B-5、图 B-6 所示。

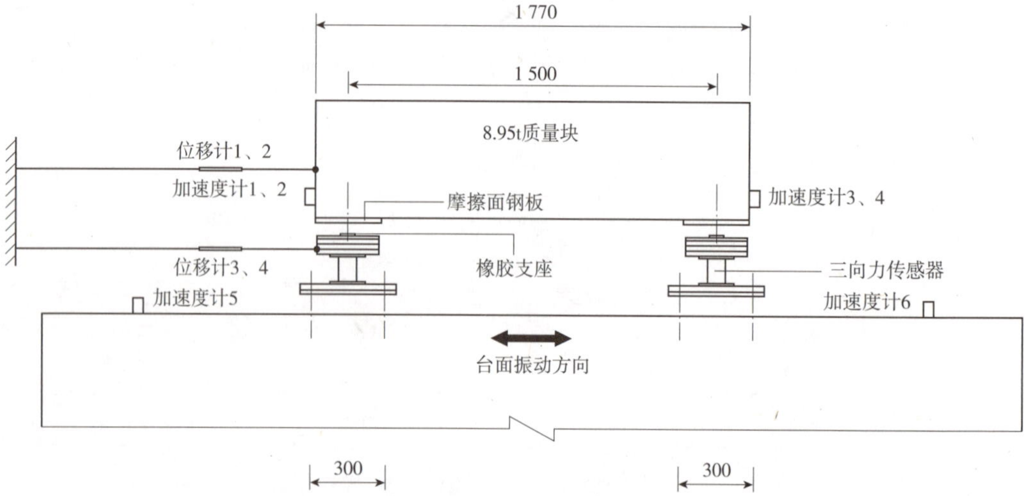

图 B-5 振动台试验方案 A 立面布置大样图（尺寸单位：mm）

Figure B-5 The facade layout detail drawing about shaking table test program A（unit:mm）

图 B-6 振动台试验方案 A 布置图

Figure B-6 Program A layout drawing

方案 A 中共计 18 个加载工况，其中工况 A1、A11 为白噪声试验工况；A2~A10 采用正弦波加载，正弦波周期分别为 0.3s、0.4s、0.5s，每组正弦波对应 0.15g、0.2g 两种 PGA 值；工况 A12~A18 采用汶川地震波加载，地震波 PGA 在 0.3g~1.2g 范围内递增。加载工况如表 B-3 所示。

表 B-3　方案 A 试验工况
Table B-3　Test condition of program A

工况			加速度峰值	加载时间
A1	白噪声		0.05g	
A2	正弦波输入	周期 0.3s	0.15g（水平输入）	6s
A3			0.2g（水平输入）	
A4			0.2g（水平）+0.2g（竖向）	
A5		周期 0.4s	0.15g（水平输入）	8s
A6			0.2g（水平输入）	
A7			0.2g（水平）+0.2g（竖向）	
A8		周期 0.5s	0.15g（水平输入）	10s
A9			0.2g（水平输入）	
A10			0.2g（水平）+0.2g（竖向）	
A11	白噪声		0.05g	
A12	汶川地震波输入	绵竹清平波（N-S）	0.3g	18s
A13			0.5g	
A14			0.6g	
A15			0.7g	
A16			0.8g	
A17			1.0g	
A18			1.2g	

方案 B 在方案 A 的基础上，改变支座下部与振动台台面的连接方式，在三向力传感器与振动台台面之间安置柔性钢立柱，试验布置如图 B-7，图 B-8 所示。

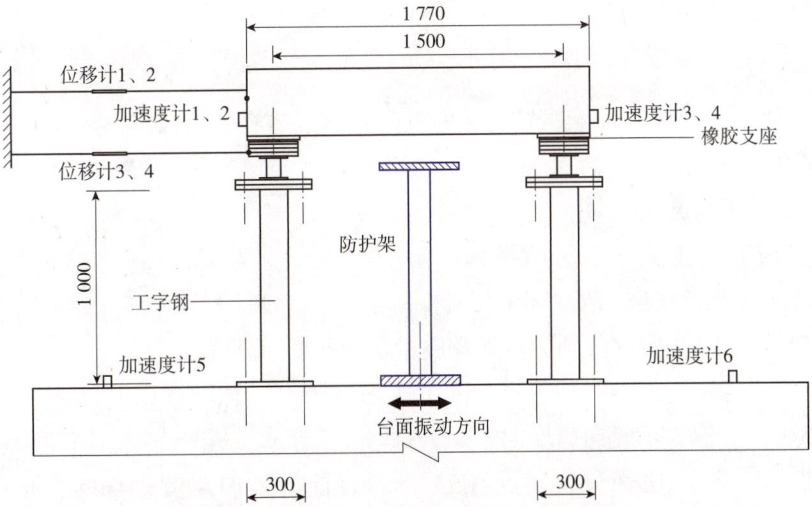

图 B-7　振动台试验方案 B 立面布置大样图（尺寸单位：mm）
Figure B-7　The facade layout detail drawing about shaking table test program B（unit:mm）

图 B-8 振动台试验方案 B 布置图

Figure B-8 Program B layout drawing

方案 B 均采用汶川地震绵竹清平波加载，加载地震波的 *PGA* 在 0.5*g*~1.2*g* 范围内递增，共计 6 个加载工况。加载工况如表 B-4 所示。

表 B-4 方案 B 试验工况

Table B-4 Test condition of program B

工况		加速度峰值	加载时间
C1	白噪声	0.05*g*	
C2		0.5*g*	18s
C3		0.6*g*	
C4	绵竹清平波（N–S）	0.8*g*	
C5		1.0*g*	
C6		1.2*g*	

B.2.4 方案 A 正弦波输入试验结果分析 Sinusoidal input test results analysis on program A

1）自振特性

方案 A 中 A1、A11 为白噪声试验，通过白噪声试验测得结构自振周期约为 0.40s，如图 B-9、图 B-10 所示。

2）*T*=0.3s 正弦波

周期为 0.3s 的正弦波一共进行了三组试验，对应的工况为：A2 工况、A3 工况、A4 工况。

（1）A2 工况（*T*=0.3s，*PGA*=0.15*g*，水平向）

图 B–11、图 B–12 所示分别为台面及质量块加速度时程曲线，图 B–13、图 B–14 所示分别为支座水平力、竖向力时程曲线（以 3 号支座为例）。振动过程中竖向力“+”值表示竖向力减小，“–”值表示竖向力增大。

由图 2 –11~ 图 2–14 可知，工况 A2 振动台台面最大加速度为 0.2*g*，质量块最大加速度为 0.15*g*；3 号支座最大水平力为 4.37kN，最小水平力为 –4.85kN；最大竖向力为 1.83kN，最小竖向力为 –1.60kN。

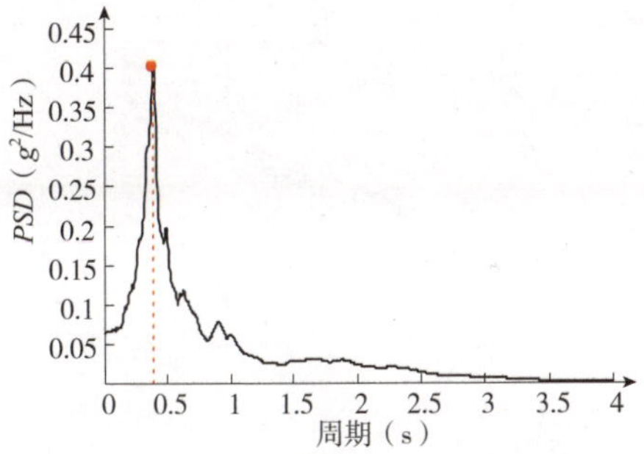

图 B-9　A1 工况白噪声分析图（周期 0.395s）

Figure B-9　White noise analysis graphics on program A1（T=0.395s）

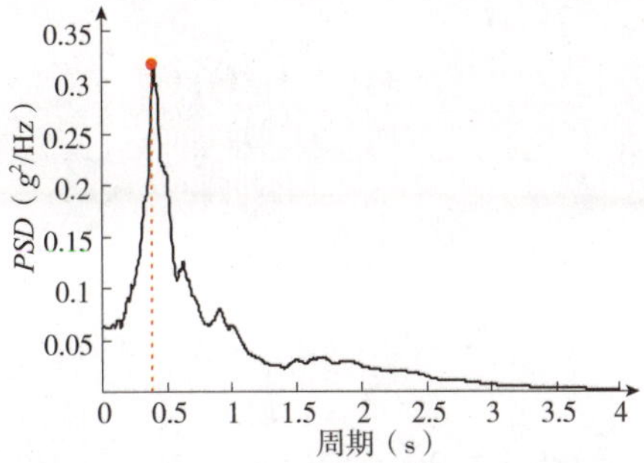

图 B-10　A11 工况白噪声分析图（周期 0.40s）

Figure B-10　White noise analysis graphics on program A11（T=0.4s）

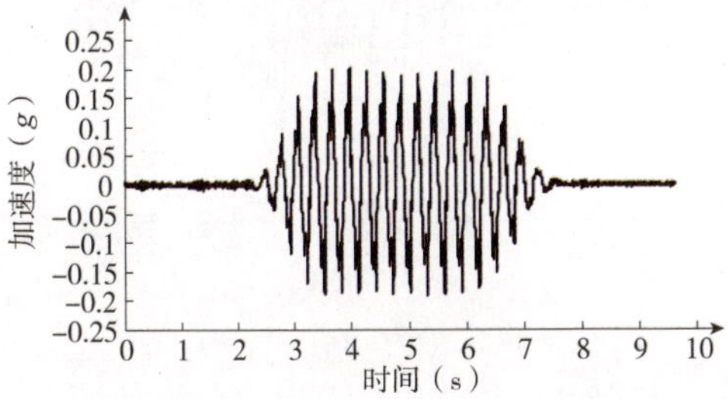

图 B-11　台面加速度时程

Figure B-11　Table facet acceleration time-history

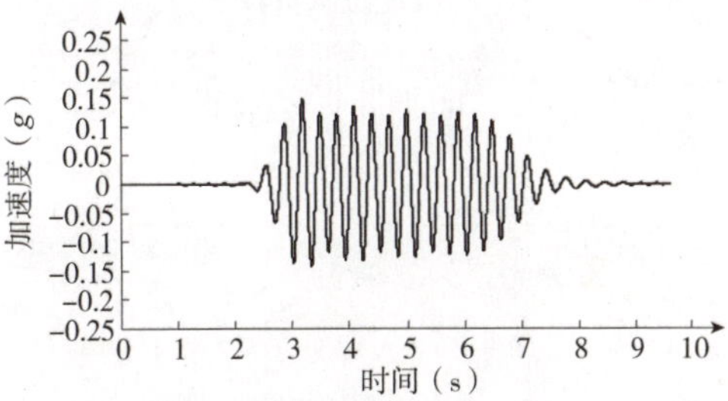

图 B-12　质量块加速度时程

Figure B-12　Mass block acceleration time history

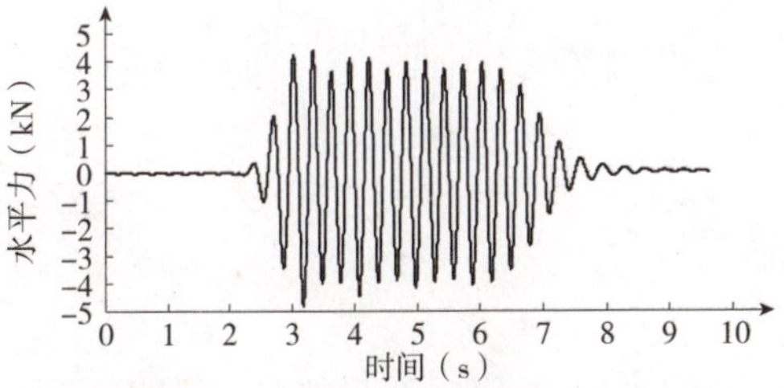

图 B-13　单个支座水平力时程

Figure B-13　Horizontal force time-history of single bearing

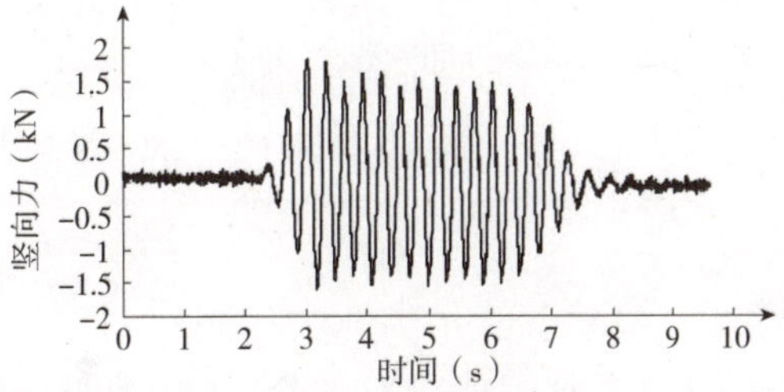

图 B-14　单个支座竖向力时程

Figure B-14　Vertical force time-history of single-bearing

由于方案 A 中，支座底面与振动台台面采用固接的连接方式，因此支座位移为质量块位移与台面位移的差值，如图 B-15 所示。可知支座最大水平位移为 5.9mm，最小水平位移为 -6.1mm。从 3 号支座水平力 - 水平位移关系（图 B-16）可看出，A2 工况下支座未发生明显滑动，处于弹性工作状态，支座刚度为 768N/mm。

（2）A3 工况（T=0.3s，PGA=0.20g，水平向）

试验表明，振动台台面最大加速度为 0.27g，质量块最大加速度为 0.16g（图 B-17，图 B-18）；3 号支座最大水平力为 5.11kN，最小水平力为 -5.42kN（图 B-19）；最大竖向力为 1.94 kN，最小竖向力为 -1.86kN（符号约定同前）(图 B-20)；支座最大水平位移为 7.2mm，最小水平位移为 -7.2mm（图 B-21），由图 B-22 所示的水平力 - 水平位移关系可以看出，A3 工况下支座未发生明显滑动，处于弹性工作状态，支座刚度为 729N/mm。

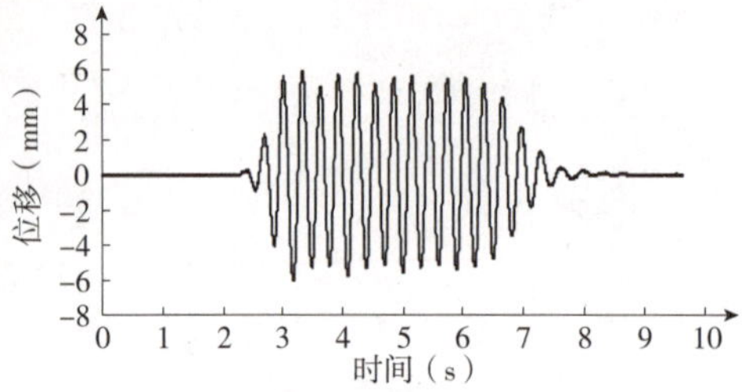

图 B-15 单个支座水平位移时程

Figure B-15 Horizontal displacement time-history of single bearing

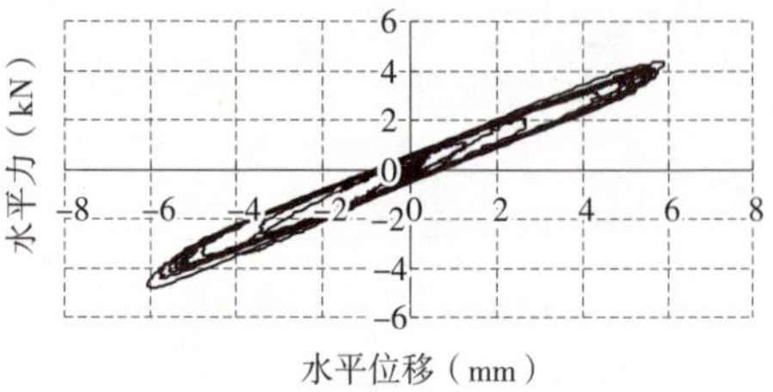

图 B-16 单个支座水平力—位移曲线

Figure B-16 Horizontal force-displacement curve of single bearing

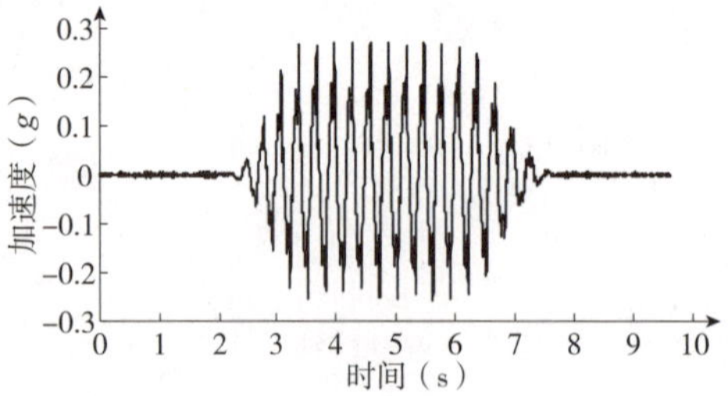

图 B-17 台面加速度时程

Figure B-17 Table facet acceleration time-history

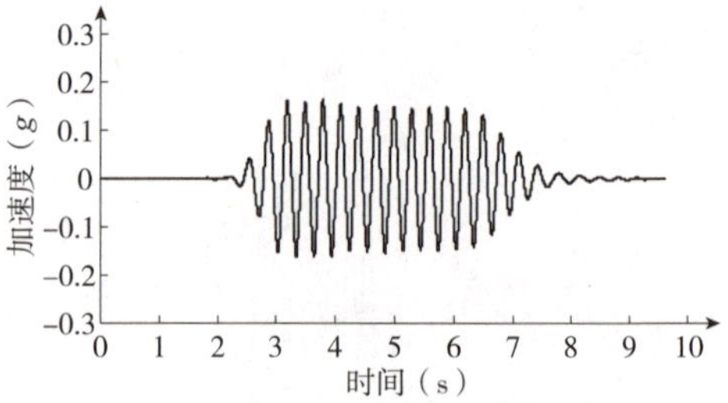

图 B-18 质量块加速度时程

Figure B-18 Mass block acceleration time-history

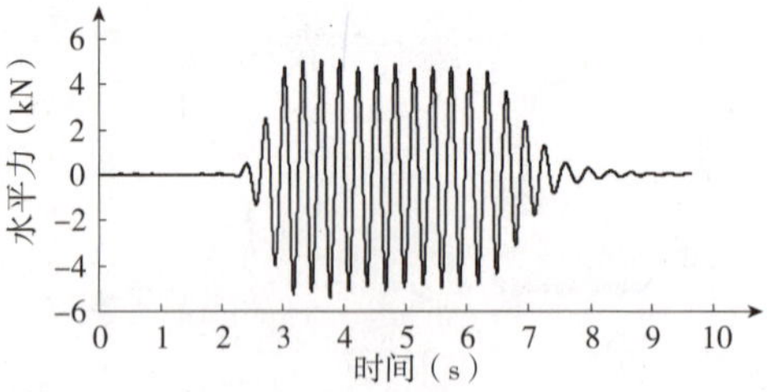

图 B-19 单个支座水平力时程

Figure B-19 Horizontal force time-history of single bearing

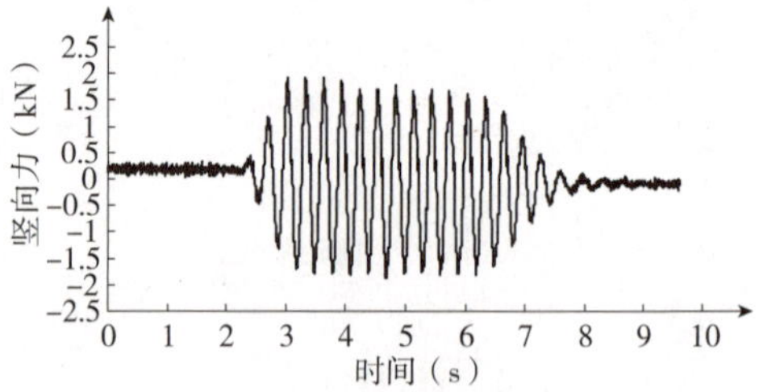

图 B-20 单个支座竖向力时程

Figure B-20 Vertical force time-history of single-bearing

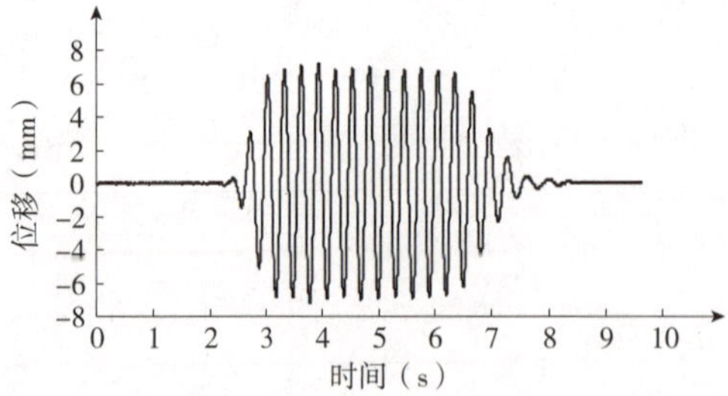

图 B-21 单个支座水平位移时程

Figure B-21 Horizontal displacement time-history of single bearing

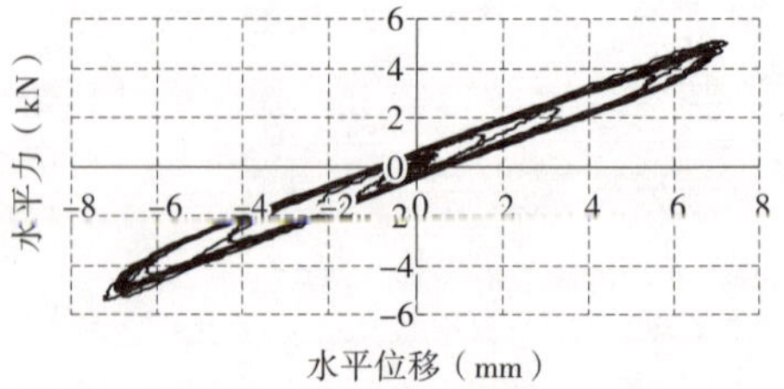

图 B-22 单个支座水平力 - 位移曲线

Figure B-22 Horizontal force-displacement curve of single bearing

（3）A4 工况（T=0.3s，PGA=0.20g，水平向 + 竖向）

工况 4 的台面加速度、质量块加速度、支座水平力时程、竖向力时程、支座水平位移等试验结果，如图 B-23~ 图 B-28 所示。工况 3、4 的差别在于工况 4 施加了竖向加速度，两个工况的试验结果的比较如表 B-5 所示。

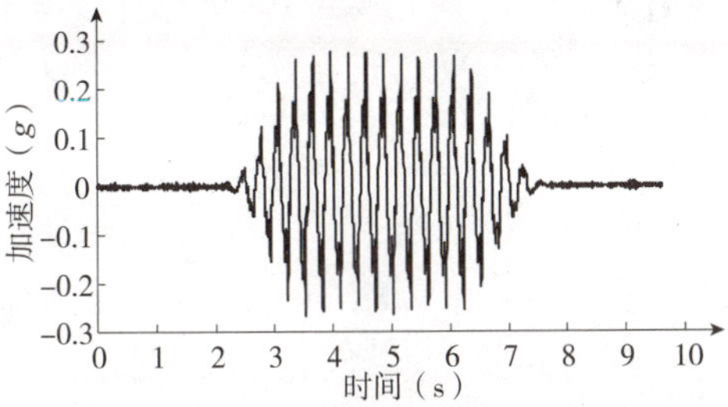

图 B-23　台面加速度时程

Figure B-23　Table facet acceleration time-history

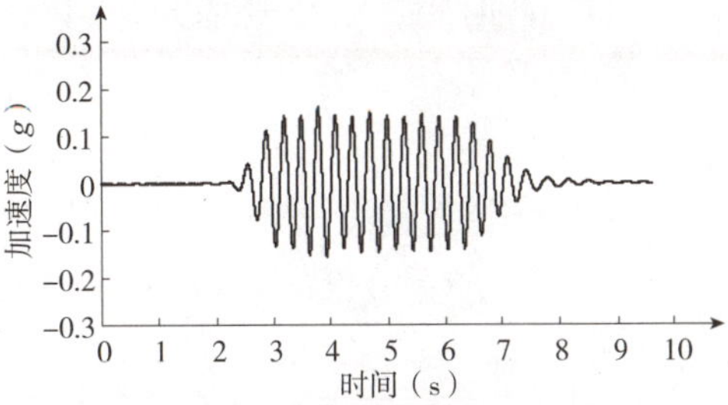

图 B-24　质量块加速度时程

Figure B-24　Mass block acceleration time-history

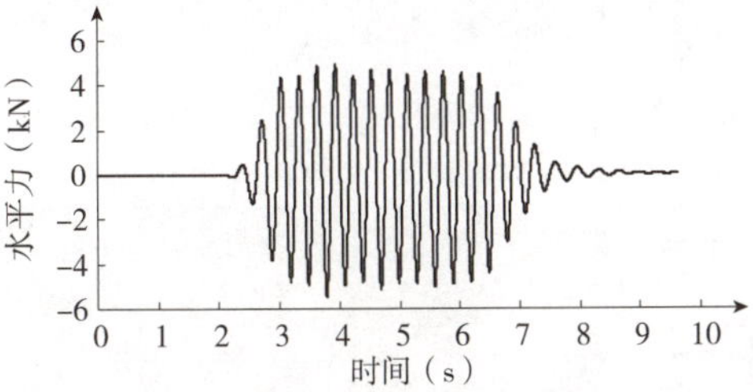

图 B-25　单个支座水平力时程

Figure B-25　Horizontal force time-history of single bearing

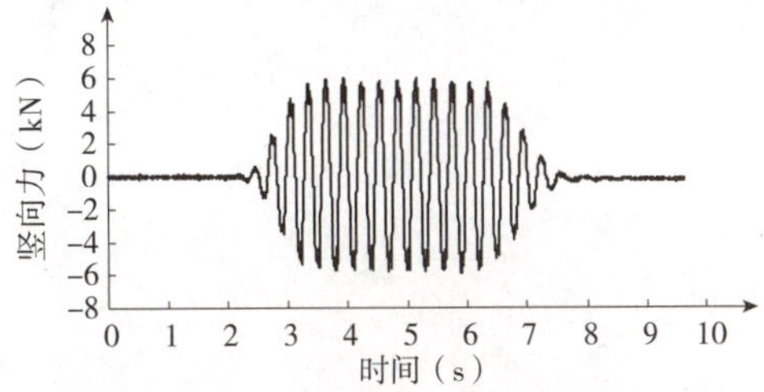

图 B-26　单个支座竖向力时程

Figure B-26　Vertical force time-history of single-bearing

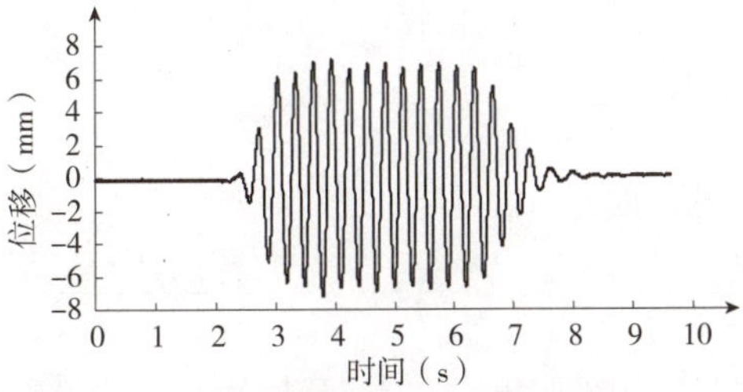

图 B-27　单个支座水平位移时程

Figure B-27　Horizontal displacement time-history of single bearing

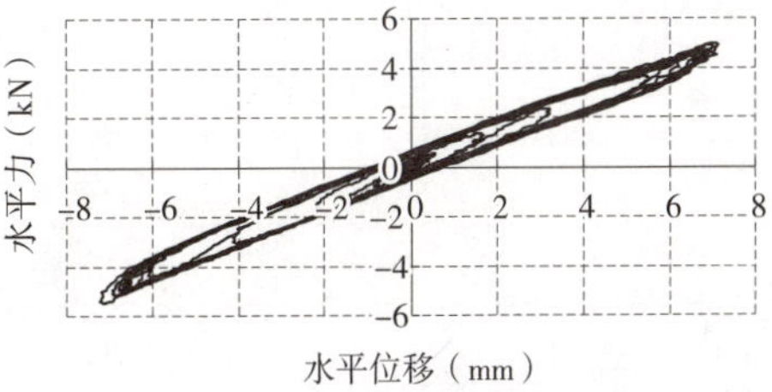

图 B-28　单个支座水平力 - 位移曲线

Figure B-28　Horizontal force-displacement curve of single bearing

表 B-5　工况 3、4 试验结果比较

Table B-5　Test results comparing between condition 3 and condition 4

项　　目	工况 3	工况 4
台面最大加速度（g）	0.27	0.28
质量块最大加速度（g）	0.16	0.16
支座水平力（kN）	5.11/-5.42	4.94/-5.48
支座竖向力（kN）	1.94/-1.86	5.95/-5.92
支座水平位移（mm）	7.2/7.2	7.2/7.2
支座工作状态	弹性	弹性
支座刚度（N/mm）	729	724

由上述图表可看出，竖向激励的施加对质量块的响应几乎无影响，对支座水平力、支座水平位移也影响甚微，但对支座竖向力的影响较大，由工况 3 的 ±2kN 左右增加至 ±5kN 左右，此时质量块受到的支座摩阻力为 5.31~8.31kN，可以推知竖向加速度对水平向的响应可能有一定影响，只是此时竖向加速度和水平向加速度均较小，这一影响尚未体现。

3）*T*=0.4s 正弦波

周期为 0.4s 的正弦波一共进行了三组试验，对应的工况分别为：A5~A7，具体的地震波输入情况如表 B-3 所示，限于篇幅，这里不再一一给出各工况的响应曲线。工况 A5~A7 与工况 A2~A4 两者的频率不同。试验表明，在 *T*=0.4s 的正弦波作用下，质量块的加速度响应、支座的水平力响应、水平位移响应均明显较工况 A2~A4（*T*=0.3s）要大，支座刚度明显减小，但支座的竖向力变化不大。具体情况详见表 B-6。

表 B-6 激励周期 *T*=0.3s 及 *T*=0.4s 试验结果比较

Table B-6 Test results comparing between energizing cycle *T*=0.3s and *T*=0.4s

项 目	*PGA*=0.15*g*，水平向		*PGA*=0.2*g*，水平向		*PGA*=0.2*g*，水平向 + 竖向	
	工况 2	工况 5	工况 3	工况 6	工况 4	工况 7
台面最大加速度（*g*）	0.2	0.18	0.27	0.26	0.28	0.26
质量块最大加速度（*g*）	0.15	0.21	0.16	0.25	0.16	0.23
支座水平力（kN）	4.37/–4.85	6.89/–6.93	5.11/–5.42	8.14/–8.28	4.94/–5.48	7.60/–8.10
支座竖向力（kN）	1.83/–1.60	2.23/–2.28	1.94/–1.86	2.44/–2.51	5.95/–5.92	6.14/–6.24
支座水平位移（mm）	5.9/–6.1	12.3 /–12.0	7.2/7.2	14.4/–14.3	7.2/7.2	14.3/–13.8
支座工作状态	弹性	弹性	弹性	弹性	弹性	弹性
支座刚度（N/mm）	768	570	729	572	724	560

4）*T*=0.5s 正弦波

周期为 0.5s 的正弦波也进行了三组试验，对应的工况分别为：A8~A10，具体的地震波输入情况如表 B-3 所示，图 B-29~ 图 B-31 分别给出了各工况的台面加速度、质量块加速度响应、支座水平力响应、支座水平位移响应、竖向力响应和支座的力 – 位移曲线。

由于 A8~A10 工况的激励频率与模型的自振频率相近，因此，质量块的加速度响应、支座的水平力响应、水平位移响应均明显较工况 A2~A4 要大，支座刚度明显减小，但支座的竖向力变化不大。具体情况详见表 B-7。

表 B-7 工况 A8~A10 试验结果比较

Table B-7 Test results comparing among condition A8 to A10

项 目	工况 8	工况 9	工况 10
台面最大加速度（*g*）	0.18	0.24	0.24
质量块最大加速度（*g*）	0.21	0.31	0.33
支座水平力（kN）	9.92/–10.37	10.66/–10.49	10.66/–10.91

续上表

项　　目	工况 8	工况 9	工况 10
支座竖向力（kN）	3.38/-2.92	2.55/-4.31	3.75/-7.01
支座水平位移（mm）	20.6/-20.6	33.9/-19.1	46.3/-20.1
支座工作状态	滑动	滑动	滑动

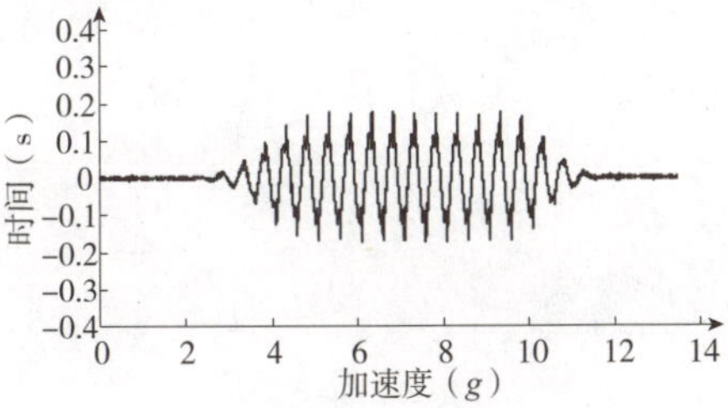

a）台面加速度时程
a）Table facet acceleration time-history

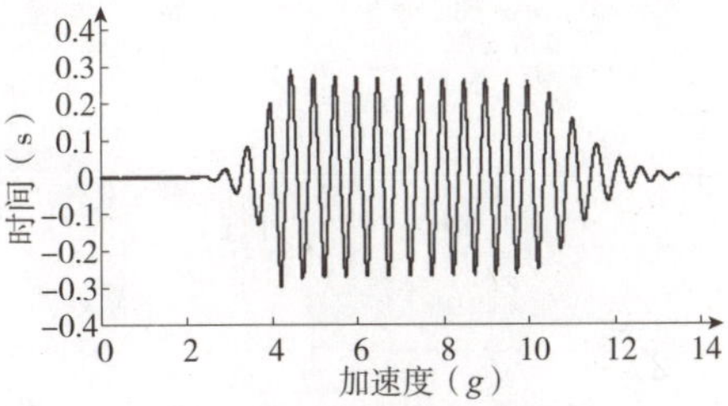

b）质量块加速度时程
b）Mass block acceleration time-history

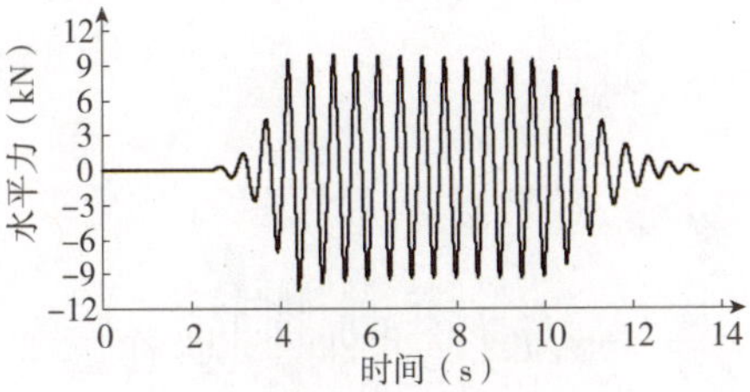

c）单个支座水平力时程
c）Horizontal force time-history of single bearing

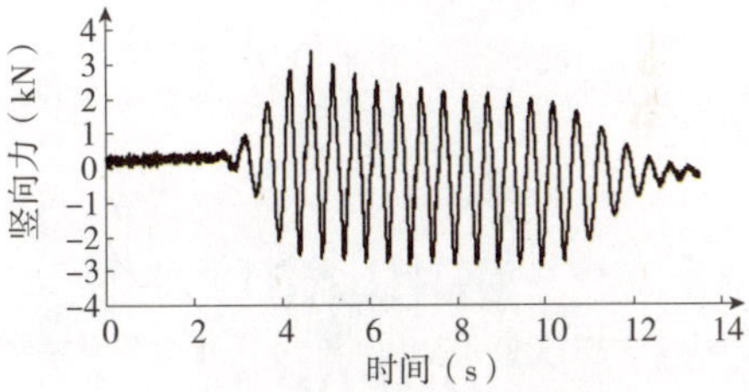

d）单个支座竖向力时程
d）Vertical force time-history of single-bearing

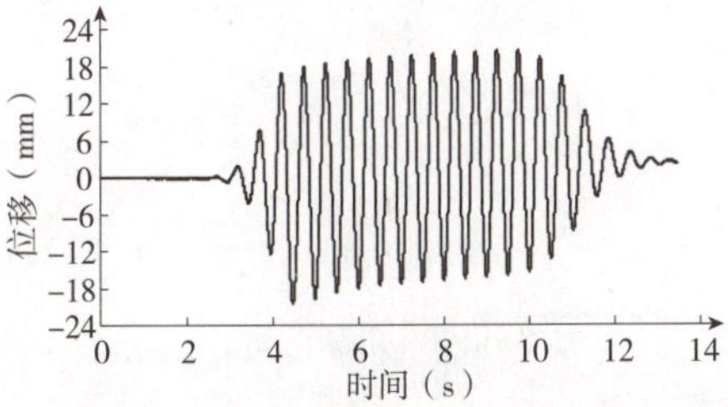

e）单个支座水平位移时程
e）Horizontal displacement time-history of single bearing

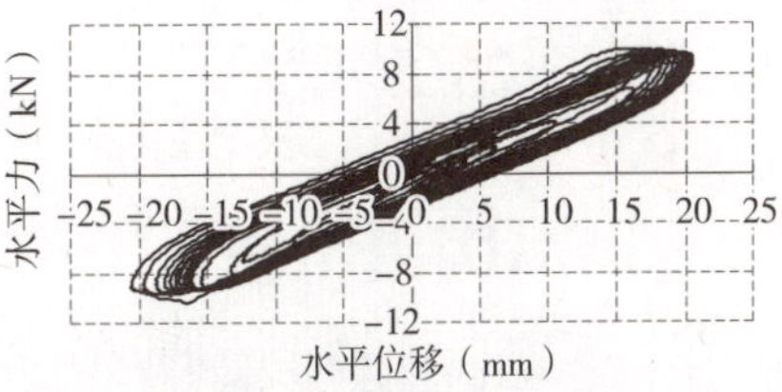

f）单个支座水平力-位移曲线
f）Horizontal force-displacement curve of single bearing

图 B-29　工况 A8 试验结果

Figure B-29　Test results of condition A8

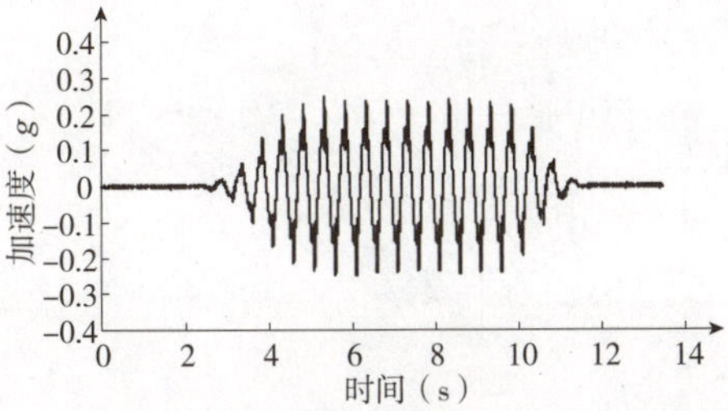

a）台面加速度时程
a）Table facet acceleration time-history

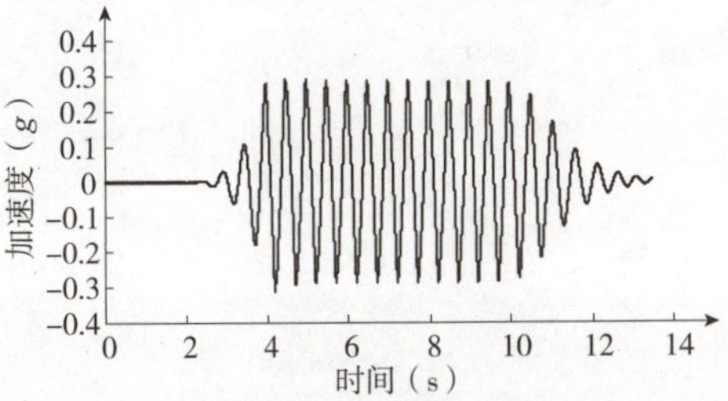

b）质量块加速度时程
b）Mass block acceleration time-history

图　B-30

Figure　B-30

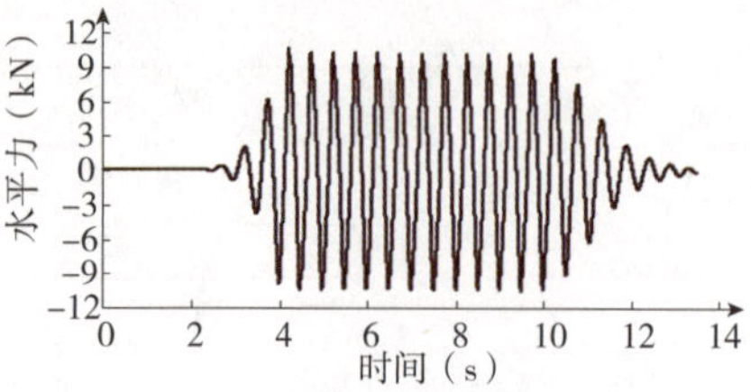

c）单个支座水平力时程

c）Horizontal force time-history of single bearing

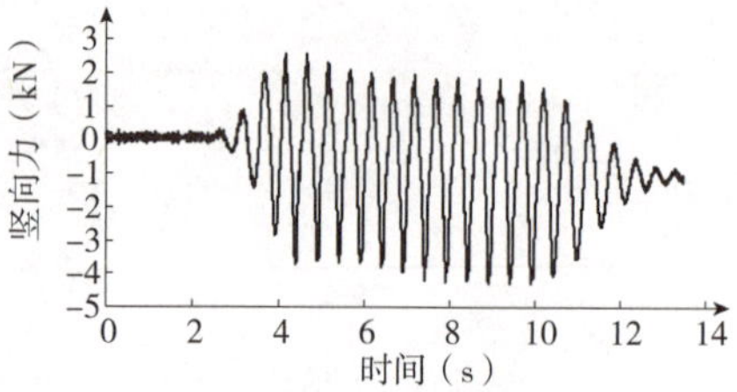

d）单个支座竖向力时程

d）Vertical force time-history of single-bearing

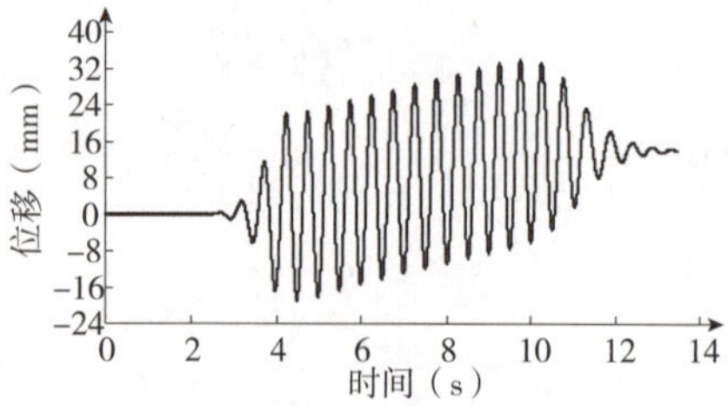

e）单个支座水平位移时程

e）Horizontal displacement time-history of single bearing

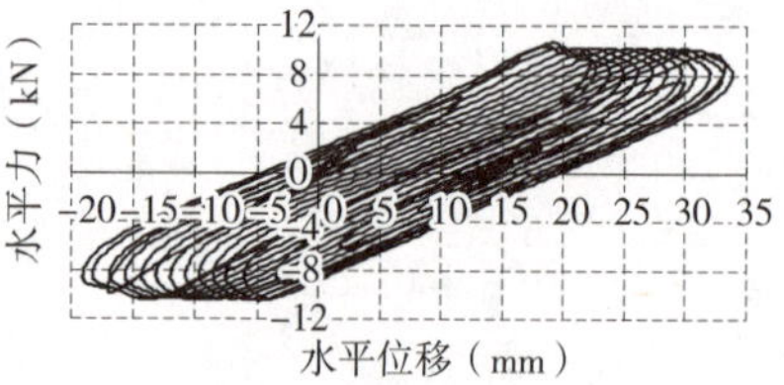

f）单个支座水平力-位移曲线

f）Horizontal force-displacement curve of single bearing

图 B-30 工况 A9 试验结果

Figure B-30 Test results of condition A9

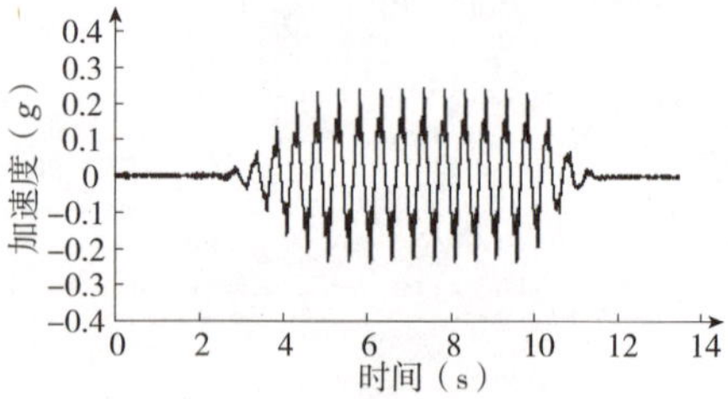

a）台面加速度时程

a）Table facet acceleration time-history

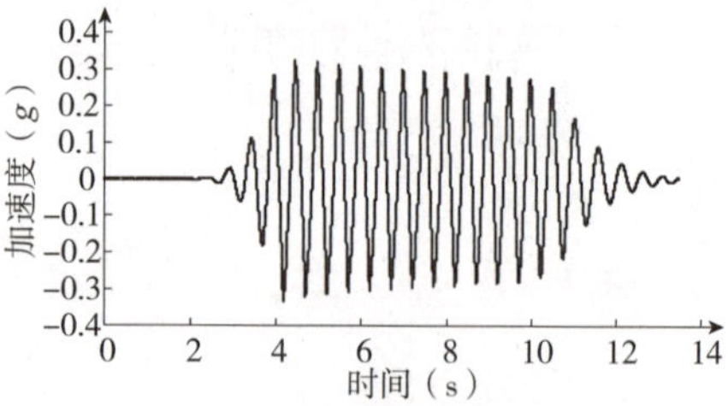

b）质量块加速度时程

b）Mass block acceleration time-history

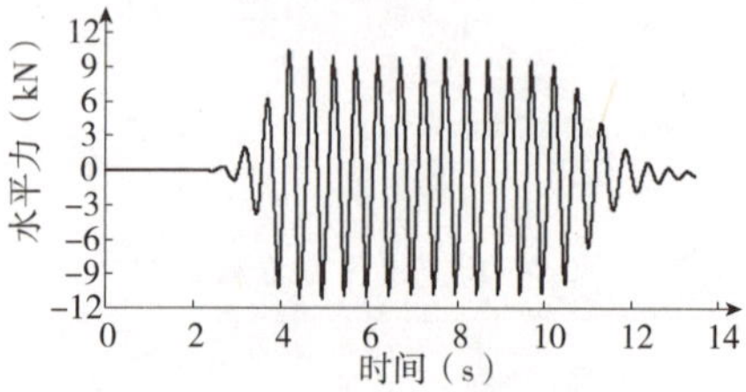

c）单个支座水平力时程

c）Horizontal force time-history of single bearing

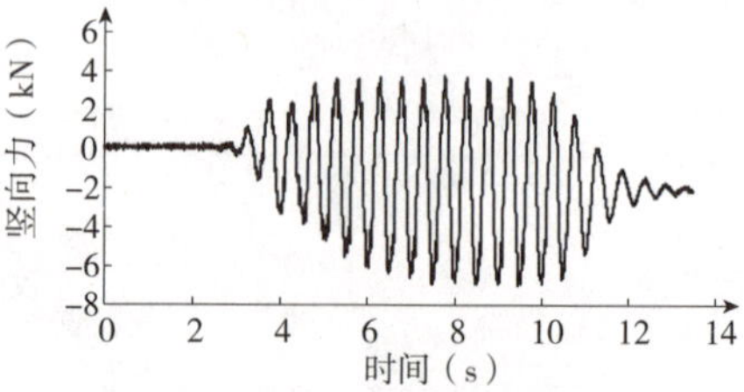

d）单个支座竖向力时程

d）Vertical force time-history of single-bearing

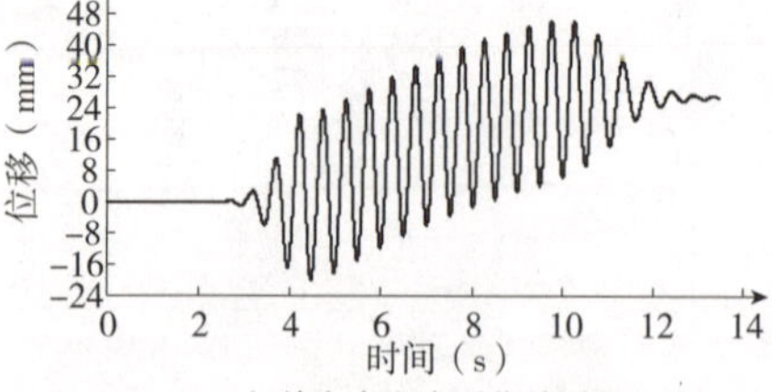

e）单个支座水平位移时程

e）Horizontal displacement time-history of single bearing

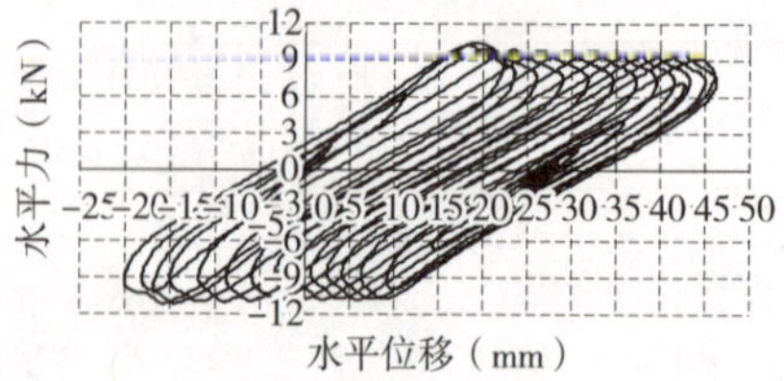

f）单个支座水平力-位移曲线

f）Horizontal force-displacement curve of single bearing

图 B-31 工况 A10 试验结果

Figure B-31 Test results of condition A10

5）正弦加载结果分析

从上述试验结果可以看出，质量块和支座的响应与激励的频率密切相关，即使输入的加速度相同，质量块和支座的响应随着频率的变化也相差数倍之多。在输入周期 T=0.3s 和 T=0.4s 时，质量块与支座之间未发生滑动，但在 T=0.5 时发生了滑动。分析上述试验结果可以看出：

（1）在适当的激励作用下简支梁桥的主梁支座之间是可能发生滑动的，只要输入的频率适当，不大的加速度也可能导致主梁与支座间产生滑移，试验现象与震害现象一致。

（2）质量块、支座的响应随输入正弦波周期的增加而快速增加，这反映出板式橡胶支座简支梁桥的响应对低频激励更加敏感，对于低频成分丰富的地震波，可能激发上部结构和支座更大的响应，这是由于板式橡胶支座延长了结构自振周期，在低频激励作用下，橡胶支座可能会放大上部结构的响应，这一特点与隔震结构一般特点类似。

（3）在发生滑动时，滑动量随加速度的增加而快速增加，两者成正比，比较 A8、A9 工况可知，正弦波水平向输入下，A9 工况输入加速度增大 33.3%，滑动位移为 A8 工况下的 4.3 倍左右。

另一个值得注意的现象是，竖向激励对质量块和支座间的滑移有明显影响。比较 A9、A10 工况可知，在施加竖向加速度输入的情况下，橡胶支座滑动位移明显增大，试验结果增大了 80%。

当然，正弦波是一种理想的波形，上述推论是否成立还需通过地震波输入检验。

B.2.5 方案 A 地震波输入试验结果 Sinusoidal input test results analysis on program A

方案 A 汶川地震波加载工况为 A12~A18，PGA 在 0.3g~1.2g 范围内递增。图 B-32~图 B-37 给出了不同 PGA 作用下的质量块加速度响应，图 B-38~图 B-43 给出了各工况支座滑移的情况。表 B-8 中给出了各工况最大质量块、支座的响应。

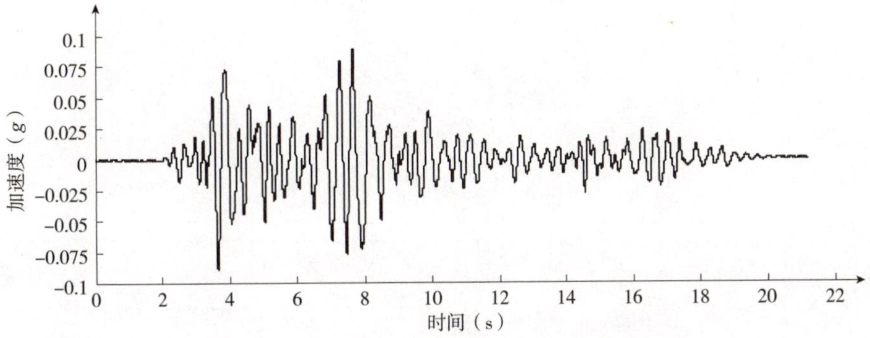

图 B-32 工况 A12 的质量块加速度时程（PGA=0.3g）

Figure B-32 Mass block acceleration time-history of condition A12（PGA=0.3g）

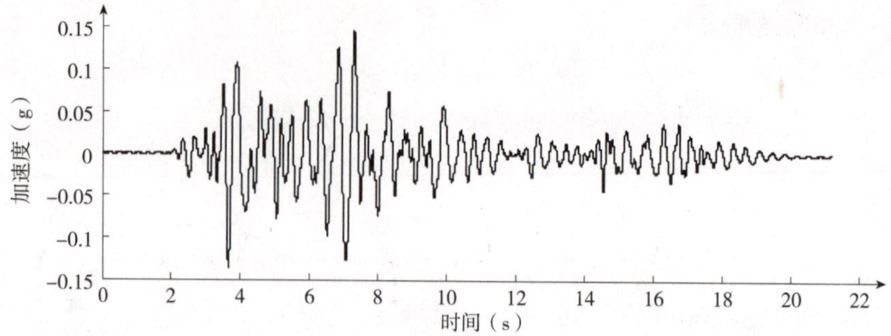

图 B-33 工况 A13 的质量块加速度时程（*PGA*=0.5*g*）

Figure B-33 Mass block acceleration time-history of condition A13（*PGA*=0.5*g*）

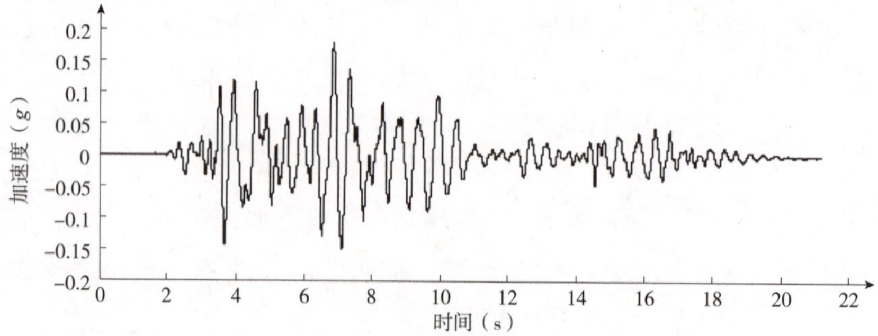

图 B-34 工况 A15 的质量块加速度时程（*PGA*=0.7*g*）

Figure B-34 Mass block acceleration time-history of condition A15（*PGA*=0.7*g*）

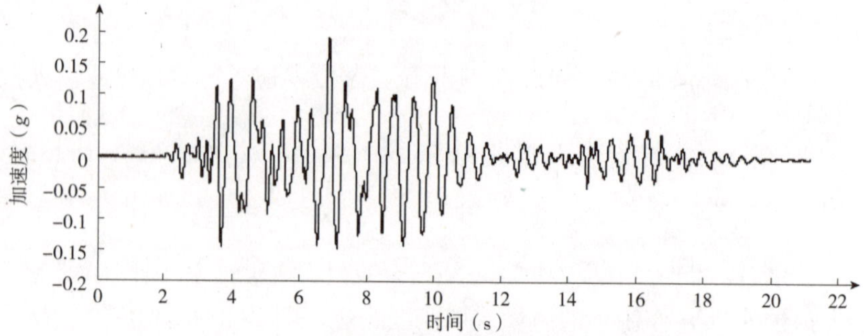

图 B-35 工况 A16 的质量块加速度时程（*PGA*=0.8*g*）

Figure B-35 Mass block acceleration time-history of condition A16（*PGA*=0.8*g*）

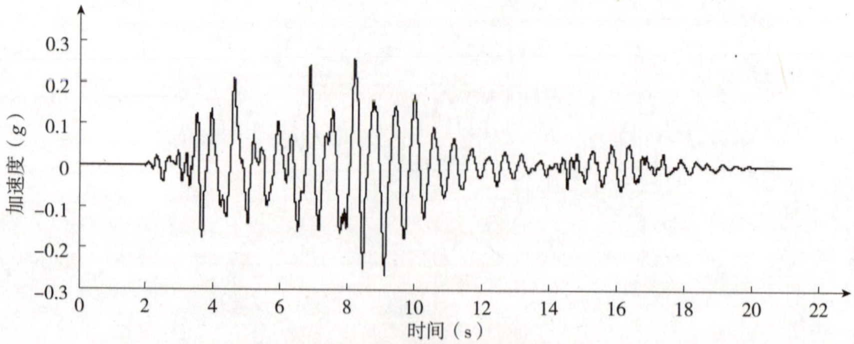

图 B-36 工况 A17 的质量块加速度时程（*PGA*=1.0*g*）

Figure B-36 Mass block acceleration time-history of condition A17（*PGA*=1.0*g*）

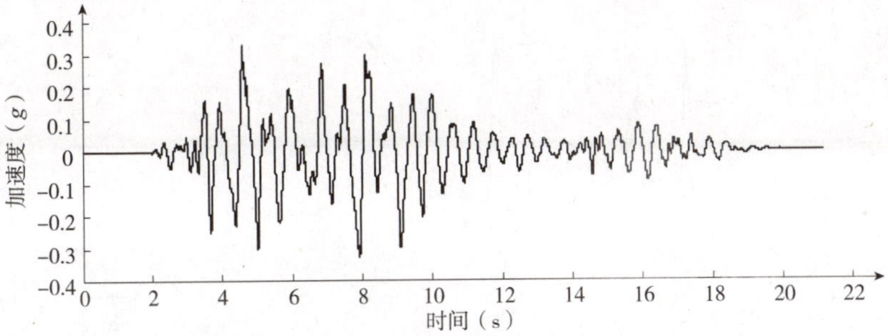

图 B-37　工况 A18 的质量块加速度时程（PGA=1.2g）

Figure B-37　Mass block acceleration time-history of condition A18（PGA=1.2g）

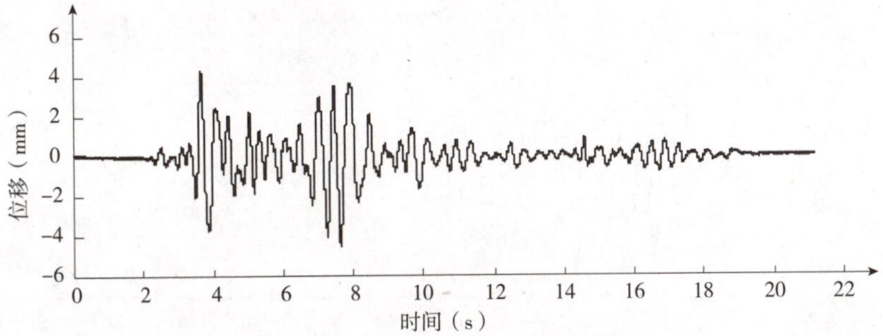

图 B-38　工况 A12 的单个支座水平位移时程（PGA=0.3g）

Figure B-38　Horizontal displacement time-history of single bearing of condition A12（PGA=0.3g）

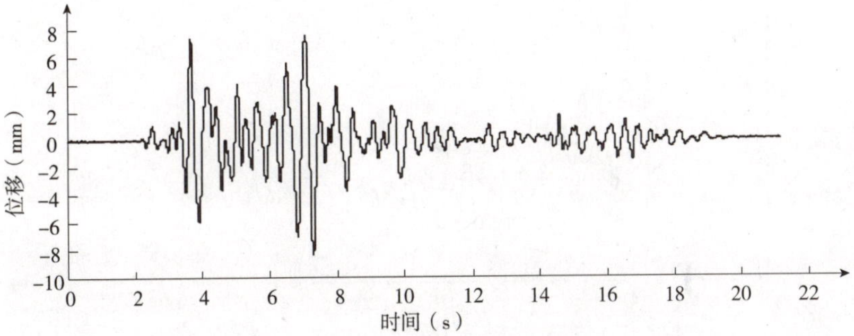

图 B-39　工况 A13 的单个支座水平位移时程（PGA=0.5g）

Figure B-39　Horizontal displacement time-history of single bearing of condition A13（PGA=0.5g）

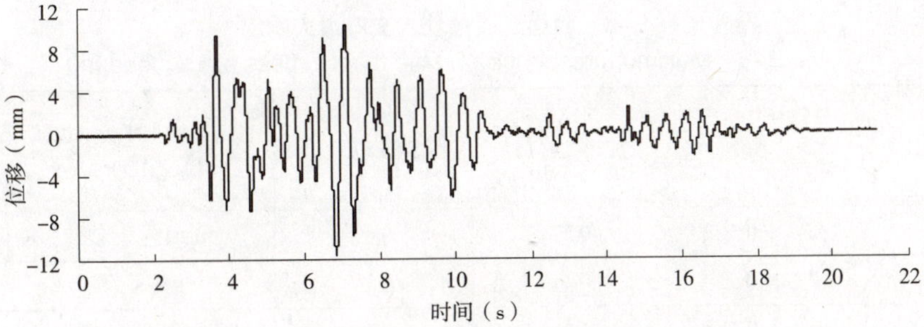

图 B-40　工况 A15 的单个支座水平位移时程（PGA=0.7g）

Figure B-40　Horizontal displacement time-history of single bearing of condition A15（PGA=0.7g）

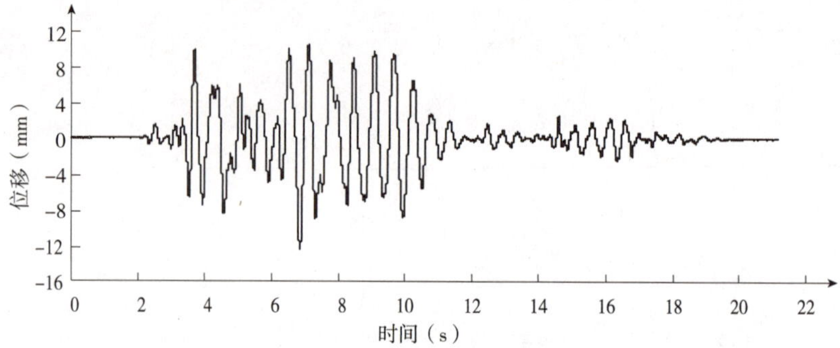

图 B-41 工况 A16 的单个支座水平位移时程（*PGA*=0.8*g*）

Figure B-41 Horizontal displacement time-history of single bearing of condition A16（*PGA*=0.8*g*）

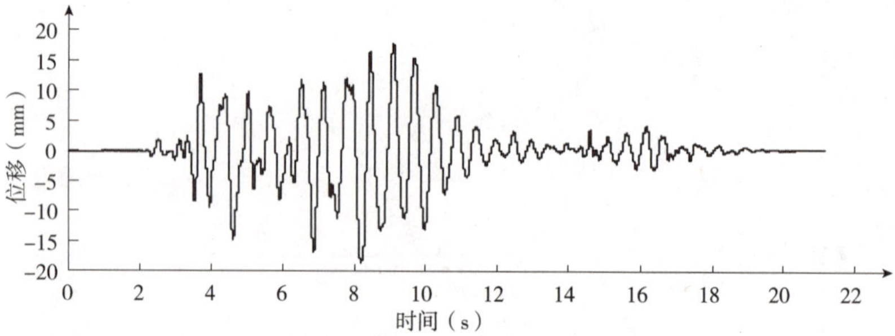

图 B-42 工况 A17 的单个支座水平位移时程（*PGA*=1.0*g*）

Figure B-42 Horizontal displacement time-history of single bearing of condition A17（*PGA*=1.0*g*）

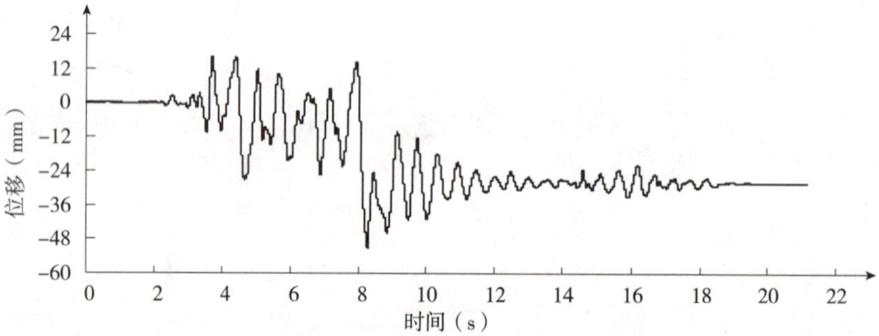

图 B-43 工况 A18 的单个支座水平位移时程（*PGA*=1.2*g*）

Figure B-43 Horizontal displacement time-history of single bearing of condition A18（*PGA*=1.2*g*）

表 B-8 台面、质量块、支座最大响应

Table B-8 Maximum response of table facet，mass block，bearing

工况		振动台台面加速度峰值（g）	质量块加速度峰值（g）	支座最大水平力（kN）	支座最大水平位移（mm）
A12	（*PGA*=0.3*g*）	0.22	0.09	12.15	4.5
A13	（*PGA*=0.5*g*）	0.45	0.15	20.21	8.4
A14	（*PGA*=0.6*g*）	0.59	0.15	21.6	9.4
A15	（*PGA*=0.7*g*）	0.74	0.18	26.51	11.6

续上表

工　况		振动台台面加速度峰值（g）	质量块加速度峰值（g）	支座最大水平力（kN）	支座最大水平位移（mm）
A16	（PGA=0.8g）	0.84	0.19	29.49	13
A17	（PGA=1.0g）	1.04	0.27	32.62	18.6
A18	（PGA=1.2g）	1.23	0.33	33.84	51.2

试验表明，质量块在各工况地震波水平向输入下，最大加速度反应均为台面地震波 *PGA* 的 30% 左右，这证明了板式橡胶支座有一定的隔震作用，可明显减小上部结构的响应。由此可以推断，对于采用板式橡胶支座的简支梁桥，由于上部结构的地震效应是通过支座传递至桥墩的，上部结构地震响应的减小无疑可减轻桥墩的负担，在一定程度上保护桥墩，板式橡胶支座的隔震作用是汶川地震中桥墩震害较少的原因之一。

根据表 B-8 数据，结合正弦波加载工况结果，可知地震波 *PGA* 在 0.3g~1.0g 范围内变化时，橡胶支座未发生明显滑动，支座最大弹性变形约为 19mm。当 *PGA* 达到 1.2*g* 时，支座发生明显滑动，最大滑动位移为 32.2mm。但需注意到，虽然 A18 工况与 A17 工况相比，台面输入由 1.0*g* 增大至 1.2*g*，但支座最大水平力仅从 32.62kN 增大至 33.84kN。由此可以看出，由于 A18 工况质量块与支座之间相对滑动，支座的水平剪力并不随加速度的增加而线性增加，这一现象与数值模拟分析的结果一致。支座水平力反映了上部结构传递至桥墩的水平剪力，由上述现象可以看出，由于质量块与支座间的滑动，释放了上部结构的地震效应，使得墩顶剪力得以部分释放，从而减小了桥墩控制截面 – 墩底截面的弯矩和剪力响应，这是汶川地震中桥墩震害较少的根本原因。

B.2.6　方案 B 试验结果 Test results of program B

方案 B 在方案 A 的基础上，在支座下部安置相对柔性的钢立柱，通过输入汶川地震波进行振动台试验，共进行了 C1~C6 等 6 个加载工况，其 C1 工况为白噪声试验，C2~C6 工况中地震波 PGA 在 0.5*g*~1.2*g* 范围内递增。C1 工况的试验结果表明，方案 B 工况 C1 白噪声试验测得结构自振周期约为 0.415s（图 B-44）。

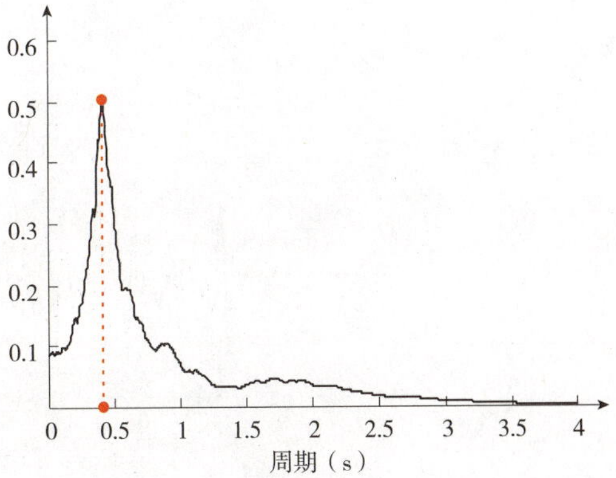

图 B-44　C1 工况白噪声分析图（*T*=0.415s）

Figure B-44　White noise analysis graphic on condition C1（*T*=0.415s）

在地震输入工况中，从图 B-45~图 B-49 中可以看出，在台面输入为 0.5*g*~1.2*g* 时，质量块的加速度始终只有台面加速度的 30% 左右，与方案 A 的结果接近，再次证实了板式橡胶支座具有一定的隔震作用，可以减小上部结构的地震响应。

从图 B-50~ 图 B-54 可以看出，当地震波 *PGA*=1.0*g* 时，板式橡胶支座发生了明显的滑动，与方案 A 相比，支座较早地发生了滑动，这表明下部结构的刚度对主梁与支座间的滑动有一定影响，较小的上部结构刚度更易产生滑动。当 *PGA*=1.2*g* 时，滑动位移继续增大，并且滑动位移量较方案 A 要大，但质量块加速度峰值较方案 A 要小。表 B-9 汇总了方案 A 和方案 B 支座最大位移试验结果，由表可知，无论是方案 A 还是方案 B，支座的水平反力均不随 *PGA* 的增加而线性增加，当上部结构质量块产生滑移后支座水平力基本保持一定，尤其是方案 B 中 *PGA*=1.0*g* 和 *PGA*=1.2*g* 时，支座的水平反力基本不变，再次证明了上部结构与支座产生滑移后，支座水平力不再明显增加的结论。也再次证实了由于上部结构与支座间的滑动，释放了上部结构的地震效应，使得墩顶剪力得以部分释放的结论。

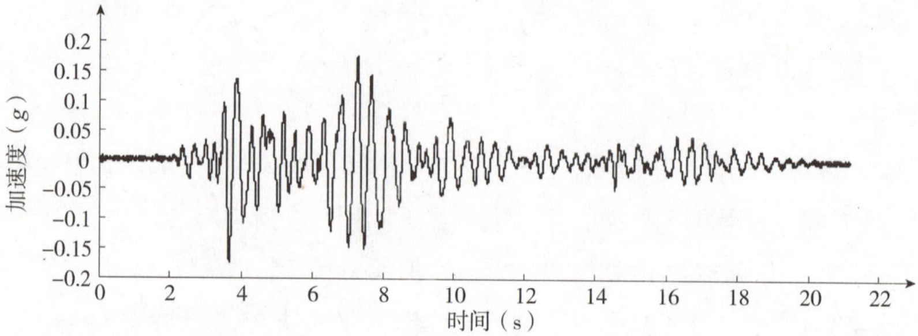

图 B-45 工况 C2 的质量块加速度时程（*PGA*=0.5*g*）

Figure B-45 Mass block acceleration time-history of condition C2（*PGA*=0.5*g*）

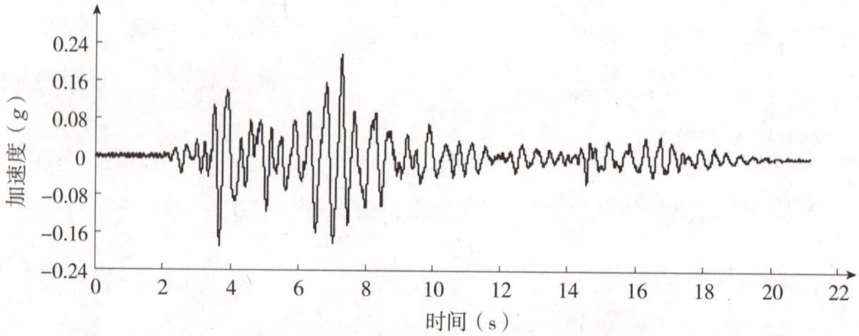

图 B-46 工况 C3 的质量块加速度时程（*PGA*=0.6*g*）

Figure B-46 Mass block acceleration time-history of condition C3（*PGA*=0.6*g*）

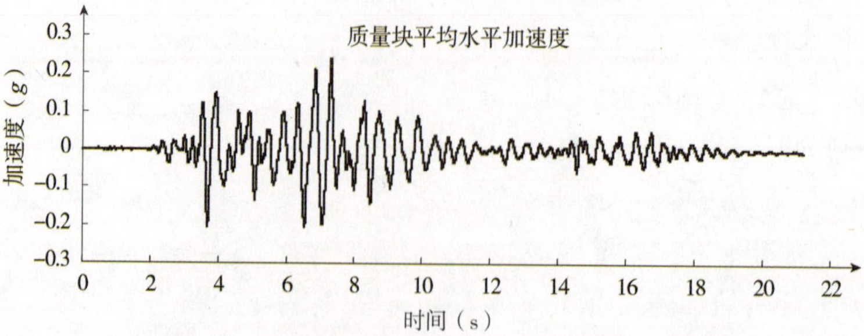

图 B-47 工况 C4 的质量块加速度时程（*PGA*=0.8*g*）

Figure B-47 Mass block acceleration time-history of condition C4（*PGA*=0.8*g*）

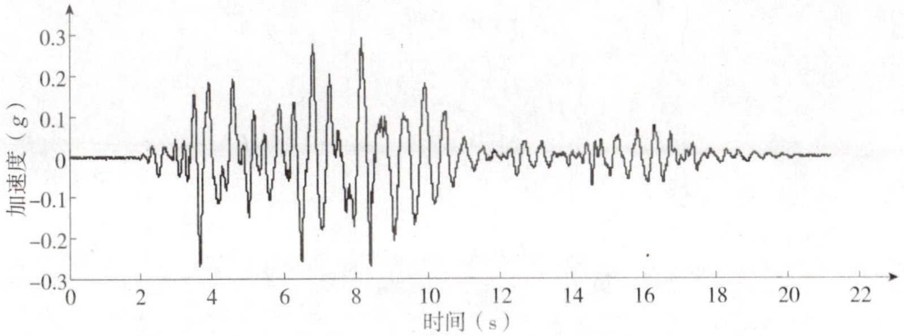

图 B-48　工况 C5 的质量块加速度时程（PGA=1.0g）

Figure B-48　Mass block acceleration time-history of condition C5（PGA=1.0g）

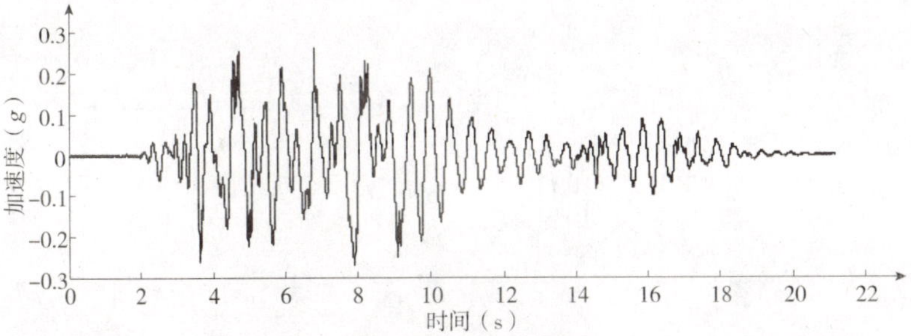

图 B-49　工况 C6 的质量块加速度时程（PGA=1.2g）

Figure B-49　Mass block acceleration time-history of condition C6（PGA=1.2g）

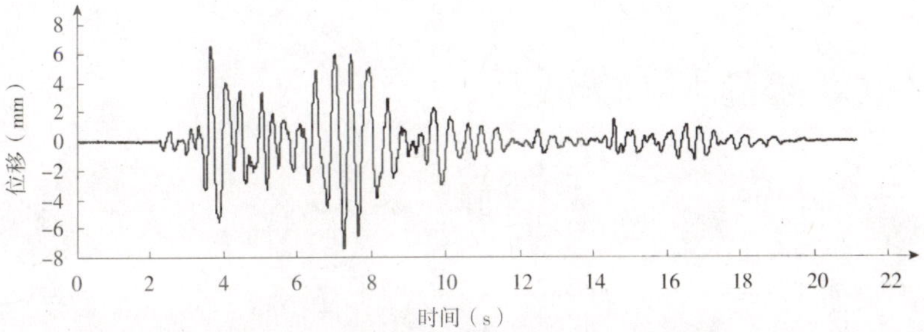

图 B-50　工况 C2 的单个支座水平位移时程（PGA=0.5g）

Figure B-50　Horizontal displacement time-history of single bearing of condition C2（PGA=0.5g）

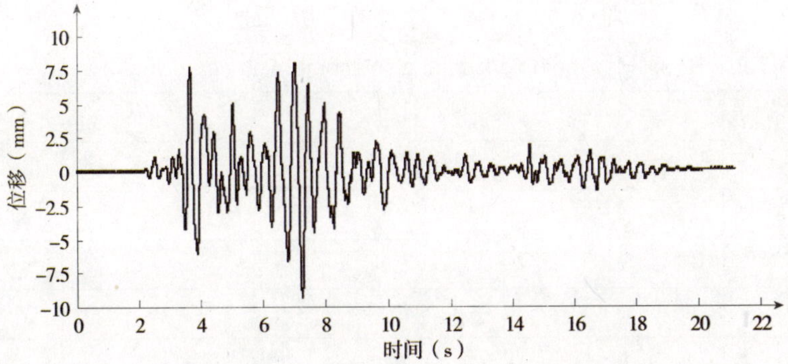

图 B-51　工况 C3 的单个支座水平位移时程（PGA=0.6g）

Figure B-51　Horizontal displacement time-history of single bearing of condition C3（PGA=0.6g）

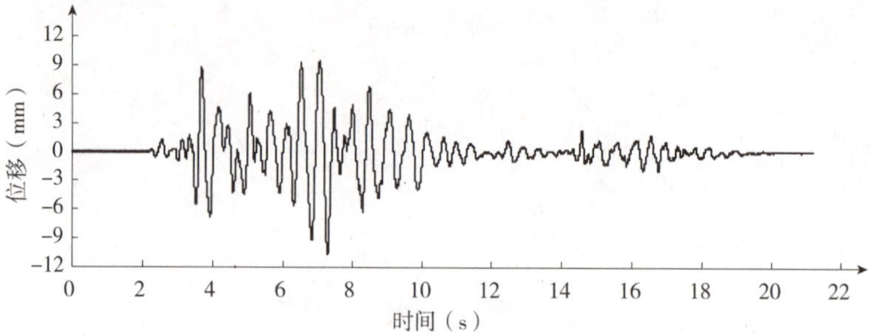

图 B-52　工况 C4 的单个支座水平位移时程（*PGA*=0.8*g*）

Figure B-52　Horizontal displacement time-history of single bearing of condition C4（*PGA*=0.8*g*）

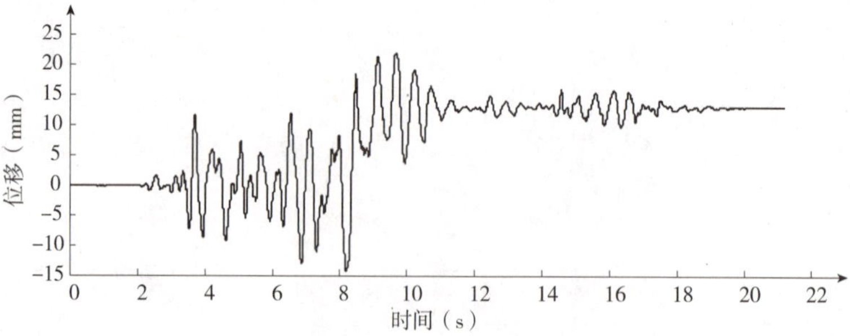

图 B-53　工况 C5 的单个支座水平位移时程（*PGA*=1.0*g*）

Figure B-53　Horizontal displacement time-history of single bearing of condition C5（*PGA*=1.0*g*）

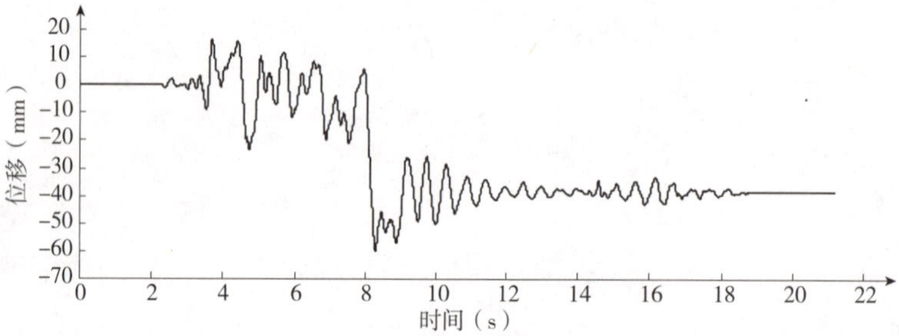

图 B-54　工况 C6 的单个支座水平位移时程（*PGA*=1.2*g*）

Figure B-54　Horizontal displacement time-history of single bearing of condition C6（*PGA*=1.2*g*）

表 B-9　支座最大水平位移汇总

Table B-9　Maximum horizontal displacement summarizing of bearing

工　况	支座最大水平位移（mm）		支座最大水平力（kN）	
	方案 A	方案 B	方案 A	方案 B
（*PGA*=0.5*g*）	8.4	7.5	20.21	22.94
（*PGA*=0.6*g*）	9.4	9.3	21.6	26.815
（*PGA*=0.8*g*）	13	10.6	29.49	30.3
（*PGA*=1.0*g*）	18.6	22	32.62	33.88
（*PGA*=1.2*g*）	51.2	60.4	33.84	33.77

B.2.7　振动台试验小结 Shaking table test summary

从正弦波试验、地震波试验结合数值模拟分析可以看出：

（1）由于板式橡胶支座简支梁桥的上部结构与支座间是通过摩擦力来约束水平位移的，在适当的激励作用下，主梁与支座间的连接将遭到破坏，从而导致主梁移位。汶川地震中的简支梁桥多采用板式橡胶支座，是出现大量的主梁位移现象的主要原因。

（2）板式橡胶支座有一定隔震作用，上部结构的加速度并不随基底激励的增大而线性增加，从而减小了传递至下部结构效应，起到一定保护桥墩的作用。这是汶川地震中桥墩震害较少的原因之一。

（3）板式橡胶支座的水平剪力并不随地震动加速度的增加而成正比例增加，尤其是在主梁与支座间出现滑动后，支座水平力将基本稳定，不再增加，地震能量因主梁的滑动而释放，使得墩顶剪力得以部分释放，从而减小了墩底截面的弯矩和剪力响应，这是汶川地震中桥墩震害较少的根本原因。但也应看到，主梁与支座间的相对滑动增大了墩梁相对位移，也增大了落梁的可能性。

附录 C 抗震制动墩计算分析
Appendix C Aseismic braking pier calculation analysis

振动台试验和数值模拟分析均表明，基于弱连接的简支梁抗震体系可以有效保护桥墩，但这一保护是以容许主梁与支座间存在滑移、增大主梁位移为代价的，过大的位移将面临落梁的风险。尤其是长度较大的桥梁，由于伸缩缝数量多，主梁移位的空间大，震害调查表明，无论是主梁落梁数量、主梁移位率、主梁移位量均较中小桥要大，如何有效地控制主梁移位量，减小落梁风险，是基于弱连接的长桥设计中需重点解决的问题。

本书 3.3.2 节的分析表明，桥台对主梁的纵向位移施加了约束，有效控制了主梁的纵向位移，可大大减小落梁风险。受此启示，对于多联桥梁，若在适当的位置设置刚度较大的“地震制动墩”，该类桥墩需承受主梁的撞击力，起到类似于桥台的限位作用，这样就将长桥分为了多联短桥，减少了主梁移位的空间，可起到弥补弱连接支座对主梁约束较差的弱点，减小落梁风险。

C.1 计算模型 Calculation model

针对上述观点，这里进行了数值模拟分析。计算的原型结构取为某 3×（5×20m）+6×20m 简支梁桥，共分为 4 联，设有 20 个桥墩。在此基础上建立的“制动墩模型”在 10 号墩处设置了抗震制动墩（图 C-1），抗震制动墩的顺桥向刚度为普通桥墩的 6.1 倍。

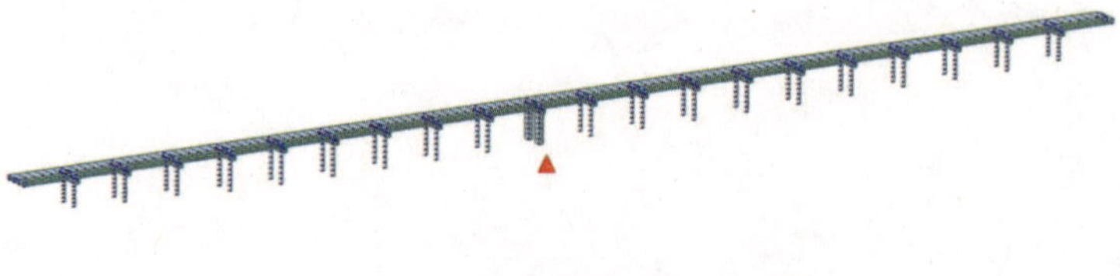

a）整体模型
a）Solid model

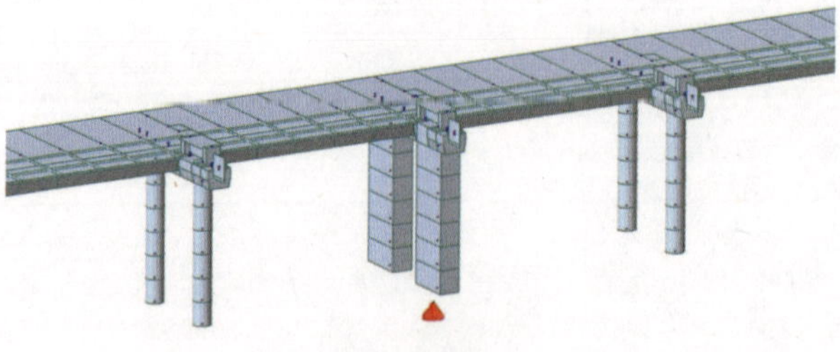

b）制动墩局部
b）Local of braking pier

图 C-1 制动墩计算验证模型
Figure C-1 Braking pier calculation and verification model

主梁构造如图 A–2 所示，桥墩构造如图 A–3 所示，主梁和桥墩均采用弹性梁单元模拟，计算中考虑了支座的状态非线性性质，支座的模拟方法同附录 A。计算同时考虑了桥面连续，主梁与主梁间的碰撞，主梁与桥台间的碰撞和主梁与制动墩间的碰撞。主梁与主梁间碰撞的刚度取为主梁的轴线刚度，主梁与桥台间的碰撞刚度也取为主梁的轴向刚度，主梁与制动墩间的碰撞刚度取为制动墩墩顶横墙的抗弯刚度。

计算地震波采用汶川地震绵竹清平波，同时输入了三个方向的激励。

C.2　计算结果分析 Calculation results analysis

从图 C–2 可以看出，在绵竹清平波作用下，主梁与制动墩发生了多次碰撞。对比设置制动墩和不设置制动墩时的墩梁相对位移时程，可清楚地看出两者的不同。

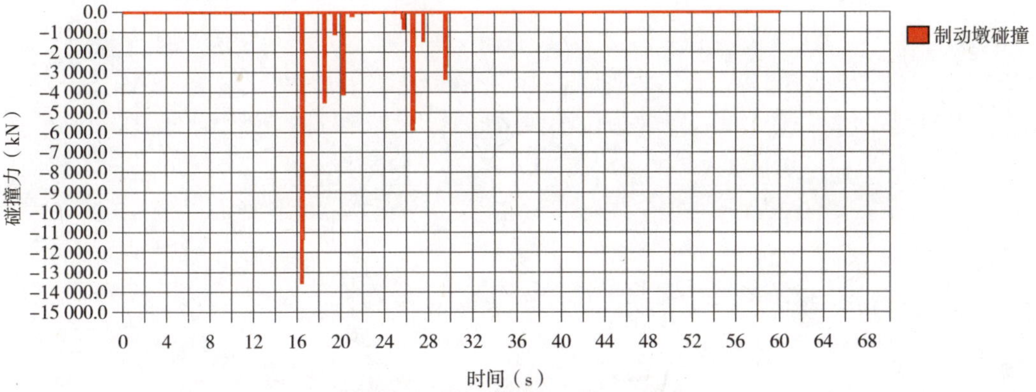

图 C–2　制动墩与主梁碰撞力时程

Figure C–2　Impact time–history of braking pier and main beam

设置制动墩时（图 C–3），主梁的振动明显不是一个零均值随机过程，“+”值（主梁向模型右侧运动）明显比“–”值要小（主梁向模型左侧运动），其原因为在制动墩处质量位移受到约束，主梁向右侧的位移量只有 1 道伸缩缝宽度，而向左侧则为 2 道伸缩缝的累积宽，因此向左侧运动的位移大于向右侧运动的位移。可以看出，制动墩具有减小墩梁相对位移的作用。

不设制动墩时（图 C–4），墩梁相对位移明显较设置制动墩时要小，而且可以看出在过大的 PGA 作用下，墩梁间发生了永久相对位移，振动不再围绕 0 点，而是以约 0.05m 为原点振动。

以综合主梁与制动墩的碰撞力时程情况可以看出，设置制动墩后，当主梁位移量大于伸缩缝宽度后，主梁将先于制动墩发生碰撞，由于碰撞的存在，主梁的位移受到约束，从而减小了墩梁相对位移，减小了落梁风险，抗震制动墩可以解决长桥抗震设计中主梁位移过大的问题。图 C–5 也证明了这一点。

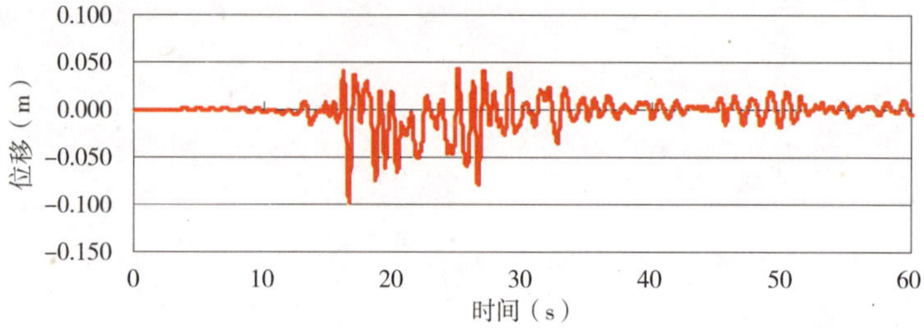

图 C-3　设置制动墩时制动墩处（10 号墩）墩梁相对位移时程

Figure C-3　Relative displacement time-history between pier and beam where with braking piers（No.10 pier）

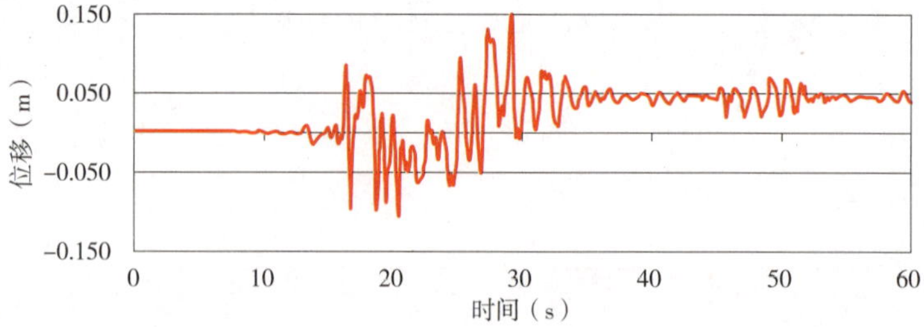

图 C-4　不设置制动墩时 10 号墩处墩梁相对位移时程

Figure C-4　Relative displacement time-history between pier and beam where without braking piers（No.10 pier）

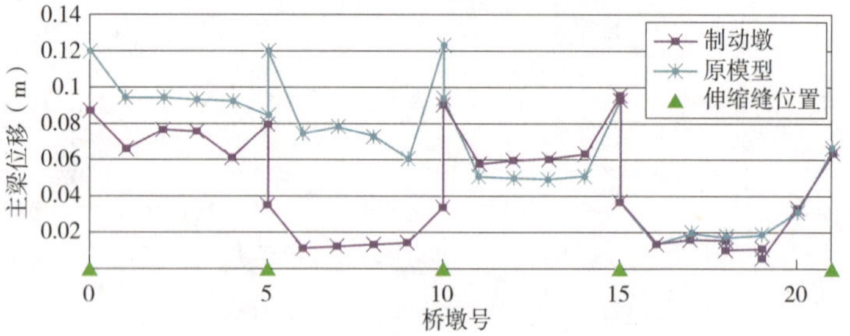

图 C-5　制动墩效果比较

Figure C-5　Braking pier results comparing

附录 D　挡块破坏机理试验研究
Appendix D　Block damage mechanism test investigation

为揭示挡块破坏机理、探明其主要影响因素，开展了挡块模型试验研究。

D.1　模型试件设计 Model test-piece design

为了增强试验的针对性，使此次试验及性能结果能更好地应用于国内公路桥梁的抗震设计工作，把本试验的试验原形确定为通过抽样获取的受汶川地震影响的 8 座现役桥梁，取样原则遵守以下 3 个“不能”：不能是同一设计单位、不能是同一桥型、不能是同一条公路。具体挡块取样如表 D–1 所示。

由于本次试验将进行弹性、开裂、破坏全过程加载，而缩尺模型在弹塑性区的行为往往与原型有一定差别，而且挡块原型的尺寸并不大，试验中采用了 1∶1 的挡块原型试验模型。

表 D–1　四川现役桥梁挡块抽样调查表
Table D–1　Block sampling questionnaire of Sichuan bridges in operation

桥　名	挡块高（cm）	挡块宽（cm）	挡块长（cm）	竖筋直径（mm）	横筋直径（mm）	桥型	高宽比
德阿公路绵竹段 2 号桥	24	25	50	12	12	20m 连续梁	0.96
北川县禹里大桥	80	50	165	22	12	60mT 梁	1.60
北川县夏禹大桥	40	24	160	12	8	—	1.67
北川县石蓑衣大桥	40	20	160	12	8	20m 空心板	2.00
S105 安州大桥	40	40	170	20	8	25m 空心板	1.00
辕门坝大桥	50	45	170	20	16	20m 空心板	1.11
北川陈家坝大桥	80	55	200	20	12	25mT 梁	1.45
新房子大桥	50	40	220	12	12	40mT 梁	1.25

根据试验目的和桥梁挡块取样分析，确定设计 5 个横向挡块试验模型。在实际桥梁中由于规范对挡块构造无明确规定，桥梁挡块设计比较随意，箍筋主要有两种构造形式：第一种箍筋并不是完全意义上的“箍筋”，相当于分布钢筋，挡块横向抗剪能力较差（图 D–1）。第二种是常规封闭箍筋构造，其横向抗剪能力较好（图 D–2）。

为了增强试验的针对性，使此次试验结果能更好地应用于国内公路桥梁的抗震设计工作，参照国内桥梁设计中挡块的常用尺寸和配筋方式，选取试验原型，获得了有代表性的挡块尺寸、纵向钢筋配筋率，横向钢筋配筋率的情况，在此基础上设计了 5 个 1∶1 的挡块试验模型（表 D–2）。调查表明汶川地震灾区桥梁挡块设计相对随意，箍筋主要有两种构造形式：第一种箍筋并不是完全意义上的“箍筋”，相当于分布钢筋，挡块横向抗剪能力较差。第二种是常规封闭箍筋构造，其横向抗剪能力较好。

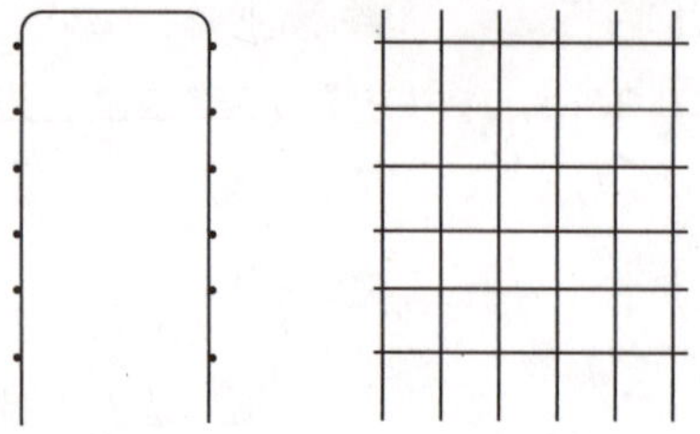

a）挡块横桥向
a）Block of cross bridge
b）挡块纵桥向
b）Block of direction bridge

图 D-1 第一种箍筋构造形式
Figure D-1 The 1st stirrup construction form

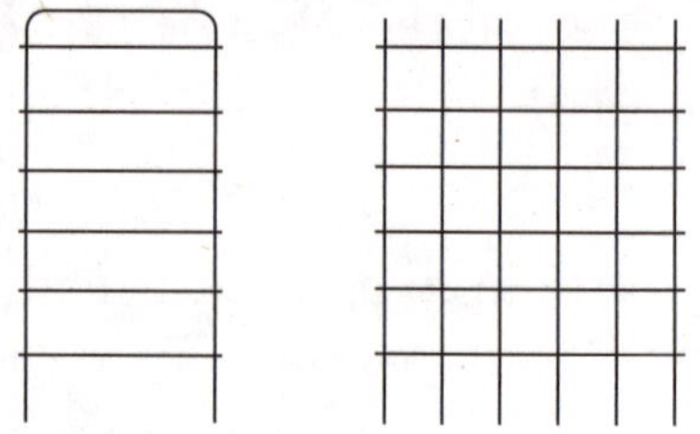

a）挡块横桥向
a）Block of cross bridge
b）挡块纵桥向
b）Block of direction bridge

图 D-2 第二种箍筋构造形式
Figure D-2 The 2nd stirrup construction form

表 D-2 桥梁横向挡块模型参数表
TableD-2 Parameters table of bridge transverse block model

编 号	厚度（cm）	高度（cm）	长度（cm）	箍筋形式	纵筋率（%）	配箍率（%）	水平力距离挡块根部高度（cm）
SSK-1	30	50	60	1st	1.56	0.00	30
SSK-2	30	50	60	2nd	1.56	0.67	30
SSK-3	30	50	60	3rd	1.56	0.67	20
SSK-4	35	50	60	4th	1.34	0.67	35
SSK-5	40	50	60	5th	1.17	0.67	35

SSK-1 模型主要考察非封闭箍筋挡块的横向抗震受力特点，竖向钢筋和横向钢筋（第一种箍筋形式）的直径均为 16mm，纵筋和箍筋间距为 10cm；SSK-2 模型主要考察封闭箍筋挡块的横向抗震受力特点，除了箍筋形式外其余构造与第一个挡块完全相同；SSK-3 模型的结构形式与第 2 个挡块完全一样，仅加载受力点降低 10cm，与 SSK-2 一起研究加力点的影响；SSK-4 模型在 SSK-2 的基础上将挡块厚度增加 5cm；SSK-5 模型在 SSK-2 的基础上将挡块厚度增加 10cm。这样通过 SSK-2、SSK-4、SSK-5 模型可以研究挡块厚度的影响。各试验模型构造如图 D-3~ 图 D-6 所示。

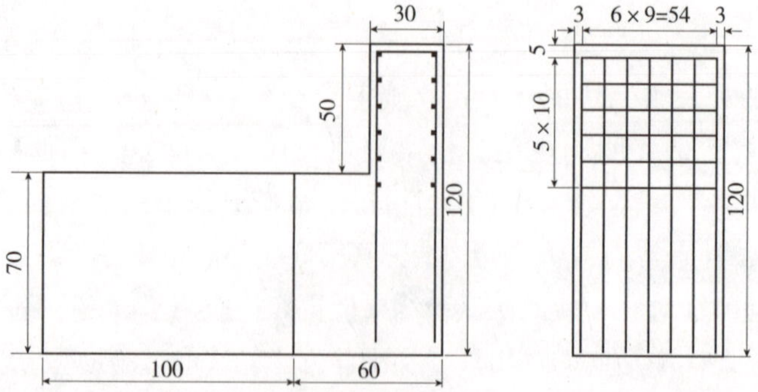

图 D-3 SSK-1 模型构造（尺寸单位：cm）
Figure D-3 Construction form for SSK-1 specimen（unit：cm）

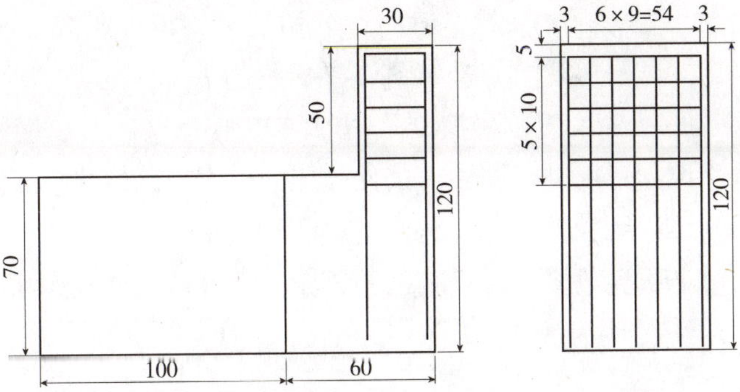

图 D-4 SSK-2、SSK-3 模型构造（尺寸单位：cm）

Figure D-4 Construction form for SSK-2，SSK-3 specimen（unit：cm）

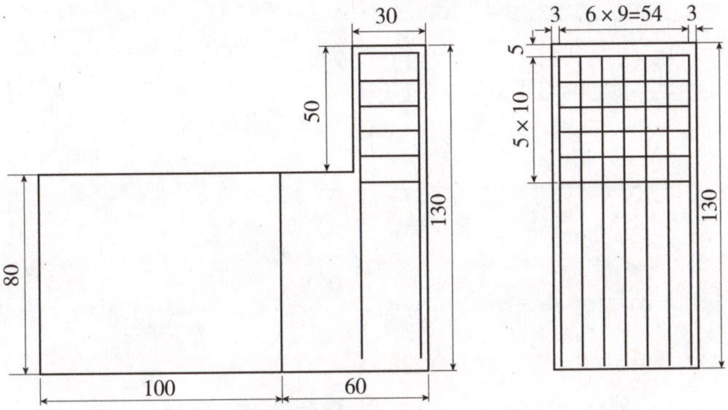

图 D-5 SSK-4 模型构造（尺寸单位：cm）

Figure D-5 Construction form for SSK-4 specimen（unit：cm）

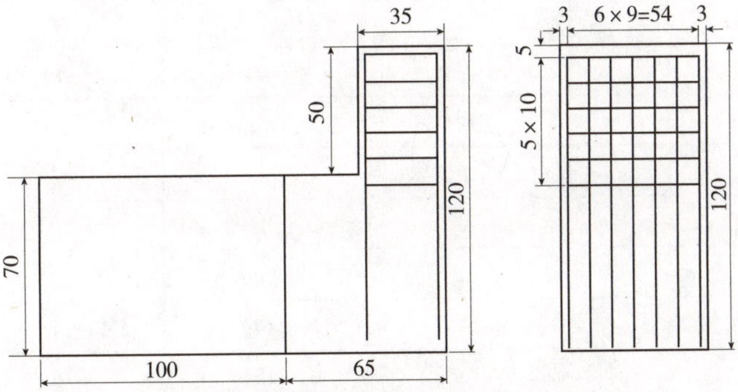

图 D-6 SSK-5 模型构造（尺寸单位：cm）

图 D-6 Construction form for SSK-5 specimen（unit：cm）

D.2 加载和测试 Loading and test

D.2.1 加载 Loading

试件采用四根精轧螺纹钢将试件固定在反力地板上。采用自适应的油压千斤顶以控制试验过程中轴压力的变化，采用英国 Servotest 公司的 DCS2000 系统控制 100t 的作动器以控制侧向力加载变化。试验加载的装置如图 D-7 所示。

加载波形采用三角波，采用位移控制（图 D-8），根据前一级试验结果调整后面试验参数，即对下一位移控制目标进行调整。试件破坏的标志为试件的承载能力下降到最大承载能力的 85% 以下，或者钢筋被拉断，或者混凝土大面积脱落。每个位移水平进行 1 个三角波循环，记录整个试验数据。每一级别加载完毕后进行裂缝观测和破坏情况记录，挡块实际横向分级加载见表 D-3。

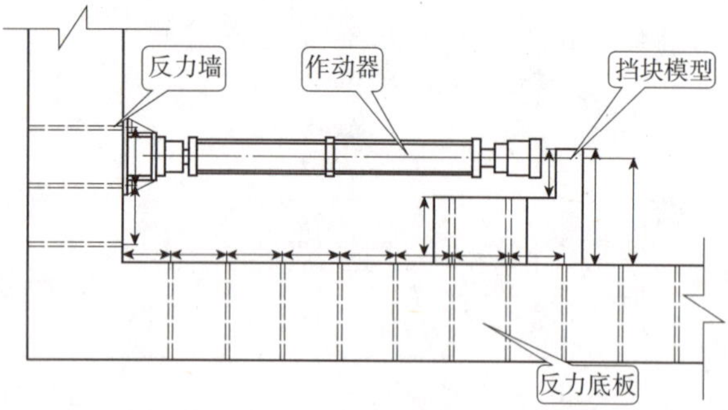

图 D-7 试验加载总装图

Figure D-7 Test load general assembly drawing

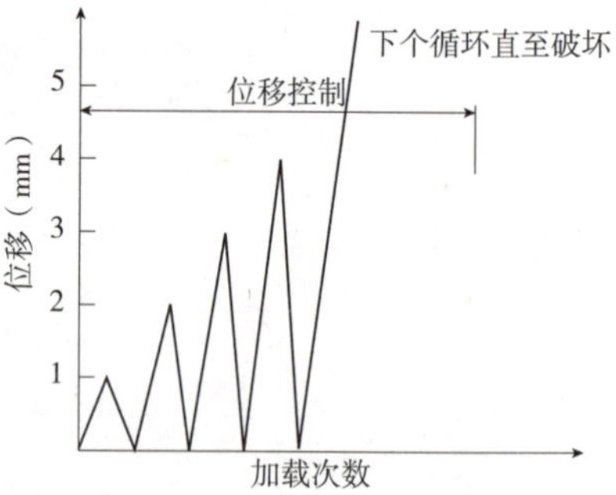

图 D-8 挡块抗震性能试验加载程序

Figure D-8 Test load program of aseimatic property of block

表 D-3 挡块实际横向分级加载表（单位：mm）

Table D-3 Block actual transverse classification loading table（unit：mm）

级别	SSK-1	SSK-2	SSK-3	SSK-4	SSK-5
1	1	2	2	2	2
2	2	4	4	4	4
3	3	6	6	6	6
4	4	8	8	8	8
5	5	10	10	10	10
6	6	12	12	12	12
7	7	14	14	14	14
8	9	16	16	16	16
9	11	18	18	18	18
10	15	22	22	22	22
11	20	26	26	26	26
12		30	30	30	30
13		34	34	34	34
14		38	38	38	38
15		42	46	46	46
16		46	54	54	54

续上表

级别	SSK-1	SSK-2	SSK-3	SSK-4	SSK-5
17		50	62	62	62
18		54	70	70	70
19		58	80	80	80
20		68		90	90
21		80		100	100
22				110	110

D.2.2　测试 Test

侧向力通过多通道结构试验系统进行加载，可自动测试侧向力的大小。为了有效得到挡块的受力状况，需要在挡块体内和体外粘贴应变计来进行应力测试。为了测试挡块底截面钢筋屈服状态和墩底截面中性轴变化情况，在墩底最外侧钢筋上粘贴了应变计；为了测试混凝土受力情况和开裂时应力状态，在挡块底和塑性铰区的混凝土表面粘贴了应变计。SSK1~SSK5 模型钢筋应变测试点和混凝土应变测试点示意见图 D-9~ 图 D-13。

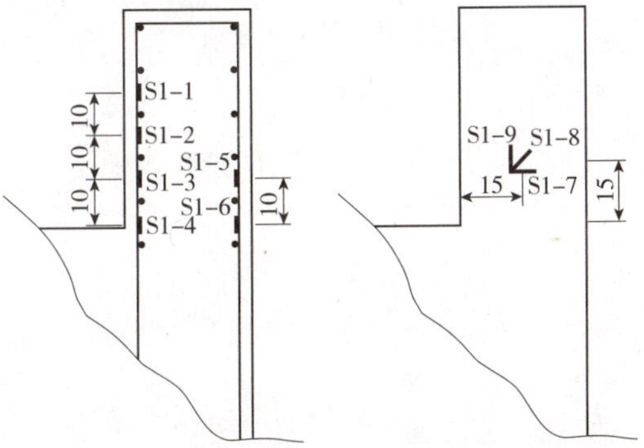

图 D-9　SSK-1 钢筋应变测试点和混凝土应变测试点

Figure D-9　SSK-1 steel strain test point and concrete test point

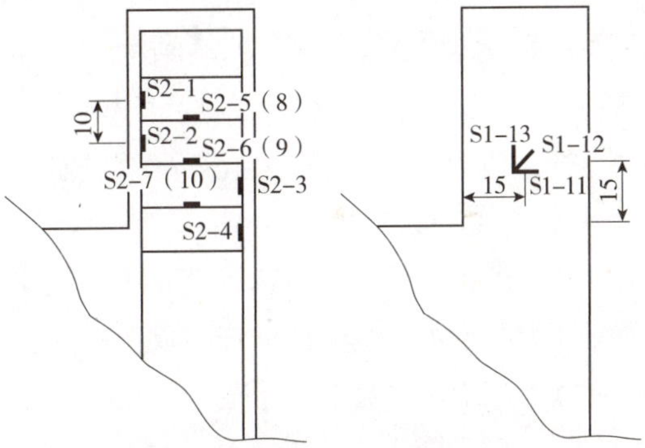

图 D-10　SSK-2 钢筋应变测试点和混凝土应变测试点

Figure D-10　SSK-2 steel strain test point and concrete test point

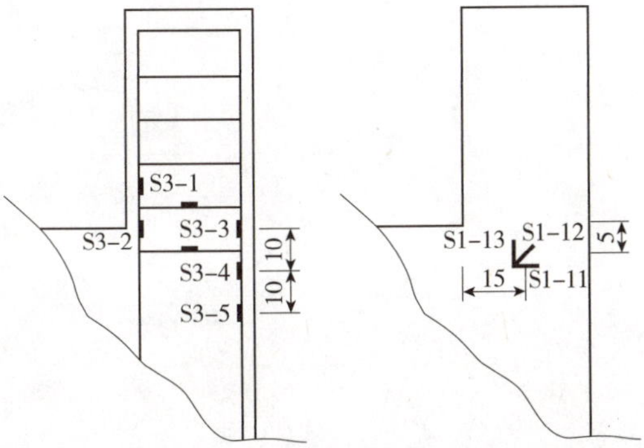

图 D-11　SSK-3 钢筋应变测试点和混凝土应变测试点

Figure D-11　SSK-3 steel strain test point and concrete test point

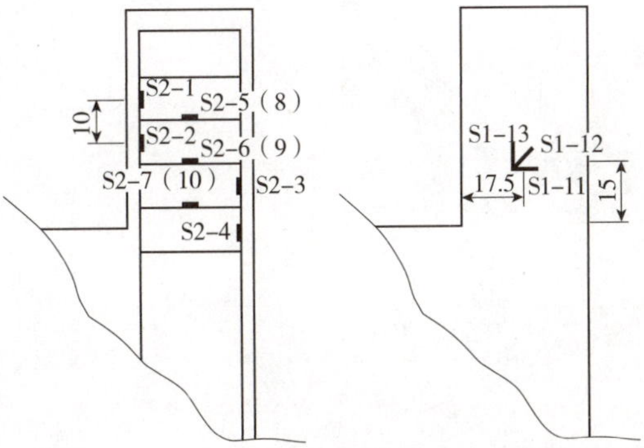

图 D-12　SSK-4 钢筋应变测试点和混凝土应变测试点

Figure D-12　SSK-4 steel strain test point and concrete test point

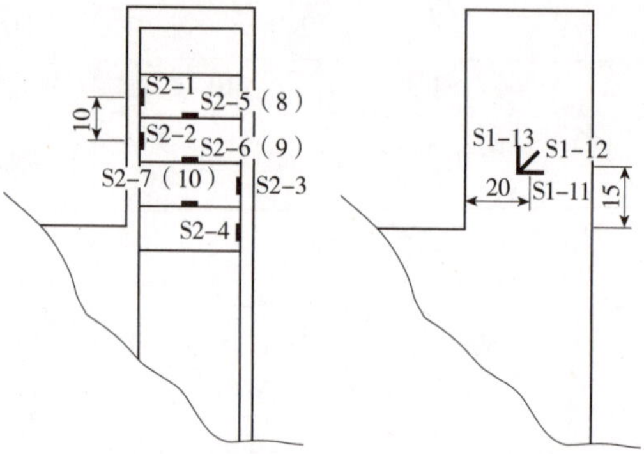

图 D-13 SSK-5 钢筋应变测试点和混凝土应变测试点
Figure D-13 SSK-5 steel strain test point and concrete test point

D.3 试验结果及分析 Test results and analysis

D.3.1 SSK-1 挡块试验结果及分析 SSK-1 block test results and analysis

SSK-1 挡块呈现脆性的剪切破坏特征，延性能力较差。在 9mm 位移工况试验时，当水平位移达到 7.8mm 时，挡块结构产生破坏性斜裂缝，裂缝与水平夹角成 60°，水平承载能力达到峰值 346.5kN，随后结构承载能力急剧下降。加载历程如图 D-14 所示，承载力峰值骨架曲线如图 D-15 所示。挡块在加载位移 9mm 和 20mm 的工况下破坏形态如图 D-16、图 D-17 所示。

从刚度角度来分析，挡块 SSK-1 在 1mm 位移工况作用下其割线刚度为 115.88kN/mm。随着位移等级增加，其刚度逐渐退化，达到 9mm 位移工况时，其割线刚度下降为 53.86kN/mm，此时挡块产生斜向裂缝，承载能力急剧下降。在随后的位移工况下，挡块刚度下降较快，在 20mm 工况下，其割线刚度仅为 13.15kN/mm，为初始刚度的 11.3%。

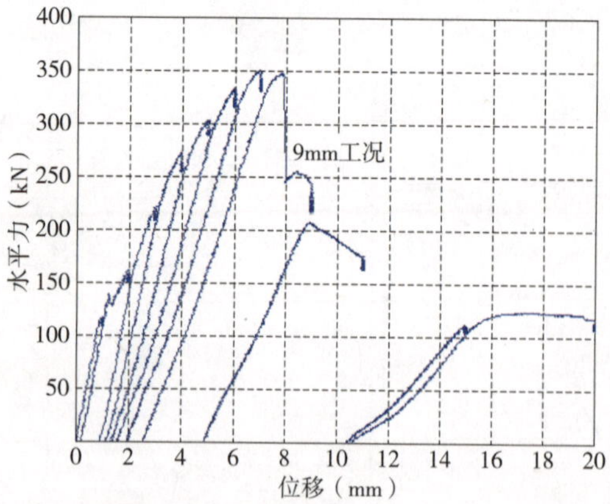

图 D-14 SSK-1 挡块加载历程曲线
Figure D-14 Loading process curve of SSK-1 block

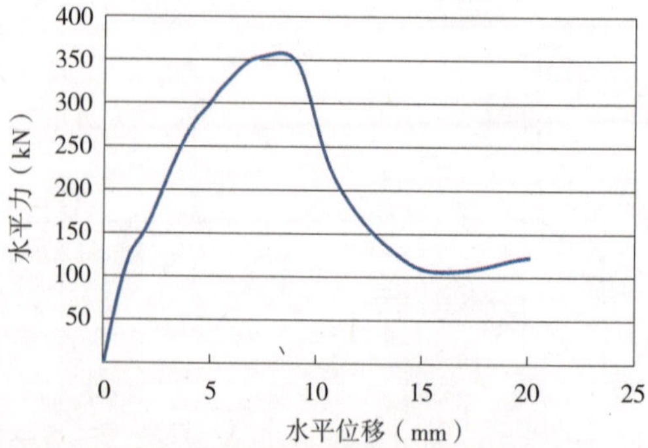

图 D-15 SSK-1 挡块承载力峰值骨架曲线
Figure D-15 Bearing capacity peak skeleton curve of SSK-1 block

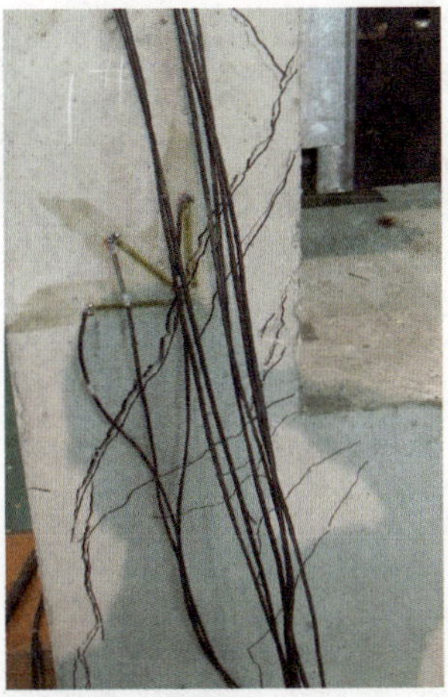

图 D-16　SSK-1 挡块破坏形态（加载位移 9mm）
Figure D-16　SSK-1 block damage forms（loading displacement 9mm）

图 D-17　SSK-1 挡块破坏形态（加载位移 20mm）
Figure D-17　SSK-1 block damage forms (loading displacement 20mm)

D.3.2　SSK-2 挡块试验结果及分析 SSK-2 block test results and analysis

当位移增加至 2mm 时，SSK-2 挡块在根部产生第一条斜裂缝，随着位移等级的增加斜裂缝逐渐向斜下方延伸，在遇到挡块竖向钢筋后裂缝向下方垂直延伸，产生竖向裂缝。这与汶川地震中观察到的许多挡块破坏形态相似。在 16mm 位移工况时，其水平承载能力达到峰值 341.76kN，在 54mm 位移工况时，挡块外侧纵筋开始屈曲，外侧混凝土向外隆起，并产生多条水平裂缝，局部混凝土脱落，内侧竖筋在弯剪组合效应下产生断裂，导致挡块承载能力快速下降，80mm 位移工况下的水平承载能力是 226.28kN，为最大峰值的 66.2%。整个破坏过程呈现出先剪后弯的破坏特征，具有良好的延性能力，有一定的滞回耗能机制。

加载历程曲线如图 D-18 所示，承载力峰值骨架曲线如图 D-19 所示。图 D-20 给出了开裂、最大承载力和破坏时的裂缝形态。

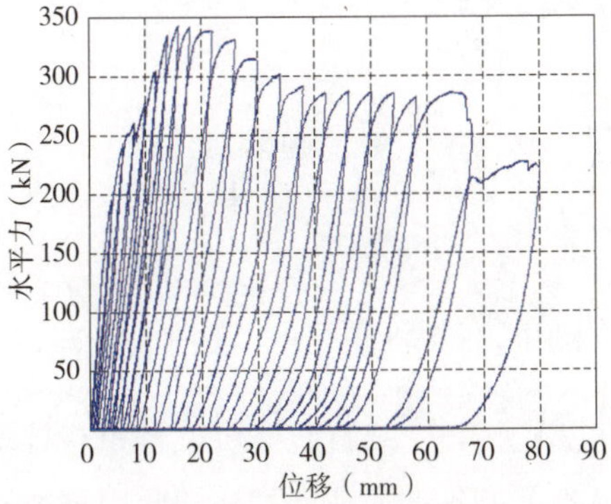

图 D-18　SSK-2 挡块加载历程曲线
Figure D-18　Loading process curve of SSK-2 block

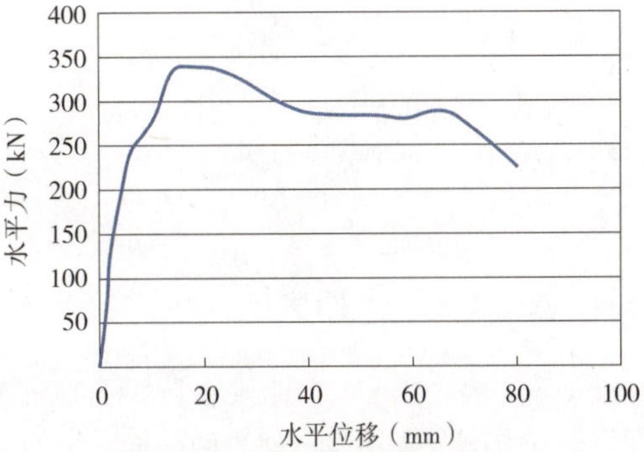

图 D-19　SSK-2 挡块承载力峰值骨架曲线
Figure D-19　Bearing capacity peak skeleton curve of SSK-2 block

a）2mm　　b）16mm　　c）80mm（破坏）

a）2mm　　b）16mm　　c）80mm（damage）

图 D-20　SSK-2 挡块裂缝发展情况

Figure D-20　The fracture development of SSK-2 block

对于挡块这样的混凝土结构，由于在较小位移等级下挡块就会产生裂缝，结构会产生不同程度的屈服，因此挡块在每一级荷载下均产生不同程度的残余位移，随着位移等级增大其残余位移逐渐增加（图 D-21）。因此，可以看出挡块一旦产生裂缝，其很难恢复到原位，根据结构承受水平力大小不同，其产生永久位移程度不同。

随着位移的增大，挡块的刚度始终处于退化之中，而且位移越大，刚度退化现象越明显（图 D-22）。SSK-2 挡块的初始刚度为 61.11kN/mm，随着位移等级增加，其刚度逐渐退化，达到 80mm 位移工况时，其割线刚度为 8.28kN/mm，为初始刚度的 13.15%。

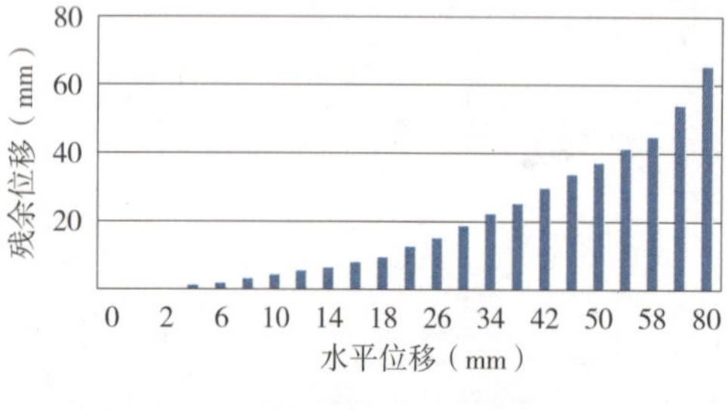

图 D-21　SSK-2 挡块残余位移柱状分布

Figure D-21　Columnar distribution to the residual displacement of SSK-2 block

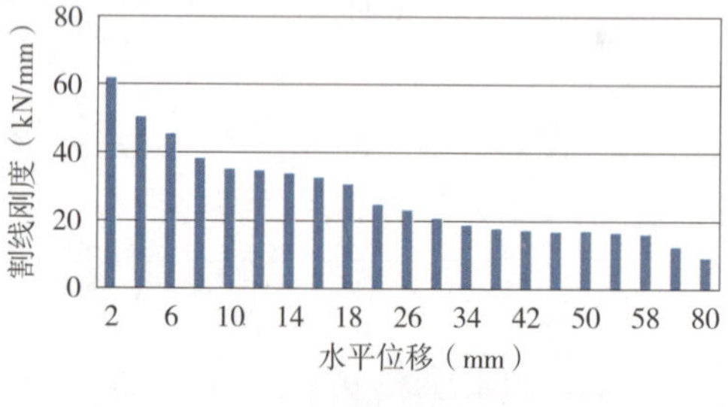

图 D-22　SSK-2 挡块模型刚度退化过程

Figure D-22　Stiffness degradation process of SSK-2 block

D.3.3　SSK-3 挡块试验结果及分析 SSK-3 block test results and analysis

SSK-3 挡块与 SSK-2 挡块相比，其水平力向下移动了 10cm。该型挡块也首先在挡块根部产生斜裂缝，随着位移等级的增加斜裂缝逐渐向斜下方延伸，在遇到挡块竖向钢筋后裂缝向下方垂直延伸，产生竖向裂缝。这与 SSK-2 挡块观察到的裂缝发展形态相似。

在加载位移达到 10mm 时，挡块纵筋开始屈服，随后横向水平力峰值处于波动状态，在 70mm 时达到最大值 385.64kN。在位移 62mm 工况下，挡块外侧纵筋开始屈曲，外侧混凝土向外隆起，并产生多条水平裂缝，局部混凝土脱落。随着位移等级进一步增加，挡块开始明显向外侧横移，此时主要由内层竖向钢筋的倾斜变形来抵抗水平，混凝土失去承载能力，结构刚度下降较明显。

SSK-3 挡块与 SSK-2 挡块相比，虽然加载点下移，但挡块也呈现先剪后弯的破坏特征，有一定的滞回耗能机制，而且延性更好，承载力峰值也较 SSK-2 挡块要大，这反映出挡块处于弯、剪复合受力状态，其承载力受弯曲的影响较大，随着力臂的缩短、弯矩的减小，挡块承载力明显提高，而且延性还得到改善。加载历程曲线如图 D-23 所示，承载力峰值骨架曲线如图 D-24 所示。图 D-25 给出了各特征点的裂缝形态。

SSK-3 挡块的残余位移与 SSK-2 挡块相近，这从图 D-21~ 图 D-26 可以看出，这反映出残余位移与加载点位置的关系不大。

SSK-3 挡块在 6mm 位移工况时挡块的割线刚度为 57.85kN/mm，随着位移等级增加，其刚度逐渐退化，达到 80mm 位移工况时，其割线刚度为 17.76kN/mm，为初始割线刚度的 30.7%，残余刚度明显较 SSK-2 挡块要大（图 D-27）。

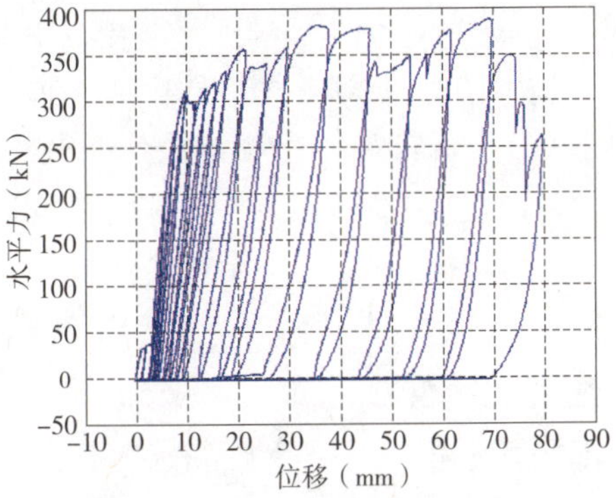

图 D-23　SSK-3 挡块加载历程曲线

Figure D-23　Loading process curve of SSK-3 block

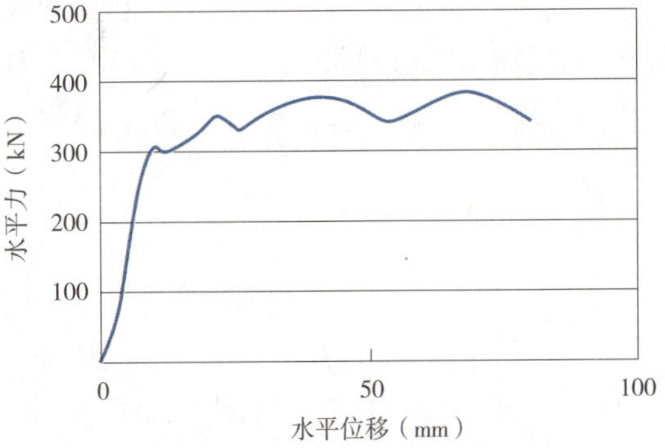

图 D-24　SSK-3 挡块承载力峰值骨架曲线

Figure D-24　Bearing capacity peak skeleton curve of SSK-3 block

a）10mm　　b）70mm　　c）80mm（破坏）

a）10mm　　b）70mm　　c）80mm（damage）

图 D-25　SSK-3 挡块裂缝发展情况

Figure D-25　The fracture development of SSK-3 block

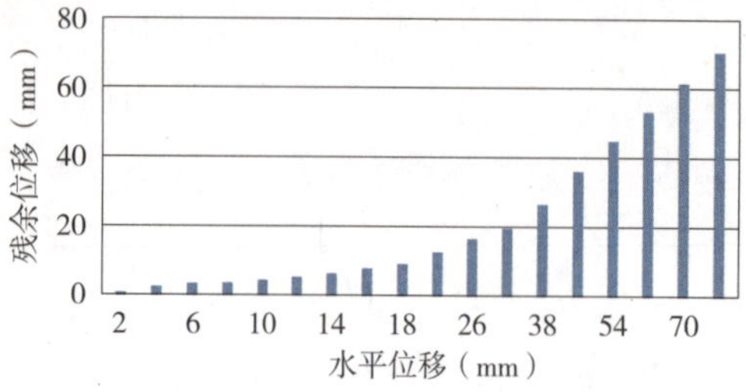

图 D-26 SSK-3 挡块残余位移柱状分布

Figure D-26 Columnar distribution to the residual displacement of SSK-3 block

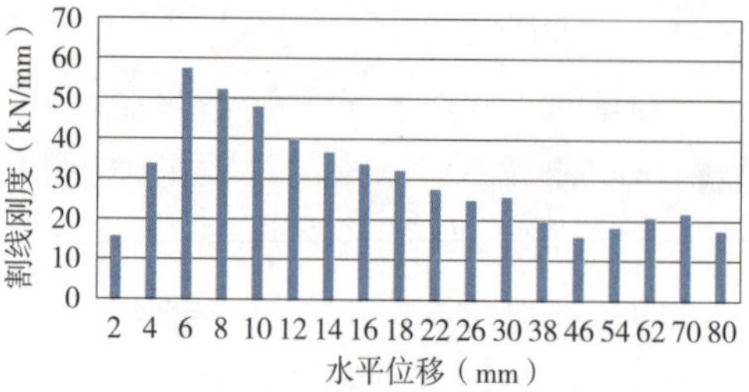

图 D-27 SSK-3 挡块模型刚度退化过程

Figure D-27 Stiffness degradation process of SSK-3 block

D.3.4 SSK-4 挡块试验结果及分析 SSK-4 block test results and analysis

SSK-4 挡块与 SSK-2 挡块相比，其挡块厚度增加了 5cm。试验中，首先在挡块根部产生斜裂缝，随着位移等级的增加斜裂缝逐渐向斜下方延伸，在遇到挡块竖向钢筋后裂缝向下方垂直延伸，产生竖向裂缝，在距离底部 30cm 时，裂缝开始往内侧延伸，这与底部产生压应力有关［图 D-28a)］。挡块在达到 30mm 时，挡块横向水平力达到峰值 401.52kN，随后由于挡块水平位移过大，内侧竖筋在弯剪组合效应下产生断裂，导致挡块承载能力下降［图 D-28b)］。在 64mm 位移工况下，挡块外侧纵筋开始屈曲，外侧混凝土向外隆起，并产生多条水平裂缝，混凝土大面积脱落。随着位移等级进一步增加，挡块开始明显向外侧横移，此时主要由内层竖向钢筋的倾斜变形来抵抗某位移，混凝土失去承载能力，结构刚度下降较明显，120mm 位移工况下的水平承载能力是 192.16kN，为最大峰值的 47.86%。加载历程曲线如图 D-29 所示，承载力峰值骨架曲线如图 D-30 所示。

与 SSK-2 挡块相比，该挡块也呈现先剪后弯的破坏特征，具有良好的延性能力，有一定的滞回耗能机制。其承载力提高了 15%，极限变形量也有所增加，但需注意到，SSK-4 挡块在达到内力峰值后，承载力下降较 SSK-2 挡块明显（图 D-30）。

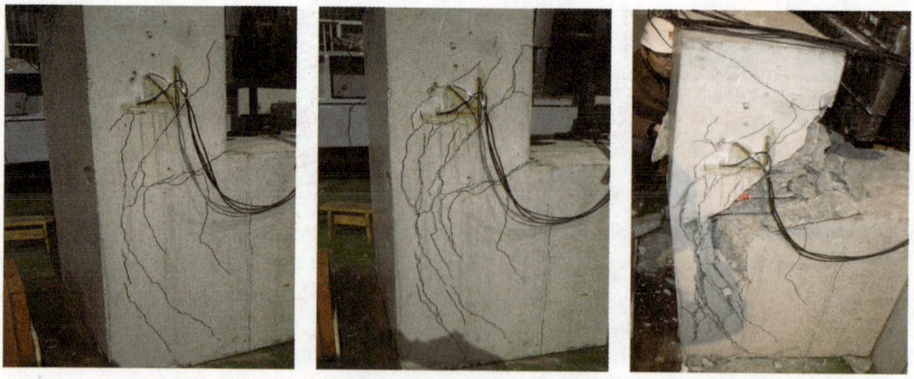

a）14mm　b）30mm　c）110mm（破坏）

a）14mm　b）30mm　c）110mm（damage）

图 D-28 SSK-4 挡块裂缝发展情况

Figure D-28 The fracture development of SSK-4 block

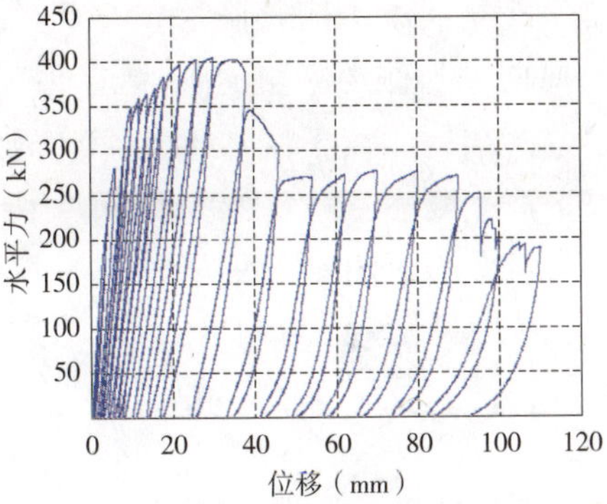

图 D-29 SSK-4 挡块加载历程曲线

Figure D-29 Loading process curve of SSK-4 block

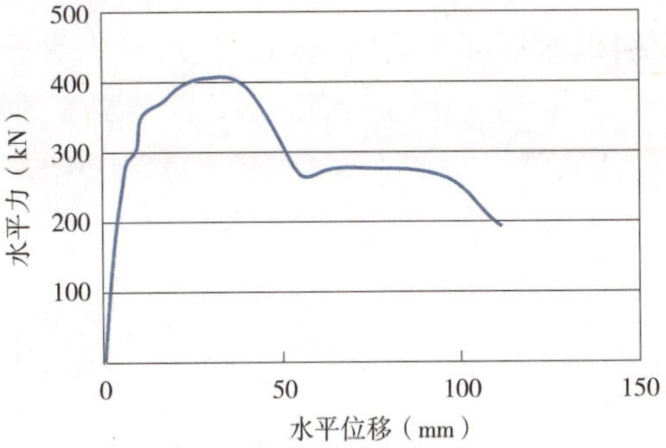

图 D-30 SSK-4 挡块承载力峰值骨架曲线

Figure D-30 Bearing capacity peak skeleton curve of SSK-4 block

SSK-4 挡块的残余位移（图 D-31）与 SSK-2 挡块相近，相同加载位移时，残余位移也较为接近，但由于 SSK-4 挡块的极限位移大，因此最终的残余位移也较 SSK-2 挡块大。

由于 SSK-4 挡块的截面尺寸较 SSK-2 挡块要大，因此初始刚度较 SSK-2 挡块要大，随着加载位移的增大，刚度退化（图 D-32），尤其是达到承载力峰值后迅速退化，当位移增大至 38mm 时，两者的割线刚度已较为接近。这表明虽然增大挡块尺寸可以增大挡块的初始刚度，但当钢筋屈服后，挡块的刚度与截面尺寸基本无关。

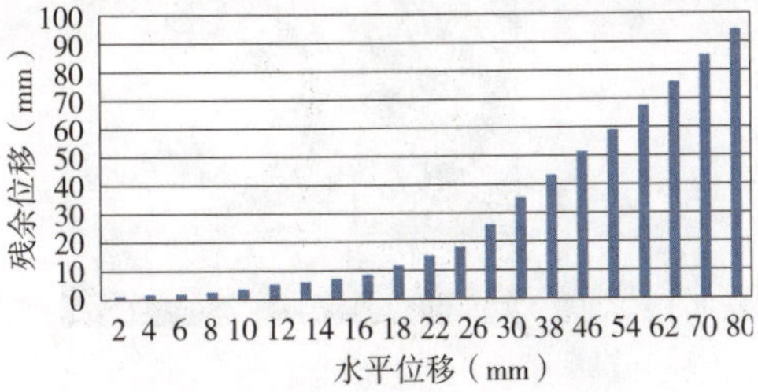

图 D-31 SSK-4 挡块残余位移柱状分布

Figure D-31 Columnar distribution to the residual displacement of SSK-4 block

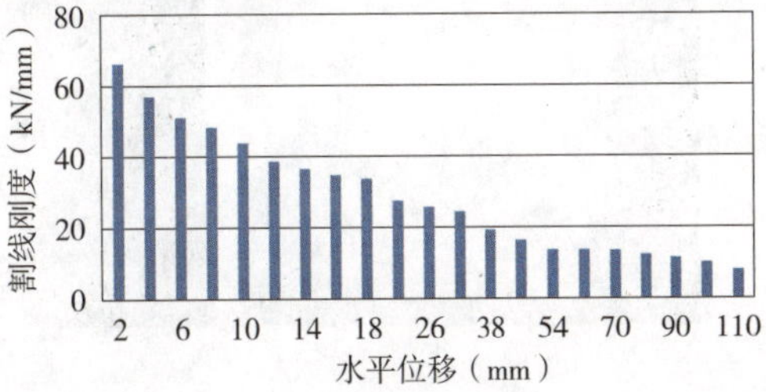

图 D-32 SSK-4 挡块模型刚度退化过程

Figure D-32 Stiffness degradation process of SSK-4 block

D.3.5 SSK-5 挡块试验结果及分析 SSK-5 block test results and analysis

SSK-5 挡块与 SSK-2 挡块相比，其挡块厚度增加了 10cm，与 SSK-4 挡块相比挡块厚度增加了 5cm，其裂缝发展至破坏的过程与 SSK-4 挡块类似，在 14mm 时，在横向力作用位置开始向斜下方产生一条 45° 的斜裂缝，在随后的加载过程中此裂缝并不是主要破坏裂缝，主要破坏裂缝还是以根部裂缝为主。

挡块在达到 22mm 时，挡块横向水平力达到峰值 473.96kN，比较 SSK-4 挡块可以看出，出现承载力峰值的位移较 SSK-4 挡块要小，水平承载能力较 SSK-4 挡块要大，这反映出挡块的截面尺寸对挡块的极限承载力影响较大。

在 62mm 位移工况下挡块外侧纵筋开始屈曲，外侧混凝土向外隆起，并产生多条水平裂缝，局部混凝土脱落。挡块外侧纵筋开始屈曲，外侧混凝土向外隆起，并产生多条水平裂缝，局部混凝土脱落，失去承载能力，结构刚度下降较明显。随后，由于挡块水平位移过大，内侧竖筋在弯剪组合效应下产生断裂，导致挡块承载能力下降。120mm 位移工况下的水平承载能力是 192.16kN，为最大峰值的 47.86%。SSK-5 挡块裂缝发展情况见图 D-33。与 SSK-4 挡块相似，在达到最大承载力后，SSK-5 挡块的承载力下降明显（图 D-34，图 D-35）。就破坏形态而言，SSK-5 挡块也呈现出先剪后弯的破坏特征。

SSK-5 挡块残余位移的发展规律与 SSK-4 挡块相近，但相同加载位移时，SSK-5 挡块的残余位移较 SSK-4 挡块稍大（图 D-31，图 D-36）。

SSK-5 挡块的刚度也表现出随加载位移的增加迅速减小的特点（图 3-37），但在位移大于 46mm 后，挡块刚度基本稳定，达到 110mm 位移工况时，其割线刚度为 16.69kN/mm，为初始割线刚度的 17.1%。残余刚度明显较 SSK-4 挡块和 SSK-2 挡块要大。

a）12mm　　b）22mm　　c）110mm（破坏）

a）12mm　　b）22mm　　c）110mm（damage）

图 D-33　SSK-5 挡块裂缝发展情况

Figure D-33　The fracture development of SSK-5 block

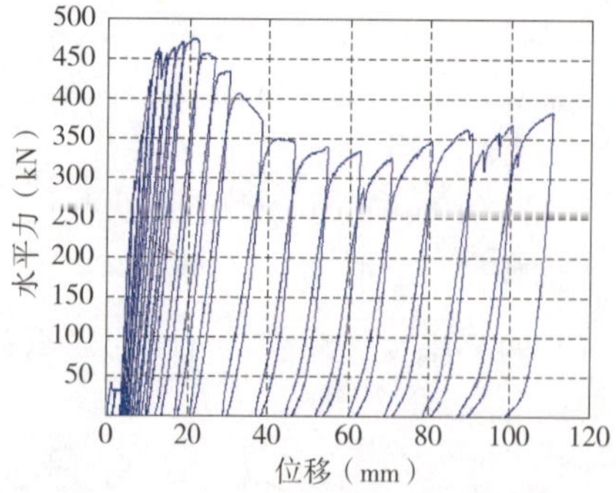

图 D-34　SSK-5 挡块加载历程曲线

Figure D-34　Loading process curve of SSK-5 block

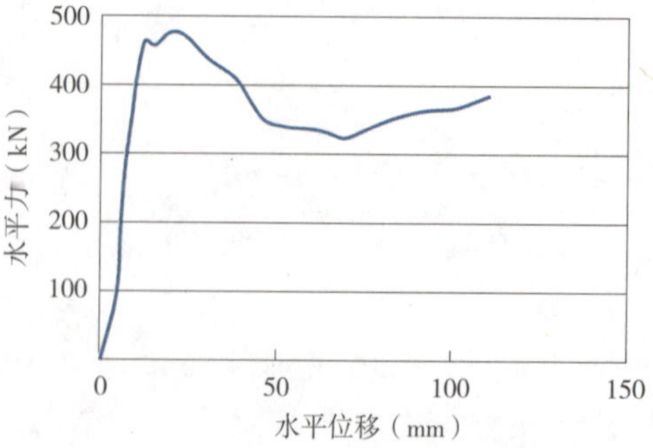

图 D-35　SSK-5 挡块承载力峰值骨架曲线

Figure D-35　Bearing capacity peak skeleton curve of SSK-5 block

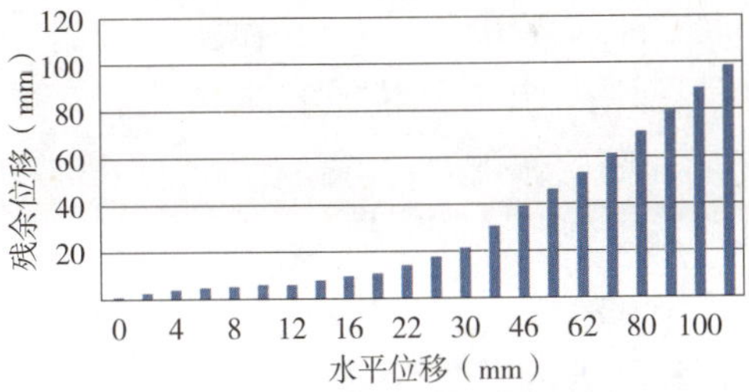

图 D-36 SSK-5 挡块残余位移柱状分布

Figure D-36 Columnar distribution to the residual displacement of SSK-5 block

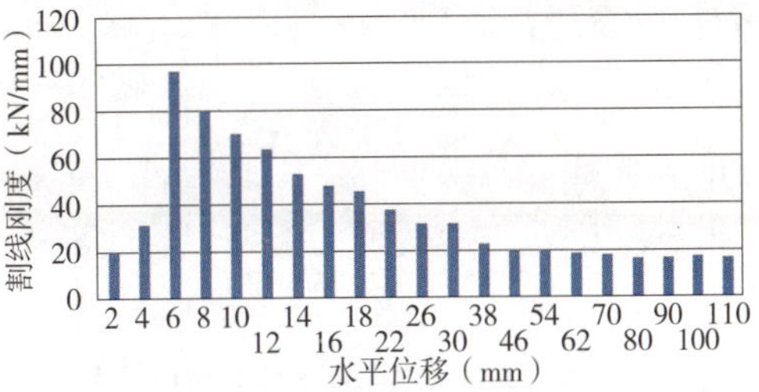

图 D-37 SSK-5 挡块模型刚度退化过程

Figure D-37 Stiffness degradation process of SSK-5 block

D.3.6 对比分析 Comparative analysis

SSK-1 挡块和 SSK-2 挡块的主要区别在于：SSK-1 挡块的箍筋采用非封闭形式，类似于分布钢筋。而 SSK-2 挡块的箍筋采用封闭形式。从试验结果看：两种挡块的极限承载能力基本相同，但 SSK-1 挡块呈现脆性的剪切破坏，其延性能力极差，在出现主斜裂缝后，其承载能力下降很快，不能继续胜任抵挡上部结构的重任。而 SSK-2 挡块呈现先剪后弯曲破坏的特征，其延性能力较好，在挡块达到极限承受能力后，其横向抵抗力下降较为缓慢，在较长位移段内仍然能够提供横向支挡力，并且具有较好的耗能能力。各模型骨架曲线对比见图 D-38~ 图 D-40。

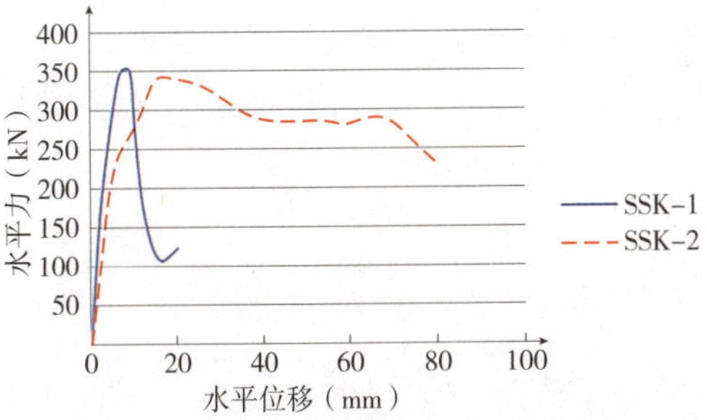

图 D-38 SSK-1、SSK-2 骨架曲线对比

Figure D-38 Skeleton curve comparison between SSK-1 and SSK-2

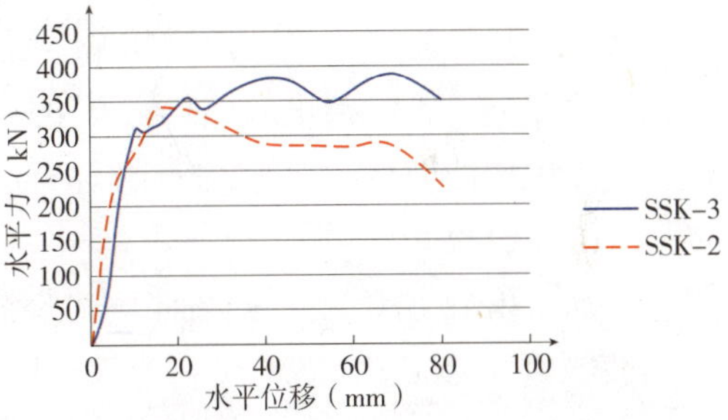

图 D-39 SSK-2、SSK-3 骨架曲线对比

Figure D-39 Skeleton curve comparison between SSK-2 and SSK-3

SSK-2 挡块和 SSK-3 挡块的主要区别在于：横向荷载施加的位置不同，SSK-2 挡块横向荷载作用点距离盖梁顶面 30cm，而 SSK-3 挡块横向荷载作用点距离盖梁顶面 20cm，比 SSK-2 挡块低 10cm，两者主要考察力作用位置对挡块抗震性能的影响。从图 D-38~ 图 D-40 可以看出，SSK-3 挡块的极限承载能力为 385.64kN，比 SSK-2 挡块的极限承载力（341.76kN）要高 12.8%，并且

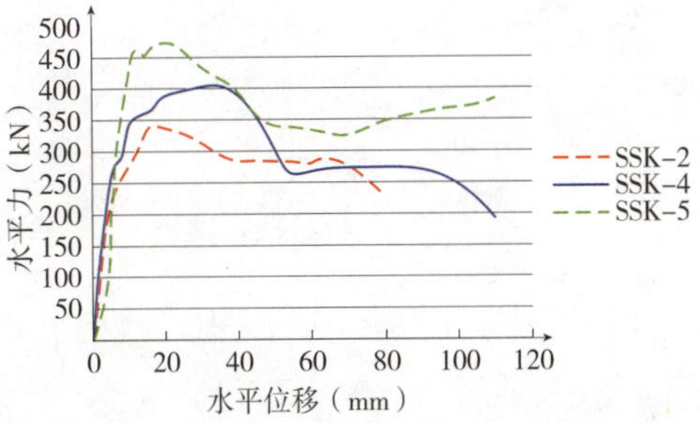

图 D-40 SSK-2、SSK-4、SSK-5 骨架曲线对比

Figure D-40 Skeleton curve comparison among SSK-2, SSK-4, SSK-5

两者都具有良好的延性性能，SSK-3 挡块的延性能力还要略好于 SSK-2 挡块，这和预计结果不太一样。由于 SSK-3 挡块破坏时，其受压区界面比 SSK-2 挡块低 10cm 左右，使得两者弯曲破坏能力基本相同。因此通过此次试验还不能断定作用力距离盖梁顶越近其抗震性能越好的结论，仍需要加大模型试验数量进一步验证。

SSK-2、SSK-4 和 SSK-5 挡块主要区别在于：SSK-2 挡块的厚度为 30cm、SSK-4 挡块的厚度为 35cm、SSK-5 挡块的厚度为 40cm。对比三者的试验结果主要分析挡块高厚比对其抗震性能的影响。从图 D-38~ 图 D-40 看到，随着挡块厚度的逐渐增加，其极限承载能力也不断增加，SSK-2 挡块极限承载力为 341.76kN、SSK-4 挡块的极限承载能力为 401.52kN、SSK-5 挡块的极限承载能力为 473.96kN。并且三者具有良好的延性性能。但从上图也看出，随着挡块厚度的增加，在达到极限承载能力后挡块的横向抵抗力下降也较多。

D.4 小结 Summary

通过对 5 个挡块模型进行拟静力试验，对比不同箍筋形式、不同横向力作用位置和不同高厚比等参数对挡块横向抗震性能的影响，得到如下结论：

（1）采用非封闭箍筋的挡块虽然极限承载能力从试验结果上看并无明显弱势，但其延性能力较差，易发生脆性破坏，不利于抗震。因此，为了能够更好地发挥挡块的横向支挡能力，在设计中应该避免采用此种形式的箍筋，而应该采用封闭式箍筋。

（2）在本次试验过程中，挡块外侧纵筋没有得到有效约束，在试验阶段的后期，其纵筋大都产生屈曲，影响挡块的承载能力和延性更好地发挥。因此，在设计中为了避免挡块外侧纵筋产生屈曲破坏，应将挡块箍筋的设置范围延伸进盖梁，其延伸长度不小于挡块的厚度。

（3）从 SSK-2 挡块和 SSK-3 挡块试验结果对比看：上部结构对挡块作用力位置和对挡块承载能力并无显著差异。分析原因：挡块破坏主要表现为弯剪破坏模式，在挡块根部产生剪切裂缝后，随即进入弯曲破坏状态。由于此次模型外侧纵筋伸入盖梁部分未能有效约束，导致其过早与挡块分离而产生屈曲，挡块的抗弯能力未能有效发挥，影响其试验效果。因此，本次试验未能准确得出横向作用力位置不同对挡块抗震能力的影响效果。

（4）从 SSK-2、SSK-4 和 SSK-5 挡块试验结果对比看：随着挡块厚度增加，其横向承载能力也逐渐增加。但挡块厚度越大，其达到峰值后承载能力下降也越快。

附录 E　拱桥震害计算分析
Appendix E　Seismic damage calculation analysis of arch bridge

E.1　结构概况 Structure general situation

本计算分析选择了位于 G108 线德阳段绵竹县金花镇上游 1.5km 处的金花大桥作为计算的目标桥梁。金花大桥位于山区河段，桥址地震基本烈度为Ⅶ度，桥轴方向为北偏东 25°。

大桥桥面总宽为 10m，采用正拱斜置主跨为钢筋混凝土的双肋拱桥，拱肋形式采用单箱双室结构，主孔跨径为 150m 的等截面悬链线无铰拱。拱轴系数 m=2.111，矢跨比 f/L=1/6。肋间中距为 6.4m，单肋断面为双室箱形截面，箱宽 3.0m，箱高 2.3m，顶板厚 0.23m+0.05m（预制板），底板厚 0.25m，顶底板在拱脚长 18m 段，按线性分别加厚至 0.48m 和 0.45m，腹板为 3×0.25m。两拱肋间空腹段与立柱间距对应设置横系梁，实腹段按每 9.2m 设置一道横系梁。拱上建筑为梁式结构，立柱上设置连续纵梁，且立柱顶部设有板式橡胶支座，纵梁上横向铺设桥面板。拱上立柱和引孔墩柱为 C30 混凝土结构，采用 90cm×100cm 矩形截面，柱间设 40cm×80cm 的横撑，每 6~9m 设置一道。5、6 号墩（拱座）上立柱截面为 90cm×150cm，柱间横撑截面为 70cm×100cm，每 8m 设置一道，拱座基底置于中风化整体基岩内。

主要设计材料：桥墩和立柱采用 C30 混凝土，拱肋和主梁采用 C40 混凝土。

支座：板式橡胶支座和四氟乙烯滑板支座，支座尺寸为 300mm×700mm×42mm。

伸缩缝：两侧桥台、主孔垫墙端部和 5 号墩柱处共设置了 5 道伸缩缝，伸缩缝全部为 TST 弹塑体与碎石填充伸缩装置，槽口宽 44cm，槽口深 11cm。

桥面铺装：C30 防水混凝土，设 15cm×15cmϕ8 钢筋网。

结构主要构造和尺寸如图 E-1~ 图 E-4 所示。震后的金花大桥见图 E-5。

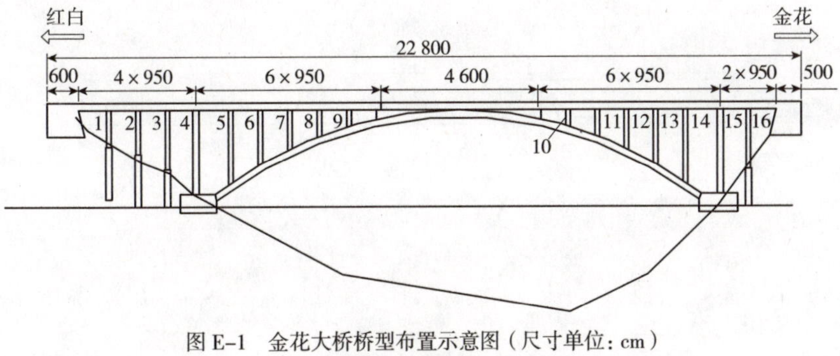

图 E-1　金花大桥桥型布置示意图（尺寸单位：cm）

Figure E-1　Schematic diagram of layout of Jinhua bridge（unit：cm）

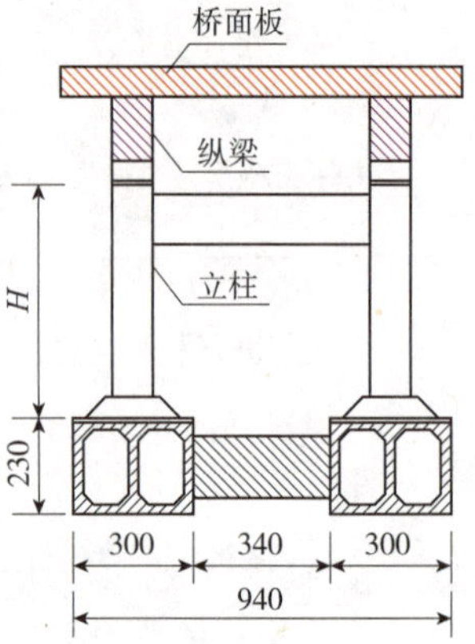

图 E-2　拱上建筑（尺寸单位：cm）

Figure E-2　Construction on the arch（unit: cm）

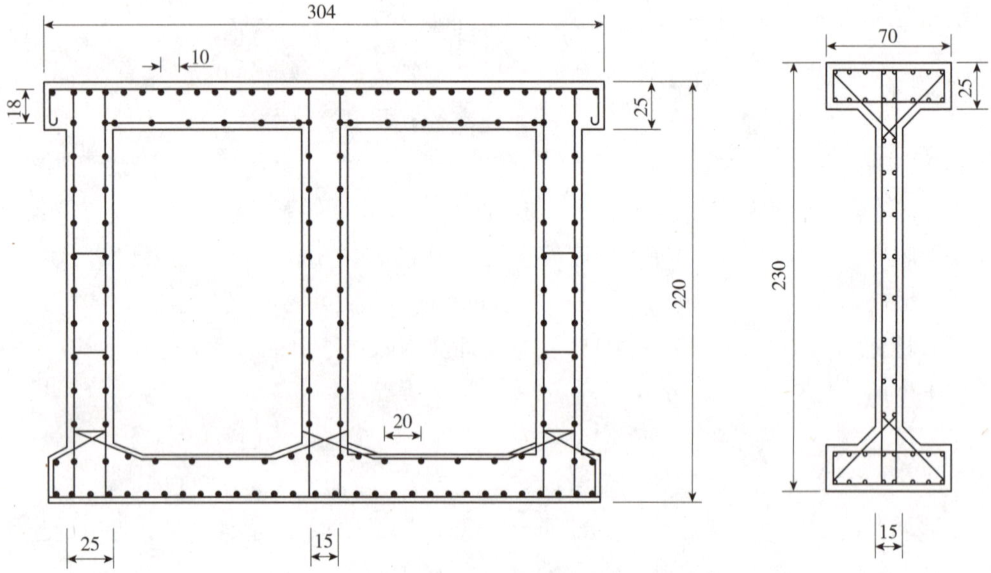

图 E-3　拱肋截面构造和配筋（尺寸单位：cm）

Figure E-3　Arch rib section and reinforcement（unit：cm）

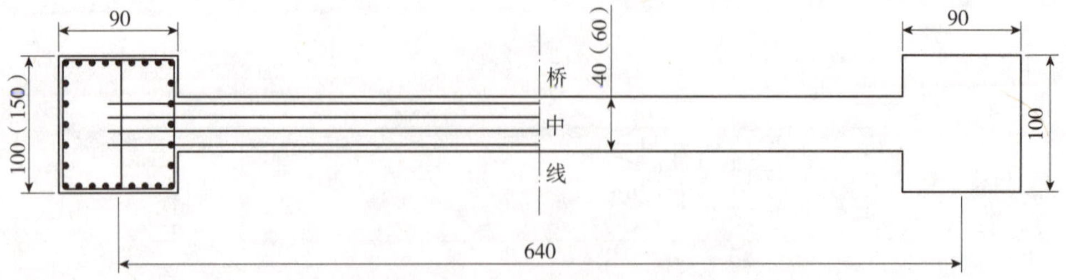

图 E-4　桥墩、立柱和系梁构造配筋图（括号内数值为 5、6 号墩尺寸）

Figure E-4　Structural reinforcement of piers，pillar and tie beam（values in bracket is No.5 and No.6 pie）

图 E-5　震后的金花大桥

Figure E-5　Jihua bridge after earthquake

E.2　结构模型和地震动参数 Structure model and seismic oscillation parameters

E.2.1　一般处理 General process

主拱、横撑、立柱和系梁等采用空间梁单元（frame），纵梁和墩柱之间的板式支座采用连接单元（link）模拟。桥面板按单梁简化，通过刚臂和纵梁连接，拱顶实腹段只考虑主拱圈刚度，桥面板以及连接部分按集中质量施加拱顶单元。全桥共分为 1 211 个单元，1 042 个节点。模型中考虑了引桥对主桥地震响应的影响。为简化计算，建模时未考虑桩土相互作用，模型中各墩在墩底处直接固结。

E.2.2　屈服面、等效屈服刚度和塑性铰参数的确定 Parameters of yield surface，equivalent yield stiffness and plastic hinge

在多维强震作用下，桥梁部分构件将进入塑性状态，严格意义上立柱、系梁和拱圈等单元均应设置塑性铰，但会增加大量的计算成本，因此首先进行弹性时程分析，在构件取全截面刚度时，通过计算分析判断在不同强度的地震作用下结构是否屈服；在构件取等效刚度时，通过计算分析判断在不同强度的地震作用下结构是否进入塑性状态；最后进行考虑塑性铰的弹塑性时程分析。根据《公路桥梁抗震设计细则》(JTG/T B02-01-2008)，按照截面的混凝土强度、截面尺寸、配置的纵筋和箍筋，计算各截面屈服面、等效屈服刚度和塑性铰的参数。

1）屈服面

模型中的屈服面采用 Bresier 建议的屈服面来表示（图 E-6）。对于拱圈和立柱等在地震下轴力变化很大的截面，采用 P-M2-M3 三维空间屈服面，对于系梁和横撑等轴力变化不大的截面采用 M2-M3 二维屈服面，对于矩形（拱圈、立柱等）截面取 a=2，b=2，对于窄长截面（横撑）取 a=1，b=1。同时令：

$$\left|\frac{M_{yP}}{M_{yO}}\right|^a + \left|\frac{M_{yP}}{M_{yO}}\right|^b = R \qquad (E-1)$$

当 $R>1$ 时，截面超出屈服面；$R<1$ 时，截面未屈服。

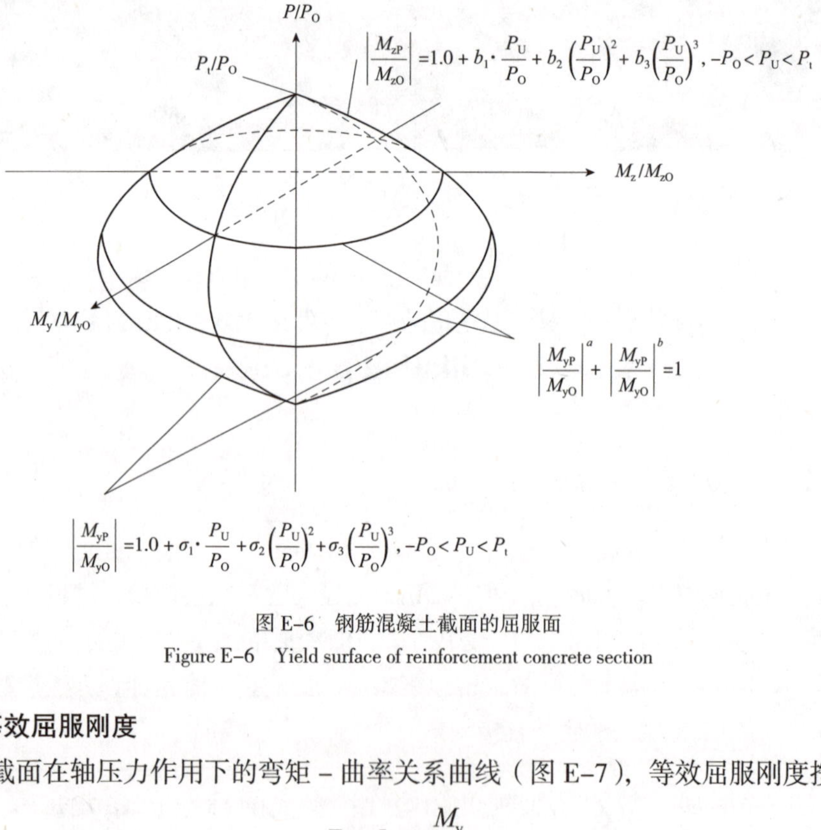

图 E-6 钢筋混凝土截面的屈服面

Figure E-6 Yield surface of reinforcement concrete section

2）等效屈服刚度

根据截面在轴压力作用下的弯矩 - 曲率关系曲线（图 E-7），等效屈服刚度按下式取：

$$E_c \times I_{eff} = \frac{M_y}{\phi_y} \qquad (E-2)$$

式中：E_c——桥墩的弹性模量（kN/m²）；

I_{eff}——桥墩有效截面抗弯惯性矩（m⁴）；

M_y——屈服弯矩（kN·m）；

ϕ_y——等效屈服曲率（1/m）。

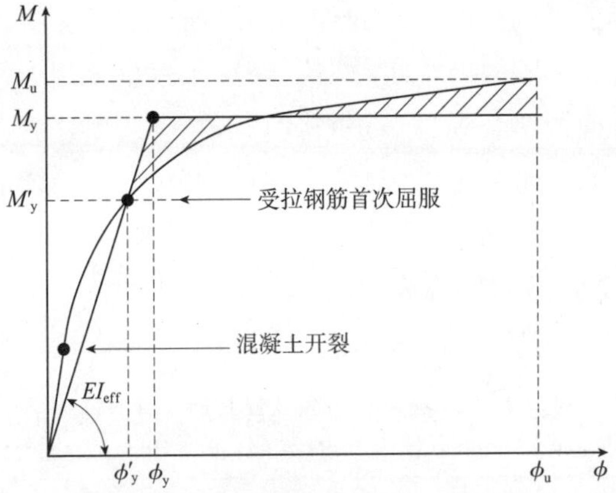

图 E-7　钢筋混凝土截面弯矩 - 曲率曲线

Figure E-7　Bending moment–curvature curve of reinforcement concrete

3）塑性铰参数

等效塑性铰长度取以下两式计算的较小值：

$$L_p=0.08H+0.022f_yd_s \geq 0.044f_yd_s \text{（cm）} \tag{E-3}$$

$$L_p=\frac{2}{3}b \tag{E-4}$$

式中：H——悬臂墩的高度或塑性铰截面到反弯点的距离（cm）；

b——矩形截面的短边尺寸或圆形截面直径（cm）；

f_y——纵向钢筋抗拉强度标准值（MPa）；

d_s——纵向钢筋的直径（cm）。

塑性铰塑性转动能力应满足下式要求：

$$\theta_p \leq \theta_u=\frac{L_p(\phi_u-\phi_y)}{K} \tag{E-5}$$

式中：θ_p——在 E2 地震作用下，潜在塑性铰区域的塑性转角；

θ_u——塑性铰区域的最大容许转角，按《公路桥梁抗震设计细则》(JTG/T B02-01—2008）第 7.4.3 条计算。

ϕ_y——截面的等效屈服曲率，一般情况下，可按《公路桥梁抗震设计细则》(JTG/T B02-01—2008）第 7.4.4 条计算；但对于矩形截面和圆形截面桥墩，可按《公路桥梁抗震设计细则》(JTG/T B02-01—2008）附录 B 计算；

ϕ_u——极限破坏状态的曲率，一般情况下，可按《公路桥梁抗震设计细则》(JTG/T B02-01—2008）第 7.4.5 条计算；但对于矩形截面和圆形截面桥墩，可按《公路桥梁抗震设计细则》(JTG/T B02-01—2008）附录 B 计算；

K——延性安全系数，取 2.0。

E.2.3　地震动参数 Seismic oscillation parameters

根据金花大桥设防烈度、桥址区实际烈度以及桥梁地理位置（31.351N，104.032E），大桥实际场地并无实际记录的地震波，我们的主要研究目的为拱桥地震破坏机理，为尽可能扩大烈度区的覆盖面，同时考虑工作量的情况，根据汶川地震波数据选取了具有不同峰值加速度和频谱特性的7组地震波进行计算分析（表E-1）。其中Ⅶ区2组，Ⅷ区3组，Ⅹ区1组，Ⅺ区1组。选取的7组地震波中最小水平分量峰值加速度为郫县走石山121gal，最大值为汶川卧龙958gal；最小竖向分量峰值加速度为大邑银屏83gal，最大值为汶川卧龙948gal；最长持续时间为大邑银屏约346s。

7组地震波各分量时程和反应谱见图E-8~图E-14。

表E-1　选取的7组地震动加速度时程

Table E-1　Seismic oscillation acceleration time-history selected 7 groups

序号	站名称	台站经纬度（°）		场地类型	观测对象	峰值加速度（gal）			持续时间（s）	烈度区
		经度	纬度			EW	NS	UD		
第1组	大邑银屏	103.5	30.6	土层	自由地表	135	128	83	346	Ⅶ
第2组	郫县走石山	103.8	30.9	基岩	自由地表	121	142	99	121	Ⅶ
第3组	安县塔水	104.3	31.5	土层	自由地表	290	203	180	218	Ⅷ
第4组	理县桃平	103.5	31.6	土层	自由地表	340	342	380	300	Ⅷ
第5组	茂县南新	103.7	31.6	土层	自由地表	421	349	352	309	Ⅷ
第6组	绵竹清平	104.1	31.5	土层	自由地表	824	803	623	160	Ⅹ
第7组	汶川卧龙	103.2	31.0	土层	自由地表	958	653	948	180	Ⅸ

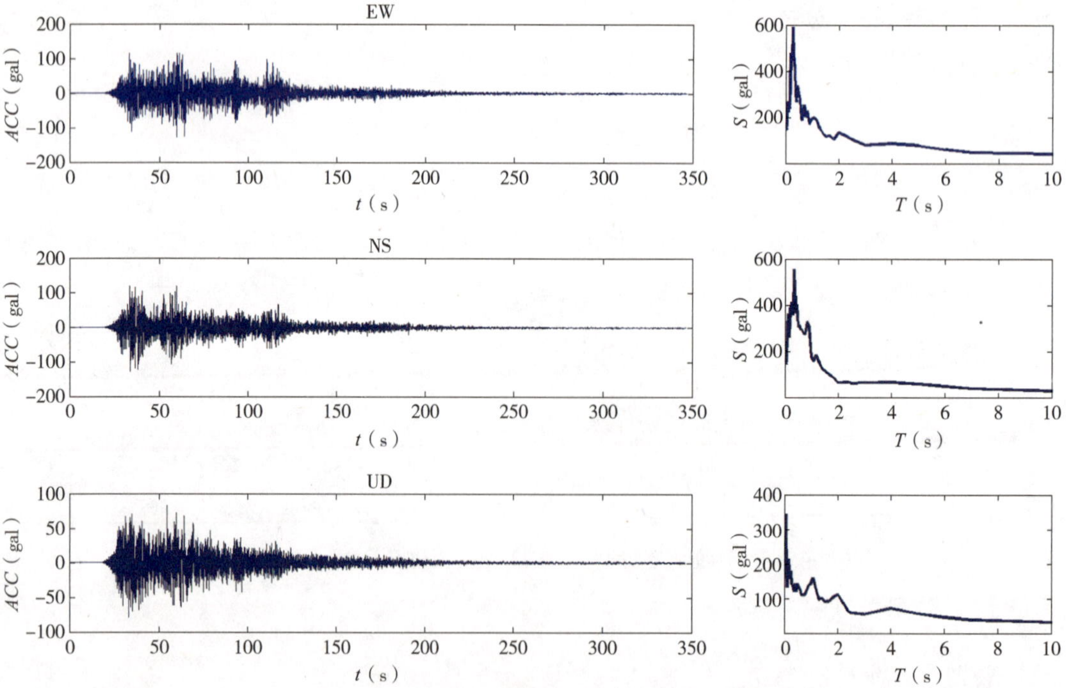

图E-8　第1组地震波（大邑银屏）

Figure E-8　The 1st group seismic wave Yinping of DaYi

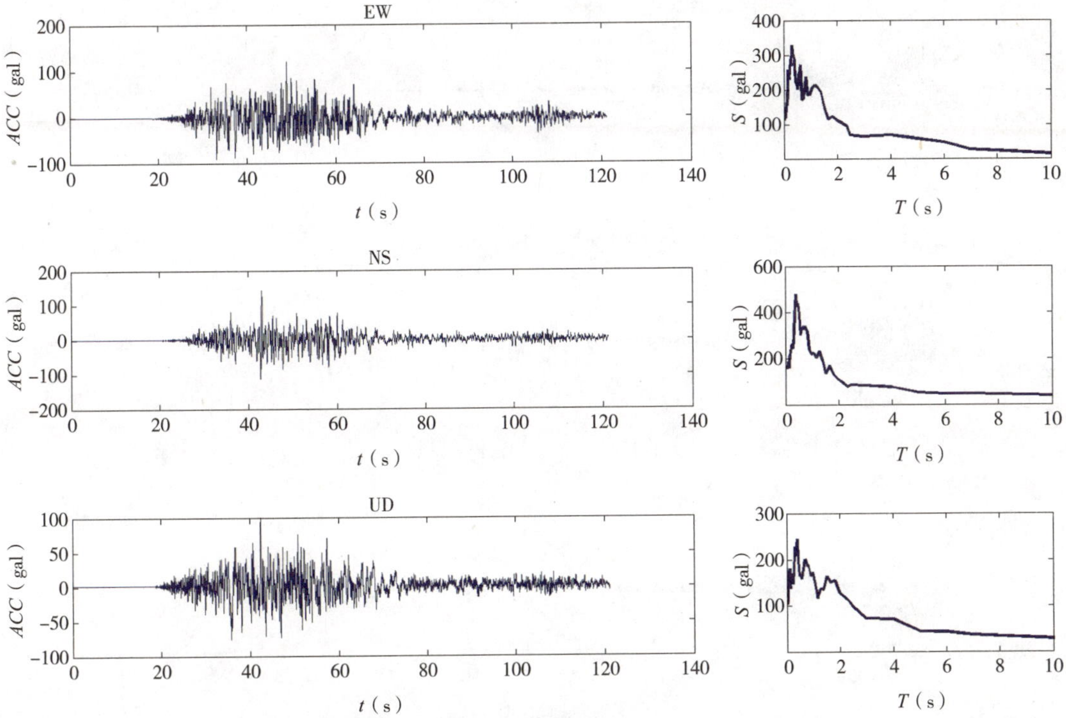

图 E-9 第 2 组地震波（郫县走石山）

Figure E-9 The 2nd group seismic wave（Zoushi mountain of Pixian county）

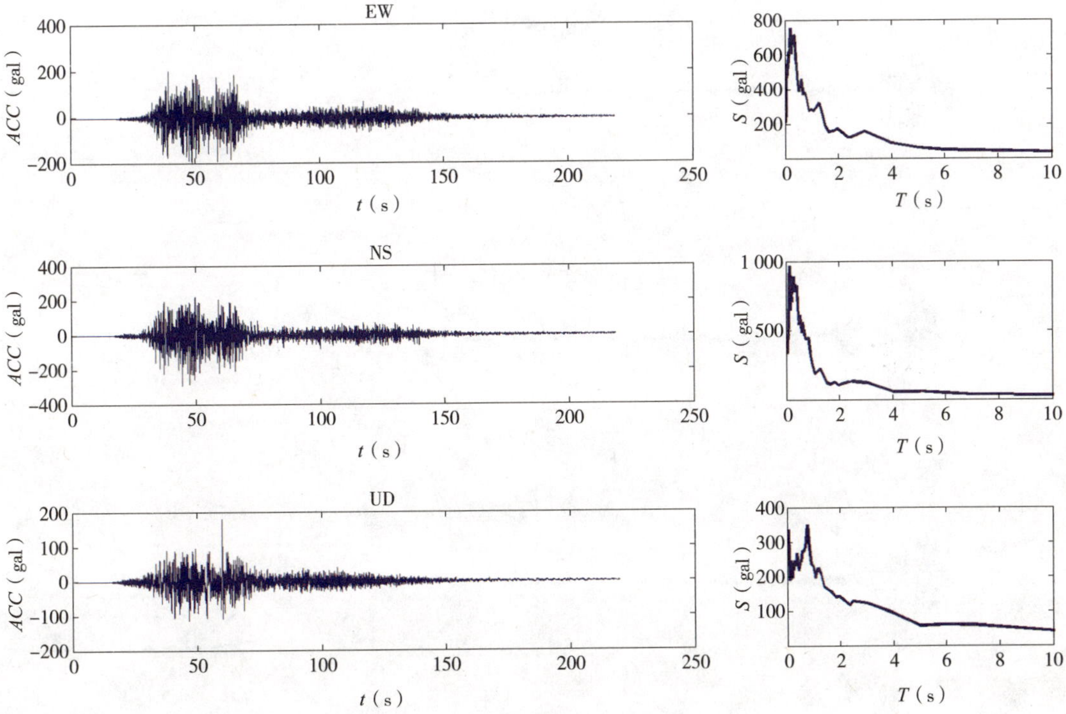

图 E-10 第 3 组地震波（安县塔水）

Figure E-10 The 3rd group seismic wave（Tashui of Anxian county）

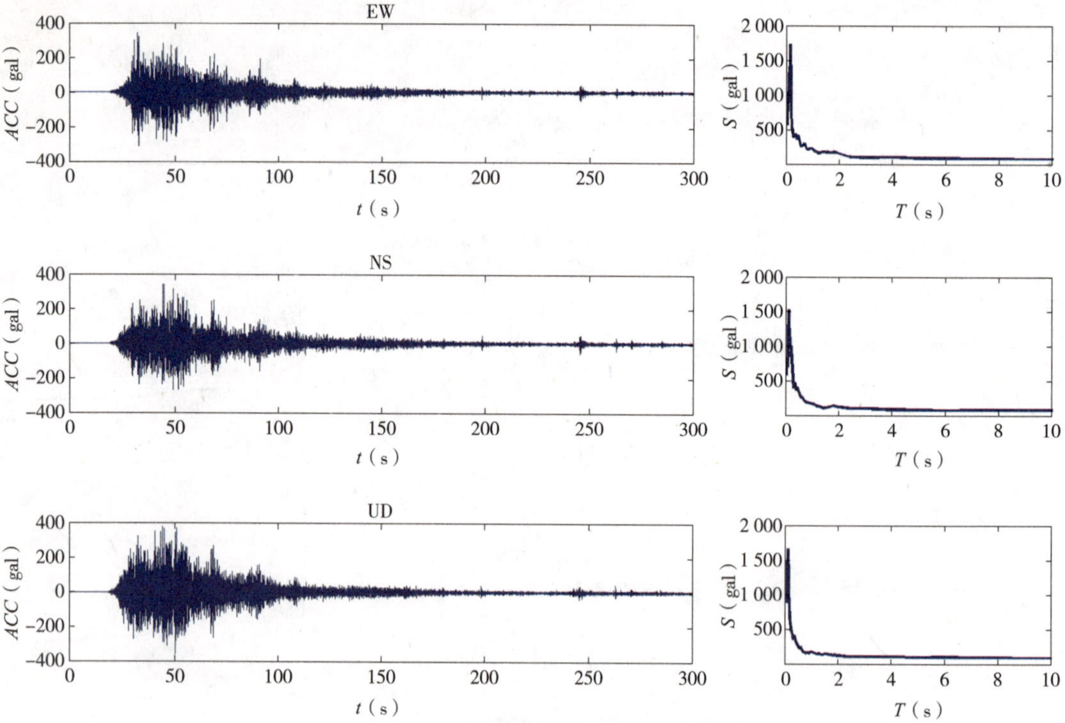

图 E-11　第 4 组地震波（理县桃平）

Figure E-11　The 4th group seismic wave（Taoping of Lixian county）

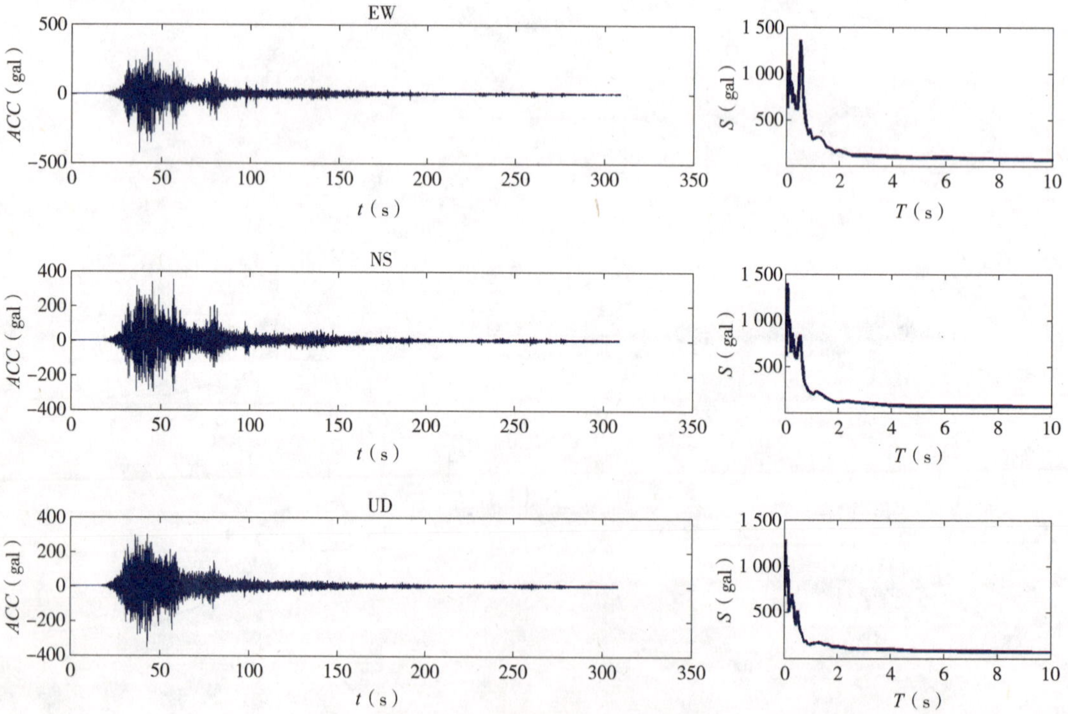

图 E-12　第 5 组地震波（茂县南新）

Figure E-12　The 5th group seismic wave（Nanxin of Maoxian county）

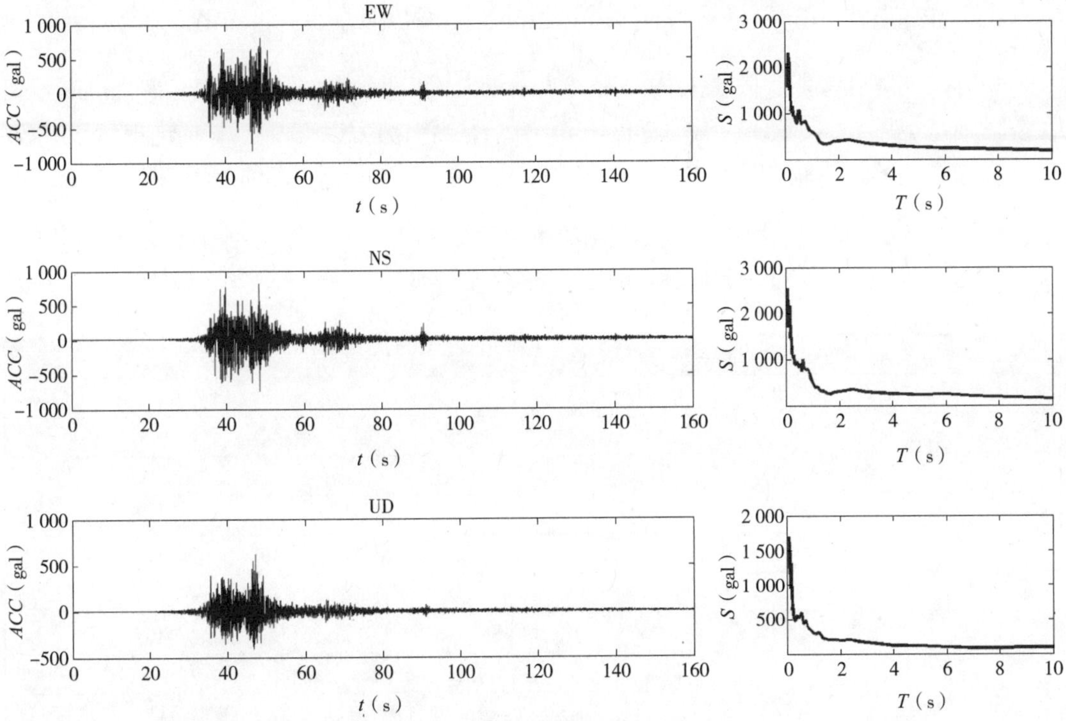

图 E-13 第 6 组地震波（绵竹清平）

Figure E-13 The 6th group seismic wave（Qingping of Mianzhu）

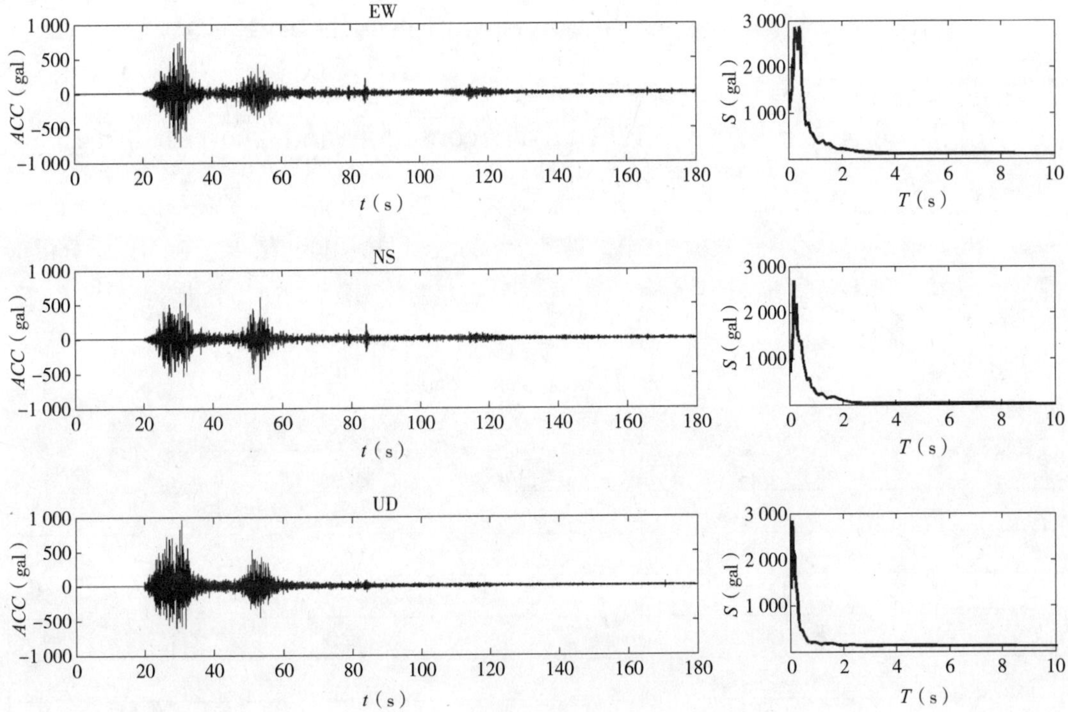

图 E-14 第 7 组地震波（汶川卧龙）

Figure E-14 The 7th group seismic wave（Wolong of Wenchuan）

E.2.4 坐标约定及符号说明 Coordinate stipulation and symbol declaration

为方便书写和说明，附录 E 中，用 X 表示纵向，Y 表示横向，Z 表示竖向。拱圈和立柱绕横轴弯矩用 M_3 表示，绕纵轴弯矩用 M_2 表示，纵向剪力用 V_2 表示，横向剪力用 V_3 表示；横撑和系梁绕纵轴弯矩用 M_3 表示，绕竖轴弯矩用 M_2 表示，竖向剪力用 V_2 表示，纵向剪力用 V_3 表示。具体见表 E-2。

表 E-2 符 号 说 明

Table E-2 Symbol declaration

序 号	符 号	说 明
1	X	纵向
2	Y	横向
3	Z	竖向
4	E	地震作用
5	*Dead*	恒载作用
6	P	轴力
7	V_2	拱圈和立柱纵向剪力；横撑和系梁竖向剪力
8	V_3	拱圈和立柱横向剪力；横撑和系梁纵向剪力
9	M_2	拱圈和立柱绕纵轴弯矩；横撑和系梁绕竖轴弯矩
10	M_3	拱圈和立柱绕横轴弯矩；横撑和系梁绕纵轴弯矩

E.3 计算结果及分析 Calculation results and analysis

E.3.1 分析工况及分析方案 Analysis condition and analysis project

金花大桥桥轴方向为北偏东 25°，因此将每组地震波 NS 向分量作为 X 输入，EW 向作为 Y 输入，UD 向作为竖向输入。根据 4.2 节地震动参数以及单向地震分析结果，确定以下分析工况，见表 E-3。当分析结果满足要求时可不进行下一方案的计算分析，具体分析步骤见图 E-15。

表 E-3 分 析 工 况

Table E-3 Analysis condition

序 号	地 震 波	分 析 方 案		
		全截面刚度	等效截面刚度	弹塑性分析
1	第 1 组	√	×	×
2	第 2 组	√	×	×
3	第 3 组	√	×	×
4	第 4 组	√	×	×
5	第 5 组	√	√	×
6	第 6 组	×	√	√
7	第 7 组	×	√	×

E.3.2 全截面刚度分析 Stiffness analysis for whole section

对在全截面刚度时5组地震波作用下的计算结果（主要包括主拱圈、横撑、拱上立柱和立柱系梁的计算结果）进行分析。通过分析发现：

（1）在多维地震作用下，主拱圈会产生较大拉、压轴力，见表E-4、表E-5。拱脚产生的轴力最大约有恒载轴力的50%，弯矩和剪力远大于恒载作用。随着地震作用的增大，拱圈内力响应也不断增大。

（2）主拱圈最大弯矩包络图中有4个弯矩极值点，分别在两侧拱脚，1/4跨和3/4跨附近，和动力特性分析中纵向振动振型具有一定的关联性（图E-16），且由于两岸拱脚的不对称（红白侧拱脚比金花侧拱脚高出约4m），红白侧拱脚弯矩约为金花侧弯矩的1.6倍，受力更为不利。1/4跨和3/4跨处最大弯矩略小于金花侧拱脚。

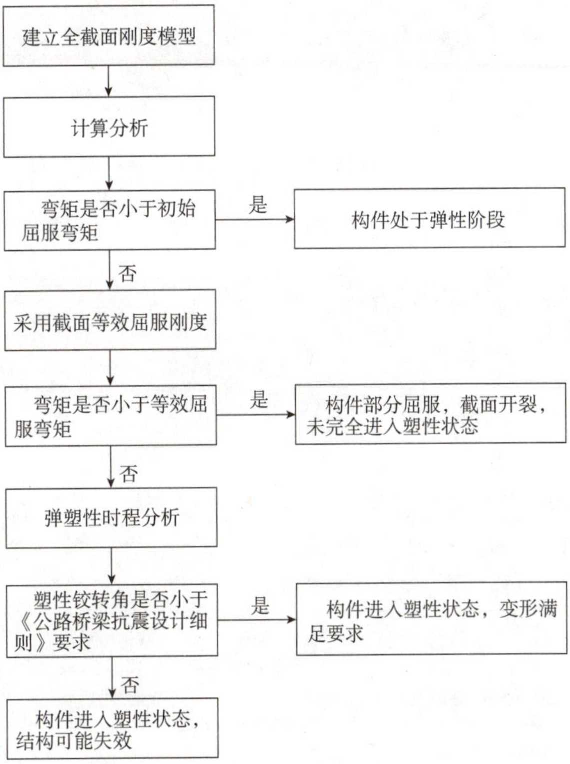

图 E-15 各组地震波分析流程

Figure E-15 Analysis process for each seismic wave

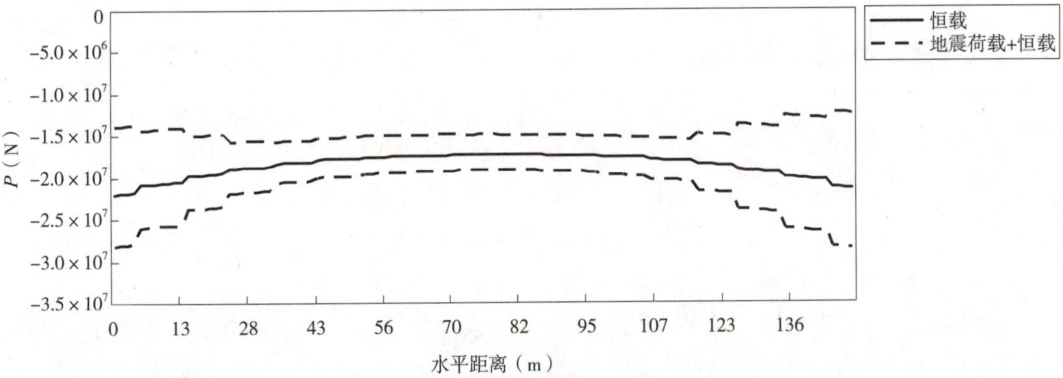

图 E-16 主拱圈轴力包络图

Figure E-16 Axial force envelope diagram of main arch ring

（3）根据结果分析，在第1组～第4组地震作用下，主拱圈基本处于弹性阶段，横撑和立柱处于开裂，进入塑性阶段，立柱系梁处于塑性发展阶段。在第5组地震作用下，主拱圈已经超出弹性范围，进入了塑性发展阶段。因此从第5组地震波开始进行等效屈服刚度下的计算分析。

表 E-4　金花岸拱脚内力

Table E-4　Abut internal force of Jinhua bank

荷载组合	P_{min}	P_{max}	V_2	V_3	M_2	M_3
第 1 组地震波 + 恒载	-2.82×10^7	-1.39×10^7	1.20×10^6	1.21×10^6	1.60×10^7	1.08×10^7
第 2 组地震波 + 恒载	-3.06×10^7	-1.19×10^7	1.43×10^6	1.20×10^6	1.78×10^7	1.21×10^7
第 3 组地震波 + 恒载	-3.52×10^7	-1.08×10^7	1.87×10^6	1.68×10^6	2.30×10^7	1.65×10^7
第 4 组地震波 + 恒载	-3.15×10^7	-1.37×10^7	1.51×10^6	8.77×10^5	1.06×10^7	7.95×10^6
第 5 组地震波 + 恒载	-3.57×10^7	-9.60×10^6	2.59×10^6	1.16×10^6	1.51×10^7	1.87×10^7
恒载	-2.20×10^7	—	-2.49×10^5	1.85×10^3	2.22×10^3	-8.64×10^5

表 E-5　红白岸拱脚内力

Table E-5　Abut internal force of Hongbai bank

荷载组合	P_{min}	P_{max}	V_2	V_3	M_2	M_3
第 1 组地震波 + 恒载	-2.86×10^7	-1.25×10^7	1.01×10^6	1.28×10^6	2.04×10^7	1.63×10^7
第 2 组地震波 + 恒载	-2.94×10^7	-1.09×10^7	1.29×10^6	1.46×10^6	2.36×10^7	1.90×10^7
第 3 组地震波 + 恒载	-3.33×10^7	-7.36×10^6	1.46×10^6	1.98×10^6	2.86×10^7	1.90×10^7
第 4 组地震波 + 恒载	-2.95×10^7	-1.38×10^7	1.29×10^6	1.11×10^6	1.66×10^7	1.43×10^7
第 5 组地震波 + 恒载	-3.65×10^7	-9.91×10^6	2.38×10^6	1.32×10^6	1.88×10^7	2.83×10^7
恒载	-2.15×10^7	—	-8.49×10^4	-1.76×10^3	-1.16×10^3	-4.96×10^6

1）第 1 组地震波结果分析

在第 1 组地震波作用下，主拱圈分析结果见图 E-16~ 图 E-19。在考虑单向抗弯能力时主拱圈各向弯矩包络图均小于初始屈服弯矩；在考虑双向弯矩耦合作用时，只有红白岸拱脚 1 个截面的 R 值大于 1，说明在双向弯矩作用下红白岸拱脚在该强度地震作用下可能发生开裂，部分钢筋屈服，裂缝在地震后在恒载轴压下可以闭合。因此，可以说明主拱圈在第 1 组地震波作用下基本上处于弹性阶段。

主拱圈横撑结果见图 E-20、图 E-21。所有横撑的 M_3 均未超出初始屈服弯矩；大部分横撑的 M_2 超出初始屈服弯矩，在距离拱脚第 2、3、4 个横撑处地震响应最大，超出初始屈服弯矩，因此可以说明主拱圈横撑在第 2 组地震波作用下已经超出了弹性阶段，可能进入了塑性阶段，截面开裂，钢筋屈服。

立柱和系梁结果见图 E-22~ 图 E-25。大部分拱上立柱在双向弯矩耦合作用下超出初始屈服弯矩，因此可以说明拱上立柱在第 1 组地震波作用下已经超出了弹性阶段，可能进入了塑性阶段，截面开裂，钢筋屈服。在 16 个立柱系梁中有 15 个超出弹性范围，进入塑性阶段。

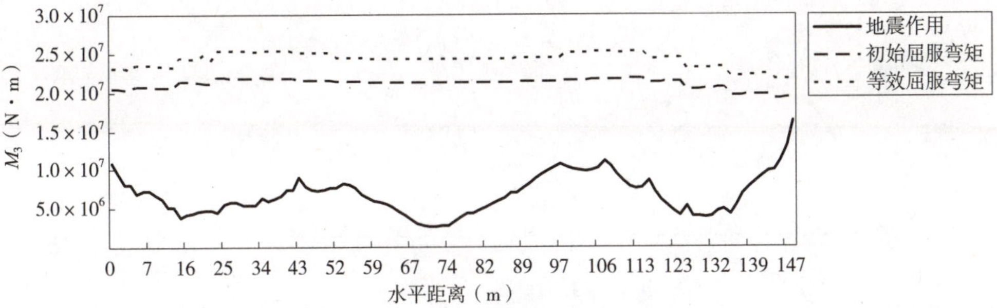

图E-17 主拱圈 M_3

Figure E-17 M_3 to main arch ring

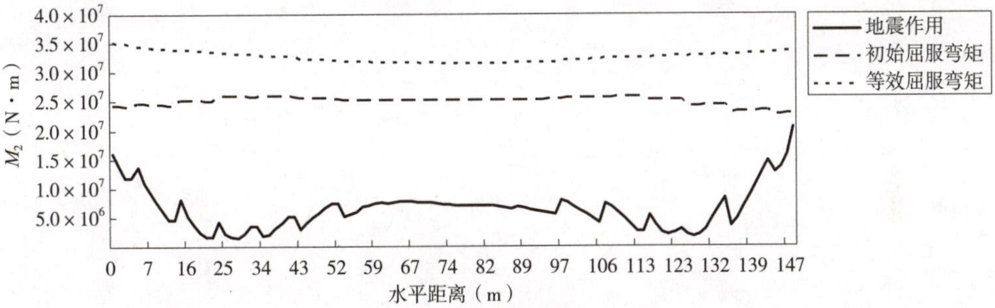

图E-18 主拱圈 M_2

Figure E-18 M_2 to main arch ring

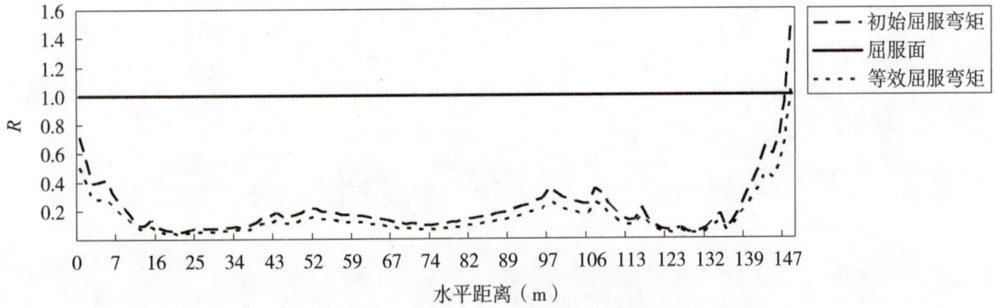

图E-19 主拱圈双向弯矩耦合作用

Figure E-19 Two ways bending moment coupling to main ring

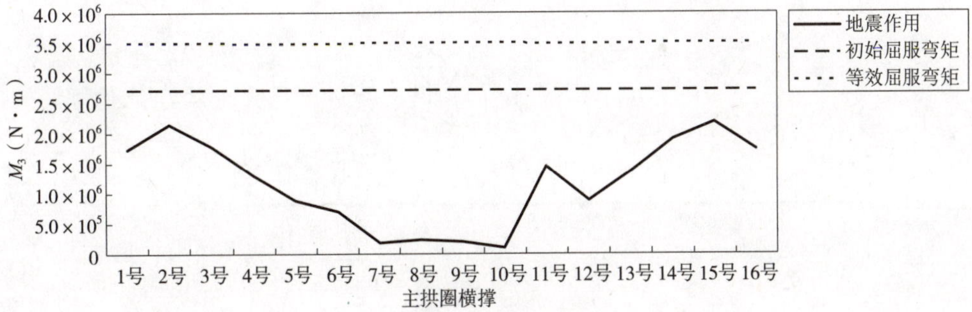

图E-20 拱圈横撑 M_3

Figure E-20 M_3 to cross arm on arch ring

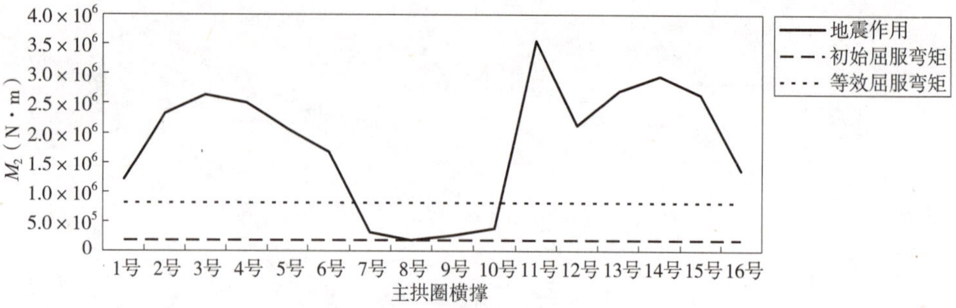

图 E-21　拱圈横撑 M_2

Figure E-21　M_2 to cross arm on arch ring

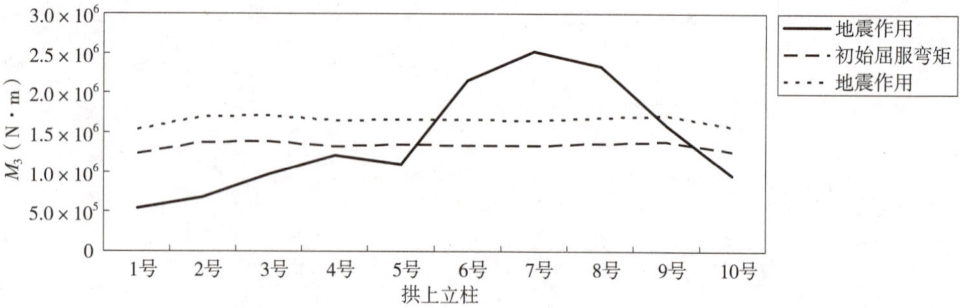

图 E-22　拱上立柱 M_3

Figure E-22　M_3 to pillar onto arch

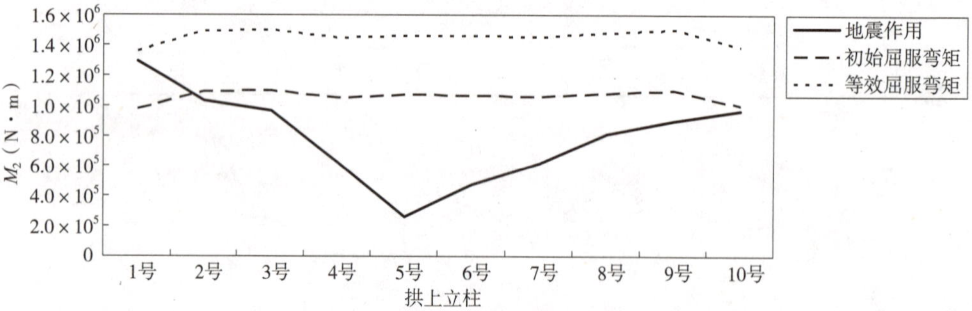

图 E-23　拱上立柱 M_2

Figure E-23　M_2 to pillar onto arch

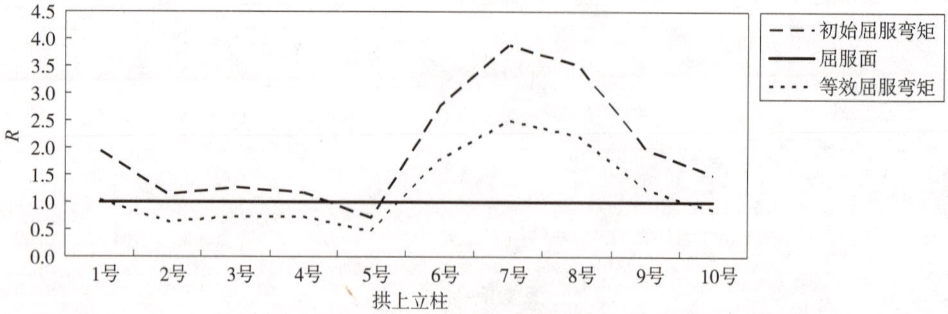

图 E-24　拱上立柱双向弯矩耦合作用

Figure E-24　Two ways bending moment coupling to pillar onto arch

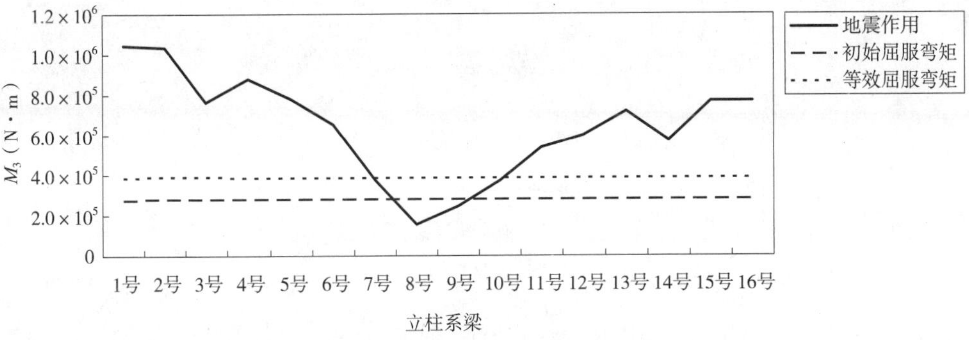

图 E-25　立柱系梁 M_3

Figure E-25　M_3 to tie beam on pillar

2）第 2 组地震波结果分析

在第 2 组地震波作用下，主拱圈分析结果见图 E-26~ 图 E-29，在考虑单向抗弯能力时主拱圈各向弯矩包络图均小于初始屈服弯矩；在考虑双向弯矩耦合作用时，红白岸拱脚截面的 R 值大于 1，说明在双向弯矩作用下红白岸拱脚在该强度地震作用下可能发生开裂，部分钢筋屈服，裂缝在地震后在恒载轴压下可以闭合。因此，可以说明主拱圈在第 2 组地震波作用下基本上处于弹性阶段。

主拱圈横撑结果见图 E-30、图 E-31，所有横撑 M_3 未超出初始屈服弯矩；大部分横撑 M_2 超出初始屈服弯矩，在距离拱脚第 2、3、4 个横撑处地震响应最大，超出初始屈服弯矩，因此可以说明主拱圈横撑在第 2 组地震波作用下已经超出了弹性阶段，可能进入了塑性阶段，截面开裂，钢筋屈服。

立柱和系梁结果见图 E-32~ 图 E-35。大部分拱上立柱在双向弯矩耦合作用下超出初始屈服弯矩，因此可以说明拱上立柱在第 1 组地震波作用下已经超出了弹性阶段，可能进入了塑性阶段，截面开裂，钢筋屈服。在 16 个立柱系梁中有 13 个超出弹性范围，进入塑性阶段。

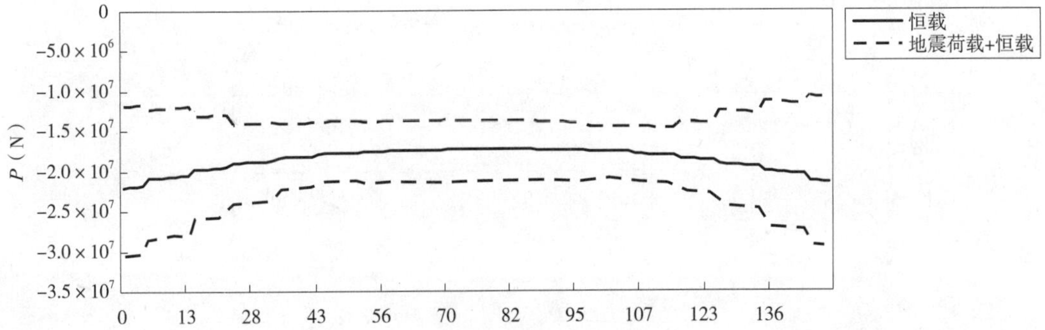

图 E-26　主拱圈轴力包络图

Figure E-26　Axial force envelope diagram of main arch ring

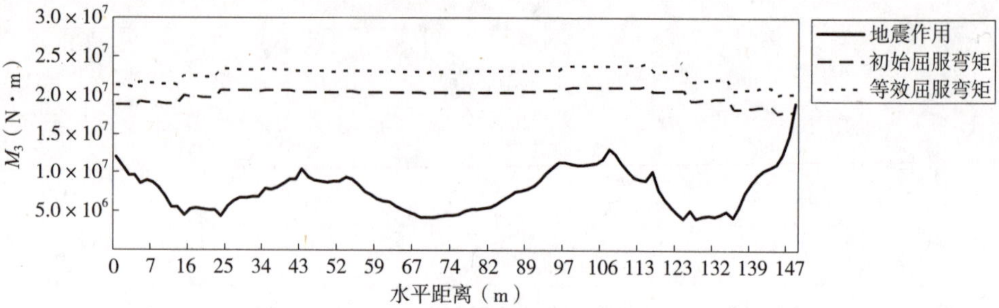

图 E-27 主拱圈 M_3

Figure E-27 M_3 to arch ring

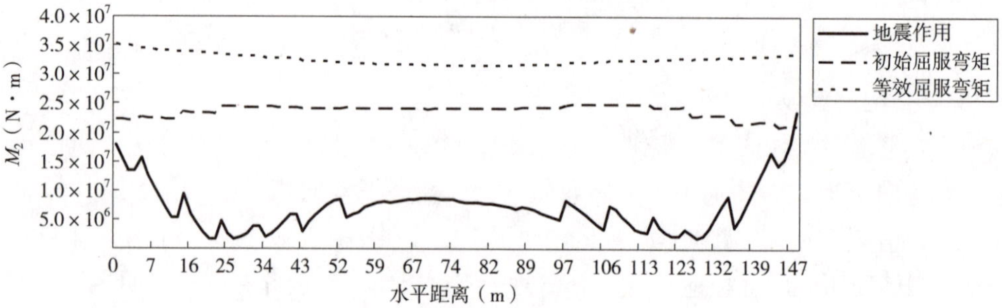

图 E-28 主拱圈 M_2

Figure E-28 M_2 to main arch ring

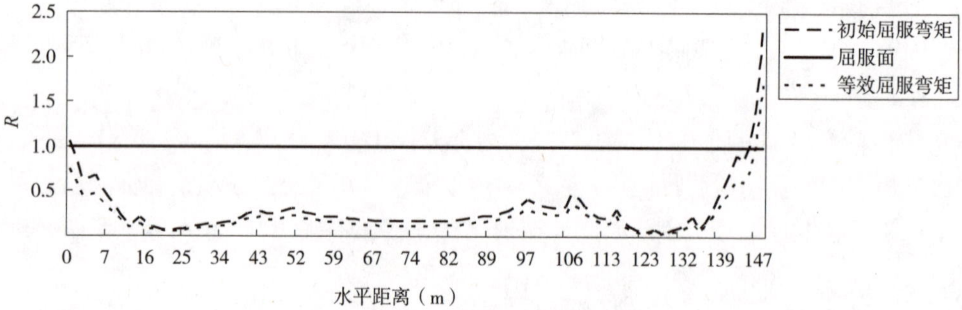

图 E-29 主拱圈双向弯矩耦合作用

Figure E-29 Two ways bending moment coupling to main arch ring

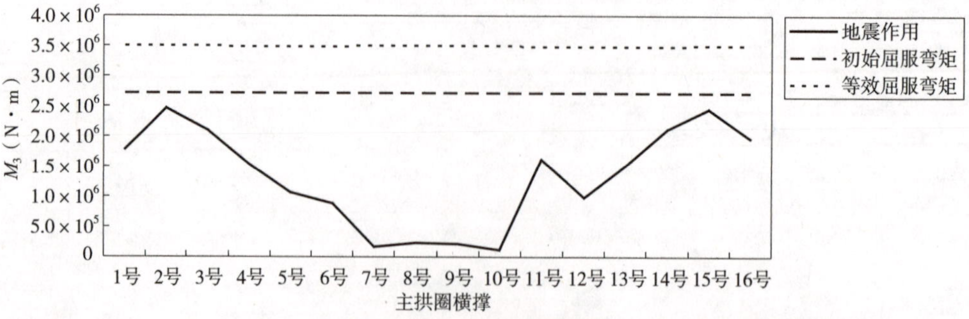

图 E-30 拱圈横撑 M_3

Figure E-30 M_3 to cross arm on arch ring

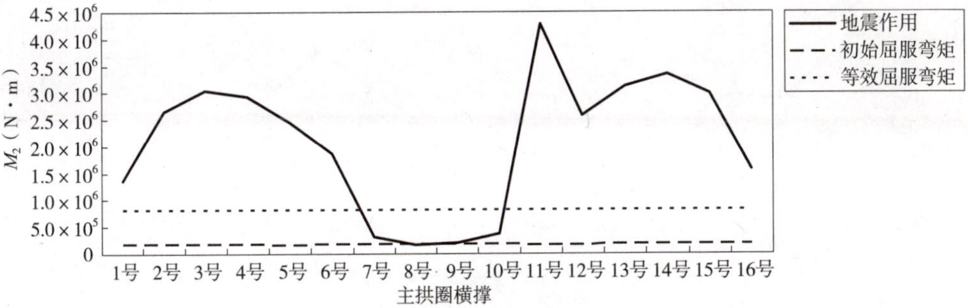

图 E-31　拱圈横撑 M_2

Figure E-31　M_2 to cross arm on arch ring

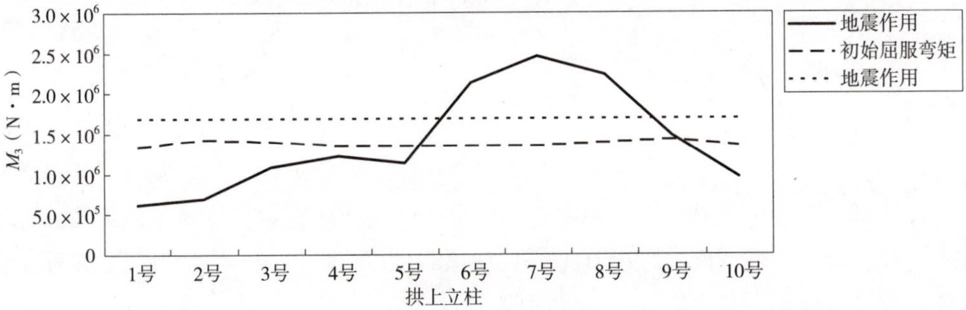

图 E-32　拱上立柱 M_3

Figure E-32　M_3 to pillar onto arch

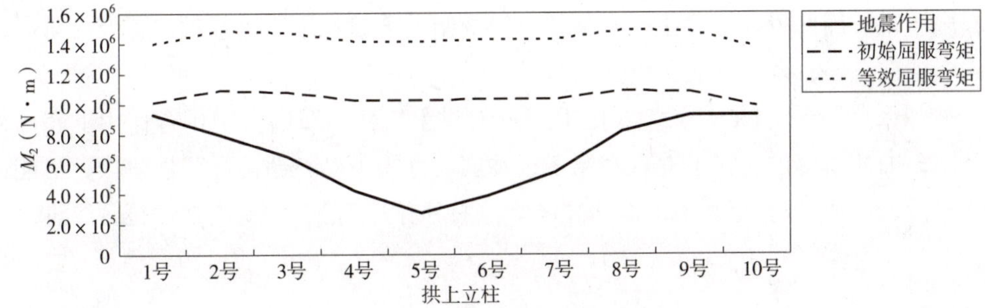

图 E-33　拱上立柱 M_2

Figure E-33　M_2 to pillar onto arch

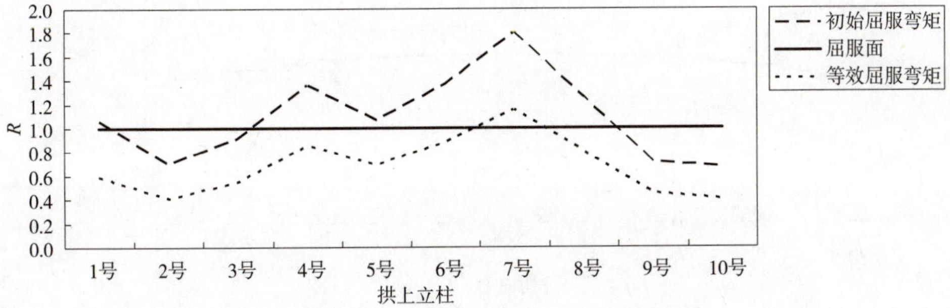

图 E-34　拱上立柱双向弯矩耦合作用

Figure E-34　Two ways bending moment coupling to pillar onto arch

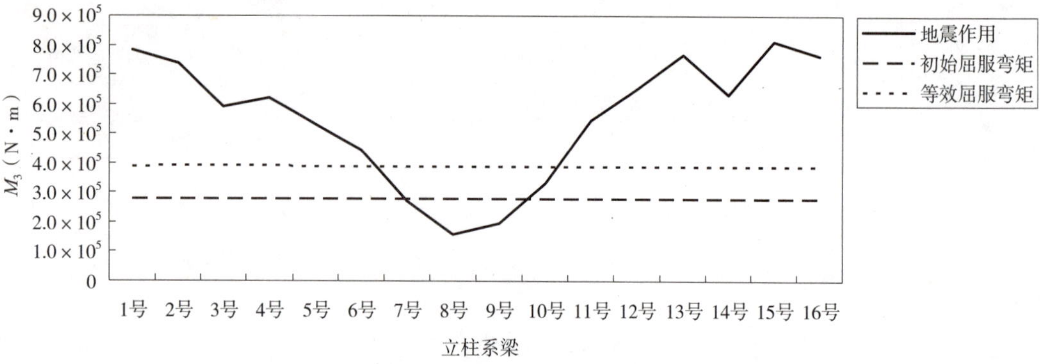

图 E-35　立柱系梁 M_3

Figure E-35　M_3 to tie beam on pillar

3）第 3 组地震波结果分析

在第 3 组地震波作用下，主拱圈分析结果见图 E-36~ 图 E-39。主拱圈红白岸拱脚 M_3 大于初始屈服弯矩；主拱圈两岸拱脚 M_2 均大于初始屈服弯矩；在考虑双向弯矩耦合作用时，两岸拱脚截面的 R 值大于 1，说明在双向弯矩作用下两岸拱脚在该强度地震作用下可能发生开裂，部分钢筋屈服，裂缝在地震后在恒载轴压下可以闭合。因此可以说明主拱圈在第 3 组地震波作用下基本上处于弹性阶段。

主拱圈横撑结果见图 E-40、图 E-41。主拱横撑仅 2 号的 M_3 超出初始屈服弯矩；大部分横撑的 M_2 超出初始屈服弯矩，在距离拱脚第 2、3、4 个横撑处地震响应最大，超出初始屈服弯矩，因此可以说明主拱圈横撑在第 3 组地震波作用下已经超出了弹性阶段，可能进入了塑性阶段，截面开裂，钢筋屈服。

立柱和系梁结果见图 E-42~ 图 E-45。所有拱上立柱在双向弯矩耦合作用下超出初始屈服弯矩，因此可以说明拱上立柱在第 3 组地震波作用下已经超出了弹性阶段，可能进入了塑性阶段，截面开裂，钢筋屈服。在 16 个立柱系梁中有 15 个超出弹性范围，进入塑性阶段。

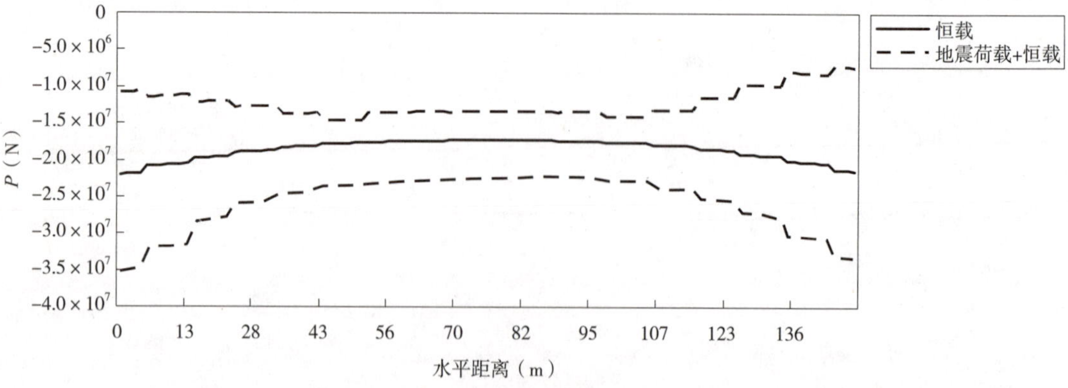

图 E-36　主拱圈轴力包络图

Figure E-36　Axial force envelope diagram of main arch ring

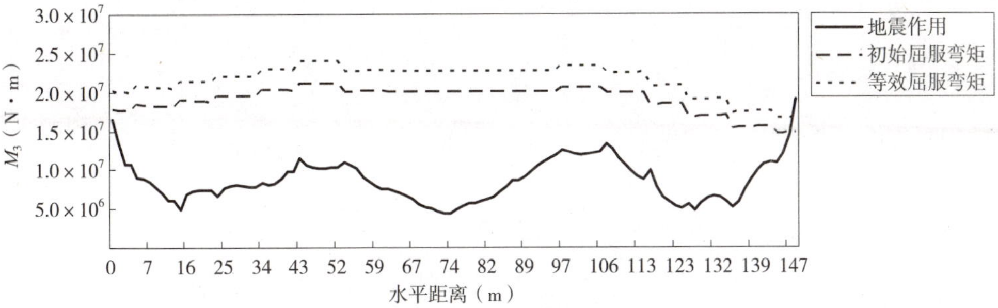

图 E-37　主拱圈 M_3

Figure E-37　M_3 to mian arch ring

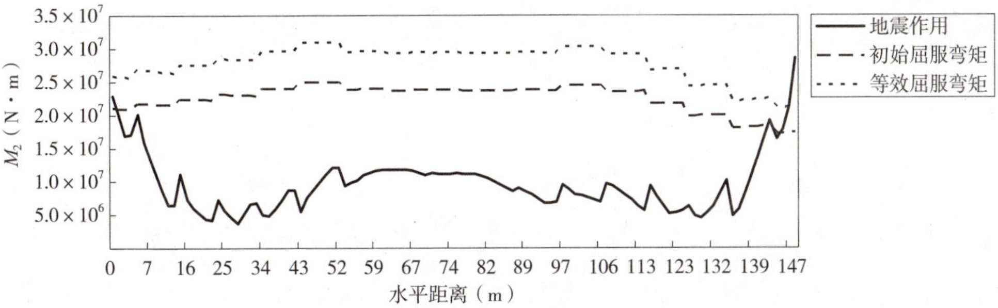

图 E-38　主拱圈 M_2

Figure E-38　M_2 to mian arch ring

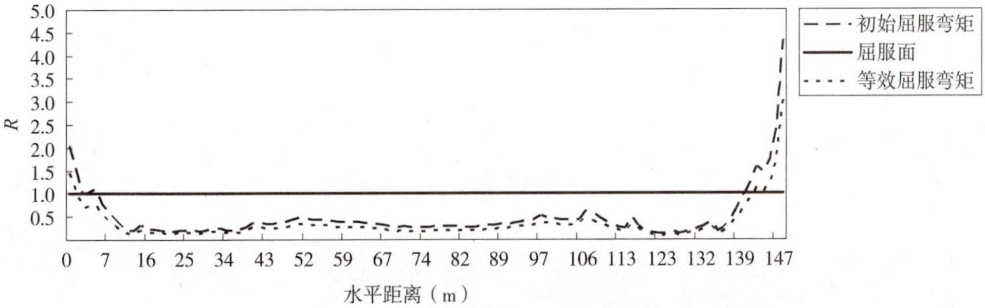

图 E-39　主拱圈双向弯矩耦合作用

Figure E-39　Two ways bending moment coupling to main arch ring

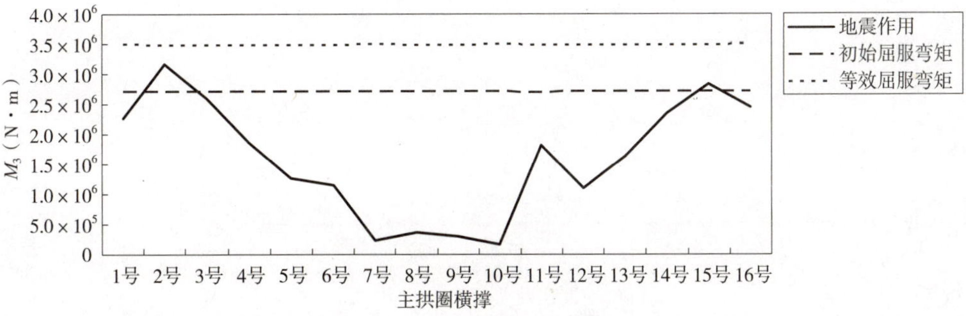

图 E-40　拱圈横撑 M_3

Figure E-40　M_3 to cross arm on arch ring

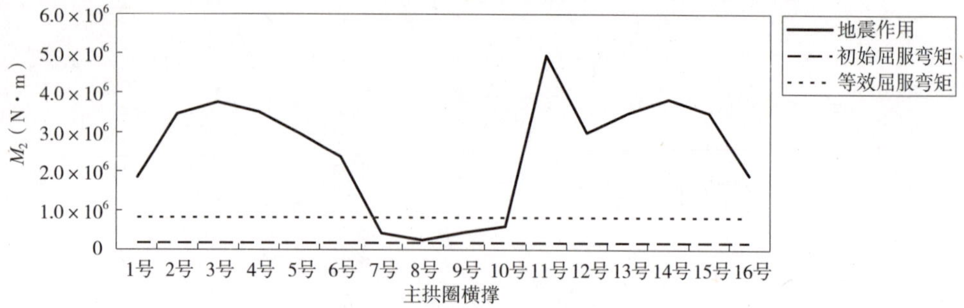

图 E-41 拱圈横撑 M_2

Figure E-41 M_2 to cross arm on arch ring

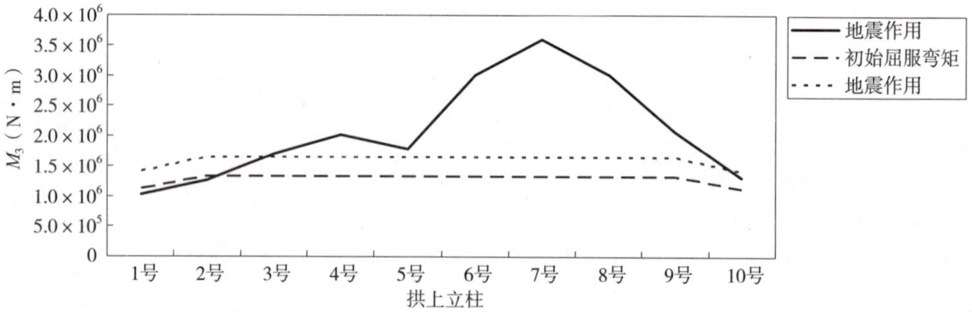

图 E-42 拱上立柱 M_3

Figure E-42 M_3 to pillar onto arch

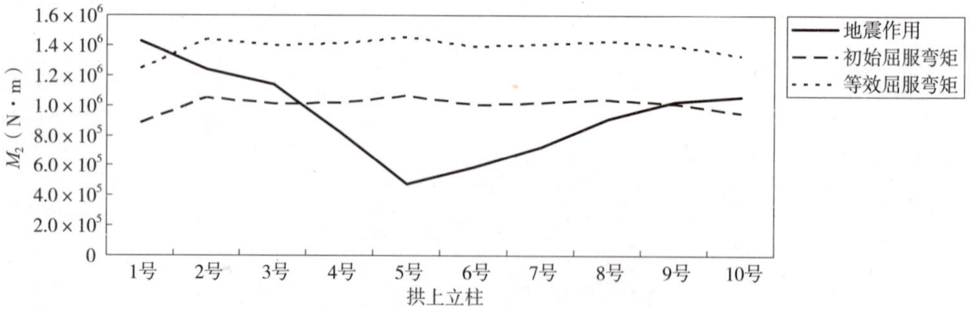

图 E-43 拱上立柱 M_2

Figure E-43 M_2 to pillar onto arch

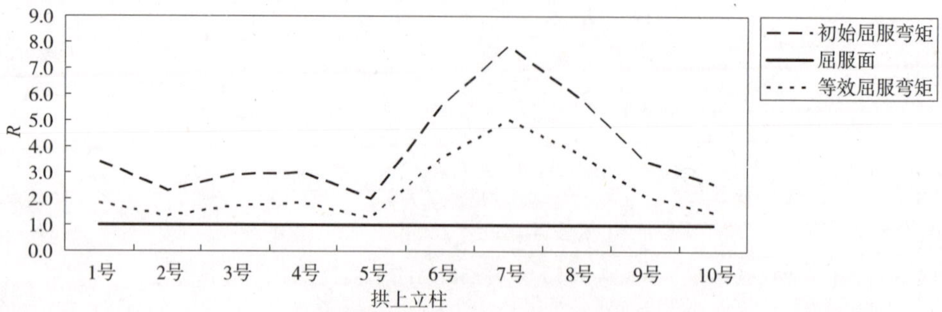

图 E-44 拱上立柱双向弯矩耦合作用

Figure E-44 Two ways bending moment coupling to pillar onto arch

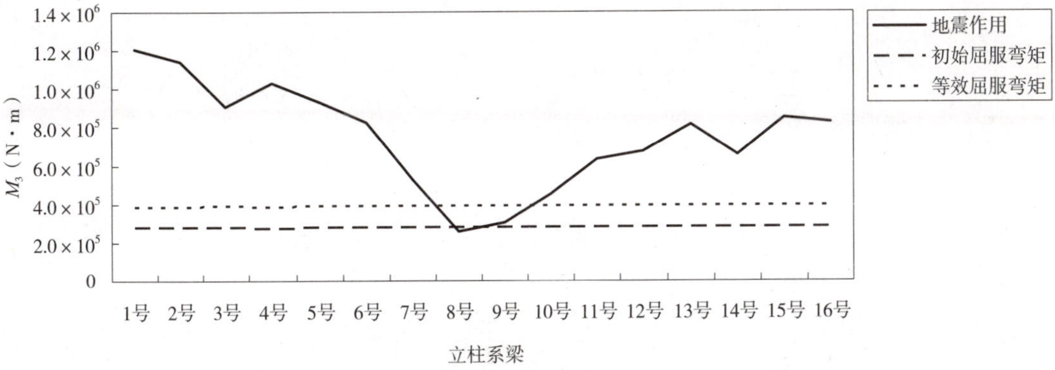

图 E-45　立柱系梁 M_3

Figure E-45　M_3 to tie beam on pillar

4）第 4 组地震波结果分析

在第 4 组地震波作用下，主拱圈分析结果见图 E-46~ 图 E-49。在考虑单向抗弯能力时主拱圈各向弯矩包络图均小于初始屈服弯矩；在考虑双向弯矩耦合作用时，主拱圈所有截面的 R 值小于 1。因此可以说明主拱圈在第 4 组地震波作用下处于弹性阶段。

主拱圈横撑结果见图 E-50、图 E-51。所有横撑 M_3 未超出初始屈服弯矩；大部分横撑 M_2 超出初始屈服弯矩，在距离拱脚第 2、3、4 个横撑处地震响应最大，超出初始屈服弯矩，因此可以说明主拱圈横撑在第 4 组地震波作用下已经超出了弹性阶段，可能进入了塑性阶段，截面开裂，钢筋屈服。

立柱和系梁结果见图 E-52~ 图 E-55。大部分拱上立柱在双向耦合弯矩作用下超出初始屈服弯矩，因此可以说明拱上立柱在第 4 组地震波作用下已经超出了弹性阶段，可能进入了塑性阶段，截面开裂，钢筋屈服。在 16 个立柱系梁中有 13 个超出弹性范围，进入塑性阶段。

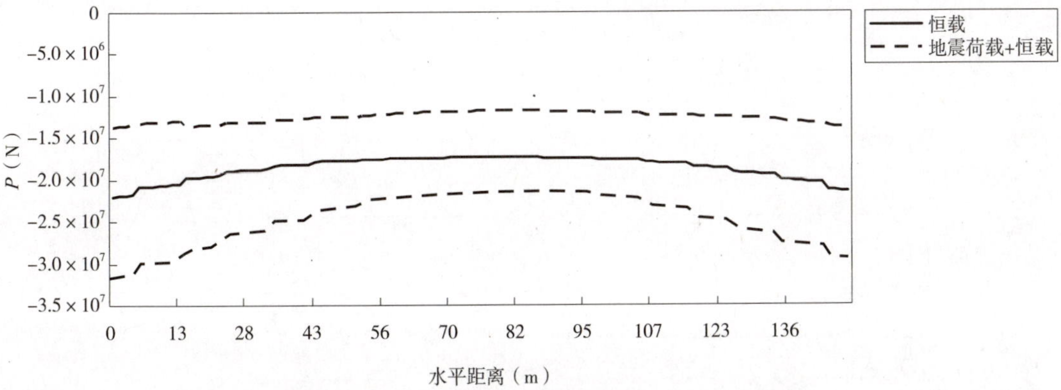

图 E-46　主拱圈轴力包络图

Figure E-46　Axial force envelope diagram of main arch ring

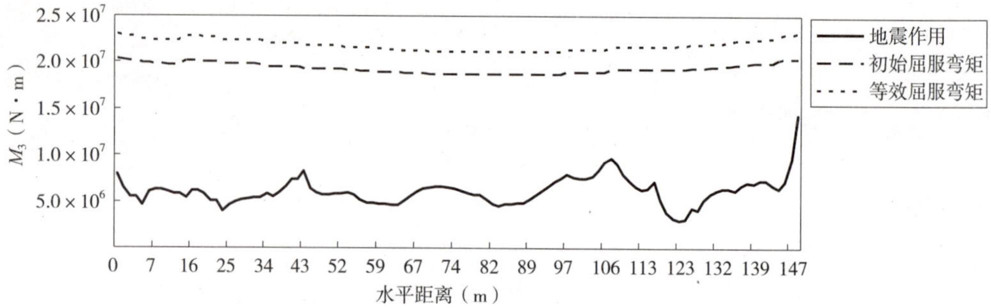

图 E-47 主拱圈 M_3

Figure E-47 M_3 to mian arch ring

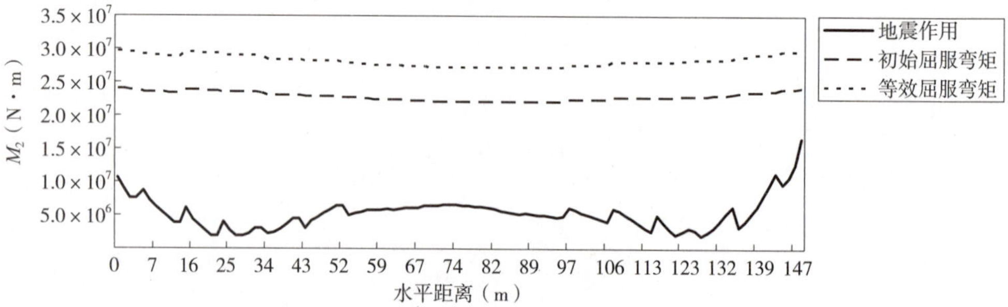

图 E-48 主拱圈 M_2

Figure E-48 M_2 to mian arch ring

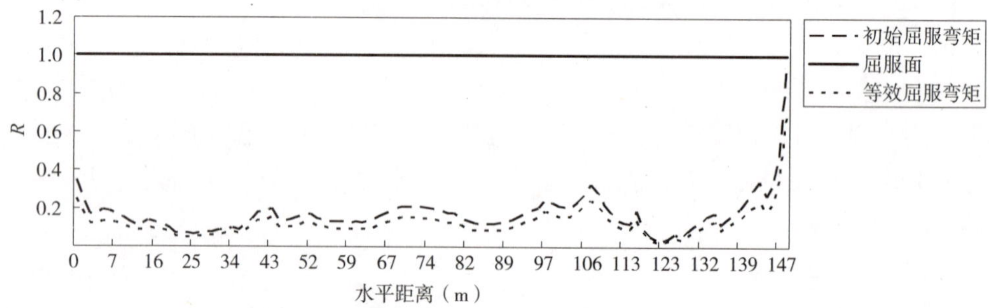

图 E-49 主拱圈双向弯矩耦合作用

Figure E-49 Two ways bending moment coupling to main arch ring

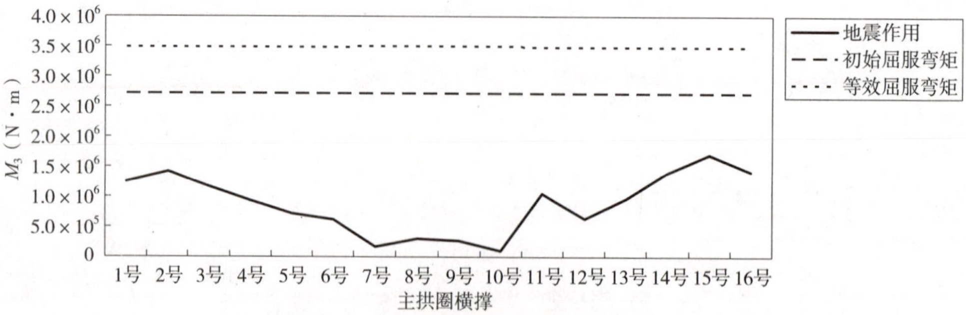

图 E-50 拱圈横撑 M_3

Figure E-50 M_3 to cross arm on arch ring

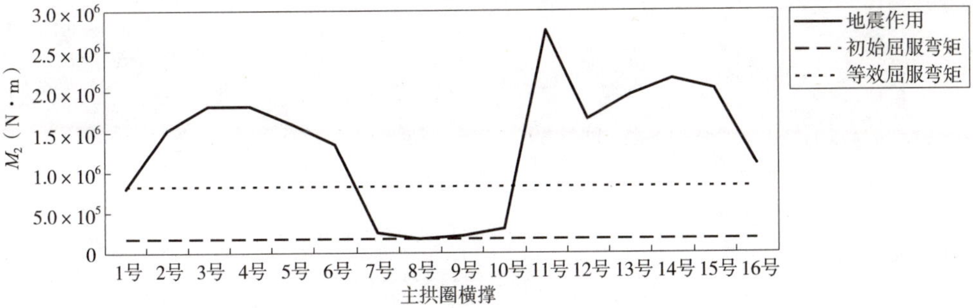

图E-51　拱圈横撑 M_2

Figure E-51　M_2 tocross arm on arch ring

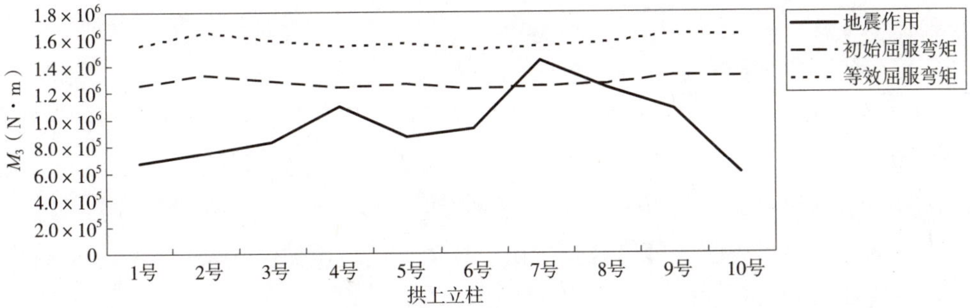

图E-52　拱上立柱 M_3

Figure E-52　M_3 to pillar onto arch

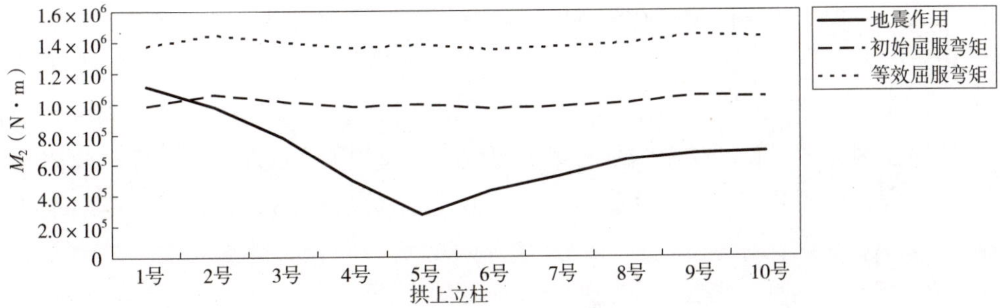

图E-53　拱上立柱 M_2

Figure E-53　M_2 to pillar onto arch

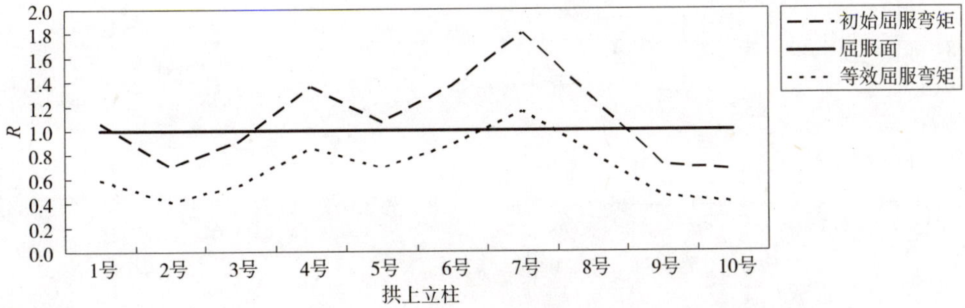

图E-54　拱上立柱双向弯矩耦合作用

Figure E-54　Two ways bending moment coupling to pillar onto arch

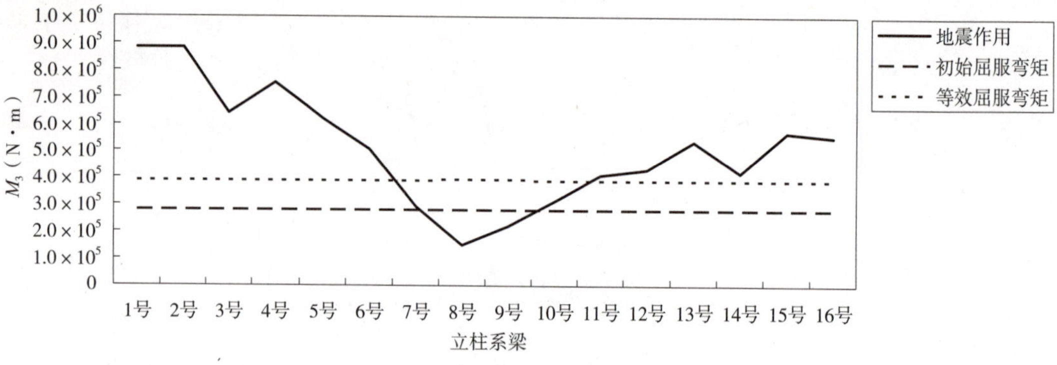

图 E-55 立柱系梁 M_3

Figure E-55 M_3 to tie beam on pillar

5）第 5 组地震波结果分析

在第 5 组地震波作用下，主拱圈分析结果见图 E-56~ 图 E-59。在考虑单向抗弯能力时，主拱圈两岸拱脚 M_3 均超出初始屈服弯矩，1/4 跨和 3/4 跨处很接近初始屈服弯矩，主拱圈 M_2 均未超出初始屈服弯矩；在考虑双向弯矩耦合作用时，主拱圈两岸拱脚、1/4 和 3/4 截面的 R 值大于 1。因此可以说明主拱圈在第 5 组地震波作用下已经不在弹性阶段，需进行下一阶段计算。

主拱圈横撑结果见图 E-60、图 E-61。所有横撑 M_3 未超出初始屈服弯矩；大部分横撑 M_2 超出初始屈服弯矩，在距离拱脚第 2、3、4 个横撑处地震响应最大，超出初始屈服弯矩，因此可以说明主拱圈横撑在第 5 组地震波作用下已经超出了弹性阶段，可能进入了塑性阶段，截面开裂，钢筋屈服。

立柱和系梁结果见图 E-62~ 图 E-65。大部分拱上立柱在双向耦合弯矩作用下超出初始屈服弯矩，因此可以说明拱上立柱在第 5 组地震波作用下已经超出了弹性阶段，可能进入了塑性阶段，截面开裂，钢筋屈服。在 16 个立柱系梁中有 15 个超出弹性范围，进入塑性阶段。

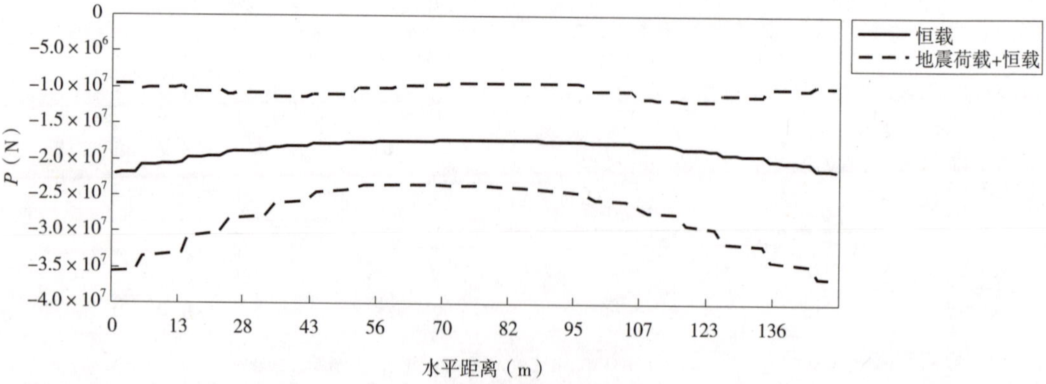

图 E-56 主拱圈轴力包络图

Figure E-56 Axial force envelope diagram of main arch ring

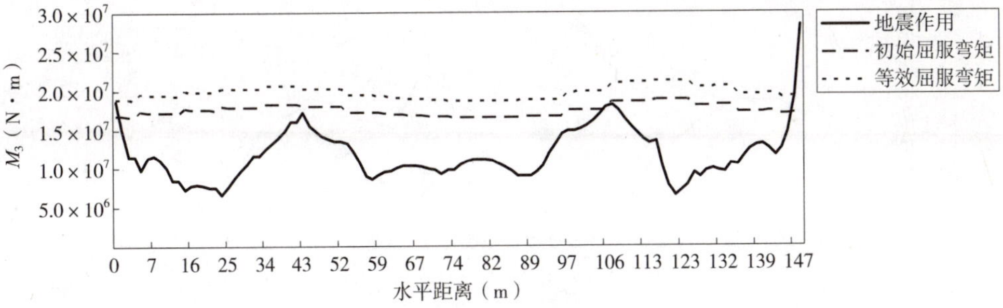

图 E-57 主拱圈 M_3

Figure E-57 M_3 to main arch ring

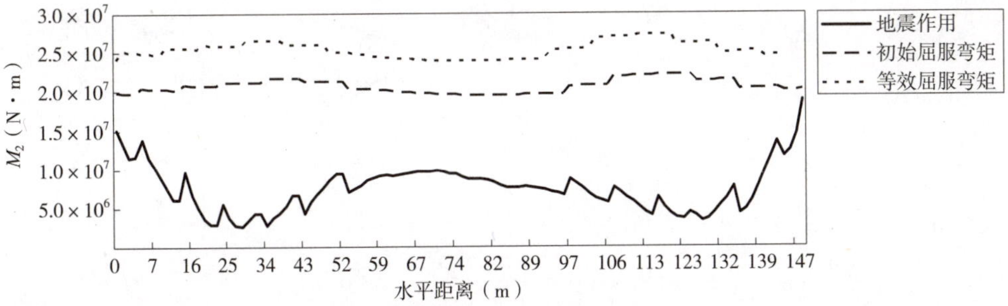

图 E-58 主拱圈 M_2

Figure E-58 M_2 to mian arch ring

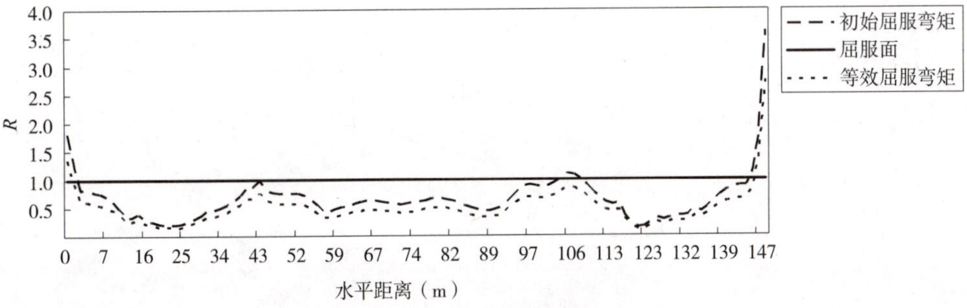

图 E-59 主拱圈双向弯矩耦合作用

Figure E-59 Two ways bending moment coupling to main arch ring

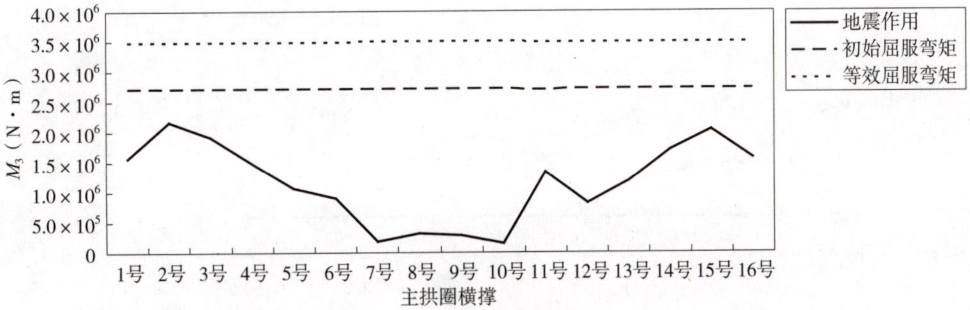

图 E-60 拱圈横撑 M_3

Figure E-60 M_3 to cross arm on arch ring

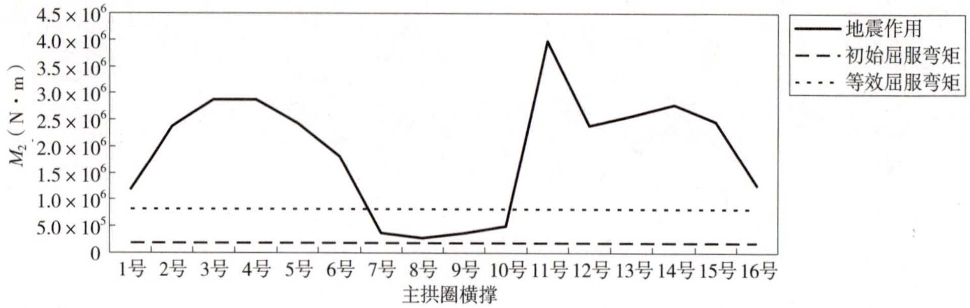

图 E-61 拱圈横撑 M_2

Figure E-61 M_2 to cross arm on arch ring

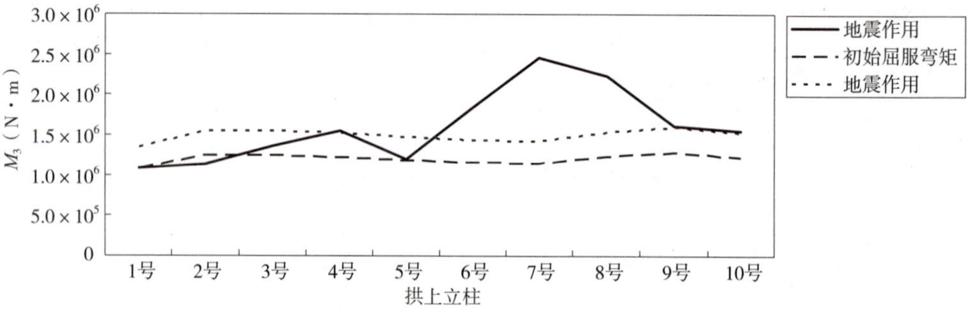

图 E-62 拱上立柱 M_3

Figure E-62 M_3 to pillar onto arch

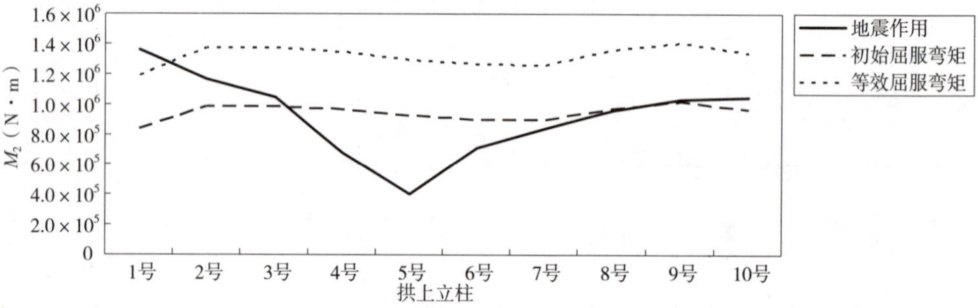

图 E-63 拱上立柱 M_2

Figure E-63 M_2 to pillar onto arch

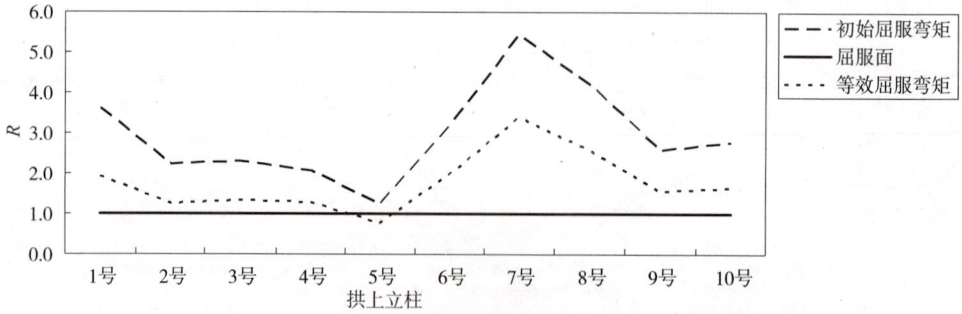

图 E-64 拱上立柱双向弯矩耦合作用

Figure E-64 Two ways bending moment coupling to pillar onto arch

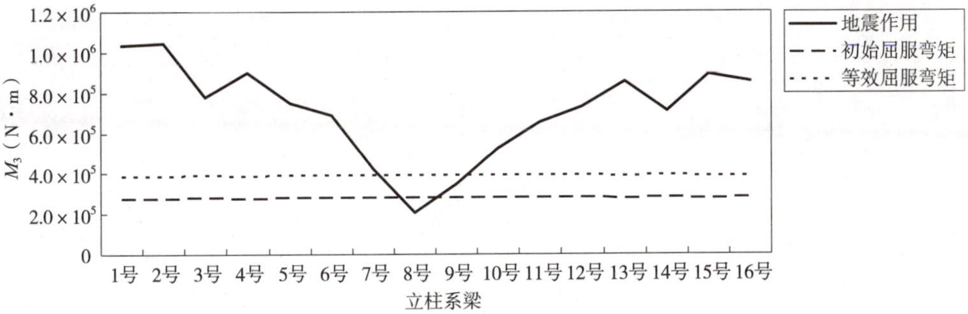

图 E-65 立柱系梁 M_3

Figure E-65 M_3 to tie beam on pillar

E.3.3 等效屈服刚度分析 Equivalent yield stiffness analysis

通过对在全截面刚度时 5 组地震波作用下的结果分析，在强度达到第 5 组地震波时，大桥主要构件已经进入屈服，因此本小节对等效屈服刚度下的桥梁模型的计算结果进行分析。

1）第 5 组地震波结果分析

在第 5 组地震波作用下，主拱圈分析结果见图 E-66~ 图 E-69。在考虑单向抗弯能力时主拱圈各向弯矩均小于等效屈服弯矩；在考虑双向弯矩耦合作用时，拱圈所有截面的 R 值小于 1。结合第 5 组地震波分析结果，可以说明主拱圈在第 5 组地震波作用下拱脚附近进入塑性阶段，但未完全进入塑性阶段，处于塑性发展阶段，在更强的地震作用下可能完全进入塑性阶段。

主拱圈横撑结果见图 E-70、图 E-71。所有横撑 M_3 未超出初始屈服弯矩；大部分横撑 M_2 超出初始屈服弯矩，在距离拱脚第 2、3、4 个横撑处地震响应最大，超出等效屈服弯矩，因此可以说明主拱圈横撑在第 5 组地震波作用下已经进入了塑性阶段，钢筋屈服。

立柱和系梁结果见图 E-72~ 图 E-75。拱上立柱在双向弯矩耦合作用下，只有 2 个立柱超出等效屈服弯矩，因此可以说明拱上立柱进入了塑性阶段。在 16 个立柱系梁中有 14 个进入塑性阶段。

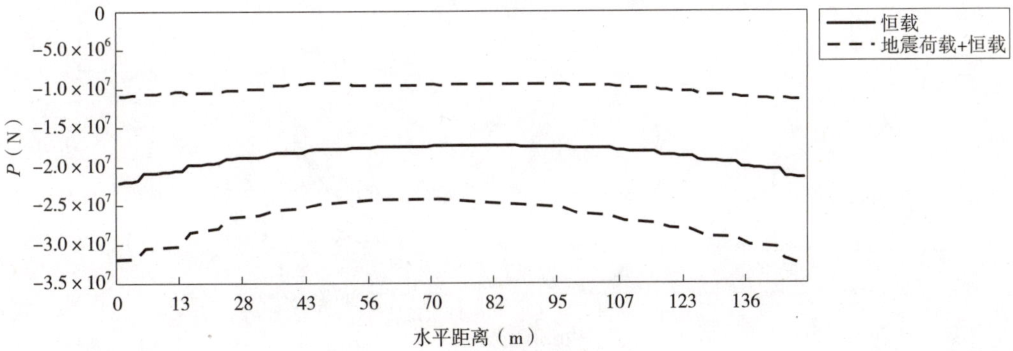

图 E-66 主拱圈轴力包络图

Figure E-66 Axial force envelope diagram of main arch ring

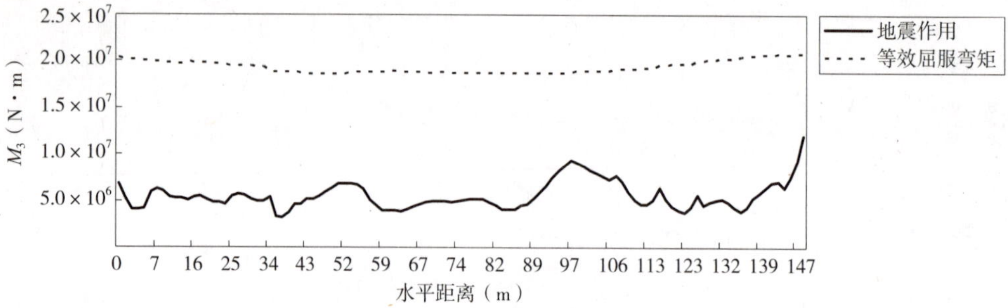

图 E-67 主拱圈 M_3

Figure E-67 M_3 to main arch ring

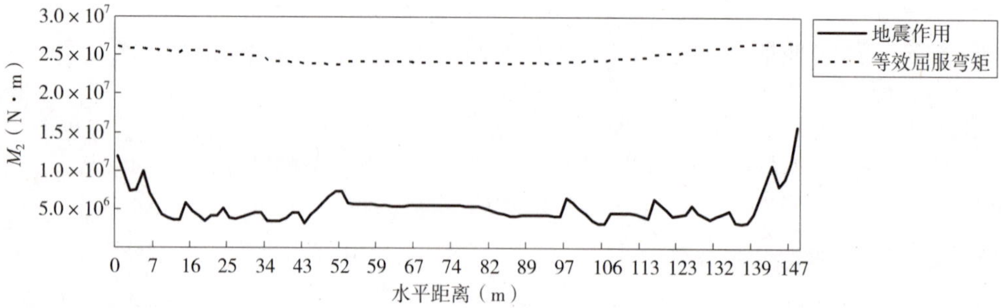

图 E-68 主拱圈 M_2

Figure E-68 M_2 to mian arch ring

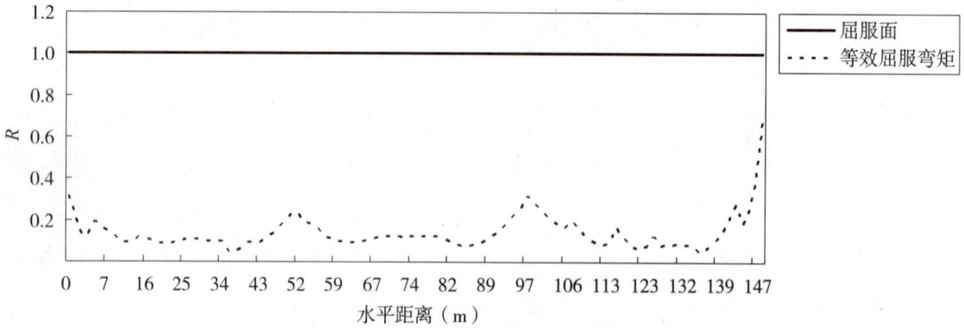

图 E-69 主拱圈双向弯矩耦合作用

Figure E-69 Two ways bending moment coupling to main arch ring

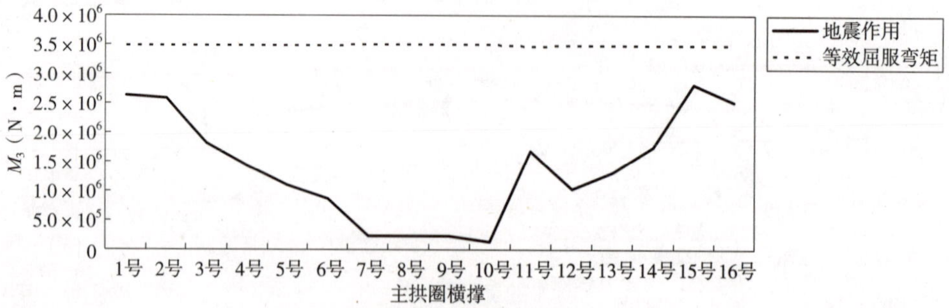

图 E-70 拱圈横撑 M_3

Figure E-70 M_3 to cross arm on arch ring

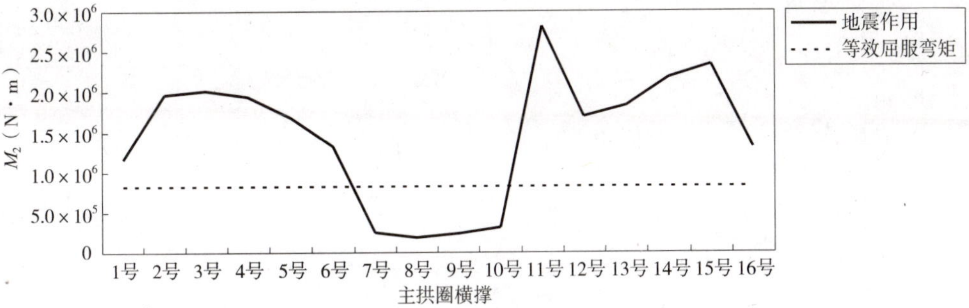

图 E-71　拱圈横撑 M_2

Figure E-71　M_2 to cross arm on arch ring

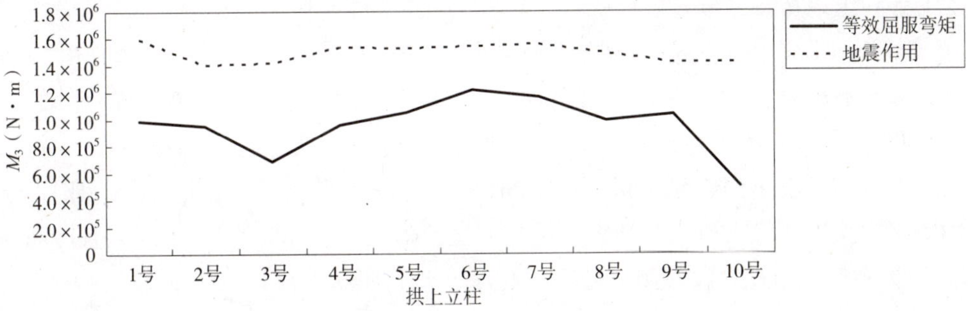

图 E-72　拱上立柱 M_3

Figure E-72　M_3 to pillar onto arch

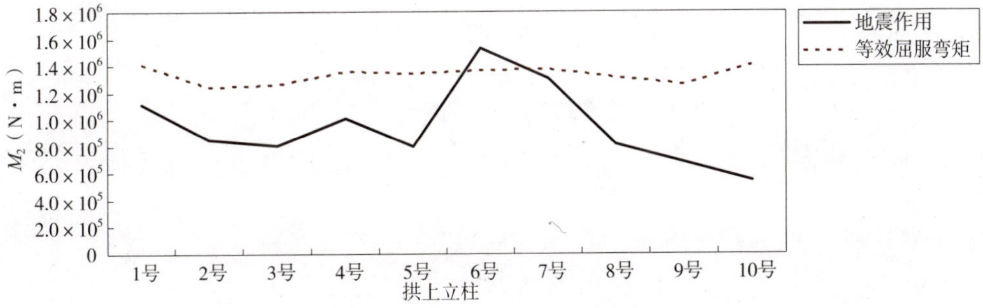

图 E-73　拱上立柱 M_2

Figure E-73　M_2 to pillar onto arch

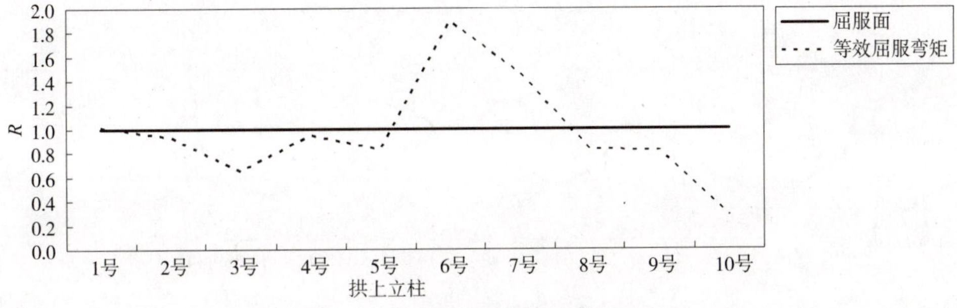

图 E-74　拱上立柱双向弯矩耦合作用

Figure E-74　Two ways bending moment coupling to pillar onto arch

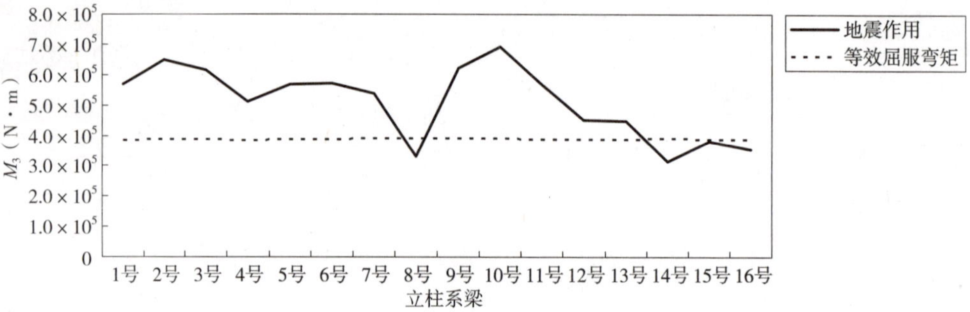

图 E-75　立柱系梁 M_3

Figure E-75　M_3 to tie beam on pillar

2）第 6 组地震波结果分析

在第 6 组地震波作用下，主拱圈分析结果见图 E-76~ 图 E-79。主拱圈在地震作用下的轴力非常大，是恒载轴力的 1 倍左右，使得两岸拱脚、1/4 跨和 3/4 跨附近的 M_3 均超出等效屈服弯矩，主拱圈两岸拱脚 M_2 也超出了等效屈服弯矩；在考虑双向弯矩耦合作用时，整个主拱圈 R 值远大于 1。因此在第 6 组地震波作用下，大桥已经完全进入塑性状态，需进行弹塑性时程分析。

主拱圈横撑结果见图 E-80、图 E-81。除拱顶附近 4 道外的所有横撑都超过等效屈服弯矩，横撑在第 6 组地震波作用下已经进入完全塑性阶段。

立柱和系梁结果见图 E-82~ 图 E-85。拱上立柱和系梁全部进入完全塑性阶段。

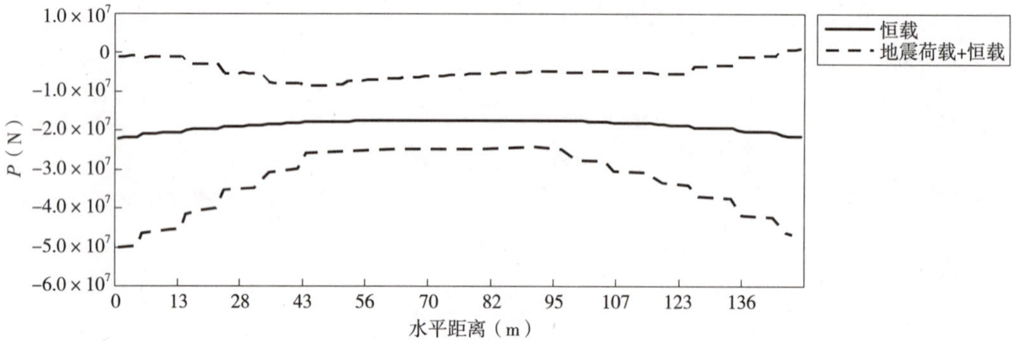

图 E-76　主拱圈轴力包络图

Figure E-76　Axial force envelope diagram of main arch ring

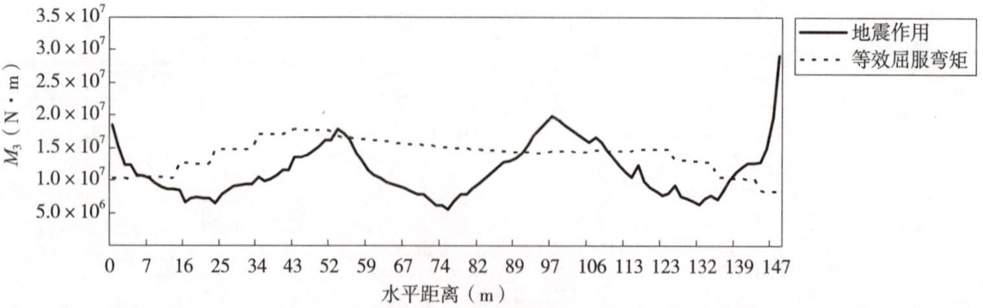

图 E-77　主拱圈 M_3

Figure E-77　M_3 to main arch ring

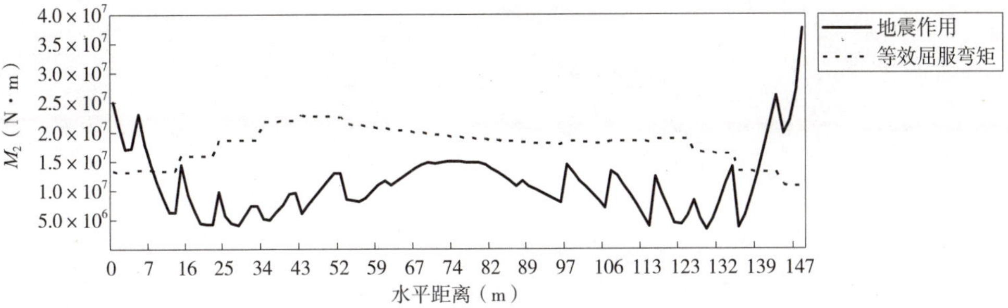

图 E-78　主拱圈 M_2

Figure E-78　M_2 to mian arch ring

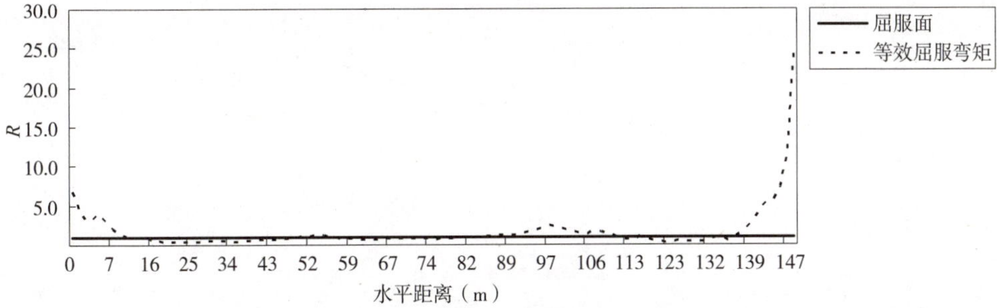

图 E-79　主拱圈双向弯矩耦合作用

Figure E-79　Two ways bending moment coupling to main arch ring

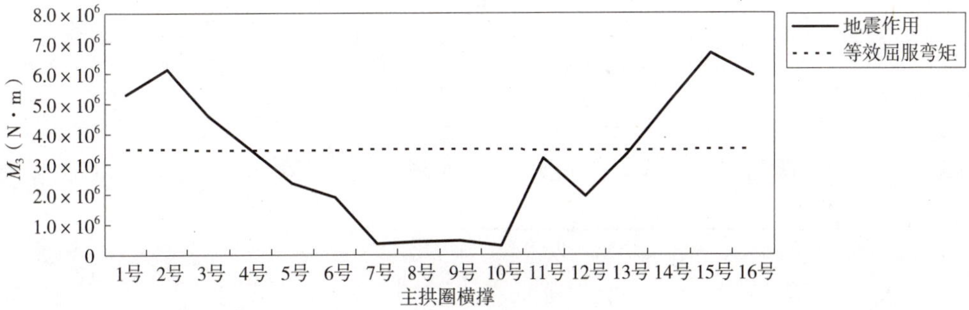

图 E-80　拱圈横撑 M_3

Figure E-80　M_3 to cross arm on arch ring

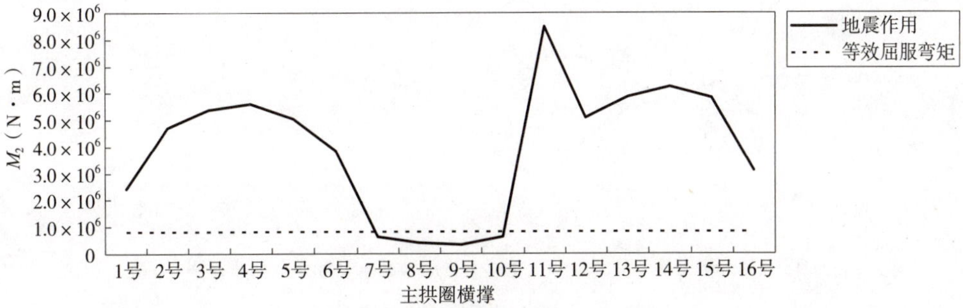

图 E-81　拱圈横撑 M_2

Figure E-81　M_2 to cross arm on arch ring

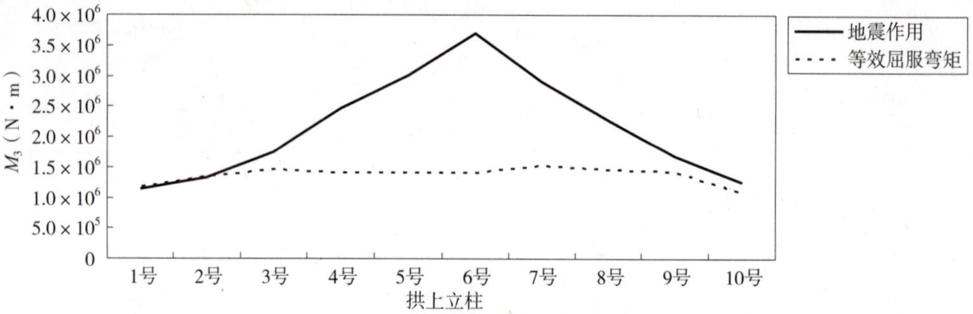

图 E-82 拱上立柱 M_3

Figure E-82 M_3 to pillar onto arch

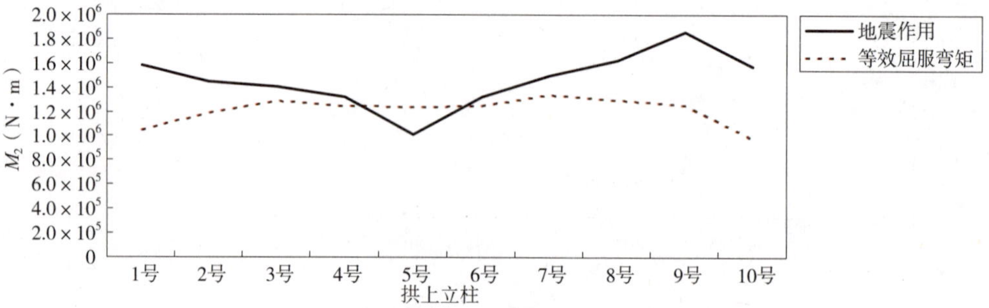

图 E-83 拱上立柱 M_2

Figure E-83 M_2 to pillar onto arch

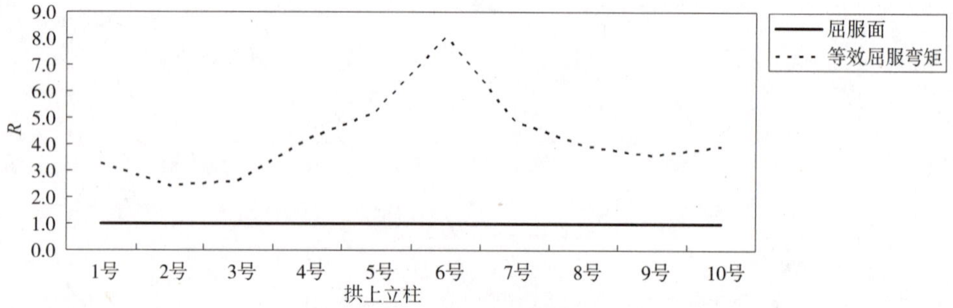

图 E-84 拱上立柱双向弯矩耦合作用

Figure E-84 Two ways bending moment coupling to pillar onto arch

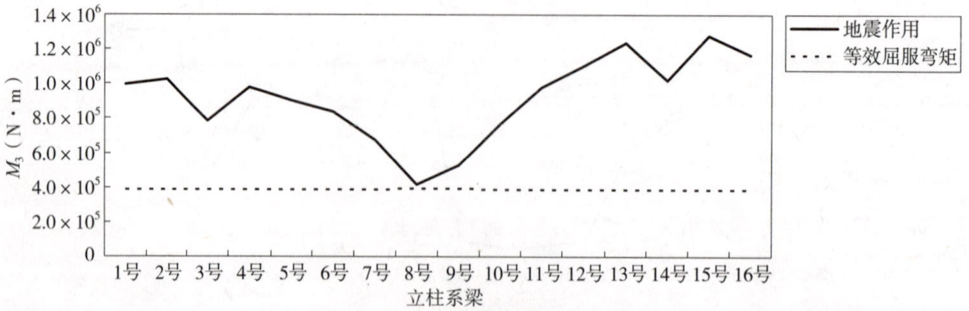

图 E-85 立柱系梁 M_3

Figure E-85 M_3 to tie beam on pillar

3）第 7 组地震波结果分析

在第 7 组地震波作用下，主拱圈分析结果见图 E-86~ 图 E-89。在考虑单向抗弯能力时主拱圈各向弯矩均小于等效屈服弯矩；在考虑双向弯矩耦合作用时，拱圈所有截面的 R 值均小于 1，即主拱圈未完全进入塑性铰状态。说明主拱圈在第 7 组地震波作用下拱脚附近进入塑性阶段，但未完全进入塑性阶段，处于塑性发展阶段，在更强的地震作用下可能完全进入塑性阶段。

主拱圈横撑结果见图 E-90、图 E-91。所有横撑 M_3 未超出初始屈服弯矩；大部分横撑 M_2 超出初始屈服弯矩，在距离拱脚第 2、3、4 个横撑处地震响应最大，超出等效屈服弯矩，因此可以说明主拱圈横撑在第 7 组地震波作用下已经进入了塑性阶段，钢筋屈服。

立柱和系梁结果见图 E-92~ 图 E-95。拱上立柱在双向弯矩耦合作用下，有 7 个立柱超出屈服面，因此可以说明拱上立柱进入了塑性阶段。16 个立柱系梁进入完全塑性阶段。

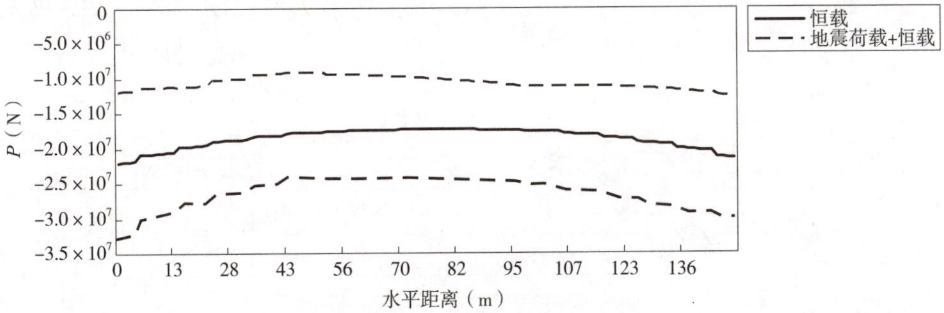

图 E-86　主拱圈轴力包络图

Figure E-86　Axial force envelope diagram of main arch ring

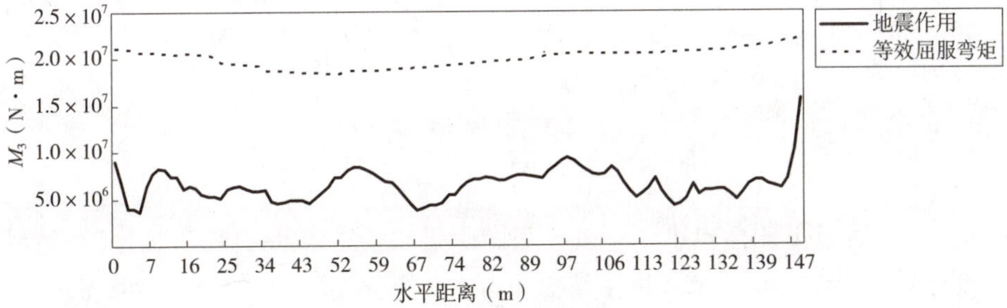

图 E-87　主拱圈 M_3

Figure E-87　M_3 to main arch ring

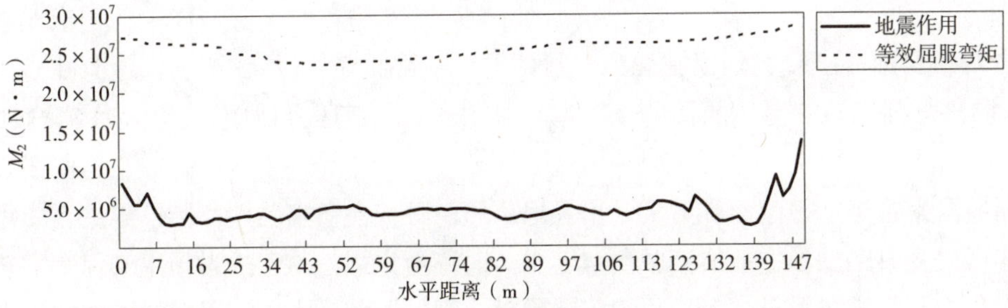

图 E-88　主拱圈 M_2

Figure E-88　M_2 to mian arch ring

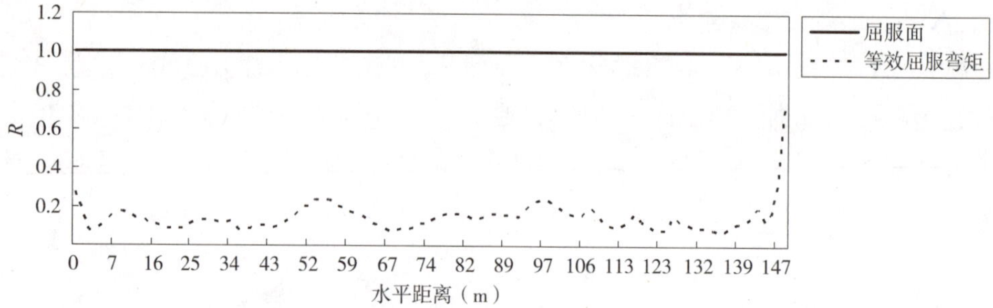

图 E-89 主拱圈双向弯矩耦合作用

Figure E-89 Two ways bending moment coupling to main arch ring

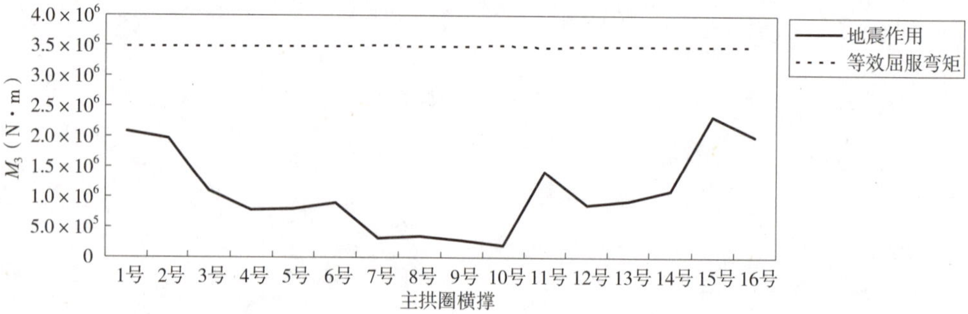

图 E-90 拱圈横撑 M_3

Figure E-90 M_3 to cross arm on arch ring

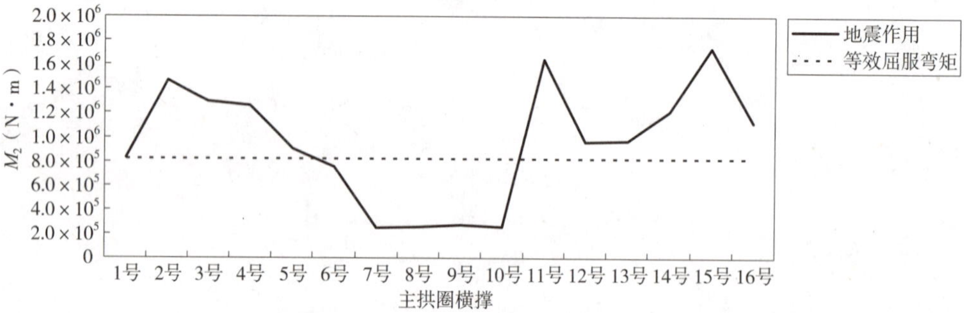

图 E-91 拱圈横撑 M_2

Figure E-91 M_2 to cross arm on arch ring

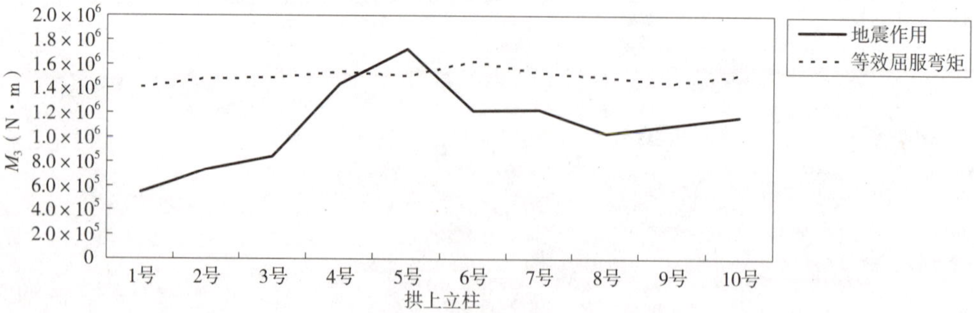

图 E-92 拱上立柱 M_3

Figure E-92 M_3 to pillar onto arch

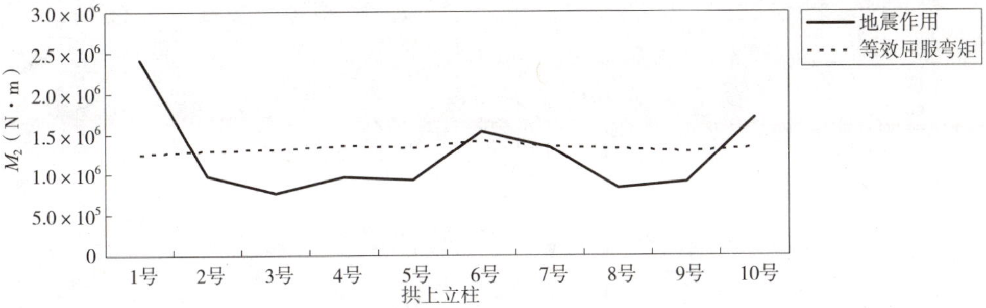

图 E-93 拱上立柱 M_2

Figure E-93 M_2 to pillar onto arch

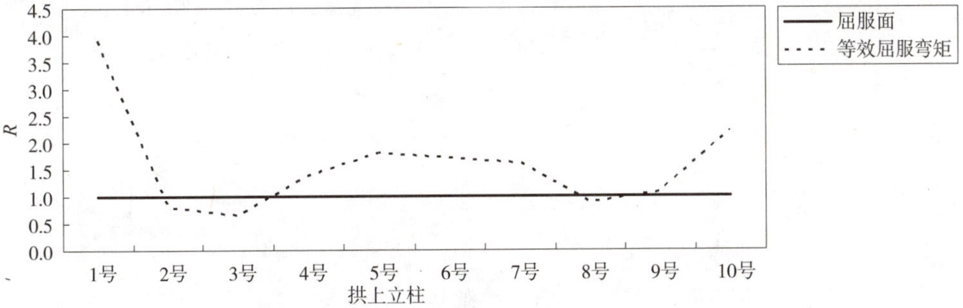

图 E-94 拱上立柱双向弯矩耦合作用

Figure E-94 Two ways bending moment coupling to pillar onto arch

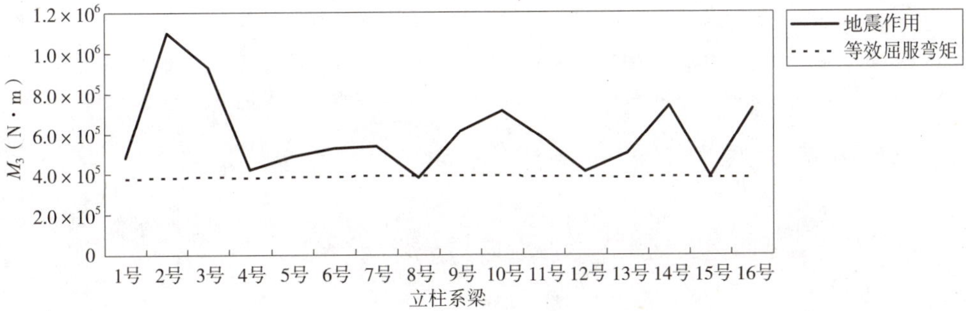

图 E-95 立柱系梁 M_3

Figure E-95 M_3 to tie beam on pillar

E.3.4 弹塑性时程分析 Plastic hinge time history analysis

通过对在等效屈服刚度下第 5、6、7 组地震波作用下的结果分析，在地震强度达到第 6 组地震波时，大桥大部分构件已经进入完全塑性阶段，因此本小节将对大桥进行弹塑性时程分析。

在桥梁结构部分构件将进入塑性状态，严格意义上应该在拱圈、立柱和横撑等梁单元端部均应设置塑性铰，但增加了大量计算成本。因此根据弹性分析结果，本报告仅在最重要的拱圈设置塑性铰，同时考虑到拱脚受力最为不利，因此最终在拱脚处设置集中塑性铰模型（图 E-96）。塑性铰参数根据 E.2.2 节设置，设置的塑性铰参数参照《SAP2000 参考分析手册》，将 *C* 点曲率设置为极限屈服曲率的 1/2，即在模型中直接考虑了 *K*=2 的延性安全系数，然后根据计算结果只要计算曲率不超过 *C* 点，说明塑性转角满足要求。

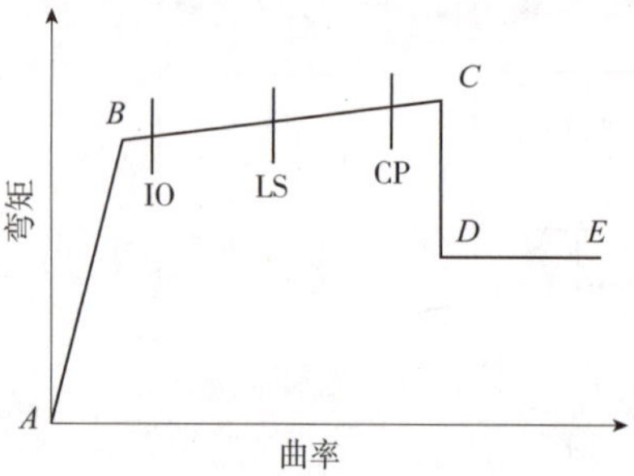

图 E-96　塑性铰弯矩 - 曲率模型曲线

Figure E-96　Bending moment–curvature curve of plastic hinge

在第 6 组地震波作用下，在设置的 4 个塑性铰中，同一拱肋两岸拱脚形成塑性铰，另一拱肋无塑性铰，与 E.3.3 小节分析结果一致。红白岸拱脚较金花岸受力更为不利，在 38.06s 时首先出现（图 E-97），金花岸拱脚塑性铰在 38.14s 出现（图 E-98），同时红白岸塑性铰转角已经超过了《公路桥梁抗震设计细则》（JTG/T B02-01—2008）要求的延性安全系数 *K*=2 时的转角，即塑性铰状态均处于“*C*—*D*”段。在 38.16s 时（图 E-99）两个塑性铰均达到极限转角，结构可能失效。

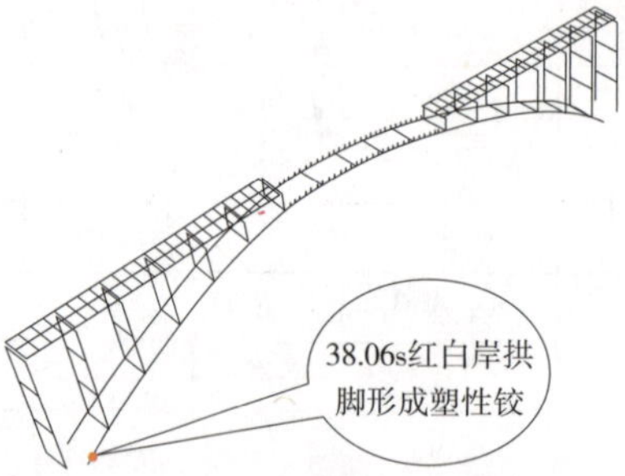

图 E-97　红白岸拱脚形成塑性铰

Figure E-97　Forming plastic hinge at Hongbai bank

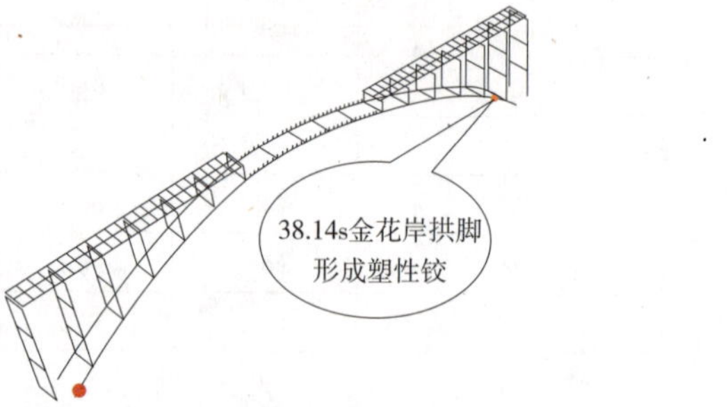

图 E-98　金花岸拱脚形成塑性铰

Figure E-98　Forming plastic hinge at Jinhua bank

通过以上分析发现，结构第 38.16s 就可能失效，在拱脚形成塑性铰后非常短的时间就超出塑性铰的变形能力，可见主拱圈在高轴压下塑性变形能力太弱，不能形成有效的耗能机构，一旦遭遇强震主拱很可能失效，而在烈度Ⅶ ~ Ⅷ度地震作用下主拱圈则基本处于弹性阶段，这样就造成了拱桥破坏的两个极端的情况，要么震害较轻，要么就发生严重震害甚至垮塌。

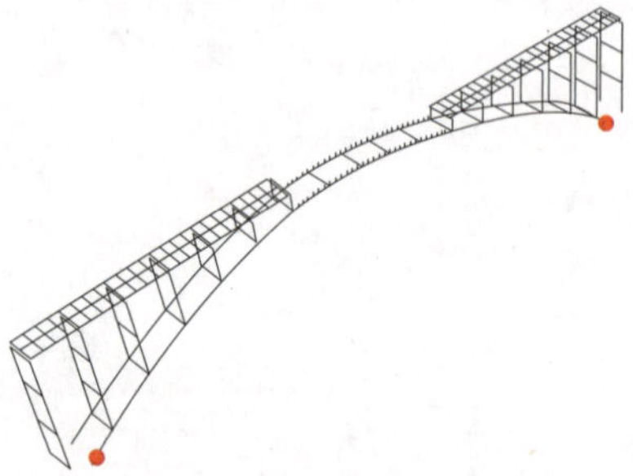

图 E-99　塑性铰超过极限转角（第 38.16s）

Figure E-99　Plastic hinge exceed the limit rotation（at 38.16s）

E.4　小结 Summary

本章对金花大桥进行了 7 组不同强度地震波多维输入情况的时程分析，并根据全截面刚度计算结果判断截面是否进入塑性发展阶段，根据等效屈服刚度模型结果分析截面是否进入完全塑性阶段，即截面形成塑性铰，得到大桥在不同强度地震作用下的结构性能：

（1）在Ⅶ度区的第1、2组和Ⅷ度区的第3、4组地震波作用下，主拱圈基本处于弹性阶段，横撑和立柱开裂，进入塑性阶段，立柱系梁处于塑性发展阶段。

（2）在Ⅷ度区的第5组和Ⅸ度区的第7组地震作用下，主拱圈已经超出弹性范围，进入了塑性发展阶段。

（3）在Ⅹ度区的第6组地震波作用下结构完全进入了塑性阶段，从数值模拟分析的结果看，结构可能失效。

（4）在强震作用下主拱圈抗震性能良好，横撑、立柱和立柱系梁是最为薄弱的环节，容易发生损伤。根据金花大桥震害报告以及其他肋拱桥的震害，结构受损部位大多位于系梁－立柱结合部位以及横撑－主拱圈的结合位置。

（5）金花大桥所处地区基本烈度仅为Ⅶ度，实际烈度为Ⅸ度，已经远超过大桥设防烈度，但是大桥并未发生失效，根据震害和计算结果分析主要有3个原因：①在强震下纵梁发生纵向和横向错位，表明板式支座发生滑移，这样形成了一个隔震体系，有效降低主拱和立柱的受力；②根据计算结果，在Ⅶ度区地震波作用下主拱强度有一定量富余，致使大桥在遭遇强震时仍能有良好的抗震性能；③结构的超强因素。

（6）从计算分析可以看出，主拱是高轴压比构件，自地震作用下延性差，在拱脚形成塑性铰后非常短的时间就超出塑性铰的变形能力，可见主拱圈在高轴压下塑性变形能力太弱，不能形成有效的耗能机构，一旦遭遇强震主拱很有可能失效。而采用茂县南新波进行计算时（EW=0.421g、NS=0.349g、UD=0.352g）主拱圈则基本处于弹性阶段。可见，主拱大轴压比的特点是导致拱桥破坏极端性的重要原因，要么震害较轻，要么就发生严重震害甚至是垮塌。

通过以上分析可以得到大桥在多维强震下可能发生整体破坏以及在超震下结构并未发生失效的原因。首先大桥最薄弱的立柱系梁进入塑性阶段，然后立柱进入塑性阶段，最后在立柱、系梁等存在较好的塑性转动能力的情况下主拱圈拱脚进入塑性阶段，直至破坏。

附录 F 隧道震害分类
Appendix F Classification of tunnel seismic damage

通过震区现场调查，震区公路隧道震害可分为 14 种类型，其中拱墙衬砌结构震害类型 9 种，隧道底部震害类型 5 种。

F.1 隧道拱墙震害类型 Seismic damage type of tunnel arch

拱墙衬砌震害类型 9 种，分别为：A. 衬砌开裂（裂纹清晰，有一定走向）；B. 衬砌开裂（不能确定裂纹方向，呈片状或网状）；C. 混凝土剥落；D. 衬砌错台；E. 混凝土掉块；F. 二次衬砌垮塌；G. 隧道垮塌；I. 施工缝开裂；J. 衬砌渗水，见图 F-1。

a）龙洞子隧道衬砌斜裂缝

a）Lining diagonal crack of Longdongzi Tunnel

b）龙溪隧道衬砌裂缝纵横交错形成碎裂

b）Lining cracks criss-cross form the fragmentation of Longxi Tunnel

c）友谊隧道混凝土剥落、主筋裸露

c）Lining spalling concrete and the main reinforcement exposed of Youyi Tunnel

d）酒家垭隧道衬砌掉块悬挂

d）Lining concrete block falling and hanging of Jiujiaya Tunnel

图 F-1

Figure F-1

e）友谊隧道衬砌斜向开裂密布并渗水

e）Lining diagonal densely crack and water percolation of Youyi Tunnel

f）龙溪隧道垮塌（支护及围岩均破坏）

f）Lining collapse（lining and surrounding rock both destroyed）of Longxi Tunnel

g）酒家垭二次衬砌掉拱（初期支护未破坏）

g）The Lining arch drop（initial support intact）of Jiujiaya Tunnel

h）白云顶隧道衬砌错台

h）Lining dislocation of Baiyunding Tunnel

i）白云顶隧道施工缝开裂错台

i）Construction joint crack and dislocation of Baiyunding Tunnel

图 F-1 隧道拱墙震害

Figure F-1 Types of arch crown' s seismic damage of highway tunnel

F.2 隧道底部震害类型 Seismic damage type of tunnel bottom

隧道底部震害类型 5 种，分别为：K. 路面开裂（裂纹清晰，有一定走向）；L. 路面开裂（不能确定裂纹方向，呈片状或网状）；M. 仰拱错台；N. 仰拱隆起；P. 路面渗水。见图 F-2。

a）龙溪隧道路面纵向开裂

a）The pavement longitudinal cracked of Longxi Tunnel

b）友谊隧道路面横向开裂

b）The pavement transverse cracking of Youyi Tunnel

c）龙溪隧道仰拱错台

c）The arch dislocation of Longxi Tunnel

d）龙溪隧道底部隆起

d）The bottom rise up of Longxi Tunnel

e）白云顶隧道路面开裂渗水

e）The pavement crack and water percolation of Baiyunding Tunnel

图 F-2 隧道底部震害类型

Figure F-2 Types of bottom' s seismic damage of highway tunnel

附录 G　隧道震害分级及震害统计
Appendix G　Highway tunnel earthquake damage classification and statistics

根据汶川地震后灾区公路隧道抢通、保通、恢复重建三阶段的特点、目标及处治重点，建立了隧道震害分级。依据汶川地震灾区 56 座隧道详细的震害资料，分别按断层破碎带、洞口、普通段等三类隧道结构震害进行统计分析，揭示了断层破碎带、洞口、普通段隧道的震害特征。

G.1　隧道震害分级 Tunnel earthquake damage grading

地震发生后，按抢通、保通、恢复重建三阶段进行隧道工程抢险，三阶段的特点、目标及处治重点见表 G–1。

表 G–1　三阶段特点、目标及处治重点

Table G–1　Characteristics of three stages, target and key points of treatment

名　称	特　点	目　标	处 治 重 点
抢通阶段	时间紧、任务重且道路不通，大型机械不能进场，只能对一些比较严重但易处理的震害进行临时整治；必须以最简单的方式、最快捷的方法保障通车	临时安全	二次衬砌混凝土剥落、掉块或局部垮塌的隧道段落
保通阶段	维持通行、提高能力；保障在抢险期间的通行安全；满足灾后重建的大量运输，该阶段具有交通量大、重车比例高的特点	安全但不考虑结构耐久性及渗漏水	1. 衬砌开裂严重，纵横交织呈网状，有的甚至为贯通裂缝的隧道段落； 2. 衬砌严重开裂、掉块、垮塌段； 3. 隧道内短塌方段
恢复重建阶段	恢复至正常通行	安全；耐久性；无渗漏水	所有震害段落

根据现场隧道震害情况及灾后抢险三阶段的需要，基于通行水平将隧道震害程度分为 5 级，见表 G–2。

表 G–2　一般隧道震害程度分级原则

Table G–2　General principles of the tunnel damage classification

评定分级	主要震害现象
S	情况正常（无异常情况）
B	结构存在轻微破坏，现阶段对行人（车）不会有影响，但应进行监测或观测
1A	结构存在破坏，可能会危及行人（车）安全，应准备采取对策措施
2A	结构存在较严重破坏，将会危及行人（车）安全，应尽早采取对策措施
3A	结构存在严重破坏，救灾车辆无法通行，并危及抢险人员安全，必须立即采取紧急对策措施

根据表 G–1 和表 G–2，当隧道二次衬砌为钢筋混凝土时，其震害评估和处置重点具体可按表 G–3、表 G–4 进行。

表 G–3　钢筋混凝土衬砌段震害评估分级

Table G–3　Principle of grading of seismic damage degree of reinforced concrete lining

评定分级		主要震害现象
S		情况正常（无异常情况）
B		施工缝开裂；二次衬砌有少量离散裂缝，但裂缝宽度小于 1mm
1A		二次衬砌有少量离散裂缝，但裂缝较深、宽度大于 1mm
2A		二次衬砌裂缝较多，纵横交织呈网状；或者虽然裂缝较少，但裂缝为纵斜向，且延展长、宽度大、深入衬砌内部，甚至为贯通裂缝
3A	$3A_1$	二次衬砌混凝土纵向连续剥落、掉块、钢筋弯曲外露
	$3A_2$	洞室整体坍塌

表 G–4　钢筋混凝土衬砌段三阶段需要处治的震害等级

Table G–4　Key points of three stages seismic damage treatment of reinforced concrete lining

阶　段	需要处治的震害等级
抢通阶段	S□　B□　1A□　2A□　$3A_1$☑　$3A_2$☑
保通阶段	S□　B□　1A□　2A☑　$3A_1$☑　$3A_2$☑
恢复重建阶段	S□　B☑　1A☑　2A☑　$3A_1$☑　$3A_2$☑

根据表 G–1 和表 G–2，当隧道二次衬砌为素混凝土时，其震害评估和处置重点具体可按表 G–5、表 G–6 进行。

表 G–5　素混凝土衬砌段震害评估分级表

Table G–5　Principle of grading of seismic damage degree of concrete lining

评定分级		主要震害现象
S		情况正常（无异常情况）
B		施工缝开裂；二次衬砌有少量离散裂缝，且裂缝延展方向以环向为主、裂缝宽度小于 1mm
1A		二次衬砌有少量离散裂缝，且为宽度小于 1mm 的纵、斜向裂缝或宽度大于 1mm 的环向裂缝
2A		二次衬砌有少量纵、斜向裂缝，但裂缝延展长、宽度大、深入衬砌内部，甚至为贯通裂缝
3A	$3A_1$	二次衬砌裂缝较多，纵横交织呈网状；二次衬砌混凝土剥落、掉块、局部垮塌；二次衬砌大面积垮塌
	$3A_2$	洞室整体坍塌

表 G–6　素混凝土衬砌段三阶段需要处治的震害等级

Table G–6　Key points of three stages' seismic damage treatment of concrete lining

阶　段	需要处治的震害等级
抢通阶段	S□　B□　1A□　2A☑　$3A_1$☑　$3A_2$☑
保通阶段	S□　B□　1A□　2A☑　$3A_1$☑　$3A_2$☑
恢复重建阶段	S□　B☑　1A☑　2A☑　$3A_1$☑　$3A_2$☑

由此可见，在制订隧道震害处置方案时，不但要分阶段，而且要考虑支护结构的材料类型。当衬砌结构采用不同的材料时，处置的重点也是不同的。

G.2　隧道震害统计及震害特征 Highway tunnel earthquake damage statistics and disaster characteristics

根据“5·12”汶川大地震 56 座隧道震害资料分析，隧道震害可以分洞口段、断层破碎带段、普通段三段进行统计。

G.2.1　洞口结构震害统计 The portal structural damage statistics

1）洞外结构主要震害统计

震区公路隧道洞外结构破坏主要集中在Ⅸ度及Ⅸ度以上地区，具体统计结果见表 G-7。

表 G-7　隧道洞外结构破坏统计

Table G-7　Statistic of outside structure damage of tunnel

隧道名称	地震烈度	边仰坡	洞　门	明洞	备　注
小丘地隧道	Ⅶ	无震害	帽石被落石砸坏	—	
飞仙关隧道	Ⅷ	无震害	帽石被落石砸坏	—	
草坡隧道	Ⅸ	崩塌、滑塌	开裂、洞口被部分掩埋	—	
单坎梁子隧道	Ⅸ	轻微滑塌	部分落石堆积洞口	—	
耿达隧道	Ⅸ	崩塌、滑塌	无震害	落石砸穿	边仰坡上方山体崩塌、滑塌
白云顶隧道	Ⅹ	边坡滑坡	端墙和拱圈开裂	—	
友谊隧道	Ⅹ	崩塌、滑塌	开裂	—	边仰坡上方山体崩塌、滑塌
紫坪铺隧道	Ⅹ	边坡碎裂、脱落	—	—	洞门未施作
龙洞子隧道	Ⅺ	崩塌、落石	开裂、断裂，落石砸坏帽石及翼墙并堆积洞口，洞口被仰坡崩塌体掩埋	—	边仰坡上方山体崩塌、落石
龙溪隧道	Ⅺ	山体崩塌，仰坡开裂	—	—	洞门未施作
皂角湾隧道	Ⅺ	崩塌、滑塌	开裂、落石砸坏端墙	—	边仰坡上方山体崩塌、滑塌
福堂隧道	Ⅺ	崩塌、滑塌	开裂、洞口被部分掩埋	—	边仰坡上方山体崩塌、滑塌
桃关隧道	Ⅺ	崩塌、滑塌	开裂、断裂开裂、拱圈损坏	落石堆积	边仰坡上方山体崩塌、滑塌

由表 G-7 可知，隧道边、仰坡在地震烈度为Ⅷ度及Ⅷ度以下时无震害。Ⅸ度及Ⅸ度以上均出现崩塌和滑塌，且大部分是由边仰坡上方山体崩塌、滑塌引起的。洞门结构在地震烈度为Ⅷ度及Ⅷ度以下时，仅出现洞门墙帽石被落石砸坏的震害；在Ⅸ度时出现了洞门墙开裂的震害；在Ⅸ度以上区域隧道洞门墙均出现开裂震害；Ⅺ度区的龙洞子隧道和桃关隧道洞门出现了断裂震害。明洞仅耿达隧道被落石砸穿、桃关隧道明洞上方有落石堆积，其他隧道基本未设置明洞。

2）洞口段隧道震害类型及其长度

隧道洞口段包括洞口浅埋段和洞口过渡段，下面分别进行讨论。

通过震害展示图和调查表，统计出洞口浅埋段隧道震害类型、长度及所占比例，如表 G-8 所示；并统计出洞口过渡段隧道震害类型、长度及比例，如表 G-9 所示。

表 G-8 洞口浅埋段隧道震害类型、长度及所占比例

Table G-8 Damage statistic of shallow-buried opening section of each tunnel

震害类型 / 隧道名称	A		B		C		D		E		F		G		I	
	长度（m）	比例（%）	长度（m）	比例（%）	长度（m）	比例（%）	长度（m）	比例（%）	长度（m）	比例（%）	长度（m）	比例（%）	长度（m）	比例（%）	长度（m）	比例（%）
龙溪隧道	191	81.62	60	25.64	0	0.00	0	0.00	0	0.00	10	4.27	0	0.00	14	5.98
紫坪铺隧道	119	68.00	0	0.00	0	0.00	6	3.43	0	0.00	0	0.00	0	0.00	11	6.29
龙洞子隧道	10	29.41	0	0.00	0	0.00	1	2.94	0	0.00	0	0.00	0	0.00	0	0.00
烧火坪隧道	6	50.00	0	0.00	0	0.00	1	8.33	0	0.00	0	0.00	0	0.00	1	8.33
白云顶隧道	14	11.20	14	11.20	0	0.00	3	2.40	0	0.00	0	0.00	0	0.00	12	9.60
马鞍石隧道	8	26.67	0	0.00	0	0.00	0	0.00	0	0.00	0	0.00	0	0.00	0	0.00
友谊隧道	6	5.17	0	0.00	0	0.00	2	1.72	0	0.00	0	0.00	0	0.00	10	8.62
酒家垭隧道	66	97.06	14	20.59	0	0.00	0	0.00	0	0.00	0	0.00	0	0.00	1	1.47

震害类型 / 隧道名称	J		K		L		M		N		P		Z（综合震害）		
	长度（m）	比例（%）	长度（m）	比例（%）	长度（m）	比例（%）	长度（m）	比例（%）	长度（m）	比例（%）	长度（m）	比例（%）	长度（m）	比例（%）	
龙溪隧道	25	10.68	17	7.26	14	5.98	151	64.53	7	2.99	0	0.00	198	84.62	
紫坪铺隧道	0	0.00	20	11.43	0	0.00	0	0.00	0	0.00	0	0.00	123	70.29	
龙洞子隧道	0	0.00	34	100.00	0	0.00	0	0.00	0	0.00	0	0.00	34	100.00	
烧火坪隧道	0	0.00	0	0.00	0	0.00	12	100.00	0	0.00	0	0.00	12	100.00	
白云顶隧道	0	0.00	7	5.60	0	0.00	29	23.20	0	0.00	0	0.00	66	52.80	
马鞍石隧道	0	0.00	2	6.67	0	0.00	0	0.00	0	0.00	0	0.00	10	33.33	
友谊隧道	2	1.72	0	0.00	0	0.00	0	0.00	0	0.00	0	0.00	16	13.79	
酒家垭隧道	15	22.06	1	1.47	0	0.00	0	0.00	0	0.00	67	98.53	68	100.00	

表 G-9　洞口过渡段隧道震害类型、长度及所占比例

Table G-9　Damage statistic of transition of tunnel entrance of each tunnel

震害类型 / 隧道名称	A		B		C		D		E		F		G		I	
	长度（m）	比例（%）	长度（m）	比例（%）	长度（m）	比例（%）	长度（m）	比例（%）	长度（m）	比例（%）	长度（m）	比例（%）	长度（m）	比例（%）	长度（m）	比例（%）
龙溪隧道	104	30.59	100	29.41	39	11.47	2	0.59	0	0.00	57	16.76	0	0.00	14	4.12
紫坪铺隧道	189	50.13	0	0.00	0	0.00	15	3.98	0	0.00	0	0.00	0	0.00	28	7.43
龙洞子隧道	12	27.91	0	0.00	0	0.00	1	2.33	0	0.00	0	0.00	0	0.00	1	2.33
烧火坪隧道	0	0.00	0	0.00	0	0.00	0	0.00	0	0.00	0	0.00	0	0.00	0	0.00
白云顶隧道	0	0.00	0	0.00	0	0.00	0	0.00	0	0.00	0	0.00	0	0.00	1	6.25
马鞍石隧道	21	43.75	1	2.08	0	0.00	0	0.00	6	12.50	0	0.00	0	0.00	0	0.00
友谊隧道	32	26.89	0	0.00	0	0.00	0	0.00	0	0.00	0	0.00	0	0.00	7	5.88
酒家垭隧道	122	70.52	20	0.00	52	30.06	0	0.00	0	0.00	23	13.29	0	0.00	4	2.31

震害类型 / 隧道名称	J		K		L		M		N		P		Z（综合震害）		
	长度（m）	比例（%）	长度（m）	比例（%）	长度（m）	比例（%）	长度（m）	比例（%）	长度（m）	比例（%）	长度（m）	比例（%）	长度（m）	比例（%）	
龙溪隧道	27	7.94	5	1.47	15	4.41	130	38.24	32	9.41	0	0.00	294	86.47	
紫坪铺隧道	8	2.12	168	44.56	0	0.00	1	0.27	0	0.00	0	0.00	287	76.13	
龙洞子隧道	0	0.00	42	97.67	0	0.00	0	0.00	0	0.00	0	0.00	42	97.67	
烧火坪隧道	0	0.00	0	0.00	0	0.00	0	0.00	0	0.00	0	0.00	0	0.00	
白云顶隧道	0	0.00	7	43.75	0	0.00	0	0.00	0	0.00	0	0.00	7	43.75	
马鞍石隧道	1	2.08	0	0.00	0	0.00	0	0.00	0	0.00	0	0.00	28	58.33	
友谊隧道	6	5.04	10	8.40	0	0.00	0	0.00	0	0.00	0	0.00	50	42.02	
酒家垭隧道	30	17.34	119	68.79	0	0.00	0	0.00	0	0.00	173	100.00	173	100.00	

3）洞口段隧道结构震害统计

洞口段衬砌按岩性可分为软岩洞口段衬砌和硬岩洞口段衬砌。

（1）软岩洞口段衬砌主要震害统计

① 洞口浅埋段震害统计

洞口浅埋段主要震害统计如表 G-10 及图 G-1 所示。

表 G-10 洞口浅埋段震害统计

Table G-10 Seismic damage statistic of shallow-buried biased tunnel entrance

震害类型	A	B	C	D	I	J	K
震害长度（m）	420	88	38	15	49	42	80
震害比例（%）	52.90	11.08	4.79	1.89	6.17	5.29	10.08
震害类型	L	M	N	O	P	Z（综合震害）	
震害长度（m）	14	202	7	48	67	526	
震害比例（%）	1.76	25.44	0.88	6.05	8.44	66.25	

由表 G-10 及图 G-1 可知，洞口浅埋段震害以衬砌开裂（裂纹清晰，有一定走向）为主，占 52.90%；仰拱错台次之，占 25.44%；其他震害比例均较小。综合震害长度为 526m，占统计长度的 66.25%。

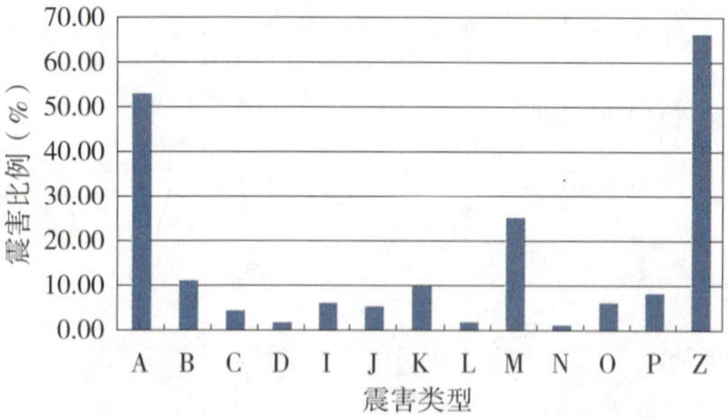

图 G-1 隧道洞口浅埋段震害统计

Figure G-1 Seismic damage statistic of shallow-buried biased tunnel entrance

震害中没有出现二次衬砌垮塌，也没有出现隧道垮塌，这主要与该区域隧道已按Ⅶ度设防，并且在洞口段采用了钢筋混凝土衬砌等因素有关。

② 洞口过渡段震害统计

洞口过渡段主要震害统计如表 G-11 及图 G-2 所示。

表 G-11 洞口过渡段震害统计

Table G-11 Seismic damage statistic of transition of tunnel entrance

震害类型	A	B	C	D	E	F	I	J
震害长度（m）	480	121	91	5	6	37	72	72
震害比例（%）	43.13	10.87	8.18	0.45	0.54	3.32	6.47	6.47
震害类型	K	L	M	N	O	P	Z(综合震害)	
震害长度（m）	351	15	131	32	38	173	881	
震害比例（%）	31.54	1.35	11.77	2.88	3.41	15.54	79.16	

由表 G-11 及图 G-2 可知，洞口过渡段震害以衬砌开裂（裂纹清晰，有一定走向）为主，占 43.13%；路面开裂（裂纹清晰，有一定走向）次之，占 31.54%；出现了二次衬

砌垮塌震害，占 3.32%。综合震害长度为 881m，占统计长度的 79.16%。

洞口过渡段出现了二次衬砌垮塌，这主要与围岩存在软硬岩交界面，同时由于处于隧道深埋段，二次衬砌可能没有配筋等因素有关。

（2）硬岩洞口段衬砌主要震害统计

调查统计发现，硬岩隧道洞口段衬砌结构基本未发生损坏（如国道 G213 线映汶段 7 座隧道）。其洞口段围岩条件见表 G-12。

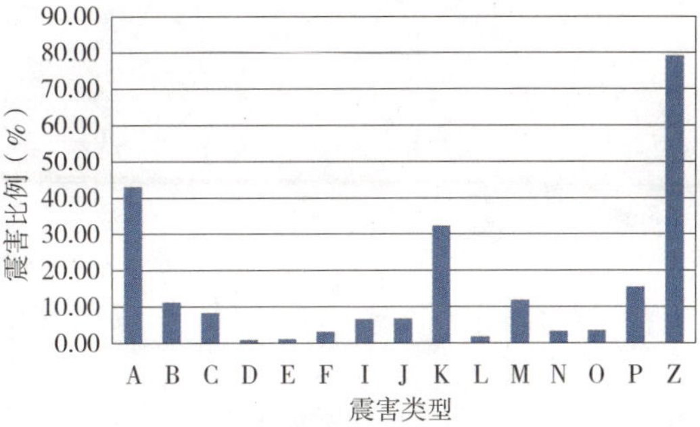

图 G-2　隧道洞口过渡段震害统计

Figure G-2　Seismic damage statistic of transition of tunnel entrance

表 G-12　隧道洞口段围岩条件

Table G-12　Property of tunnel entrance

隧道名称	岩石类型	围岩条件
皂角湾隧道	花岗岩	坚硬较完整
毛家湾隧道	闪长岩	坚硬较完整
彻底关隧道	花岗岩	坚硬较完整
福堂关隧道	花岗岩	坚硬较完整
桃关隧道	花岗岩	坚硬较完整
草坡隧道	花岗岩	坚硬较完整
单坎梁子隧道	花岗岩	坚硬较完整

由表 G-12 可知，当隧道洞口段位于坚硬、较完整等以上围岩时，处于强震条件下，也不会出现破坏。

（3）洞口段衬砌震害综合统计

洞口段衬砌主要震害统计如表 G-13 及图 G-3 所示。

表 G-13　洞口段衬砌震害统计

Table G-13　Seismic damage statistic of liner of tunnel entrance

震害位置	A	B	C	D	E	F	I	J
震害长度（m）	916	279	129	35	6	37	128	114
震害比例（%）	48.72	14.84	6.86	1.86	0.32	1.94	6.81	6.06
震害位置	K	L	M	N	O	P	Z（综合震害）	
震害长度（m）	441	96	390	106	86	240	1 407	
震害比例（%）	23.46	5.11	20.74	5.64	4.57	12.77	73.78	

由表 G-13 及图 G-3 可知，隧道洞口段震害以衬砌开裂（裂纹清晰，有一定走向）为主，占 48.72%；路面开裂（裂纹清晰，有一定走向）及仰拱错台次之，分别占 23.46% 和 18.57%；路面开裂（不能确定裂纹方向，呈片状或网状）再次之，占 14.84%；出现了二次衬砌垮塌震害，占 1.94%。综合震害长度为 1 407m，占统计长度的 73.78%。

最严重的震害是二次衬砌垮塌，出现在洞口过渡段内，这主要与围岩存在软硬交界面，同时由于处于隧道深埋段，二次衬砌可能没有配筋等因素有关。

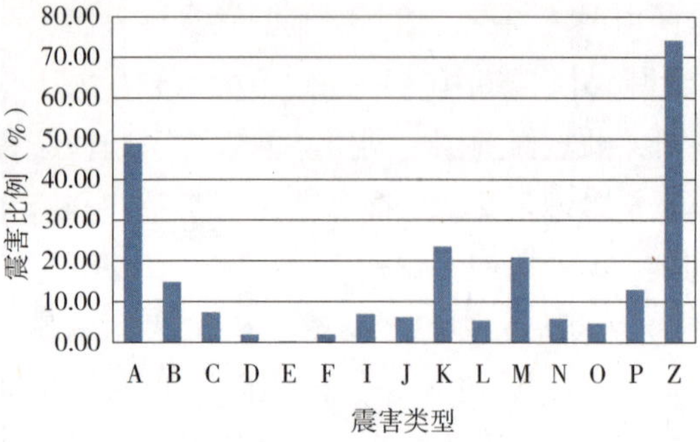

图 G-3 洞口段衬砌震害统计

Figure G-3 Seismic damage statistic of liner of tunnel entrance

4）震害统计分析

（1）边仰坡结构在Ⅷ度及Ⅷ度以下时无震害，Ⅸ度及Ⅸ度以上时震害多由边仰坡上方山体崩塌、滑塌引起；明洞震害较少，仅耿达隧道被落石砸穿、桃关隧道明洞上方有落石堆积。

（2）洞门震害在Ⅸ度以下区域主要由次生地质灾害引起，在Ⅸ度及Ⅸ度以上区域主要是洞门墙开裂和由次生地质灾害引起的震害，Ⅺ度区的龙洞子和桃关隧道洞门出现了断裂震害，这主要与洞门地基以及洞门结构形式有关。桃关隧道进口洞门位于巨厚土覆盖层上，且进口处地势平坦，洞门两侧开阔，不适宜施作端墙式洞门，宜施作削竹式洞门（接长明洞）。

（3）硬岩隧道洞口段结构基本无破坏，软岩隧道洞口段结构震害较严重。软岩隧道洞口浅埋段由于考虑了抗震设防，未出现二次衬砌垮塌这样严重的震害类型；软岩隧道洞口过渡段出现了二次衬砌垮塌这样严重的震害类型（龙溪隧道和酒家垭隧道）。其原因主要是：地震烈度高、二次衬砌未配筋、垮塌处位于软硬岩交界面段等。

G.2.2 断层破碎带段隧道结构震害统计 Statistic for segment of fault fracture zone of tunnel structure seismic damage

1）断层破碎带段隧道震害基本情况

汶川地震中，共收集了6条断层资料，断层破碎带段隧道震害基本情况见表 G-14。

表 G-14 断层破碎带段震害基本情况

Table G-14 Information of fault fracture zone and seismic damage

断层名称	断层破碎带宽（m）	是否错动	最严重破坏形式
酒家垭隧道 F1	64	是	隧道垮塌
友谊隧道 F1	0.5	是	二次衬砌垮塌
白云顶隧道 F1	—	是	二次衬砌垮塌
紫坪铺隧道 F10	3	否	二次衬砌开裂
龙洞子隧道 F5	10	是	衬砌错台
龙溪隧道 F8	10	是	隧道垮塌

由表 G-14 可知，汶川地震区6座穿越断层隧道段，穿越的断层破碎带宽度有0.5~64m不等。除去未错动的紫坪铺隧道和无断层宽度资料的白云顶隧道，发生断层错动的隧道中，友谊隧道 F1 段衬砌结构破坏严重程度明显弱于10m和64m宽断层衬砌结构。

2）断层破碎带段隧道震害类型及其长度

通过震害展示图和调查表，统计出断层破碎带段隧道震害类型、长度及所占比例，如表 G-15 所示。

表 G-15　断层破碎带段隧道震害类型、长度及所占比例

Table G-15　Seismic damage statistic of tunnel in fault fracture zone

震害类型 / 隧道名称	A		B		C		D		E		F		G		I	
	长度（m）	比例（%）	长度（m）	比例（%）	长度（m）	比例（%）	长度（m）	比例（%）	长度（m）	比例（%）	长度（m）	比例（%）	长度（m）	比例（%）	长度（m）	比例（%）
龙溪隧道	68	11.4	140	23.5	81	13.6	30	5.0	0	0.0	305	51.3	0	0.0	0	0.0
紫坪铺隧道	145	85.3	0	0.0	0	0.0	0	0.0	0	0.0	0	0.0	0	0.0	9	5.3
龙洞子隧道	82	26.6	60	19.5	0	0.0	4	1.3	0	0.0	47	15.3	0	0.0	0	0.0
白云顶隧道	0	0.0	0	0.0	0	0.0	0	0.0	0	0.0	14	48.3	0	0.0	4	13.8
友谊隧道	0	0.0	0	0.0	0	0.0	0	0.0	0	0.0	50	100.0	0	0.0	0	0.0
酒家垭隧道	30	20.7	35	24.1	0	0.0	0	0.0	24	16.6	0	0.0	0	0.0	5	3.4

震害类型 / 隧道名称	J		K		L		M		N		P		Z（综合震害）		
	长度（m）	比例（%）	长度（m）	比例（%）	长度（m）	比例（%）	长度（m）	比例（%）	长度（m）	比例（%）	长度（m）	比例（%）	长度（m）	比例（%）	
龙溪隧道	0	0.0	0	0.0	0	0.0	0	0.0	0	0.0	0	0.0	595	100.0	
紫坪铺隧道	39	22.9	36	21.2	0	0.0	0	0.0	0	0.0	0	0.0	156	91.8	
龙洞子隧道	0	0.0	86	27.9	68	22.1	69	22.4	68	22.1	0	0.0	213	69.2	
白云顶隧道	0	0.0	0	0.0	29	100.0	29	100.0	0	0.0	0	0.0	29	100.0	
友谊隧道	0	0.0	0	0.0	0	0.0	0	0.0	0	0.0	0	0.0	50	100.0	
酒家垭隧道	59	40.7	0	0.0	0	0.0	10	6.9	0	0.0	10	6.9	143	98.6	

3）断层破碎带段隧道结构震害统计

（1）上下盘围岩为Ⅲ级隧道震害统计

断层破碎带两侧上下盘围岩为Ⅲ级隧道震害统计如表 G-16 及图 G-4 所示。

表 G-16 上下盘围岩为Ⅲ级隧道震害统计

Table G-16 Seismic damage statistic of tunnel of top wall and foot wall in III-grade surrounding rock condition

震害类型	A	B	F	I	K
震害长度（m）	30	25	25	26	31
震害比例（%）	29.41	24.51	24.51	25.49	30.39
震害类型	L	M	N	Z（综合震害）	
震害长度（m）	32	33	32	88	
震害比例（%）	31.37	32.35	31.37	86.27	

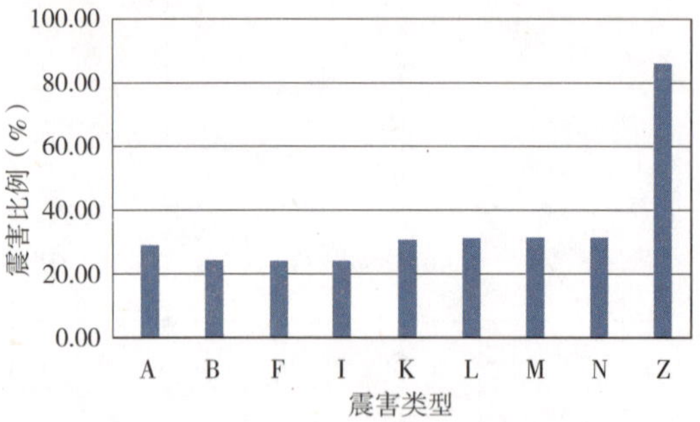

图 G-4 上下盘围岩为Ⅲ级隧道震害统计

Figure G-4 Seismic damage statistic of tunnel of top wall and foot wall in III-grade surrounding rock condition

由表 G-16 及图 G-4 可知，断层破碎带两侧上下盘围岩为Ⅲ级隧道各种震害比例相差不大，均大于 20%。综合震害长度为 88m，占统计长度的 86.27%。

隧道出现最严重的破坏是二次衬砌垮塌（F），所占长度比例为 24.51%。没有出现隧道垮塌（G）。可见，在此情况下，隧道围岩和初期支护是稳定的。

（2）上下盘围岩为Ⅳ级隧道震害统计

断层破碎带两侧上下盘围岩为Ⅳ级隧道震害统计如表 G-17 及图 G-5 所示。

表 G-17 上下盘围岩为Ⅳ级隧道震害统计

Table G-17 Seismic damage statistic of tunnel of top wall and foot wall in IV-grade surrounding rock condition

震害类型	A	B	C	D	E	F	G
震害长度（m）	106	149	66	15	15	238	45
震害比例（%）	19.06	26.80	11.87	2.70	2.70	42.81	8.09
震害类型	I	J	K	M	P	Z（综合震害）	
震害长度（m）	6	45	34	10	10	554	
震害比例（%）	1.08	8.09	6.12	1.80	1.80	99.64	

由表 G-17 及图 G-5 可知，上下盘围岩为Ⅳ级隧道震害以二次衬砌垮塌为主，占 42.81%；A 衬砌开裂（裂纹清晰，有一定走向）和 B 衬砌开裂（不能确定裂纹方向，呈片状或网状）次之，分别占 19.06% 和 26.80%；其他震害类型较少。综合震害长度为 554m，占统计长度的 99.64%。

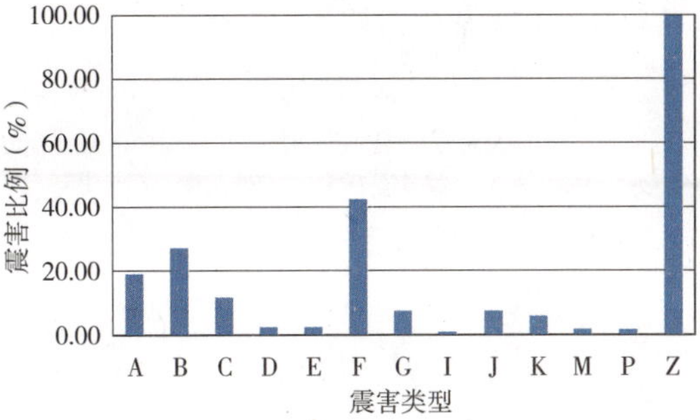

图 G-5　上下盘围岩为Ⅳ级隧道震害统计

Figure G-5　Seismic damage statistic of tunnel of top wall and foot wall in IV-grade surrounding rock condition

隧道出现最严重的破坏是隧道垮塌（G），所占长度比例为 8.09%。二次衬砌垮塌（F），所占长度比例为 42.81%。可见，在此情况下，隧道围岩和初期支护出现了破坏。

（3）上下盘围岩为Ⅴ级隧道震害统计

断层破碎带两侧上下盘围岩为Ⅴ级隧道震害统计如表 G-18 及图 G-6 所示。

表 G-18　上下盘围岩为Ⅴ级隧道震害统计

Table G-18　Seismic damage statistic of tunnel of top wall and foot wall in V-grade surrounding rock condition

震害类型	A	B	C	D	E	F	G
震害长度（m）	234	110	21	19	8	153	261
震害比例（%）	22.01	10.35	1.98	1.79	0.75	14.49	24.55
震害类型	I	J	K	L	M	N	Z（综合震害）
震害长度（m）	25	57	71	94	94	50	864
震害比例（%）	2.35	5.36	6.68	8.84	8.84	4.70	81.28

由表 G-18 及图 G-6 可知，上下盘围岩为Ⅴ级隧道震害以 A 衬砌开裂（裂纹清晰，有一定走向）和隧道垮塌（G）为主，分别占 22.01% 和 24.55%；二次衬砌垮塌（F）次之，占 14.49%；其他震害类型较少。综合震害长度为 864m，占统计长度的 81.28%。

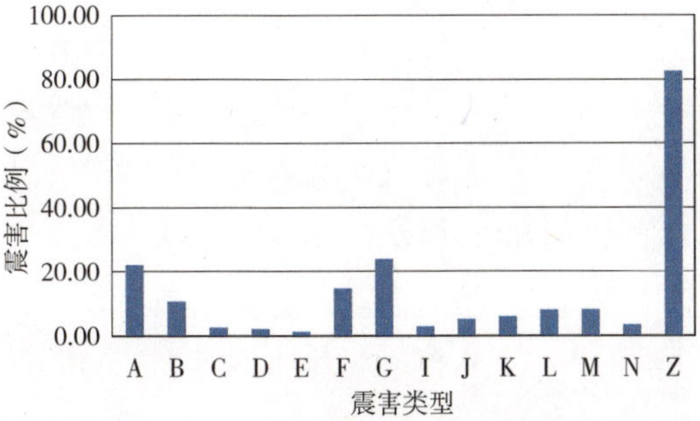

图 G-6　上下盘围岩为Ⅴ级隧道震害统计

Figure G-6　Seismic damage statistic of tunnel of top wall and foot wall in V-grade surrounding rock condition

上下盘围岩为Ⅴ级的隧道衬砌一般为钢筋混凝土结构，但是，在强震作用下，仍有占统计长度为 24.55% 的隧道发生了垮塌，二次衬砌垮塌占统计长度的 14.49%。可见，在此情况下，隧道围岩和初期支护出现了严重破坏。

（4）断层破碎带段隧道结构震害综合统计

断层破碎带段隧道结构震害综合统计结

果如表 G-19 及图 G-7 所示。

表 G-19 断层破碎带段隧道结构震害综合统计
Table G-19 Seismic damage statistic of structure of tunnel in fault fracture zone

震害位置	A	B	C	D	E	F	G	I
震害长度（m）	370	245	87	34	23	529	306	53
震害比例（%）	20.64	13.66	4.85	1.90	1.28	29.50	17.07	2.96
震害位置	J	K	L	M	N	P	Z（综合震害）	
震害长度（m）	102	136	107	98	118	10	1 506	
震害比例（%）	5.69	7.59	5.97	5.47	6.58	0.56	87.51	

由表 G-19 及图 G-7 可知，断层破碎带段隧道结构震害以二次衬砌垮塌（F）为主，占 29.5%；衬砌开裂（A）（裂纹清晰，有一定走向）和隧道垮塌（G）次之，分别占 20.64% 和 17.07%；路面开裂（L）（不能确定裂纹方向，呈片状或网状）再次之，占 13.66%；其他震害类型较少。综合震害长度为 1506m，占统计长度的 87.51%。

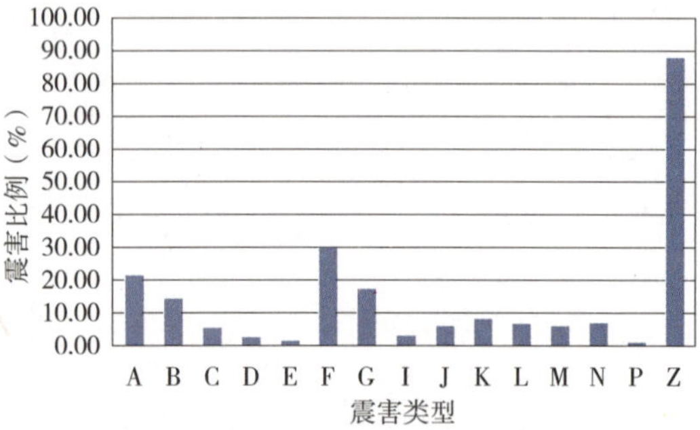

图 G-7 断层破碎带段隧道结构震害综合统计
Figure G-7 Seismic damage statistic of structure of tunnel in fault fracture zone

4）震害统计分析

（1）断层错动是引起断层破碎带隧道结构严重震害的主要原因。根据实际调查的 6 座穿越断层隧道震害情况，紫坪铺隧道过断层未出现错动，因此没有出现如二次衬砌垮塌或隧道垮塌的破坏形式，与普通段隧道衬砌破坏形式相似，只是开裂更严重；友谊隧道过断层出现错动，隧道出现二次衬砌垮塌破坏。可见，断层错动是引起隧道破坏的主要原因。

（2）断层上下盘围岩软弱是引起断层破碎带隧道震害严重的另外一个原因。调查结果显示：当断层破碎带两侧上下盘围岩为Ⅲ级时，隧道出现最严重的破坏是二次衬砌垮塌（F），所占长度比例为 24.51%，没有出现隧道垮塌（G）；可见，在此情况下，隧道围岩是稳定的。当上下盘围岩为Ⅳ级时，隧道出现最严重的破坏是隧道垮塌（G），所占长度比例为 8.09%；可见，在此情况下，隧道围岩出现了破坏。当上下盘围岩为Ⅴ级时，隧道出现最严重的破坏是隧道垮塌（G），所占长度比例为 24.55%；可见，在此情况下，隧道围岩出现了严重破坏。

（3）断层破碎带的宽度对隧道震害也有一定的影响。龙溪隧道断层破碎带宽度 10m 以上，其附近出现了隧道垮塌，当然，这与该断层错动也有很大关系。

（4）二次衬砌设计不足也是引起断层破碎带隧道严重震害的一个原因。分析结果表明：当断层破碎带两侧上下盘围岩为Ⅲ级时，隧道没有出现垮塌，表明隧道围岩是稳定的，但出现了长度比例为 24.51% 的二次衬砌垮塌，说明隧道二次衬砌需要进行抗震配筋，同时也说明，二次衬砌可以采用柔性结构进行抗震设计，因为隧道没有出现垮塌，表明初期支护完好，而初期支护就是柔性结构。当上下盘围岩为Ⅳ级时，隧道出现了长度比例为 42.81% 的二次衬砌垮塌，而隧道垮塌的长度比例仅为 8.09%，由此可见，加强二次衬砌抗震配筋能很好地达到抗震目标。上下盘围岩为Ⅴ级的隧道衬砌一般都采用钢筋混凝土结构，但是仍有占统计长度 14.49% 的二次衬砌出现了垮塌，而此时隧道垮塌长度所占比例为 24.55%，由此可见，应加强二次衬砌的抗震配筋，同时需要加固围岩。

（5）分析表明，引起断层破碎带隧道结构震害原因包括：断层错动、围岩条件软弱、断层带宽度及二次衬砌的强度和刚度不满足要求。另外，不易发生错动的断层隧道不需要进行特别的抗震设防；易发生错动的断层隧道应进行特殊的抗震设防。

G.2.3 普通段隧道结构震害统计 Seismic damage statistic of normal section of tunnel structure

1）普通段隧道震害类型及其长度

通过震害展示图和调查表，统计出普通段隧道震害类型、长度及所占比例，如表 G-20 所示。

2）普通段隧道结构震害统计

（1）Ⅱ级围岩普通段隧道结构震害统计

Ⅱ级围岩普通段隧道结构震害统计如表 G-21 及图 G-8 所示。

由表 G-21 及图 G-8 可知，Ⅱ级围岩普通段隧道结构震害以衬砌开裂（裂纹清晰，有一定走向）和隧底隆起为主，分别占 25.55% 和 24.92%；隧底错台次之，占 8.62%；其他震害比例均较小。综合震害长度为 330m，占统计长度的 51.72%。

（2）Ⅲ级围岩普通段隧道结构震害统计

Ⅲ级围岩普通段隧道结构震害统计如表 G-22 及图 G-9 所示。

由表 G-22 及图 G-9 可知，Ⅲ级围岩普通段隧道结构震害以衬砌开裂（裂纹清晰，有一定走向）为主，占 13.07%；隧底错台次之，占 9.09%；其他震害比例均较小。综合震害长度为 1 079m，占统计长度的 37.71%。

（3）Ⅳ级围岩普通段隧道结构震害统计

Ⅳ级围岩普通段隧道结构震害统计如表 G-23 及图 G-10 所示。

由表 G-23 及图 G-10 可知，Ⅳ级围岩普通段隧道结构震害以衬砌开裂（裂纹清晰，有一定走向）为主，占 20.78%；路面开裂（裂纹清晰，有一定走向）次之，占 8.25%；其他震害比例均较小。综合震害长度为 2 284m，占统计长度的 38.86%。

（4）Ⅴ级围岩普通段隧道结构震害统计

Ⅴ级围岩普通段隧道结构震害统计如表 G-24 及图 G-11 所示。

表 G-20 普通段隧道震害类型、长度及所占比例

Table G-20 Seismic damage statistic of normal section of each tunnel structure

震害类型 隧道名称	A		B		C		D		E		F		G		I	
	长度（m）	比例（%）	长度（m）	比例（%）	长度（m）	比例（%）	长度（m）	比例（%）	长度（m）	比例（%）	长度（m）	比例（%）	长度（m）	比例（%）	长度（m）	比例（%）
龙溪隧道	344	7.81	34	0.77	73	1.66	125	2.84	71	1.61	134	3.04	0	0.00	56	1.27
紫坪铺隧道	981	35.35	8	0.29	0	0.00	14	0.50	15	0.54	0	0.00	0	0.00	99	3.57
龙洞子隧道	51	7.24	0	0.00	0	0.00	3	0.43	6	0.85	0	0.00	0	0.00	8	1.14
烧火坪隧道	50	11.90	0	0.00	1	0.24	1	0.24	12	2.86	32	7.62	0	0.00	18	4.29
白云顶隧道	44	18.11	24	9.88	0	0.00	0	0.00	0	0.00	0	0.00	0	0.00	21	8.64
马鞍石隧道	108	34.62	0	0.00	0	0.00	0	0.00	0	0.00	0	0.00	0	0.00	7	2.24
友谊隧道	127	18.46	0	0.00	3	0.44	3	0.44	0	0.00	30	4.36	0	0.00	8	1.16
酒家垭隧道	301	28.61	42	3.99	47	4.47	0	0.00	2	0.19	0	0.00	0	0.00	82	7.79

震害类型 隧道名称	J		K		L		M		N		P		Z（综合震害）	
	长度（m）	比例（%）	长度（m）	比例（%）	长度（m）	比例（%）	长度（m）	比例（%）	长度（m）	比例（%）	长度（m）	比例（%）	长度（m）	比例（%）
龙溪隧道	46	1.04	353	8.02	78	1.77	441	10.02	585	13.29	125	2.84	2061	46.82
紫坪铺隧道	32	1.15	71	2.56	0	0.00	0	0.00	0	0.00	0	0.00	1070	38.56
龙洞子隧道	0	0.00	9	1.28	0	0.00	0	0.00	0	0.00	0	0.00	67	9.52
烧火坪隧道	30	7.14	59	14.05	0	0.00	110	26.19	0	0.00	0	0.00	245	58.33
白云顶隧道	30	12.35	36	14.81	0	0.00	0	0.00	0	0.00	0	0.00	89	36.63
马鞍石隧道	9	2.88	3	0.96	0	0.00	0	0.00	0	0.00	0	0.00	111	35.58
友谊隧道	4	0.58	0	0.00	0	0.00	0	0.00	0	0.00	0	0.00	166	24.13
酒家垭隧道	210	19.96	93	8.84	45	4.28	0	0.00	0	0.00	17	1.62	487	46.29

表 G-21 Ⅱ级围岩普通段隧道结构震害统计

Table G-21 Seismic damage statistic of normal section of tunnel structure in II-grade surrounding rock condition

震害类型	A	B	E	I	K
震害长度（m）	163	15	15	2	5
震害比例（%）	25.55	2.35	2.35	0.31	0.78
震害类型	L	M	N	Z（综合震害）	
震害长度（m）	8	55	159	330	
震害比例（%）	1.25	8.62	24.92	51.72	

表 G-22 Ⅲ级围岩普通段隧道结构震害统计

Table G-22 Seismic damage statistic of normal section of tunnel structure in III-grade surrounding rock condition

震害类型	A	B	C	D	E	I	J
震害长度（m）	374	2	20	8	93	66	47
震害比例（%）	13.07	0.07	0.70	0.28	3.25	2.31	1.64
震害类型	K	M	N	O	P	Z（综合震害）	
震害长度（m）	133	260	80	69	50	1 079	
震害比例（%）	4.65	9.09	2.80	2.41	1.75	37.71	

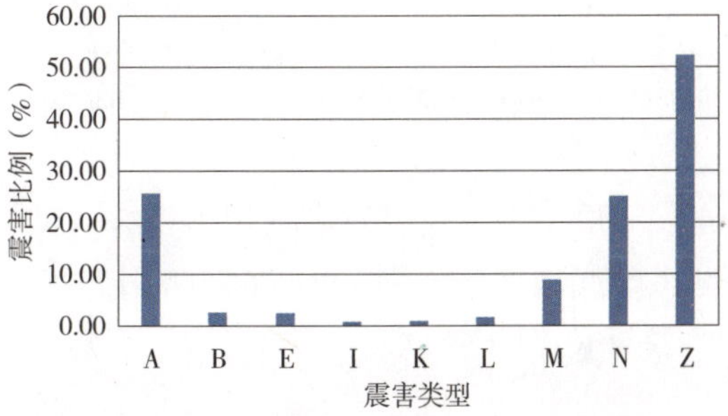

图 G-8 Ⅱ级围岩普通段隧道结构震害统计

Figure G-8 Seismic damage statistic of normal section of tunnel structure in Ⅱ-grade surrounding rock condition

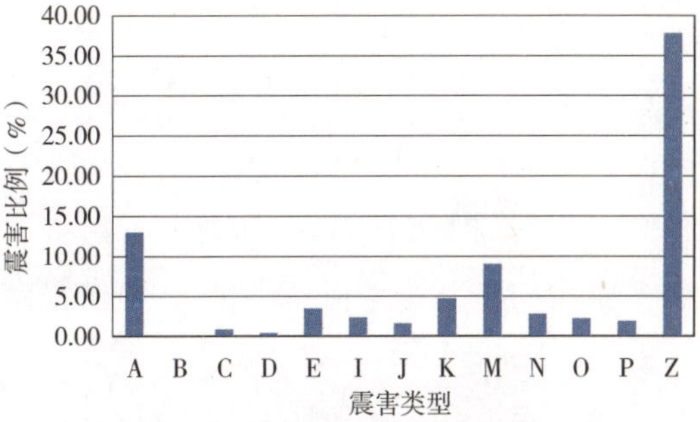

图 G-9 Ⅲ级围岩普通段隧道结构震害统计

Figure G-9 Seismic damage statistic of normal section of tunnel structure in Ⅲ -grade surrounding rock condition

表 G-23 Ⅳ级围岩普通段隧道结构震害统计

Table G-23 Seismic damage statistic of normal section of tunnel structure in IV-grade surrounding rock condition

震害类型	A	B	C	D	E	I	J
震害长度（m）	1221	87	101	20	82	199	270
震害比例（%）	20.78	1.48	1.72	0.34	1.40	3.39	4.59
震害类型	K	L	M	N	P	Z（综合震害）	
震害长度（m）	485	45	31	171	17	2 284	
震害比例（%）	8.25	0.77	0.53	2.91	0.29	38.86	

表 G-24 Ⅴ级围岩普通段隧道结构震害统计

Table G-24 Seismic damage statistic of normal section of tunnel structure in V-grade surrounding rock condition

震害类型	A	B	C	E	I	J
震害长度（m）	254	4	3	2	32	12
震害比例（%）	22.32	0.35	0.26	0.18	2.81	1.05
震害类型	K	M	N	O	Z（综合震害）	
震害长度（m）	1	205	127	5	603	
震害比例（%）	0.09	18.01	11.16	0.44	52.99	

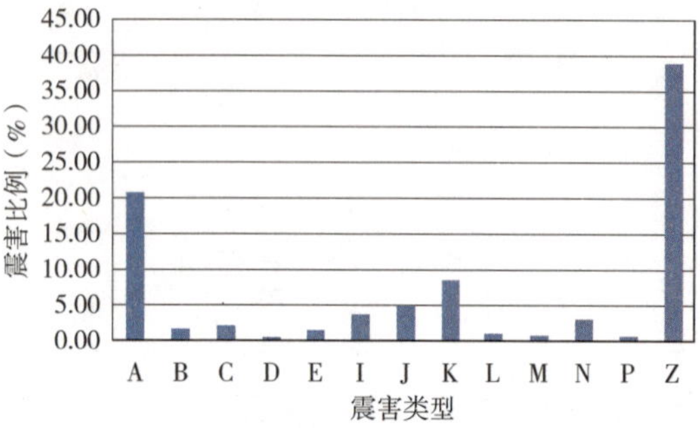

图 G-10 Ⅳ级围岩普通段隧道结构震害统计

Figure G-10 Seismic damage statistic of normal section of tunnel structure in Ⅳ-grade surrounding rock condition

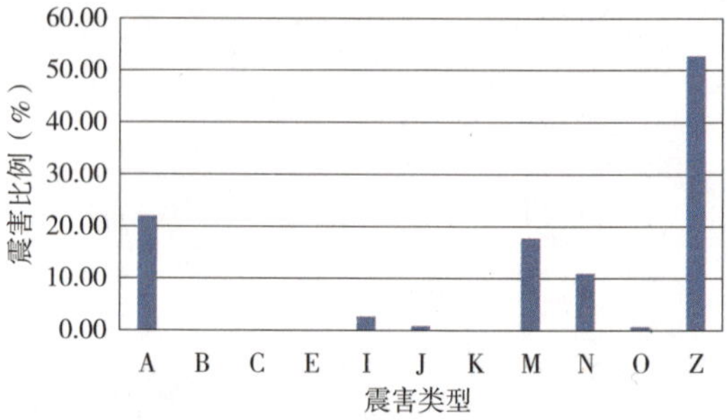

图 G-11 Ⅴ级围岩普通段隧道结构震害统计

Figure G-11 Seismic damage statistic of normal section of tunnel structure in V-grade surrounding rock condition

由表 G-24 及图 G-11 可知，Ⅴ级围岩普通段隧道结构震害以衬砌开裂（裂纹清晰，有一定走向）为主，占 22.32%；仰拱错台和仰拱隆起次之，分别占 18.06% 和 11.16%；其他震害比例均较小。综合震害长度为 603m，占统计长度的 52.99%。

（5）普通段隧道结构震害综合统计

普通段隧道结构震害综合统计如表 G-25 及图 G-12 所示。

表 G-25 普通段隧道结构震害统计

Table G-25 Seismic damage statistic of normal section of tunnel structure

震害位置	A	B	C	D	E	I	J
震害长度（m）	2006	108	124	28	192	267	361
震害比例（%）	18.99	1.02	1.17	0.27	1.82	2.53	3.42
震害位置	K	L	M	N	O	P	Z（综合震害）
震害长度（m）	624	123	551	585	74	67	4296
震害比例（%）	5.91	1.16	5.22	5.54	0.70	0.63	40.86

由表 G-25 及图 G-12 可知，普通段隧道结构震害以衬砌开裂（裂纹清晰，有一定走向）最多，占 18.99%；其他震害比例均较小。综合震害长度为 4 296m，占统计长度的 40.86%。

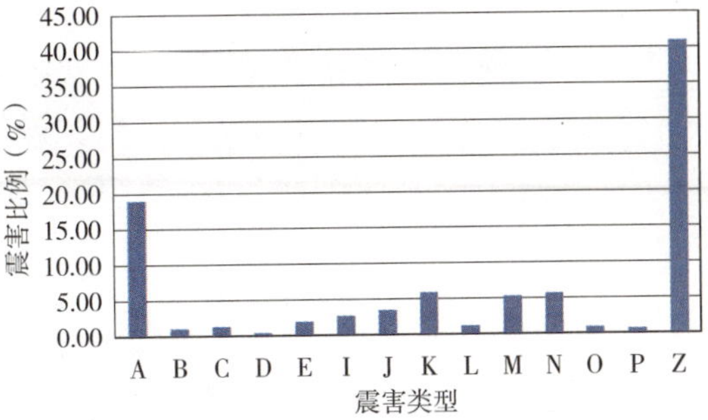

图 G-12　普通段隧道结构主要震害统计

Figure G-12　Seismic damage statistic of normal section of tunnel structure

3）普通段隧道结构震害特例分析

一般认为，普通段隧道结构震害少，但是本次调研发现，在强震区个别隧道的普通段隧道结构也发生如二次衬砌垮塌，甚至隧道垮塌等严重的破坏形式。通过对现场施工资料分析发现，这些严重震害区段与施工中曾发生过大变形或衬砌背后不密实等缺陷有关，具体如表 G-26 所示。

表 G-26　普通段隧道结构衬砌垮塌统计

Table G-26　Statistic of liner collapse in normal section of tunnel structure

隧道名称	垮塌类型	震害长度（m）	震 害 原 因
友谊隧道	二次衬砌垮塌	30	施工中曾出现大变形侵限，素混凝土
龙溪隧道	二次衬砌垮塌，隧道垮塌	134+40	衬砌背后不密实，施工中曾出现大变形侵限；素混凝土
烧火坪隧道	二次衬砌垮塌	32	衬砌存在缺陷

4）震害统计分析

（1）普通段隧道结构在地震烈度Ⅸ度及Ⅸ度以上的强震条件下，如果不存在缺陷，一般不会出现隧道垮塌和二次衬砌垮塌等严重震害。

（2）普通段隧道结构二次衬砌使用素混凝土时，在高烈度地震作用下，也可能出现开裂等震害。

（3）普通段隧道结构当在施工过程中出现过大变形或衬砌背后不密实等缺陷时，可能会发生较严重的震害，如二次衬砌垮塌、隧道垮塌等。

G.3　隧道震害总体特点 Proportion of tunnels in different degrees seismic intensity areas

对 56 座隧道震害资料进行统计与分析，得到隧道震害基本特征，具体如下。

G.3.1　不同烈度区内隧道分布 Proportion of tunnels in different degrees seismic intensity areas

本次调查的 56 座隧道中，Ⅵ～Ⅺ度地震烈度区内的隧道分布情况如表 G-27 和图 G-13 所示。

表 G-27 Ⅵ ~ Ⅺ度地震烈度区内隧道分布情况

Table G-27 Quantity and proportion of tunnels in VI~XI degree seismic intensity areas

地震烈度	隧道数量（座）	所占比例（%）
Ⅵ	16	28.6
Ⅶ	10	17.9
Ⅷ	10	17.9
Ⅸ	5	8.9
Ⅹ	5	8.9
Ⅺ	10	17.9

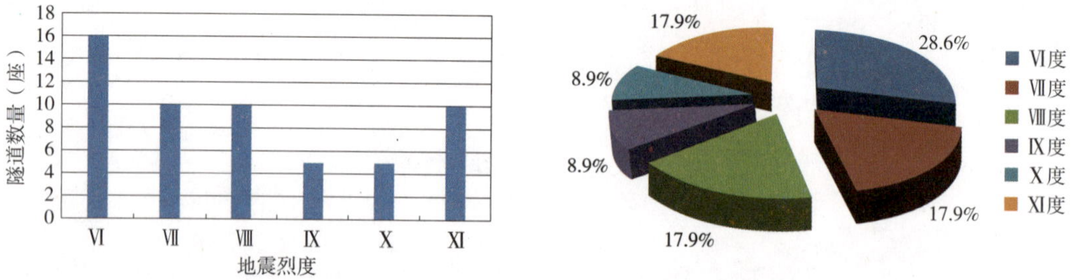

a）隧道分布直方图

a）Tunnel distribution histogram

b）隧道分布饼图

b）Tunnel distribution chart

图 G-13 Ⅵ ~ Ⅺ度地震烈度区内隧道分布图

Figure G-13 Quantity and proportion of tunnels in VI~XI degree seismic intensity areas

G.3.2 不同烈度区内隧道震害情况 Damage degree and proportion of tunnels in different degrees seismic intensity areas

在Ⅵ ~ Ⅺ度地震烈度区内的隧道震害情况如表 G-28 和图 G-14 所示。

表 G-28 VI~XI 度地震烈度区内隧道震害情况

Table G-28 Seismic damage degree and proportion of tunnel in VI~XI degree seismic intensity areas

烈度	数量（座）	S	比例（%）	B	比例（%）	1A	比例（%）	2A	比例（%）	$3A_1$	比例（%）	$3A_2$	比例（%）
Ⅵ	16	16	100										
Ⅶ	10	6	60	3	30	1	10						
Ⅷ	10	5	50	3	30	2	20						
Ⅸ	5	1	20	1	20	1	20	1	20	1	20		
Ⅹ	5	1	20	1	20	1	20			2	40		
Ⅺ	10			2	20	2	20	3	30	2	20	1	10

由表 G-28 和图 G-14 可知，随着地震烈度的增加，隧道破坏的越严重，在Ⅸ度及其以上地震烈度区，隧道会产生 3A 破坏。

不同烈度区内隧道震害基本情况为：Ⅵ度地震区，隧道均未破坏。Ⅶ度地震区，个别施工缝出现轻微开裂，洞口开始出现次生灾害。Ⅷ度地震区，衬砌出现轻微开裂、渗水，洞口有次生灾害。Ⅸ度地震区，衬砌开裂严重，出现网状开裂、大面积渗水；出现混凝土剥落、掉块，甚至二次衬砌垮塌等严重震害类型；洞口边仰坡出现滑塌、崩塌，堵塞洞门。Ⅹ度地震区，二次衬砌垮塌增多。Ⅺ度地震区，出现围岩破坏，隧道垮塌。

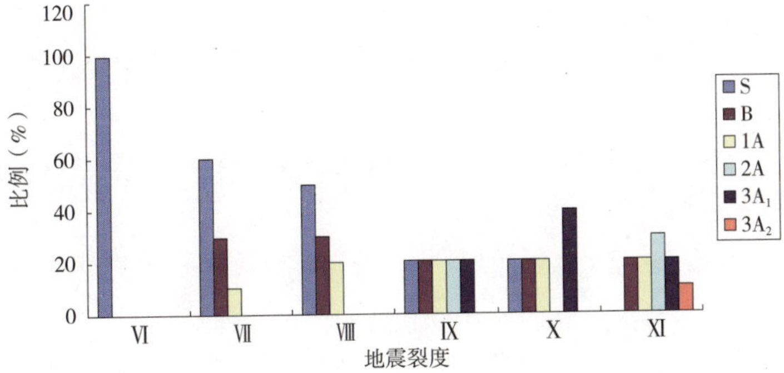

图 G-14　Ⅵ ~ Ⅺ度地震烈度区内隧道震害情况

Figure G-14　Seismic damage degree and proportion of tunnel in VI~XI degree seismic intensity areas

G.3.3　隧道不同震害程度所占比例 Proportion of tunnels in each degrees seismic intensity areas

隧道不同震害程度所占比例如表 G-29 和图 G-15 所示。

表 G-29　隧道不同震害程度所占比例

Table G-29　Proportion of each tunnel seismic damage degree

震害程度	S	B	1A	2A	$3A_1$	$3A_2$
隧道数量（座）	29	10	7	4	5	1
所占比例（%）	51.8	17.8	12.5	7.2	8.9	1.8

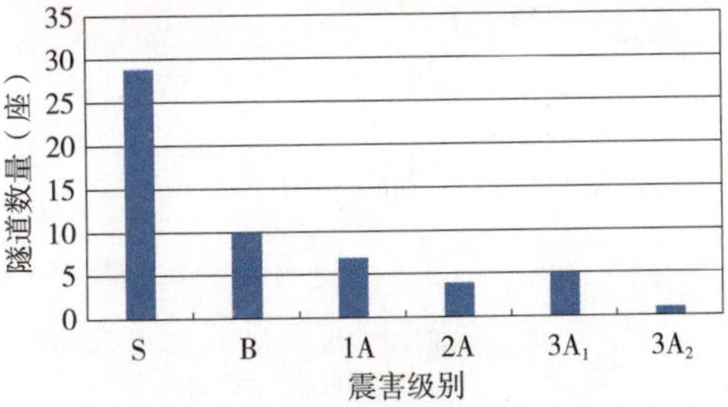

a）隧道震害分布直方图

a）Tunnel earthquake damage distribution histogram

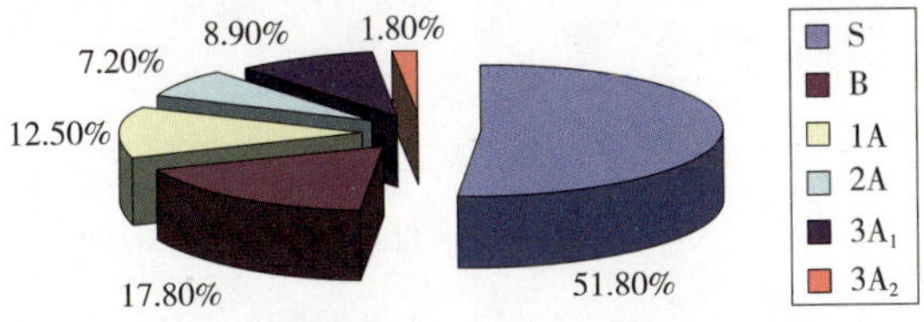

b）隧道震害分布饼图

b）Tunnel earthquake damage distribution chart

图 G-15　隧道不同震害程度所占比例

Figure G-15　Proportion of each tunnel seismic damage degree

由表 G-29 和图 G-15 可知，在已经调查的 56 座隧道中，地震后可通的有 55 座，占所调查隧道总数的 98.2%，说明隧道工程是一种抗震性能比较好的交通建（构）筑物，对于震后生命线的畅通有着重要的意义。

附录H 对《公路工程抗震设计规范》(JTJ 004—89)中隧道条款的有关建议

Appendix H The proposal for the clauses of *Highway Engineering Seismic Design Code* (JTJ 004—89)

根据隧道震害统计分析结果，对《公路工程抗震设计规范》(JTJ 004—89)(以下简称《规范》)中的隧道部分有关条文提出如下建议。

(1)条文内容：第5.2.1条 隧道应按下表的规定范围，验算其抗震强度和稳定性。

《规范》表5.2.1 隧道抗震强度和稳定性验算范围

"Design Code" Table 5.2.1 The checking range of tunnel seismic strength and stability

公路等级			高速公路及一、二级公路		三、四级公路	
基本烈度			Ⅶ	Ⅷ、Ⅸ	Ⅶ	Ⅷ、Ⅸ
工程项目	洞门墙及洞口挡土墙		不验算	验算	不验算	验算
	洞口浅埋和偏压地段隧道衬砌	双车道Ⅴ、Ⅵ级围岩	验算	验算	验算	验算
		双车道Ⅲ、Ⅳ级围岩	不验算	验算	不验算	验算
	明洞	双车道	验算	验算	验算	验算

评价：不合适。

理由及建议：汶川地震中硬岩隧道无震害，故建议双车道洞口浅埋和偏压地段隧道衬砌在Ⅲ级围岩情况下不需验算；地震烈度Ⅶ度区隧道衬砌结构无震害(围岩为Ⅳ、Ⅴ级)，故建议Ⅶ度区三、四级公路双车道洞口浅埋和偏压地段隧道衬砌在Ⅴ级围岩情况下不需验算；汶川地震中明洞直接震害并不严重，破坏大部分由边仰坡崩塌以及落石等次生地质灾害造成，例如Ⅸ度区耿达隧道明洞即被落石砸穿，故建议Ⅶ度区三、四级公路双车道隧道明洞不需验算。建议《规范》表5.2.1改为表H-1。

表H-1 隧道抗震强度和稳定性验算范围

Table H-1 The checking range of tunnel seismic strength and stability

公路等级			高速公路及一、二级公路		三、四级公路	
基本烈度			Ⅶ	Ⅷ、Ⅸ	Ⅶ	Ⅷ、Ⅸ
工程项目	洞门墙及洞口挡土墙		不验算	验算	不验算	验算
	洞口浅埋和偏压地段隧道衬砌	双车道Ⅵ级围岩	验算	验算	验算	验算
		双车道Ⅴ级围岩	验算	验算	不验算	验算
		双车道Ⅳ级围岩	不验算	验算	不验算	验算
	明洞	双车道	验算	验算	不验算	验算

（2）条文内容：第 5.3.2 条　隧道洞门形式宜采用翼墙式。洞门建筑材料可按下表采用。

《规范》表 5.3.2　洞门建筑材料

"Design Code" Table 5.3.2　Portal building materials

基本烈度		Ⅷ	Ⅸ
洞门端墙	双车道	片石混凝土	混凝土
洞口挡土墙或翼墙	$H \leq 10\text{m}$	不低于 10 号浆砌片石	
	$H > 10\text{m}$	片石混凝土或混凝土	

评价：不合适。

理由及建议：在汶川地震中，隧道洞门的断裂与毁损主要发生在端墙式（桃关）和翼墙式（福堂坝隧道）洞门结构中，削竹式洞门基本未见破损现象。故建议宜优先用削竹式洞门（接长明洞）结构，当地形地质条件不适合削竹式洞门结构时，可以采用翼墙式洞门。

在汶川地震灾区的隧道洞门建筑材料未见浆砌片石和片石混凝土，现今基本采用混凝土。

（3）条文内容：第 5.3.3 条　隧道的洞口浅埋和偏压地段，应为抗震设防地段。其设防长度可根据地形、地质条件确定。基本烈度Ⅶ度区Ⅰ、Ⅱ级围岩的双车道隧道和基本烈度为Ⅷ度和Ⅸ度区Ⅰ~Ⅳ级围岩的双车隧道，其设防长度不宜小于 25m；基本烈度为Ⅷ度和Ⅸ度区Ⅰ~Ⅲ级围岩的单车道隧道，设防长度不宜小于 15m。抗震设防地段的隧道宜采用带仰拱的曲墙式衬砌。

评价：不合适。

理由及建议：在汶川地震中，隧道洞口抗震设防段衬砌未出现二次衬砌垮塌这样严重的震害类型（龙溪隧道受断层影响出现了二次衬砌垮塌），洞口段抗震设防起到了应有的作用。实际烈度为Ⅷ度及Ⅷ度以下，洞口段无震害；实际烈度为Ⅸ度时，酒家垭隧道洞口过渡段出现了二次衬砌垮塌这样严重的震害，主要原因是围岩级别低（Ⅴ级），浅埋段较长（68m）；实际烈度为Ⅸ度以上时，洞口段过渡段长度较长，约为浅埋段长度 3 倍以上，25m 至 3 倍浅埋段长度这一段应采取构造措施（如设置减震缝）或单层配筋等降低震害。

汶川地震灾区没有单车道隧道，设防段均采用带仰拱的曲墙式衬砌。

（4）条文内容：第 5.3.4 条　抗震设防地段的隧道衬砌和明洞的建筑材料，可按下表采用。

《规范》表 5.3.4　隧道衬砌和明洞建筑材料

"Design Code" Table 5.3.4　The tunnel lining and the open cut tunnel building materials

工程项目	围岩级别	材料种类	
隧道衬砌	Ⅴ、Ⅵ	钢筋混凝土或加筋混凝土	
	Ⅳ	混凝土或钢筋混凝土	
	Ⅲ	混凝土	
拱形明洞	Ⅳ~Ⅵ	拱圈用钢筋混凝土	基本烈度Ⅷ度区，单压明洞外边墙用 10 号浆砌片石；其余边墙用片石混凝土、混凝土或钢筋混凝土
	Ⅰ~Ⅲ	拱圈用混凝土或钢筋混凝土	

评价：不合适。

理由及建议：汶川地震灾区隧道的抗震设防地段隧道衬砌未见采用素混凝土结构，现今基本采用钢筋混凝土结构。拱形明洞的破坏大部分是由次生灾害造成的（耿达隧道明洞被落石砸穿），故建议拱圈采用钢筋混凝土结构。单压明洞边墙建筑材料未见浆砌片石和片石混凝土，现今基本采用混凝土或钢筋混凝土。

建议《规范》表 5.3.4 改为表 H–2。

表 H–2 隧道衬砌和明洞建筑材料

Table H–2 The tunnel lining and the open cut tunnel building materials

工程项目	围岩级别	材 料 种 类	
隧道衬砌	Ⅳ、Ⅴ、Ⅵ	钢筋混凝土	
拱形明洞	Ⅰ ~ Ⅵ	拱圈用钢筋混凝土	基本烈度Ⅷ度区，单压明洞边墙用混凝土或钢筋混凝土

（5）条文内容：第 5.3.7 条 浅埋、偏压以及位于断层破碎等地质不良地段的隧道，其衬砌背后应压注水泥砂浆。

评价：不全面。

理由及建议：洞口浅埋软岩隧道设防采取注浆加固围岩、钢筋混凝土衬砌等措施；软硬岩交界面设防采取设置减震缝等措施；软硬岩交界面离洞口较近时，采取上述两种措施共同防治。

偏压软岩隧道设防采取注浆加固围岩、钢筋混凝土衬砌等措施进行防治。

若断层破碎带易发生错动应进行横断面和纵向抗震设防；若断层破碎带不易发生错动只需进行横断面抗震设防。设防措施采用注浆加固围岩，并设减震缝和采用钢筋混凝土衬砌等工程措施。

若衬砌背后存在空洞或出现过围岩松弛情况，可采用压注水泥砂浆回填，同时进行围岩加固。

索 引
Index